ZHINENG QICHE
HUANJING GANZHI
YU DUO CHUANGANQI RONGHE JISHU

智能汽车
环境感知
与多传感器融合技术

崔胜民
张冠哲 编著

化学工业出版社
·北京·

内容简介

本书全面系统地介绍了智能汽车环境感知技术的各个方面，详细解读了环境感知的定义、作用、要求、类型、功能需求以及未来发展趋势，重点介绍了基于视觉传感器、毫米波雷达和激光雷达的环境感知技术，这些技术都是实现智能汽车安全、高效行驶的关键所在。此外，本书还深入探讨了传感器融合技术的原理和应用，为读者提供了多传感器信息融合的解决方案。书中的内容不仅涵盖了智能汽车广泛应用的成熟技术，还包括近年来出现的一些高新技术，展现了环境感知技术的新进展。

本书内容丰富，以实际工程应用为背景，通俗易懂，实用性强，可作为高等院校车辆工程、智能车辆工程及相关专业的参考教材，同时也适合车辆工程专业研究生以及智能汽车行业的工程技术人员、科研人员和管理人员阅读参考。

图书在版编目（CIP）数据

智能汽车环境感知与多传感器融合技术 / 崔胜民，张冠哲编著. -- 北京：化学工业出版社，2025. 2.
ISBN 978-7-122-47025-6

Ⅰ. U463. 67

中国国家版本馆 CIP 数据核字第 20252UC967 号

责任编辑：陈景薇   文字编辑：冯国庆
责任校对：刘曦阳   装帧设计：王晓宇

出版发行：化学工业出版社
    （北京市东城区青年湖南街 13 号   邮政编码 100011）
印   装：河北延风印务有限公司
787mm×1092mm   1/16   印张 14   彩插 2   字数 358 千字
2025 年 2 月北京第 1 版第 1 次印刷

购书咨询：010-64518888   售后服务：010-64518899
网   址：http://www.cip.com.cn
凡购买本书，如有缺损质量问题，本社销售中心负责调换。

定   价：**69.80 元**

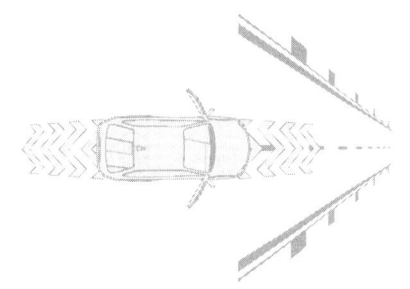

　　随着科技的飞速进步，智能汽车正逐渐成为引领交通行业革新的重要力量。其中，环境感知技术作为实现自动驾驶的基石，对于提升行车安全、增强车辆智能化水平以及优化驾驶体验起着至关重要的作用。本书旨在全面、系统地阐述智能汽车环境感知技术的核心原理与应用实践，以期为读者提供一份深入学习和理解该领域的资料。

　　在本书的框架结构中，设计了5章，力求从多个维度对智能汽车环境感知技术进行深入剖析。第1章带领读者走进智能汽车环境感知的世界，阐述其定义、作用、要求、类型、功能需求以及发展趋势，为后续章节的学习奠定坚实基础。第2~4章则分别详细介绍了基于视觉传感器、毫米波雷达和激光雷达的环境感知技术，包括传感器的功能需求与配置、标定方法、数据处理技术以及目标检测应用等。这些章节的内容不仅涵盖了理论知识，而且通过案例阅读和案例练习，帮助读者更好地理解和应用所学知识。第5章重点探讨了传感器融合技术，这是智能汽车环境感知领域的前沿技术之一。通过多传感器融合，可以实现不同传感器之间的信息互补和优化，提高环境感知的准确性和可靠性。这一章介绍了多传感器融合的定义、过程、要求以及方案，并探讨了多传感器同步理论和多种融合算法，帮助读者全面了解并掌握这一关键技术。

　　在本书的编写过程中，力求保持内容的科学性、系统性和实用性。注重理论与实践相结合，通过案例分析和案例练习，帮助读者将理论知识转化为实际能力。同时，还参考了国内外前沿研究成果和技术文献，以确保本书内容的时效性和前瞻性。

　　另外，非常感谢参考文献中的各位专家学者，他们的辛勤工作和智慧结晶为本书的编写提供了参考资料。

　　由于笔者学识有限，书中难免存在不足之处，恳请广大读者在阅读过程中给予指正，并提出意见和建议。

　　期待本书能成为读者在智能汽车环境感知技术领域学习和实践中的良师益友，共同推动这一领域的持续创新和发展。

编著者

目录
Contents

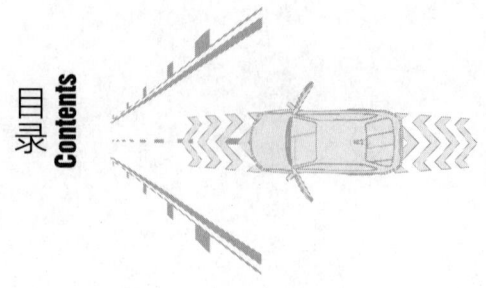

第 **3** 章

基于毫米波雷达的环境
感知技术
099

第 **4** 章

基于激光雷达的环境
感知技术
124

第**5**章　多传感器融合技术

180

参考文献

第**1**章 绪论

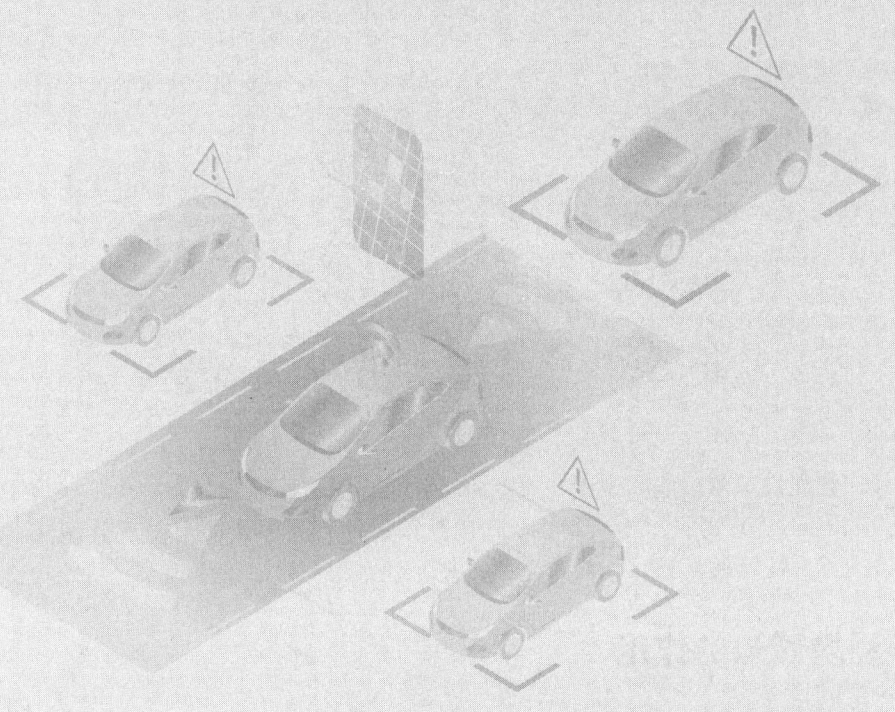

　　环境感知如同智能汽车的"眼睛"和"耳朵"，能够实时获取并分析周围的道路、交通状况及其他障碍物信息。通过精确的环境感知，智能汽车能够做出准确的决策，实现安全、高效的自动驾驶。同时，环境感知技术的不断进步也为智能汽车的发展提供强大动力，推动自动驾驶技术的快速迭代和优化。

1.1　智能汽车环境感知的定义

　　智能汽车环境感知是通过车辆配备的各类传感器，实时地检测并识别周围环境中的各种物体和信息，如图1-1所示。这些传感器如同智能汽车的"眼睛"，帮助车辆"看见"并理解周围的世界。

　　环境感知的主要任务包括检测移动和静止的障碍物，如车辆、行人、自行车、动物以及道路上的各种障碍物等，同时还要识别和收集道路上的各类信息，如可行驶区域、车道线、交通标志、红绿灯信号等。图1-2所示为城市工况下的环境感知对象，主要有静止目标、运动目标、道路标线、车道标线、交通信号灯和交通标志等。

图1-1　智能汽车环境感知

图1-2　城市工况下的环境感知对象

　　通过环境感知技术，智能汽车不仅能够识别和避免障碍物，还能更好地理解道路状况和交通标志，从而实现更安全、更高效的行驶。此外，这项技术还能提高车辆的自动驾驶能力，使其能够更好地适应不同的驾驶场景，如城市道路、高速公路和乡村道路等。

1.2　智能汽车环境感知的作用

　　智能汽车环境感知在行为决策、驾驶安全性、驾驶舒适感、行驶路径和速度以及实现协同驾驶和交通管理等方面发挥着重要作用。

　　（1）环境感知是行为决策的基础

　　智能汽车的环境感知是其行为决策的基础。通过高精度传感器收集周围环境的数据，车辆能够实时获取道路状况、交通信号、障碍物位置以及其他交通参与者的动态信息。这些信息经过处理和分析后，被用于指导车辆的行驶决策，如加速、减速、转向或避让等。环境感知为智能汽车提供实时、准确的环境信息，使其能够在复杂的交通环境中做出正确的决策，确保行驶的安全和顺畅。

　　以自动驾驶汽车为例，在高速公路上行驶时，车辆需要实时感知周围车辆的速度、距离和行驶方向等信息。如果前方车辆突然减速，智能汽车的环境感知系统能够迅速检测到这一变化，并立即将相关信息传递给车辆的决策系统。决策系统根据这些信息，可以迅速判断出需要减速或变道以避免潜在的碰撞风险。这种基于环境感知的行为决策使得智能汽车能够在高速行驶中保持高度的安全性和稳定性。

（2）环境感知提升驾驶安全性

智能汽车环境感知还能显著提升驾驶安全性。通过精确感知周围环境，车辆能够及时发现并应对潜在的危险情况，如行人突然闯入道路、前方车辆紧急刹车等。这种快速响应的能力有助于减少交通事故的发生，保护驾乘人员和行人的安全。

例如，在城市街道行驶时，智能汽车的环境感知系统能够准确识别行人、自行车和其他障碍物。当行人准备过马路时，车辆可以提前感知到这一行为，并相应地调整行驶速度或轨迹，以避免与行人发生碰撞。这种基于环境感知的主动安全措施能极大地提高驾驶的安全性。

（3）环境感知提升驾驶舒适度

智能汽车环境感知还能够提升驾驶的舒适度。通过感知道路状况、交通流量和天气条件等信息，车辆可以自动调整行驶速度和行驶模式，以适应不同的驾驶环境。这有助于减轻驾驶员的疲劳感和压力，提高驾驶的舒适性和便捷性。

例如，在长途驾驶过程中，智能汽车的环境感知系统可以感知到道路的颠簸程度和弯道的曲率等信息。根据这些信息，车辆可以自动调整悬架系统和转向系统的设置，以提供更加平稳和舒适的驾驶体验。

（4）环境感知优化行驶路径和速度

智能汽车环境感知系统能够实时获取周围道路的信息，包括道路类型、车道线、交通信号等。通过对这些信息的分析，车辆能够选择最佳的行驶路径和速度，以实现更加高效和舒适的驾驶体验。

例如，在复杂的城市路况中，智能汽车可以通过环境感知系统实时感知到前方道路的拥堵情况。当感知到前方路段拥堵时，车辆可以自动选择其他畅通的路段进行绕行，避免陷入拥堵中。这种智能的路径选择功能能够显著提高驾驶效率，减少不必要的时间和能耗。

（5）环境感知实现协同驾驶和交通管理

智能汽车环境感知技术还能够促进车辆之间的信息共享和协同驾驶，从而实现更加智能和高效的交通管理。

以智能交通系统为例，通过环境感知技术，车辆可以实时感知到周围其他车辆的位置、速度和行驶意图。这有助于车辆之间进行协同行驶，减少相互干扰和碰撞的风险。同时，交通管理系统也可以通过环境感知技术实时获取道路交通流量、拥堵情况等信息，从而做出相应的交通调度和优化措施。

1.3 智能汽车环境感知的要求

智能汽车环境感知的要求包括高精度传感器的要求、复杂环境下的稳定性要求、实时性和准确性的要求以及数据处理与融合的要求，这些要求共同构成智能汽车环境感知系统的核心要素，确保车辆能够在各种复杂环境中安全、高效地行驶。

（1）高精度传感器的要求

智能汽车环境感知系统需要依赖高精度传感器来获取周围环境的信息，包括激光雷达、毫米波雷达、摄像头和超声波传感器等。这些传感器需要具备高分辨率、高灵敏度和高稳定性等特点，以确保能够准确捕捉并传输环境信息。

例如，激光雷达需要能够实时获取车辆周围的三维点云数据，对物体的形状、距离和速度进行精确测量。毫米波雷达则需要能够穿透雨雾等恶劣天气条件，稳定地探测到前方障碍物。摄像头则需要具备高清晰度和大广角等特点，能够捕捉更多细节并适应不同的光线条件。

（2）复杂环境下的稳定性要求

智能汽车在行驶过程中会遇到各种复杂的环境条件，如雨雪天气、夜间低光环境、隧道等。在这些情况下，环境感知系统需要保持高度的稳定性，不受干扰地继续工作。

例如，在雨雪天气中，雨滴和雪花可能会对激光雷达和摄像头造成干扰。这时，环境感知系统需要具备对这类干扰的鲁棒性，能够准确识别和过滤掉这些噪声，确保感知结果的准确性。

（3）实时性和准确性的要求

智能汽车环境感知系统需要实时获取并处理环境信息，以便及时做出决策。因此，感知系统需要具备高实时性和高准确性。

例如，在高速公路上行驶时，车辆需要实时感知前方车辆的速度和距离，以便及时调整自身的行驶状态。如果感知系统存在延迟或误差，可能导致车辆做出错误的决策，引发事故风险。因此，智能汽车环境感知系统必须能够快速响应环境变化，并提供准确可靠的信息支持。

（4）数据处理与融合的要求

智能汽车环境感知系统通常使用多种传感器进行信息获取，因此需要对这些数据进行有效的处理和融合。这要求感知系统具备强大的数据处理能力和算法支持，能够将不同传感器的数据进行校准、同步和融合，形成对环境的全面感知。

例如，激光雷达和摄像头可以提供互补的信息，激光雷达可以提供精确的距离和深度信息，而摄像头可以提供丰富的颜色和纹理信息。通过将这些数据进行融合处理，可以形成更加完整和准确的环境模型，为智能汽车的决策提供有力支持。

1.4 智能汽车环境感知的类型

智能汽车环境感知的类型包括视觉感知、毫米波雷达感知、激光雷达感知和超声波感知等。每种类型都有其独特的特点和适用场景，通过综合利用这些感知方式，智能汽车能够更好地理解并应对复杂的道路环境，实现安全、高效的自动驾驶。

（1）视觉感知

视觉感知是智能汽车环境感知的重要类型之一，它主要通过摄像头来捕捉车辆周围的图像和视频信息。通过对这些图像进行深度学习和图像处理，可以识别和提取出道路标线、交通信号、车辆、行人等关键信息。

例如，利用高分辨率的摄像头和先进的图像识别算法，智能汽车可以识别交通信号灯的颜色和状态，从而准确判断是否应该停车或继续行驶。同时，通过图像分割技术，车辆还可以将道路和障碍物进行区分，以便在自动驾驶过程中避免碰撞。

（2）毫米波雷达感知

毫米波雷达感知是另一种常见的智能汽车环境感知类型，它利用毫米波雷达发射并接收电磁波来探测周围的物体。毫米波雷达感知具有较远的探测距离和较高的测量精度，尤其在恶劣天气或光线条件不佳的情况下仍能保持稳定的工作性能。

毫米波雷达能够探测到前方的车辆、行人等障碍物，并测量它们的距离、速度和方向。通过毫米波雷达感知，智能汽车可以实时了解周围环境的动态变化，以便及时做出相应的驾驶决策。

例如，在高速公路上行驶时，毫米波雷达可以实时探测前方车辆的位置和速度。当感知到前方车辆突然减速或停车时，毫米波雷达会迅速将这一信息传递给车辆的自动驾驶系统。自动驾驶系统根据雷达提供的数据，可以及时调整车辆的行驶状态，以避免追尾事故的发生。

（3）激光雷达感知

激光雷达感知是一种高精度的环境感知方式，它利用激光束扫描周围环境并测量反射回来的时间差，从而获取周围物体的三维位置信息。激光雷达能够生成车辆周围环境的三维点云数据，为自动驾驶提供丰富的空间信息。

例如，有一辆装备激光雷达的智能汽车，它正在城市道路中行驶。激光雷达被安装在车辆的车顶或前部，负责实时扫描周围环境并生成三维点云数据。当智能汽车行驶到一个复杂的交叉路口时，激光雷达开始发挥其重要作用。它迅速扫描周围环境，捕捉到道路上的车辆、行人、交通标志以及道路边缘等关键信息。通过处理这些点云数据，智能汽车能够精确地构建出交叉路口的三维模型。在这个模型中，激光雷达能够识别出各个方向上的车辆和行人的位置、速度及运动轨迹。它还能够检测到交通信号灯的颜色和状态，以及道路边缘和车道线的位置。这些信息对于智能汽车的决策和行驶至关重要。

（4）超声波感知

超声波感知是一种利用超声波传感器（也称为超声波雷达）进行环境探测的方式。超声波传感器通过发射超声波并测量其反射回来的时间，可以计算出与周围物体的距离。在智能汽车中，超声波感知常用于近距离的障碍物检测和泊车辅助系统。

例如，一辆装备超声波传感器的智能汽车正在停车场进行泊车操作。超声波传感器通常安装在车辆的前后保险杠上，负责探测车辆与周围障碍物之间的距离。当驾驶员选择泊车模式后，超声波传感器开始工作。它们会不断发射超声波信号，并等待这些信号碰到障碍物后反射回来。通过测量超声波信号发射和接收之间的时间差，超声波传感器可以精确计算出车辆与障碍物之间的距离。基于超声波感知的数据，智能汽车可以自动调整车辆的行驶轨迹和速度，以确保安全且顺利地泊入停车位。

超声波雷达、毫米波雷达、激光雷达和视觉传感器安装在智能汽车的不同位置，能够对车辆周围360°检测全覆盖，如图1-3所示。

视觉传感器一般进行短程目标探测，多用于特征感知和交通检测；超声波雷达主要对近距离目标进行检测，适用于泊车；远程毫米波雷达的信号能够透过雨、雾、灰尘等视线障碍

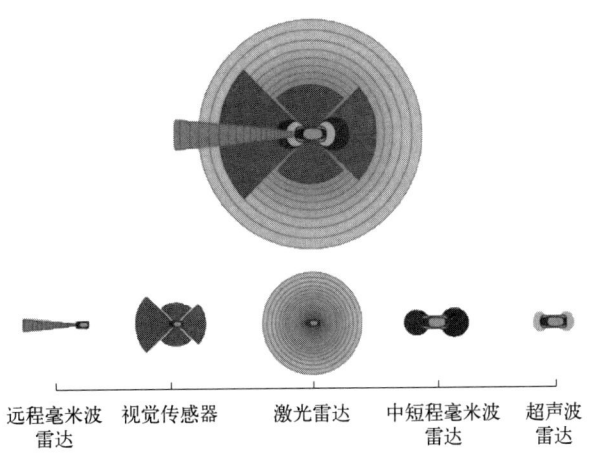

图1-3 环境感知传感器的覆盖范围

物对远距离目标进行检测，适用于前向避险；中程毫米波雷达和短程毫米波雷达主要对中短程目标进行检测，适用于侧向和后向避险；激光雷达多用于三维环境建立和目标检测。

1.5 智能汽车环境感知的流程

智能汽车环境感知是自动驾驶技术中的关键环节，通过传感器和数据处理技术，实现对周围环境的全面感知。智能汽车环境感知一般按以下流程进行。

（1）传感器部署与启动

智能汽车环境感知的首要步骤是传感器的部署与启动。在智能汽车的设计阶段，工程师们会精心选择并安装各种传感器，如高清摄像头、激光雷达、毫米波雷达等，以确保车辆能够全方位地感知周围环境。这些传感器被部署在车辆的不同位置，以最大限度地捕捉道路、车辆、行人等关键信息。

当智能汽车进入自动驾驶模式时，传感器系统随之启动。传感器通过内置的电源模块和控制单元，开始实时捕捉周围环境的数据。高清摄像头启动后，能够捕捉到丰富的视觉信息；激光雷达则开始发射激光束并接收反射信号，生成周围环境的点云数据；毫米波雷达则利用电磁波的特性，测量周围物体的距离和速度。

（2）数据采集与传输

传感器启动后，开始实时采集周围环境的数据。高清摄像头捕获连续的图像和视频流，激光雷达生成点云数据，毫米波雷达测量距离和速度。

采集的数据通过车辆内部的高速数据总线进行传输。高速数据总线是智能汽车内部各个模块之间通信的桥梁，能够实现传感器与中央处理单元之间快速、准确的数据传输。这样，中央处理单元就能够实时获取到来自各个传感器的原始数据，为后续的环境感知分析提供基础。

（3）数据预处理

中央处理单元接收到来自传感器的原始数据后，需要进行数据预处理。这一步骤的目的是消除数据中的噪声和冗余信息，提高数据的质量和可靠性。

① 去噪处理。对图像数据进行去噪处理，以消除图像中的干扰和杂点，这可以通过应用滤波算法或图像增强技术来实现，使图像更加清晰和易于分析。

② 滤波与平滑处理。对点云数据进行滤波和平滑处理，以去除由于测量误差或环境噪声引起的异常值，这可以通过应用统计滤波算法或基于模型的滤波方法来实现，使得点云数据更加准确和连续。

③ 格式转换和标准化处理。需要对数据进行格式转换和标准化处理，以便后续的数据处理和分析，这包括将数据转换为统一的坐标系、统一的数据格式和单位等，确保数据的一致性和可比性。

经过数据预处理后，数据的质量和可靠性得到显著提高，为后续的环境感知和决策规划提供坚实的基础。

（4）多传感器数据融合

智能汽车环境感知中，多传感器数据融合是至关重要的一步。由于每种传感器都有其独特的感知能力和局限性，因此需要将来自不同传感器的数据进行融合，以获取更全面、准确的环境感知结果。

在数据融合过程中，需要对来自不同传感器的数据进行校准和配准。由于传感器的安装位置和测量原理的差异，可能导致数据之间存在偏差和不一致性。因此，需要通过校准算法和配准技术，将不同传感器的数据对齐到同一坐标系下，以确保数据的准确性和一致性。

利用融合算法将来自不同传感器的数据进行综合处理，这可以通过加权平均、卡尔曼滤波、深度学习等方法来实现。融合算法的目的是充分利用各种传感器的优势，互补彼此的不足，从而得到一个更全面、精确的环境感知结果。

通过多传感器数据融合，智能汽车能够更准确地感知周围环境，包括道路状况、车辆位置、行人动态等信息。这有助于车辆更好地理解和预测环境变化，为后续的决策和规划提供有力支持。

（5）目标检测与识别

在多传感器数据融合的基础上，智能汽车进行目标检测与识别。这一步骤的目的是从融合后的数据中提取出关键的目标信息，如车辆、行人、交通标志等，并对其进行分类和定位。

利用图像处理技术对图像数据进行目标检测。通过应用边缘检测、特征提取和分类算法等方法，可以从图像中识别出车辆、行人等目标，并获取其位置、大小和形状等信息。

利用激光雷达和毫米波雷达的点云数据，可以进一步提取目标的距离、速度和方向等三维信息。通过点云数据的处理和分析，可以更加精确地确定目标的位置和姿态。

利用深度学习技术来提高目标检测与识别的准确性和鲁棒性。通过训练深度学习模型，可以自动学习目标的特征和模式，并在实时感知过程中进行快速、准确的目标检测与识别。

通过目标检测与识别，智能汽车能够实时获取周围环境中关键目标的信息，为后续的环境建模和决策规划提供重要依据。

（6）环境建模与地图构建

在目标检测与识别的基础上，智能汽车可进行环境建模与地图构建。这一步骤的目的是将感知到的环境信息转化为车辆可理解和利用的形式，为自动驾驶提供导航和决策支持。

智能汽车利用感知到的目标信息构建环境的几何模型，这包括道路的形状、宽度和曲率，交通标志的位置和含义，以及周围车辆和行人的位置和速度等信息。将这些信息整合起来，可以形成一个完整的环境模型，反映周围环境的结构和动态变化。

智能汽车利用地图数据进行地图构建，地图数据包含道路网络、交通规则和地理位置等详细信息，对于自动驾驶系统至关重要。通过将感知到的环境信息与地图数据进行匹配和融合，智能汽车能够精确地确定自身在地图中的位置，并规划出合适的行驶路径。

在环境建模与地图构建的过程中，智能汽车还需要考虑环境的动态变化，例如，交通拥堵、道路施工、临时交通管制等情况都会对车辆的行驶产生影响。因此，智能汽车需要不断地更新环境模型和地图数据，以适应这些变化，确保行驶的安全和稳定。

通过环境建模与地图构建，智能汽车能够更好地理解和适应周围环境，为后续的决策和规划提供可靠的基础。

（7）决策与规划

基于环境建模与地图构建的结果，智能汽车进入决策与规划阶段。这一步骤的目标是根据车辆当前的状态、周围环境以及预设的行驶目标，制定出合适的驾驶策略和路径规划。

智能汽车会评估当前的环境条件，包括道路状况、交通流量、障碍物位置等。结合车辆自身的状态信息，如位置、速度、加速度等，智能汽车能够判断出当前的行驶状态和潜在的风险。

智能汽车会利用路径规划算法，结合地图数据和导航信息，规划出一条从当前位置到目标位置的可行路径。在这个过程中，智能汽车会考虑多种因素，如道路类型、交通规则、行

...

驶效率等，以制定出既安全又高效的行驶策略。

在决策过程中，智能汽车还会不断地监测周围环境的变化，并根据实际情况调整驾驶策略。例如，当遇到前方车辆突然减速或变道时，智能汽车能够迅速做出反应，采取相应的制动或避让措施，确保行驶的安全。

通过决策与规划，智能汽车能够根据环境感知的结果和车辆自身的状态，制定出合适的驾驶策略，实现安全、高效的自动驾驶。

通过这一流程，智能汽车能够实时感知周围环境，理解道路状况、交通规则和行驶目标，并制定出合适的驾驶策略和路径规划，实现安全、高效的自动驾驶。

图 1-4 所示为百度 Apollo 感知模块，它涉及车辆传感器收集数据并将这些数据处理成对车辆周围世界的理解，为基于学习的规控系统模块提供必要信息。

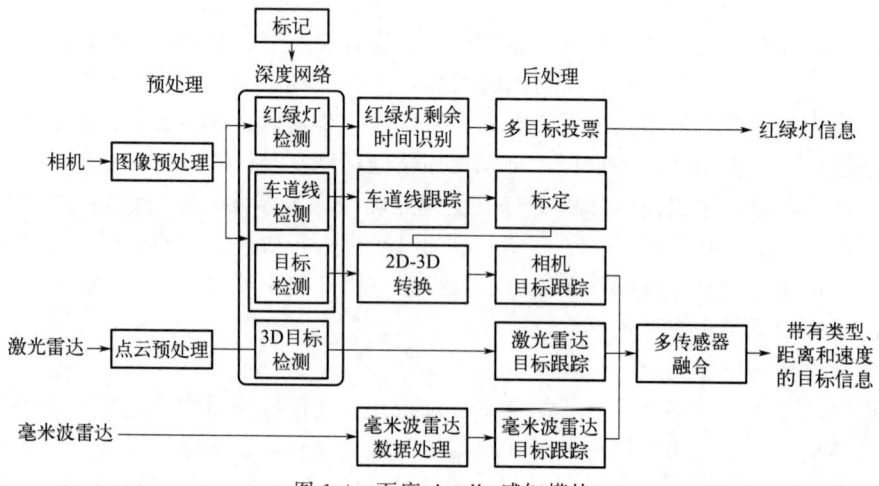

图 1-4　百度 Apollo 感知模块

百度 Apollo 感知模块的输入包括激光雷达数据、毫米波雷达数据等，输出包括带有类型、距离和速度的目标信息以及红绿灯信息，其中相机和激光雷达的目标检测部分都是利用深度学习网络完成的，然后都进行目标跟踪，最后设计一个多传感器融合模块，用于融合三种传感器跟踪后的目标序列，获得更加稳定可靠的感知结果。

百度 Apollo 感知基本流程如图 1-5 所示。

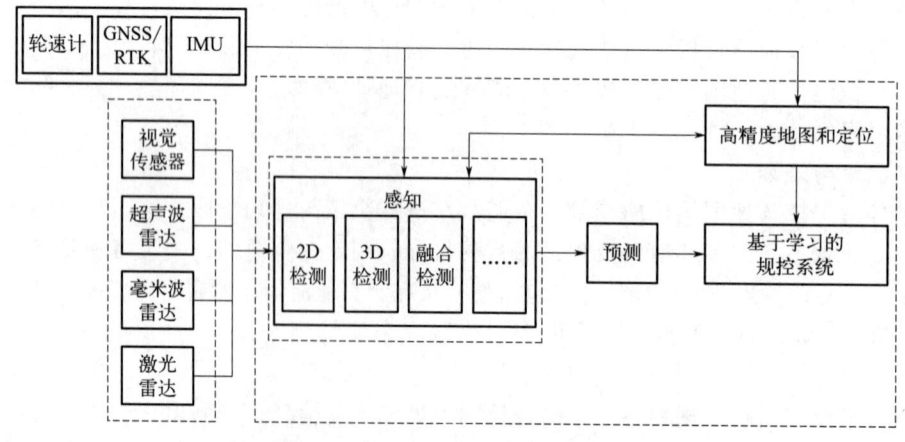

图 1-5　百度 Apollo 感知基本流程

百度 Apollo 感知算法流程如图 1-6 所示。无论是传统算法还是深度学习基础的算法，都遵循数据-前处理-表征学习-特征提取-算法任务-后处理到需要结果的流程，根据实际场景和业务需求的不同，前、后处理和表征学习过程可省略或者由端到端模型整体处理。

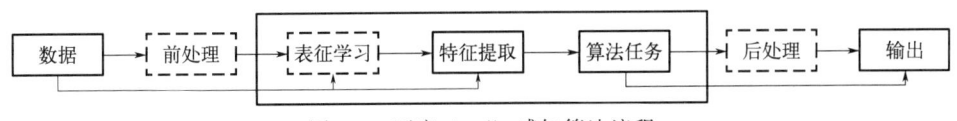

图 1-6 百度 Apollo 感知算法流程

1.6 智能汽车环境感知的功能需求

智能汽车环境感知的功能需求包括实时性与准确性、多源信息融合、动态场景理解以及安全性与鲁棒性等。这些功能需求共同构成智能汽车环境感知系统的核心，为实现安全、高效的自动驾驶提供重要支持。

(1) 实时性与准确性

智能汽车环境感知的首要功能需求是实时性与准确性。实时性要求车辆能够迅速响应外部环境的变化，确保行车安全。在高速行驶过程中，车辆需要实时感知道路状况、交通流量以及障碍物等信息，以便及时调整行驶策略。同时，准确性也是环境感知不可或缺的一部分。车辆必须能够准确识别道路标线、交通标志以及周围车辆和行人的动态变化，以避免因误判导致的交通事故。

为实现这一功能需求，智能汽车配备多种传感器，如高清摄像头、激光雷达和毫米波雷达等。这些传感器能够实时采集周围环境的数据，并通过算法处理得到准确的感知结果。此外，智能汽车还通过高速数据传输技术，将感知结果实时传输给中央控制系统，以实现快速响应和决策。

(2) 多源信息融合

智能汽车环境感知的另一项功能需求是多源信息融合。由于每种传感器都有其独特的感知范围和限制，单一传感器的数据往往无法提供全面的环境信息。因此，智能汽车需要将来自不同传感器的数据进行融合，以获得更全面、准确的感知结果。

多源信息融合技术通过算法处理，将不同传感器的数据进行配准、滤波和融合，从而消除冗余信息，提高感知精度。例如，高清摄像头可以提供丰富的视觉信息，但受到光线和天气条件的影响较大；而激光雷达则能够获取精确的距离和深度信息，但在恶劣天气条件下可能受限。通过融合这两种传感器的数据，智能汽车能够克服单一传感器的局限性，提高环境感知的精度和鲁棒性。

(3) 动态场景理解

智能汽车环境感知还需要具备动态场景理解的能力。道路环境和交通状况是不断变化的，车辆需要能够实时理解和适应这些变化，以确保行车安全。动态场景理解功能要求车辆能够识别和跟踪道路标线、交通信号、其他车辆以及行人等动态对象。车辆还需要分析这些对象的运动轨迹和意图，预测它们的未来行为，从而制定合适的行驶策略。通过动态场景理解，智能汽车能够在复杂的交通环境中做出正确的决策，如变道、减速或停车等，以保证行驶安全。

为实现这一功能需求，智能汽车采用先进的计算机视觉和深度学习技术。通过训练深度学习模型，智能汽车能够学习并识别各种交通场景和对象。同时，智能汽车还利用算法对感知数据进行处理和分析，提取出有用的信息，以支持动态场景理解。

（4）安全性与鲁棒性

智能汽车环境感知需要具备安全性与鲁棒性。环境感知系统是自动驾驶汽车的重要组成部分，其安全性和稳定性对于车辆的正常行驶至关重要。安全性要求环境感知系统能够准确识别和感知周围环境中的障碍物、交通信号等信息，避免因感知误差而导致的危险情况发生。为实现这一要求，系统需具备高度的抗干扰能力和数据处理能力，能够在各种复杂场景下稳定运行。鲁棒性则强调系统在异常情况下的稳定性和恢复能力。在传感器故障、数据异常或恶劣天气等不利条件下，环境感知系统应能够保持一定的感知能力，并及时发出警报或采取相应措施，确保车辆行驶的安全。

为实现安全性与鲁棒性，智能汽车环境感知系统可采用多种技术手段。例如，通过冗余设计和备份机制，确保在某一传感器或部件出现故障时，其他部分仍能继续正常工作；通过自学习和自适应算法，使系统能够不断学习和适应新的环境与场景，提高感知的准确性和稳定性。

1.7　智能汽车环境感知的约束条件

智能汽车环境感知的约束条件主要包括传感器性能与精度限制、数据处理与计算资源限制、环境变化与动态干扰以及法律法规与隐私保护要求。这些约束条件对智能汽车的研发和应用提出了挑战，但也为技术创新和发展提供了方向。

（1）传感器性能与精度限制

智能汽车环境感知的核心依赖于多种传感器，包括摄像头、激光雷达、毫米波雷达等。然而，每种传感器都存在性能与精度的限制，这些限制构成环境感知的重要约束条件。

传感器的感知范围是有限的。例如，激光雷达虽然能够提供精确的距离和深度信息，但其探测范围受到功率和波长的影响，无法在长距离或高障碍物环境下保持高精度。摄像头在夜间或恶劣天气条件下可能受到光照和能见度的限制，导致图像质量下降，影响识别精度。

传感器的精度也受到各种因素的影响，如温度变化、振动、电磁干扰等都可能导致传感器数据的误差。此外，传感器的校准和维护也是确保其精度的重要环节，但实际操作中可能存在困难和挑战。

为了克服这些约束条件，智能汽车通常采用多传感器融合的方法，将不同传感器的数据进行互补和优化，以提高感知的准确性和可靠性。同时，对传感器性能的持续研发和改进也是提升环境感知能力的重要途径。

（2）数据处理与计算资源限制

智能汽车环境感知过程中产生的大量数据需要进行实时处理和分析，这对计算资源提出巨大的挑战。数据处理与计算资源的限制成为环境感知的另一个重要约束条件。

实时性要求是数据处理的首要挑战。智能汽车需要在毫秒级的时间内完成环境感知并做出决策，这就要求数据处理速度必须足够快。然而，随着传感器数量的增加和感知精度的提高，数据量呈指数级增长，给计算资源带来巨大压力。

计算资源的有限也限制了数据处理的能力。智能汽车的中央处理器和内存资源有限，难以同时处理大量的复杂数据。如果计算能力不足，可能导致数据处理速度变慢，无法满足实时性要求。

为了应对这些约束条件，智能汽车需要采用高效的算法和硬件加速技术来优化数据处理流程。例如，利用深度学习算法进行特征提取和分类可以显著提高感知精度及效率；同时，采用专用芯片等硬件加速设备可以大幅提升数据处理速度。此外，合理的数据压缩和传输策略也能有效减少数据处理过程中的资源消耗。通过减少数据传输量、降低数据冗余度等方式，可以进一步提高数据处理效率并降低功耗。

（3）环境变化与动态干扰

智能汽车行驶的环境是复杂多变的，这种变化不仅包括道路类型、天气条件等自然因素，还包括交通状况、其他车辆和行人等动态干扰。这些环境变化和动态干扰构成环境感知的又一个重要约束条件。

自然环境的变化会对传感器的工作状态产生影响。例如，雨雪天气可能导致路面湿滑，影响激光雷达的探测精度；同时，雾霾或沙尘暴等恶劣天气条件会降低摄像头的可见度，导致图像质量下降。

交通状况的动态变化也对环境感知提出挑战。道路上车辆的密度、速度和方向都会不断变化，这要求智能汽车能够实时调整感知策略和参数以适应这些变化。此外，其他车辆和行人的行为也是不可预测的，尤其是车辆，可能会突然变道、加速或减速，甚至可能违反交通规则，这些都增加了环境感知的难度。

为了应对这些约束条件，智能汽车需要具备强大的环境适应能力和抗干扰能力。一方面，可以通过算法优化和模型训练来提高传感器在不同环境和天气条件下的稳定性及可靠性；另一方面，可以通过增强感知系统的鲁棒性来减少动态干扰对感知结果的影响。同时，加强与其他车辆和交通基础设施的通信及协作也是提高环境感知能力的重要途径。通过车辆间的信息共享和协同决策，可以更好地应对交通状况的动态变化并减少潜在的风险。

（4）法律法规与隐私保护要求

智能汽车环境感知涉及大量的数据收集和处理，因此必须遵守相关的法律法规和隐私保护要求。这些法律法规和隐私保护要求成为环境感知的另一个重要约束条件。

数据收集和使用必须合法合规。智能汽车在收集环境感知数据时，必须遵循相关的数据保护法规，确保数据的合法性和合规性。同时，对于涉及个人隐私的数据，必须进行脱敏处理或加密存储，以防止数据泄露和滥用。

隐私保护是环境感知过程中不可忽视的方面。由于环境感知系统需要收集和处理大量的个人信息及位置数据，因此必须采取严格的隐私保护措施来确保用户信息安全。这包括数据加密、访问控制、匿名化技术等手段的应用以及定期的安全审计和风险评估。

为了遵守法律法规和隐私保护要求，智能汽车环境感知系统需要建立完善的数据管理制度和安全防护措施。这包括制定详细的数据收集和使用政策，明确数据处理的目的和范围；同时，加强技术研发和应用创新，探索更加安全高效的数据处理方法和技术手段。此外，加强与相关机构和部门的沟通及合作也是确保环境感知合规性的重要途径。通过了解法律法规的最新动态和隐私保护的最佳实践，智能汽车可以更好地应对法规约束和隐私挑战，提高环境感知的安全性和合规性。

1.8 智能汽车环境感知的发展趋势

智能汽车环境感知技术正朝着更加智能化、精准化、协同化的方向发展。随着传感器技术、人工智能、高精度地图与定位技术以及通信与协同感知技术的不断进步和应用等，智能汽车将更加安全、高效、智能地行驶在道路上。

（1）传感器技术的持续创新与优化

随着科技的飞速发展，传感器技术已成为智能汽车环境感知的核心驱动力。近年来，激光雷达、毫米波雷达、高清摄像头等多种传感器已经在智能汽车中广泛应用。这些传感器不仅提升了车辆对周围环境的感知精度，更为自动驾驶的实现提供坚实的技术基础。

传感器技术将继续朝着更高精度、更小体积、更低功耗的方向发展。随着材料科学和制造工艺的进步，新型传感器将具备更强的环境适应能力和抗干扰能力，能够在各种恶劣条件下稳定工作。此外，多传感器融合技术也将得到进一步优化，不同传感器之间的信息将能够更加高效地整合和利用，从而实现对周围环境的全面、精准感知。

（2）人工智能与环境感知的深度融合

人工智能技术的快速发展为智能汽车环境感知带来新的发展机遇。通过深度学习、机器学习等算法的应用，智能汽车可以更加智能地分析和处理传感器采集的数据，提取出有用的信息用于导航、避障、自动驾驶等任务。

人工智能与环境感知的深度融合将成为趋势。一方面，通过大数据的积累和分析，人工智能算法将不断优化和改进，提高环境感知的准确性和可靠性；另一方面，随着计算能力的提升和算法的优化，智能汽车将能够更加实时、高效地处理感知数据，为自动驾驶的实现提供更加强有力的支持。

（3）高精度地图与定位技术的协同发展

高精度地图与定位技术是智能汽车环境感知的重要组成部分。高精度地图提供详细的道路信息、交通标志、障碍物位置等数据，为车辆提供丰富的导航和定位信息；而定位技术则能够精确确定车辆在道路上的位置和方向。

高精度地图与定位技术将实现更加紧密的协同发展。随着地图数据的不断更新和完善，智能汽车将能够获取更加准确、丰富的道路信息；同时，随着定位技术的不断进步，车辆的定位精度也将得到大幅提升。这将为智能汽车的自动驾驶提供更加可靠的环境感知支持。

（4）通信与协同感知技术的突破与应用

随着车联网技术的发展，智能汽车之间的通信与协同感知技术也日益受到关注。通过车辆之间的信息共享和协同工作，可以实现对周围环境的更全面、更准确的感知。

通信与协同感知技术将迎来新的突破。一方面，随着 5G、V2X 等通信技术的普及和应用，智能汽车之间的通信将更加快速、稳定；另一方面，协同感知算法的不断优化和改进将提高车辆之间的协同效率，实现对周围环境的更加精准的感知。这将为智能汽车的自动驾驶提供更加可靠的安全保障。

（5）BEV 感知融合技术将得到推广应用

随着自动驾驶技术的发展和普及，BEV（bird's eye view，鸟瞰图）感知融合技术将会变得越来越重要。BEV 在自动驾驶中的应用将会越来越广泛，成为核心技术之一。通过BEV，车辆可以全方位地观察周围环境，更为精准地规划路线和行驶路径，并最终实现高度自动驾驶。同时，其精度和分辨率将会得到进一步提高。

通过不断地改进计算机视觉技术、图像识别技术和深度学习算法，BEV 技术将会变得更加精细，并具有更高的分辨率，能够提取更多的环境信息和细节。随着自动驾驶技术的发展，系统对于环境信息的解析和理解能力需要不断提高。未来的 BEV 技术将会结合更多的智能科技，比如机器学习、人工智能等，从而更好地理解和识别环境中的各种物体和障碍物。BEV 技术在未来将会得到广泛应用和发展，而随着核心技术的不断加强，它将会在自动驾驶等多个领域中发挥越来越重要的作用。

第 2 章　基于视觉传感器的环境感知技术

　　基于视觉传感器的环境感知技术是利用摄像头捕捉道路、车辆、行人等图像信息，通过图像处理算法提取特征并识别目标。视觉传感器具有信息丰富、成本低廉等优势，为智能车辆提供直观的环境感知能力。随着深度学习技术的发展，基于视觉传感器的环境感知技术日益成熟，不仅提高感知的准确性和实时性，而且推动自动驾驶技术的快速发展。

2.1 视觉传感器的功能需求与配置

　　视觉传感器就像智能汽车的"火眼金睛"，它的功能需求与配置至关重要。想象一下，你正在为智能汽车挑选一双合适的"眼睛"。首先，这双"眼睛"需要高清晰度，才能捕捉道路上每一个细微的变化；其次，它需要广角视野，才能无死角地观察周围环境；最后，这双"眼睛"还需具备夜间视觉功能，才能在黑暗中看清一切。这些配置都是为了满足视觉传感器的功能需求：精确识别道路标志、实时监测交通状况、及时预警潜在危险。只有这样的"眼睛"，才能让智能汽车在复杂的交通环境中安全行驶。

2.1.1 视觉传感器的功能需求

(1) 障碍物检测与识别的功能要求

　　智能汽车在行驶过程中，需要准确识别道路上的障碍物，如其他车辆、行人、非机动车等，以便及时做出避让或减速等反应。

　　① 高精度识别。传感器应能够精确区分不同类型的障碍物，并准确识别障碍物的位置、大小和形状等信息。

　　② 实时性。传感器需要实时捕捉道路信息，并快速将处理结果传递给车辆控制系统，以确保车辆能够迅速做出反应。

　　③ 抗干扰能力。在复杂的交通环境中，传感器应能够有效抵抗光照变化、阴影、遮挡等干扰因素，确保检测与识别的准确性。

　　例如，在高速公路上行驶时，视觉传感器需要准确识别前方车辆的距离和速度，以判断是否存在碰撞风险。同时，传感器还应能够识别路边的行人或非机动车，避免潜在的安全隐患。

(2) 道路标识识别与理解的功能要求

　　道路标识是车辆行驶过程中必须遵守的规则，视觉传感器需要准确识别并理解这些标识的含义。

　　① 广泛识别。传感器应能够识别各类道路标识，如交通信号灯、交通标志、车道线等。

　　② 含义解析。除了识别标识本身，传感器还需理解标识的含义，如限速标志的速度限制、交通信号灯的指示等。

　　③ 适应性。不同地区的道路标识可能存在差异，传感器需要具备较强的适应性，能够识别并理解各种风格和样式的标识。

　　例如，在城市道路行驶中，视觉传感器需要准确识别交通信号灯的颜色变化，并判断当前车辆是否可以通行。同时，传感器还应能够识别道路两侧的限速标志，以确保车辆按照规定的速度行驶。

(3) 车道线检测与跟踪的功能要求

　　车道线检测与跟踪是视觉传感器的另一项重要功能，它有助于车辆保持正确的行驶轨迹。

　　① 稳定跟踪。传感器应能够持续稳定地跟踪车道线，即使在曲线路段或路口等复杂场景中也能保持准确性。

　　② 适应性。传感器需要适应不同天气和光线条件下的车道线识别，确保在各种环境中

都能稳定工作。

③ 提供导航信息。通过车道线检测与跟踪，传感器应为车辆提供导航信息，如车道偏离预警、变道辅助等。

例如，在高速公路巡航时，视觉传感器需要持续跟踪车道线，以确保车辆保持在正确的车道内行驶。同时，传感器还应能够检测并预警潜在的车道偏离风险，提高驾驶安全性。

智能汽车视觉传感器的功能要求涵盖了障碍物检测与识别、道路标识识别与理解以及车道线检测与跟踪等多个方面。这些功能的实现对于确保智能汽车的安全性和稳定性至关重要。

2.1.2　视觉传感器的配置

智能汽车视觉传感器的配置是实现车辆自主感知、决策与控制的核心环节。随着自动驾驶技术的快速发展，视觉传感器在智能汽车中的应用日益广泛。合理的视觉传感器配置不仅能够提高车辆的环境感知能力，而且能为车辆的决策系统提供准确、丰富的信息。图 2-1 所示为视觉传感器在智能汽车中的安装位置。

（1）配置原则

在配置智能汽车视觉传感器时，应遵循以下原则。

① 全面覆盖。全面覆盖原则强调传感器配置应尽可能覆盖车辆周围环境的所有重要信息。为实现这一目标，需要考虑车辆行驶中可能遇到的各种场景和障碍物。

以自动驾驶汽车为例，为实现全面覆盖，车辆应配置前视摄像头、侧视摄像头、后视摄

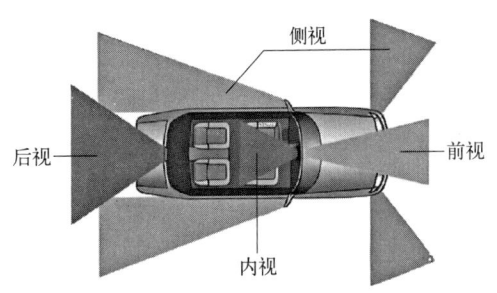

图 2-1　视觉传感器在智能汽车中的安装位置

像头以及环视摄像头。前视摄像头用于捕捉前方道路信息，侧视摄像头用于监测车辆侧方障碍物，后视摄像头用于倒车和观察后方交通状况，而环视摄像头则可以提供 360°的全景视野，有效消除视野盲区。这种全方位的配置确保车辆在不同场景下都能获取足够的感知信息。

② 冗余设计。冗余设计原则旨在通过配置多个相同或不同类型的传感器，以提高感知系统的可靠性和容错能力。当某个传感器出现故障或性能下降时，其他传感器能够弥补其不足，确保车辆感知系统的连续稳定运行。

以自动驾驶卡车为例，由于行驶距离长、路况复杂，冗余设计尤为重要。卡车可以配置多个前视摄像头和激光雷达，以确保在恶劣天气或复杂路况下仍能获得稳定的感知数据。同时，侧视和后视传感器也可以采用多传感器融合的方式，通过不同传感器之间的互补和验证，提高感知数据的准确性和可靠性。

③ 适应性。适应性原则强调传感器配置应能根据不同场景和需求进行灵活调整与优化。由于智能汽车面临的行驶环境复杂多变，因此传感器配置需要具备一定的灵活性和可扩展性。

以城市自动驾驶出租车为例，其行驶环境包括繁忙的街道、交叉路口、行人区域等多种场景。为适应这些复杂场景，出租车可以配置高动态范围的摄像头和具有深度感知能力的激光雷达。同时，针对夜间行驶或低光照环境，还可以采用红外传感器或夜视摄像头来增强感知能力。

（2）配置策略

在配置智能汽车视觉传感器时，可以采用以下策略。

① 主辅结合。主辅结合的配置策略是指通过主要传感器提供核心信息，辅助传感器则用于补充和增强主要传感器的功能。这种策略旨在提高感知系统的可靠性和准确性。

以自动驾驶汽车为例，主要传感器可以是长距离激光雷达或高清摄像头，用于捕捉远距离的目标和场景信息。这些传感器具有高精度和高分辨率的特点，能够为车辆提供稳定的感知数据。然而，它们可能受到天气条件、光照变化或遮挡物的影响，导致在某些情况下感知效果下降。

为了弥补主要传感器的不足，可以配置辅助传感器，如短距离雷达或鱼眼摄像头。短距离雷达对近距离障碍物具有出色的探测能力，而鱼眼摄像头可以提供车辆周围的 360°全景视图。这些辅助传感器在主传感器受到干扰或无法正常工作时，能够提供额外的感知信息，确保车辆能够继续稳定地运行。

② 层次化配置。层次化配置的策略是指根据感知需求和距离范围，将视觉传感器配置在不同的层次上，形成多层次的感知网络。这种策略有助于提高感知系统的覆盖范围和精度。

以自动驾驶卡车为例，由于需要应对更复杂的道路环境和更长的行驶距离，层次化配置尤为重要。在近距离感知层次上，可以配置侧视和俯视摄像头，用于监测车辆周围的行人和障碍物，以及路面标线和交通信号。这些传感器能够提供实时的、高清晰度的图像数据，帮助车辆进行精确的避障和路径规划。

在中距离感知层次上，可以部署中距离激光雷达或毫米波雷达，用于探测前方较远距离的车辆和障碍物。这些传感器能够提供较远的探测距离和较高的测量精度，为车辆的自动驾驶提供可靠的导航信息。

在远距离感知层次上，可以采用高清长焦距摄像头或远距离激光雷达，用于监测远处的道路状况和交通流情况。这些传感器能够提供更广阔的视野和更远的探测距离，有助于车辆进行全局路径规划和交通流量预测。

③ 智能化协同。智能化协同的策略是指通过算法和数据处理技术，实现不同传感器之间的智能化协同工作。这种策略能够提高感知系统的综合性能和可靠性。

以智能驾驶车辆为例，智能化协同可以通过数据融合、目标跟踪和场景识别等技术实现。数据融合技术可以将来自不同传感器的数据进行整合和筛选，提取出最有价值的信息。目标跟踪技术可以对传感器检测到的目标进行连续追踪和定位，确保车辆对动态障碍物的准确感知。场景识别技术则可以根据车辆的行驶环境和任务需求，智能地切换传感器的工作模式和数据处理算法，以适应不同的驾驶场景。

通过智能化协同，不同传感器之间的感知信息可以相互补充和验证，提高感知数据的准确性和可靠性。同时，根据车辆的实时需求和状态，智能化协同还可以优化传感器的工作模式和资源分配，提高感知系统的性能和效率。

（3）注意事项

在配置智能汽车视觉传感器时，需要注意以下事项。

① 安装位置。安装位置的选择对视觉传感器的性能有着直接的影响。正确的安装位置有助于最大化传感器的视野范围，减少盲区，并避免不必要的干扰。

例如，前视摄像头通常安装在车辆前部的中央位置，以确保能够清晰地捕捉到前方道路和交通状况。安装时需注意调整摄像头的角度，使其与车辆行驶方向保持一致，避免产生视角偏差。

侧视摄像头则通常安装在车辆侧面，用于监测侧方障碍物和交通情况。在安装过程中，应确保摄像头的视野不受车身结构或其他设备的遮挡，以获取最完整的侧方信息。

此外，对于安装位置还需要考虑传感器的防护问题，防止其受到恶劣天气、路况或外部物体的损害。例如，为传感器安装防护罩或防水措施，以提高其耐用性和可靠性。

② 校准与标定。校准与标定是确保视觉传感器性能稳定和准确的关键步骤。通过校准，可以消除传感器安装过程中的偏差，而标定则用于提高传感器的测量精度。

在进行校准与标定时，应使用专业的校准设备和标定方法，以确保结果的准确性和可靠性。例如，可以利用标定板对摄像头进行标定，通过拍摄标定板上的特征点，计算相机的内部参数和畸变系数，从而校正图像的畸变和误差。

此外，还需要定期对传感器进行校准和标定，以应对车辆行驶过程中可能产生的偏差和变化。特别是在更换传感器或进行车辆维修后，必须重新进行校准和标定，以确保感知系统的准确性和可靠性。

③ 数据处理与传输。智能汽车视觉传感器产生的大量数据需要进行实时处理和传输。数据处理算法应具备高效性和准确性，能够快速识别并提取出有用的特征信息。同时，算法还应具备一定的鲁棒性，能够应对复杂多变的路况和场景。数据传输通道应稳定可靠，确保数据能够实时传输至车辆的控制和决策系统。在传输过程中，应采取必要的加密和防护措施，防止数据泄露或被恶意攻击。此外，还需要注意数据处理的实时性。由于智能汽车需要快速响应外部环境的变化，因此数据处理的速度必须足够快，以满足实时性要求。

2.2　视觉传感器的标定

　　想象一下，智能汽车就像一名司机，而视觉传感器则是它的"眼睛"。这双"眼睛"需要清晰地看到前方的路况，才能做出准确的驾驶决策。如果视觉传感器没有经过标定，那么它看到的画面可能会扭曲或变形，就像透过一个变形的镜片看世界。这样，智能汽车就无法准确地识别道路标线、交通信号和其他车辆，从而增加行驶的风险。因此，标定视觉传感器就像是给智能汽车配上一副合适的眼镜，确保它能够清晰地看到并理解周围的世界，从而更加安全地行驶。

2.2.1　视觉传感器的标定目的

视觉传感器是自动驾驶系统中不可或缺的关键部件，负责捕捉和解析车辆周围环境的信息。然而，由于制造误差、安装偏差以及环境因素等多种原因，视觉传感器在实际应用中往往会产生一定的误差。为了确保传感器能够准确、可靠地提供环境感知数据，对其进行标定显得尤为重要。

视觉传感器的标定主要是为了消除传感器自身的误差，提高测量精度，确保所获取的环境信息准确可靠。具体而言，标定目的主要包括以下几个方面。

① 消除内部参数误差。视觉传感器在制造过程中会存在一定的内部参数误差，如镜头畸变、焦距偏差等。通过标定，可以获取这些内部参数的真实值，进而对传感器输出的图像进行校正，消除因内部参数误差引起的图像失真问题。

② 确定外部参数。视觉传感器在安装到车辆上后，需要确定其在车辆坐标系中的位置

和姿态。标定过程可以通过特定的标定方法和工具，获取这些外部参数，确保传感器能够与车辆的其他传感器和控制系统进行准确的坐标转换及融合。

③ 优化算法参数。视觉传感器在图像处理和识别过程中需要依赖一定的算法和参数。通过标定，可以优化这些算法参数，提高图像处理的速度和准确性，进而提升传感器在复杂环境下的感知能力。

以下通过几个实例，进一步说明智能汽车视觉传感器标定的目的。

① 车道线检测实例。在车道线检测应用中，视觉传感器需要准确识别道路上的车道线。然而，由于镜头畸变等内部参数误差的影响，传感器捕捉到的车道线图像可能会出现弯曲或失真。通过标定，可以校正这些误差，使传感器能够输出更准确的车道线信息，提高车道线检测的精度。

② 障碍物检测与识别实例。在障碍物检测与识别应用中，视觉传感器需要准确识别道路上的障碍物，如车辆、行人等。然而，由于安装偏差等外部参数的影响，传感器可能无法准确判断障碍物的位置和距离。通过标定，可以确定传感器在车辆坐标系中的位置和姿态，进而实现准确的障碍物定位和识别。

③ 交通标志识别实例。在交通标志识别应用中，视觉传感器需要识别道路上的交通标志，如限速标志、禁止通行标志等。由于光照变化、阴影等环境因素的影响，传感器在识别交通标志时可能会遇到困难。通过标定和优化算法参数，可以提高传感器对交通标志的识别能力，减少误判和漏判的情况。

2.2.2　视觉传感器的标定方法

视觉传感器的标定方法有传统标定方法、自标定方法和张正友标定方法。

(1) 传统标定方法

传统标定方法主要通过精密的测量设备和标准标定物来标定视觉传感器的内外部参数。标定过程中，首先需要通过一系列已知精确尺寸和形状的标定物（如标定板、标定块等），在不同的位姿下拍摄多组图像，然后利用图像处理技术提取图像中的特征点（如角点、边缘等），最后通过优化算法求解出相机的内部参数（如焦距、主点坐标、畸变系数等）和外部参数（如旋转矩阵、平移向量等）。

传统标定方法按以下步骤进行。

① 准备标定物。选择一个具有规则图案且尺寸已知的标定板，如棋盘格标定板，确保标定板的精度和稳定性满足标定要求。

② 拍摄标定图像。将标定板放置在传感器前方不同位置和角度，确保标定板在图像中占据足够的区域且清晰可见。使用传感器拍摄多组标定图像，确保图像中包含足够的特征点信息。

③ 图像预处理。对拍摄的标定图像进行预处理，包括去噪、滤波等操作，以提高图像质量并减少误差。

④ 特征提取。利用图像处理技术提取标定图像中的特征点，如角点、边缘等。这些特征点应具有明确的数学描述和稳定的匹配性能。

⑤ 参数计算。根据提取的特征点坐标和标定板上的已知坐标，通过优化算法求解相机的内外部参数。这通常涉及线性方程组的求解和非线性优化过程。

⑥ 标定结果验证。利用标定结果对新的图像进行重投影，通过比较重投影误差来验证标定结果的准确性。如果误差较小且满足要求，则标定成功；否则需要重新进行标定。

以智能汽车的前置摄像头为例，说明传统标定方法的具体应用。首先，准备一个高精度的棋盘格标定板，并将其放置在车辆前方的不同位置和角度。然后，使用前置摄像头拍摄多组包含标定板的图像。接着，利用图像处理技术提取图像中的角点特征，并根据这些角点特征计算相机的内外部参数。最后，通过验证重投影误差来确认标定结果的准确性。

在实际应用中，可以根据具体的传感器类型、应用场景和精度要求来选择合适的标定板和优化算法。同时，为了获得更准确的标定结果，还可以采用多次标定取平均值、对标定过程进行精细化控制等方法来提高标定精度。

传统标定方法具有以下优点。

① 标定精度高。传统标定方法通过使用精密的测量设备和标准标定物，能够获取高精度的内外部参数。这使得智能汽车视觉传感器在标定后能够更准确地感知和解析周围环境信息。

② 可靠性高。由于传统标定方法经过长时间的发展和验证，其可靠性和稳定性得到广泛认可。在实际应用中，传统标定方法能够提供稳定的标定结果，确保传感器性能的一致性和可预测性。

③ 适用范围广。传统标定方法不受特定传感器类型或应用场景的限制，可以广泛应用于各种智能汽车视觉传感器的标定。无论是单目相机、双目相机还是深度相机，都可以通过传统标定方法进行准确的内外部参数标定。

传统标定方法具有以下缺点。

① 操作复杂。传统标定方法需要进行多个步骤的操作，包括准备标定物、拍摄标定图像、图像处理、特征提取和参数计算等。这些步骤需要一定的专业知识和技能，对于非专业人士来说可能较为困难。

② 标定过程烦琐。传统标定方法通常需要拍摄大量的标定图像，并对这些图像进行精细处理和分析。这不仅增加标定过程的时间成本，而且可能受到环境因素（如光照条件、噪声等）的干扰，从而影响标定结果的准确性。

③ 对标定物的要求高。传统标定方法对标定物的精度和稳定性要求较高。标定物的尺寸、形状和图案等特征需要精确制作和控制，以确保标定结果的准确性。这会增加标定成本和对标定设备的要求。

（2）自标定方法

自标定方法是一种基于图像序列或连续视频帧的传感器标定技术。它通过分析图像序列中的特征点对应关系，利用传感器自身的运动信息和场景信息来恢复相机的内外部参数。这种方法无须依赖外部标定物，能够在车辆行驶过程中实时进行标定，具有较高的灵活性和实用性。

自标定方法按以下步骤进行。

① 图像序列获取。通过智能汽车视觉传感器获取一系列连续的图像序列或视频帧。这些图像序列应包含足够的场景变化和特征点信息，以便进行后续的标定计算。

② 特征提取与匹配。在获取的图像序列中，利用图像处理技术提取出稳定的特征点，如角点、边缘等。然后，通过特征匹配算法，将这些特征点在相邻的图像帧之间进行匹配，建立特征点之间的对应关系。

③ 运动估计与场景重建。基于特征点的对应关系，利用运动估计算法估计传感器在不同图像帧之间的相对运动参数。同时，结合场景信息，可以重建出三维空间中的点云数据或场景模型。

④ 内外部参数计算。根据估计的运动参数和重建的场景信息，通过优化算法求解相机的内外部参数。这通常涉及最小化重投影误差等优化问题，以获得最准确的标定结果。

以某智能汽车为例，演示自标定方法在实际应用中的过程。该智能汽车搭载前置摄像头作为主要的视觉传感器。在行驶过程中，前置摄像头持续拍摄道路场景，获取一系列图像序列。然后，利用图像处理技术提取图像中的特征点，并通过特征匹配算法建立相邻图像帧之间的特征点对应关系。接着，基于这些对应关系，估计传感器的运动参数，并重建出道路场景的三维点云数据。再利用优化算法求解相机的内外部参数，完成自标定过程。

通过这个实例可以看出，自标定方法能够在车辆行驶过程中实时进行标定，无须依赖外部标定物。同时，它还能够利用场景信息和运动信息来提高标定的准确性。

自标定方法具有以下优点。

① 灵活性高。自标定方法无须依赖外部标定物，能够在不同的场景和条件下进行实时标定。这意味着它可以在车辆行驶过程中随时进行标定，无须预先准备标定板或特定的标定环境，具有很高的灵活性。

② 实时性好。由于自标定方法能够实时分析图像序列中的特征点对应关系，并根据这些信息恢复相机的内外部参数，因此能够确保传感器在行驶过程中的实时性能。这对于自动驾驶汽车来说至关重要，因为它需要传感器能够实时提供准确的感知信息。

③ 减少对外部设备的依赖。自标定方法无须使用专门的标定设备或标定板，降低对外部设备的依赖。这不仅简化标定过程，减少设备的购置和维护成本，而且有助于提高标定过程的便捷性和效率。

自标定方法具有以下缺点。

① 标定精度受限制。相较于传统标定方法，自标定方法在某些情况下可能无法达到同样的高精度。由于它主要依赖图像序列中特征点的对应关系进行标定，而这些特征点的提取和匹配可能会受到图像质量、光照条件、噪声等因素的影响，导致标定结果的精度受到一定限制。

② 计算复杂度较高。自标定方法需要进行大量的图像处理和特征点匹配工作，这增加了计算的复杂度。对于处理速度要求较高或计算资源有限的系统来说，可能会带来一定的挑战。

③ 对场景变化敏感。自标定方法的效果在很大程度上取决于场景的变化和特征点的分布情况。如果场景缺乏足够的特征点或特征点分布不均匀，可能会影响标定的准确性。此外，对于动态变化的环境，自标定方法可能需要更频繁地进行更新和调整。

（3）张正友标定方法

张正友标定法是一种基于平面模板的相机标定方法，由张正友教授提出并得到广泛的应用。该方法通过拍摄多张不同角度和位置的平面模板图像，利用模板上已知的点坐标和图像中对应的点坐标来求解相机的内外部参数。其核心思想是通过最小二乘法来估计相机的投影矩阵，并进一步分解得到相机的内外部参数。

张正友标定方法按以下步骤进行。

① 准备标定模板。准备一个具有明显特征点的平面模板，如棋盘格标定板，确保标定板的精度和稳定性满足标定要求。

② 拍摄标定图像。将标定板放置在传感器前方不同位置和角度，确保标定板在图像中占据足够的区域且清晰可见。使用传感器拍摄多组包含标定板的图像，注意改变标定板相对于传感器的位姿，以获取更多的特征点信息。

③ 提取特征点。对拍摄的标定图像进行图像处理，提取出标定板上的角点或其他明显

特征点。这些特征点在图像中的坐标是已知的，且与标定板上的实际坐标存在对应关系。

④ 估计投影矩阵。利用提取的特征点坐标和已知的标定板坐标，通过最小二乘法估计相机的投影矩阵。投影矩阵包含相机的内外部参数信息。

⑤ 分解投影矩阵。将估计得到的投影矩阵进行分解，得到相机的内部参数（如焦距、主点坐标、畸变系数等）和外部参数（如旋转矩阵、平移向量等）。

⑥ 验证与优化。利用得到的内外部参数对新的图像进行重投影，通过比较重投影误差来验证标定结果的准确性。如果误差较大，可以进一步优化内外部参数以提高标定精度。

以智能汽车的前置摄像头为例，演示张正友标定方法的应用过程。首先，准备一个高精度的棋盘格标定板，并将其放置在车辆前方的不同位置和角度。然后，使用前置摄像头拍摄多组包含标定板的图像。接着，利用图像处理技术提取图像中的角点特征，并根据这些角点特征与标定板上的已知坐标建立对应关系。通过最小二乘法估计相机的投影矩阵，并分解得到相机的内外部参数。最后，通过验证重投影误差来确认标定结果的准确性。

在实际应用中，可以根据具体的传感器类型、应用场景和精度要求来选择合适的标定板和优化算法。同时，为了获得更准确的标定结果，还可以采用多次标定取平均值、对标定过程进行精细化控制等方法来提高标定精度。

张正友标定方法具有以下优点。

① 操作简便。张正友标定法相对于传统标定方法而言，无须使用昂贵的标定设备和复杂的标定过程。它仅需要一张打印好的平面模板（如棋盘格标定板）以及从不同角度拍摄的模板图像。这种简便性使得标定过程更加高效，降低标定成本。

② 标定精度高。尽管张正友标定法采用较为简单的操作过程，但其标定精度却相对较高。通过优化算法和特征点匹配技术，该方法能够精确地估计出相机的内外部参数，从而确保视觉传感器的准确性。

③ 通用性强。张正友标定法不仅适用于固定场景的标定，而且适用于非固定场景的标定。这使得它在智能汽车的动态环境中具有较好的应用前景。无论是城市道路、高速公路还是复杂多变的交通场景，张正友标定法都能提供可靠的标定结果。

张正友标定方法具有以下缺点。

① 对标定模板的依赖。张正友标定法需要依赖平面模板进行标定。这意味着在实际应用中，需要确保标定模板的精度和稳定性。如果标定模板受到损坏或变形，将会影响到标定结果的准确性。

② 对图像质量的要求较高。为了准确提取特征点和进行匹配，张正友标定法需要拍摄高质量的图像。若图像质量不佳，如出现模糊、噪声或光照不均等问题，将会影响特征点的提取和匹配精度，进而影响标定结果的准确性。

③ 对动态场景适应性有限。尽管张正友标定法具有一定的通用性，但在处理高度动态或快速变化的场景时，其适应性可能会受到限制。在快速行驶的汽车中，周围环境的变化速度较快，这可能会对标定结果的实时性和准确性带来挑战。

三种标定方法的比较见表 2-1。

表 2-1　三种标定方法的比较

标定方法	传统标定方法	自标定方法	张正友标定方法
标定原理	通过精确测量标定物上的特征点与实际图像中的对应点关系，求解相机内外部参数	利用图像序列中特征点的对应关系，实时恢复相机内外部参数	基于平面模板的相机标定，通过拍摄多张模板图像求解投影矩阵并分解得到内外部参数

续表

标定方法	传统标定方法	自标定方法	张正友标定方法
优点	标定精度高,适用于固定场景	灵活性高,无须依赖外部标定物	操作简便,标定精度高,通用性强
缺点	对标定设备和环境要求较高,标定过程复杂	标定精度受限制,计算复杂度较高	对标定模板的依赖,对图像质量有一定要求
适用场合	对标定精度要求极高的固定场景	对标定灵活性要求较高,且能够容忍一定精度损失的场景	适用于大多数常规场景,特别是需要较高标定精度且操作简便的场合
成本	高(需要昂贵的标定设备和专业操作)	中等(无须外部标定物,但计算资源消耗可能较大)	低(仅需打印模板和拍摄图像)
实时性	较差(标定过程复杂,通常离线进行)	较好(能够实时进行标定)	较好(标定过程相对简便,可以实时或离线进行)

传统标定方法、自标定方法和张正友标定方法各有其特点和适用场景。传统标定方法以其高精度而著称,但标定过程复杂且对设备和环境要求较高,通常适用于对精度要求极高的固定场景。自标定方法则以其灵活性和实时性而备受青睐,但标定精度和计算复杂度是其主要限制因素,适用于对灵活性要求较高且能够容忍一定精度损失的场合。张正友标定方法则结合前两者的优点,既具有操作简便、标定精度高的特点,又适用于大多数常规场景。其缺点在于对标定模板的依赖和对图像质量的一定要求,但在实际应用中可以通过优化算法和图像处理技术来降低这些影响。

选择哪种标定方法应根据具体的应用场景和需求来决定。在实际应用中,可根据场景的特点、精度要求、成本预算以及实时性需求等因素进行权衡和选择,以找到最适合的标定方法。

2.2.3 单目相机的标定

(1) 视觉传感器内部参数

视觉传感器(相机)的内部参数是与相机自身特性相关的参数,主要有焦距、光学中心、图像尺寸和畸变系数等。

① 焦距。焦距是指镜头的光学中心到图像传感器的距离,如图2-2所示。

焦距单位一般为毫米(mm)。例如18~135mm代表焦距可以从18~135mm进行变化,说明该摄像机的焦距是可变的;50mm代表摄像头的焦距只有50mm,说明该摄像头的焦距是不可变的。

② 光学中心。相机的镜头是由多个镜片构成的复杂光学系统。光学系统的功能等价于一个薄透镜,实际上薄透镜是不存在的。光学中心是这一等价透镜的中心,如图2-3所示。不同结构的镜头其光学中心位置也不一样,大部分在镜头内的某一位置,但也有在镜头前方或镜头后方的。

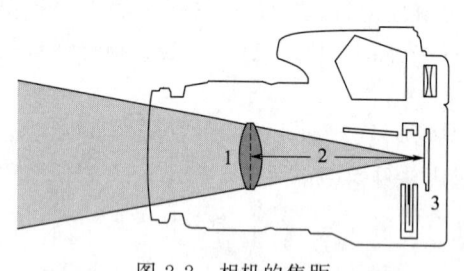

图2-2 相机的焦距
1—光学中心;2—焦距;3—图像传感器

③ 图像尺寸。图像尺寸是指构成图像的长度和宽度,可以用像素为单位,也可以用厘

米（cm）为单位。

图像尺寸与分辨率有关。分辨率是指单位长度中所表达或截取的像素数目，即表示每英寸图像内的像素点数，单位是像素每英寸（$1\text{in}=2.54\text{cm}$，下同）。图像分辨率越高，像素的点密度越高，图像越清晰。

④ 畸变系数。畸变系数分为径向畸变系数和切向畸变系数。径向畸变发生在相机坐标系转向物理坐标系的过程中；切向畸变产生的原因是透镜不完全平行于图像。

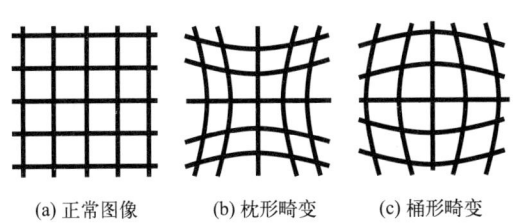

(a) 正常图像　(b) 枕形畸变　(c) 桶形畸变

图 2-4　径向畸变

径向畸变就是沿着透镜半径方向分布的畸变，产生原因是光线在远离透镜中心的地方比靠近中心的地方更加弯曲，这种畸变在普通廉价的镜头中表现得更加明显，径向畸变主要包括枕形畸变和桶形畸变两种，如图 2-4 所示。

实际情况中，常用 $r=0$ 处的泰勒级数展开的前几项来近似描述径向畸变，用参数表示的径向畸变模型为

$$x_\text{d}=x(1+k_1r^2+k_2r^4+k_3r^6)$$
$$y_\text{d}=y(1+k_1r^2+k_2r^4+k_3r^6) \tag{2-1}$$

式中，k_1、k_2 和 k_3 分别为径向畸变系数；x、y 分别为畸变前的坐标；x_d、y_d 分别为畸变后的坐标。

切向畸变是由于透镜本身与摄像头传感器平面（像平面）或图像平面不平行而产生的，这种情况多是由于透镜被粘贴到镜头模组上的安装偏差导致。切向畸变模型为

$$x_\text{d}=x+2p_1xy+p_2(r^2+2x^2)$$
$$y_\text{d}=y+2p_2xy+p_1(r^2+2y^2) \tag{2-2}$$

式中，p_1、p_2 分别为切向畸变系数。

（2）视觉传感器外部参数

外部参数是指相机的安装位置，即相机离地高度以及相机相对于车辆坐标系的旋转角度。

① 离地高度。离地高度是指从地面到相机焦点的垂直高度，如图 2-5 所示。

② 旋转角度。相机相对于车辆坐标系的旋转角度有俯仰角、偏航角和横滚角。

图 2-5　相机离地高度

俯仰运动（pitch）是指相机绕车辆坐标系 Y_v 轴的转动；偏航运动（yaw）是指相机绕车辆坐标系 Z_v 轴的转动；横滚运动（roll）是指相机绕车辆坐标系 X_v 轴的转动，如图 2-6 所示。

俯仰角是指车辆的水平面与相机光轴之间的夹角；偏航角是指车辆的 X_v 轴与相机光轴之间的夹角；横滚角是指相机绕光轴的转角。

外部参数可以通过棋盘格标定获得。

（3）相机标定涉及的四个坐标系

相机标定涉及的四个坐标系分别为世界坐标系、相机坐标系、图像坐标系、像素坐标

系，它们之间的关系如图 2-7 所示。

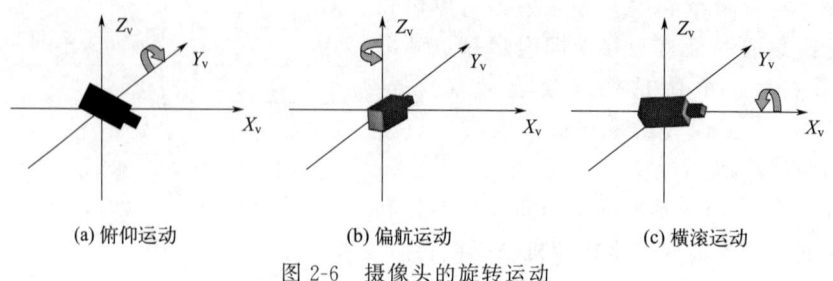

(a) 俯仰运动　　　　　(b) 偏航运动　　　　　(c) 横滚运动

图 2-6　摄像头的旋转运动

相机投影相关坐标系如图 2-8 所示。

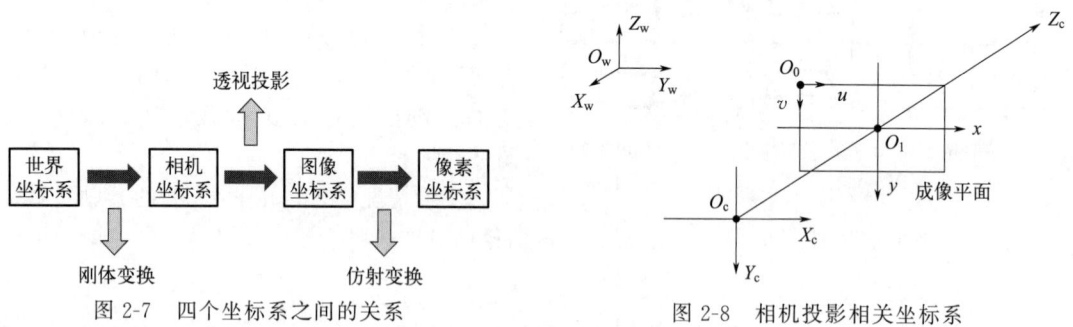

图 2-7　四个坐标系之间的关系　　　　　图 2-8　相机投影相关坐标系

① 世界坐标系。世界坐标系为符合右手系的三维直角坐标系，为用户自定义坐标系，可描述物体相对空间位置关系和相机的相对位置。图 2-8 中的 $O_w X_w Y_w Z_w$ 为世界坐标系，用于描述视觉传感器的位置，单位为米（m）。

② 相机坐标系。以相机光心为原点，过原点垂直于成像平面的光轴为 Z_c，建立相机坐标系 $O_c X_c Y_c Z_c$，单位为米（m）。

③ 图像坐标系。以光轴与成像平面的交点为原点，建立图像坐标系 $O_1 xy$，单位为毫米（mm）。

④ 像素坐标系。以成像平面左上角为原点，建立像素坐标系 $O_0 uv$，单位为像素。

从世界坐标系到相机坐标系，涉及旋转运动和平移运动。世界坐标系向相机坐标系转换可以用旋转矩阵和平移矩阵来表示，即

$$\begin{bmatrix} X_c \\ Y_c \\ Z_c \\ 1 \end{bmatrix} = \begin{bmatrix} \mathbf{R} & \mathbf{T} \\ \vec{0} & 1 \end{bmatrix} \begin{bmatrix} X_w \\ Y_w \\ Z_w \\ 1 \end{bmatrix} = \mathbf{L}_w \begin{bmatrix} X_w \\ Y_w \\ Z_w \\ 1 \end{bmatrix} \tag{2-3}$$

式中，$\mathbf{R}$ 为 3×3 旋转矩阵；$\mathbf{T}$ 为 3×1 平移矩阵；$\vec{0} = [0 \ 0 \ 0]$；$\mathbf{L}_w$ 为 4×4 矩阵。

从相机坐标系向图像坐标系转换，是从三维转换到二维，属于透视投影关系，用矩阵表示为

$$\mathbf{Z}_c \begin{bmatrix} x \\ y \\ 1 \end{bmatrix} = \begin{bmatrix} f & 0 & 0 & 0 \\ 0 & f & 0 & 0 \\ 0 & 0 & 1 & 0 \end{bmatrix} \begin{bmatrix} X_c \\ Y_c \\ Z_c \\ 1 \end{bmatrix} \tag{2-4}$$

式中，f 为焦距。

从图像坐标系向像素坐标系转换，转换矩阵为

$$
\begin{bmatrix} u \\ v \\ 1 \end{bmatrix} = \begin{bmatrix} \dfrac{1}{\mathrm{d}x} & 0 & u_0 \\ 0 & \dfrac{1}{\mathrm{d}y} & v_0 \\ 0 & 0 & 1 \end{bmatrix} \begin{bmatrix} x \\ y \\ 1 \end{bmatrix}
\tag{2-5}
$$

式中，u_0、v_0 为图像坐标系原点在像素坐标系中的坐标值；$\mathrm{d}x$ 和 $\mathrm{d}y$ 表示每一列和每一行分别代表多少毫米（mm），即 $1\mathrm{pixel}=\mathrm{d}x$（mm）。

任意一点从世界坐标系转到像素坐标系为

$$
\boldsymbol{Z}_c \begin{bmatrix} u \\ v \\ 1 \end{bmatrix} = \begin{bmatrix} \dfrac{1}{\mathrm{d}x} & 0 & u_0 \\ 0 & \dfrac{1}{\mathrm{d}y} & v_0 \\ 0 & 0 & 1 \end{bmatrix} \begin{bmatrix} f & 0 & 0 & 0 \\ 0 & f & 0 & 0 \\ 0 & 0 & q & 0 \end{bmatrix} \begin{bmatrix} \boldsymbol{R} & \boldsymbol{T} \\ \overrightarrow{0} & 1 \end{bmatrix} \begin{bmatrix} X_w \\ Y_w \\ Z_w \\ 1 \end{bmatrix} = \begin{bmatrix} f_x & 0 & u_0 & 0 \\ 0 & f_y & v_0 & 0 \\ 0 & 0 & 1 & 0 \end{bmatrix} \begin{bmatrix} \boldsymbol{R} & \boldsymbol{T} \\ \overrightarrow{0} & 1 \end{bmatrix} \begin{bmatrix} X_w \\ Y_w \\ Z_w \\ 1 \end{bmatrix}
\tag{2-6}
$$

最右边等式的第一个矩阵是相机的内部参数，第二个矩阵是相机的外部参数，它们可以通过标定获取。

在自动驾驶应用中，相机的内部参数为常数，使用中不会发生变化，但需要在使用前做好标定工作。相机的拍摄过程，可以抽象成是从三维相机坐标系映射到二维像平面坐标系，再映射到图像坐标系的过程。图像感知算法则是这一过程的逆过程，通过二维图像推断物体在三维相机坐标系中的位置，例如获得距离信息。

如果需要获得物体在世界坐标系中的位置，则还需要知道相机在世界坐标系中的位姿。这一位姿表示被称为相机的外部参数，用来决定相机坐标系与世界坐标系之间相对位置关系。在自动驾驶应用中，得到这一位置关系还需要一系列的标定和定位工作。

（4）利用棋盘格进行相机标定

在使用视觉传感器之前，必须对它进行标定。在机器视觉领域，相机的标定是一个关键的环节，它决定机器视觉系统能否有效地定位，能否有效地计算目标物。

相机标定可以利用像棋盘一样的标定图像估计相机的内部参数和外部参数，以便配置相机的模型。

棋盘坐标系主要用于相机的标定，如图 2-9 所示。在棋盘坐标系中，X_p 轴指向右边，Y_p 轴指向下方。棋盘坐标系原点是棋盘左上角格子的右下角。每个棋盘角代表坐标系中的另一点。例如，原点右侧的角为（1,0），原点下方的角为（0,1）。棋盘格的高度和宽度用格数表示。

车辆坐标系如图 2-10 所示，X_v 轴从车辆向前指向，Y_v 轴指向左方。从正面看，原点位于道路表面，直接位于摄像头焦点下方。当放置棋盘格时，X_p 轴和 Y_p 轴必须与车辆的 X_v 轴和 Y_v 轴对齐。

在水平方向上，棋盘格放在地面上或平行于地面，可以将棋盘格放在车辆的前面、后面、左侧或右侧，如图 2-11 所示。

在垂直方向上，棋盘格垂直于地面，可以将棋盘格放置在车辆前面、后面、左侧或右侧，如图 2-12 所示。

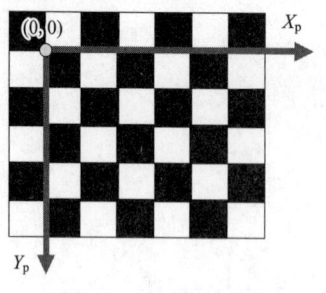

图 2-9　棋盘坐标系

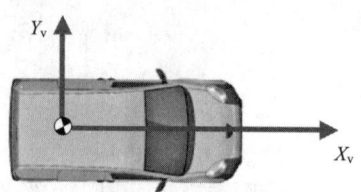

图 2-10　车辆坐标系

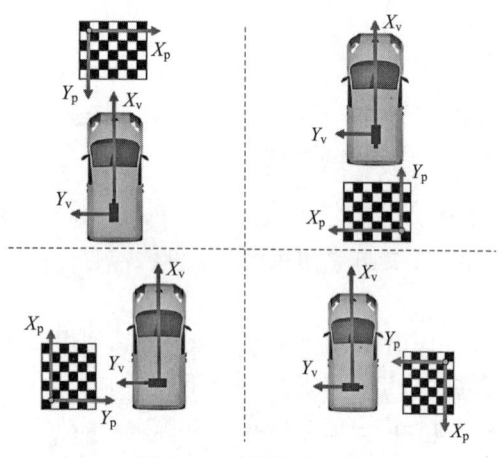

图 2-11　水平方向标定

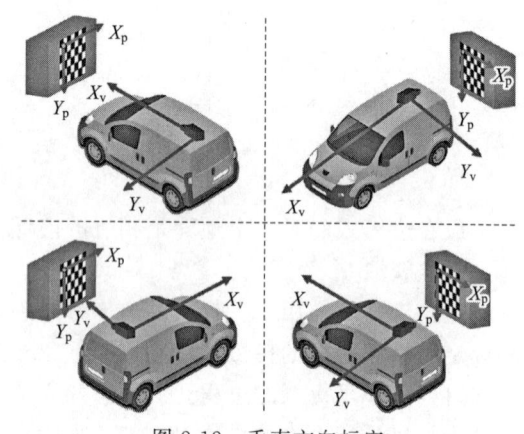

图 2-12　垂直方向标定

图 2-13　张正友标定法利用的棋盘格标定板

（5）张正友标定法

　　张正友标定法利用如图 2-13 所示的棋盘格标定板，在得到一张标定板的图像之后，可以利用相应的图像检测算法得到每一个角点的像素坐标 (u,v)。

　　张正友标定法是将世界坐标系固定于棋盘格上，则棋盘格上任意一点的物理坐标 $W=0$，由于标定板的世界坐标系是人为事先定义好的，因此标定板上每一个格子的大小是已知的，可以计算得到每一个角点在世界坐标系下的物理坐标。利用每一个角点的像素坐标 (u,v)、每一个角点在世界坐标系下的物理坐标 (U,V,W) 来进行相机的标定，获得相机的内外部参数和畸变参数。

2.2.4　双目相机的标定

　　双目相机标定是指通过一系列已知的三维空间点和它们在图像平面上的投影点，来确定双目相机的内部参数（如焦距、主点坐标、畸变系数等）和外部参数（如旋转矩阵、平移向量等）的过程。内部参数描述相机自身的光学和几何特性，而外部参数则描述相机在世界坐标系中的位置和姿态。

双目相机除了需要分别标定左目相机的内部参数矩阵和畸变系数、右目相机的内部参数矩阵和畸变系数，还需要标定左右目对应的旋转矩阵和平移向量。

（1）双目相机模型

将双目相机都看作针孔相机，它们是水平放置的，意味着两个相机的光圈中心都位于 x 轴上，两者之间的距离称为双目相机的基线 b，它是双目相机的重要参数。双目相机的成像模型如图 2-14 所示。图中 O_L、O_R 分别为左右光圈中心；f 为焦距；u_L、u_R 分别为成像平面的坐标。

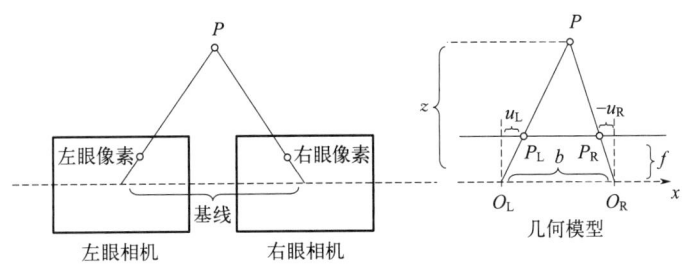

图 2-14　双目相机的成像模型

设置一个空间点 P，它在左目和右目各成一像，记作 P_L、P_R。由于相机基线的存在，这两个成像位置是不同的。理想情况下，由于左右相机只在 x 轴上才有位移，因此 P 点的成像也只在图像的 u 轴上才有差异，它在左侧的坐标为 u_L，在右侧的坐标为 u_R。

根据三角形 $P\text{-}P_L\text{-}P_R$ 和三角形 $P\text{-}O_L\text{-}O_R$ 的相似关系，可以得到

$$\frac{z-f}{z}=\frac{b-u_L+u_R}{b} \tag{2-7}$$

整理可以得到

$$z=\frac{fb}{u_L-u_R}=\frac{fb}{d} \tag{2-8}$$

式中，d 为左右图的横坐标之差，也称视差。根据视差，在 f 和 b 已知的情况下，可以估计目标点离相机的深度距离。视差与深度距离成反比，视差越大，距离越近。另外由于视差最小为一个像素，于是双目的深度存在一个理论上的最大值。可以看到，当基线越长时，双目最大能测到的距离就会变远；反之，小型双目相机则只能测量很近的距离。

虽然由视差计算深度距离的公式很简洁，但视差 d 本身的计算却比较困难，需要确切地知道左眼图像某个像素出现在右眼图像的哪一个位置（即对应关系）。此外如果想计算每个像素的深度距离，其计算量与精度都将成为问题，并且只有在图像纹理变化丰富的地方才能计算视差。

（2）双目相机标定流程

双目相机标定流程主要包括以下步骤。

① 准备标定板和标定图像。准备一个具有规则图案（如棋盘格）的标定板，并拍摄多组双目相机对标定板的不同角度和位置的图像。这些图像应包含足够的视角变化和位置变化，以便能够充分估计相机的内外部参数。

② 图像预处理。对拍摄的双目图像进行预处理，包括去噪、灰度化等操作，以提高图像质量并降低后续处理的难度。

③ 特征点提取与匹配。在预处理后的双目图像中，使用特征检测算法提取标定板上的

特征点，并进行匹配。这些匹配的特征点对将用于后续的参数估计。

④ 单目相机标定。分别对双目相机的左右两个镜头进行单目相机标定。通过优化算法（如最小二乘法、张氏标定法等），估计出每个镜头的内部参数和畸变系数。

⑤ 双目相机立体校正。根据单目相机标定的结果，对双目相机进行立体校正。立体校正的目的是消除双目相机之间的图像畸变和旋转误差，使得左右两个镜头的图像平面完全平行，且极线位于同一水平线上。

⑥ 双目相机外部参数估计。通过匹配的特征点对和已知的标定板三维空间点，使用优化算法估计双目相机的外部参数，包括旋转矩阵和平移向量。这些外部参数描述左右两个镜头之间的相对位置和姿态。

⑦ 参数验证与优化。使用验证数据集对标定的参数进行验证，评估标定的准确性和可靠性。如果验证结果不满足要求，可以对标定流程中的参数进行优化和调整，直至达到满意的标定效果。

在进行双目相机标定时，需要注意以下事项。

① 确保标定板的图案清晰、准确，并且足够大以覆盖整个视场。

② 在拍摄标定图像时，应确保双目相机能够同时观察到标定板，并且从多个角度和位置进行拍摄以获取丰富的数据。

③ 在特征点提取与匹配时，应选择合适的特征检测算法和匹配策略，以提高匹配的准确性和稳定性。

④ 在优化算法的选择和参数设置上，应根据实际情况进行调整和优化，以获得更好的标定效果。

2.3 视觉传感器的图像处理技术

假设视觉传感器是一台老式相机，拍摄出的图片可能模糊、色彩失真或有其他瑕疵。这时，需要图像处理技术，就像一位专业的摄影师和后期编辑一样，对图片进行修正和优化。图像处理能够去除图像中的噪声，增强边缘和特征，调整色彩平衡，甚至可以识别和提取关键信息，这就像摄影师通过剪裁、调色和特效处理，让照片更加清晰、生动。

2.3.1 图像预处理技术

图像预处理主要包括图像去噪、灰度化转换、图像增强、图像二值化和几何变换等。

（1）图像去噪

图像去噪旨在消除图像中的噪声成分，提升图像质量。噪声可能来源于图像采集设备、传输过程、环境干扰等多种因素，表现为图像中的杂点、斑纹、颗粒状等不规则纹理。去噪处理不仅能提高图像的视觉效果，而且能为后续的图像分析、特征提取等任务提供更为准确的数据。

图像去噪技术多种多样，主要可以分为空间域方法和变换域方法两大类。随着深度学习技术的发展，也开始将深度学习技术应用于图像去噪。

① 空间域方法。空间域方法直接对图像的像素进行操作，常见的包括均值滤波、中值滤波、高斯滤波等，它们能够在保留图像主要信息的同时，有效抑制噪声。然而，空间域方

法可能会导致图像细节的损失和边缘模糊。

② 变换域方法。变换域方法则是将图像从空间域转换到变换域（如频域、小波域等），在变换域中对噪声进行处理，然后再转换回空间域。常见的变换域方法包括频域滤波、小波去噪等。这些方法能够在保留图像细节的同时，有效去除噪声。

③ 基于卷积神经网络的去噪方法。卷积神经网络（convolutional neural network, CNN）具有强大的特征提取和学习能力，可以通过训练学习到图像中的噪声模式，从而实现对噪声的有效去除。基于卷积神经网络的去噪方法通常包括噪声图像输入、特征提取、噪声抑制和去噪图像输出等步骤。

④ 基于生成对抗网络的去噪方法。生成对抗网络由生成器和判别器组成，通过对抗训练的方式学习图像数据的分布。在图像去噪任务中，对抗网络可以学习将噪声图像映射到干净图像的过程，从而实现去噪。这种方法能够在去除噪声的同时，保留图像的细节和纹理信息。

图像有高斯噪声、椒盐噪声等。高斯噪声是指它的概率密度函数服从高斯分布（即正态分布）的一类噪声；椒盐噪声是由图像传感器、传输信道、解码处理等产生的黑白相间的亮暗点噪声，黑点如胡椒，白点如盐粒。

常见的去噪方法包括均值滤波、中值滤波、高斯滤波、小波去噪。

① 均值滤波是通过计算像素邻域内的灰度平均值来替代原像素值，从而平滑图像并去除噪声。均值滤波简单有效，但可能导致图像边缘模糊。

② 中值滤波是一种非线性滤波方法，将像素邻域内的灰度值进行排序，取中值作为新像素值。中值滤波对于去除椒盐噪声特别有效，同时能够较好地保持图像边缘信息。

③ 高斯滤波是采用高斯函数作为权重的均值滤波方法，通过高斯函数对图像进行加权平滑，可以有效去除高斯噪声。

④ 小波去噪是利用小波变换的多尺度特性，将图像分解为不同频率的子带，然后对每个子带进行阈值处理以去除噪声。小波去噪能够在去除噪声的同时保留图像的细节信息。

图 2-15 所示为对椒盐噪声图像进行中值滤波，可以看出，中值滤波消除椒盐噪声的效果非常好。

（2）灰度化转换

彩色图像由红、绿、蓝三个颜色通道组成，每个通道包含 256 个灰度级，这导致彩色图像包含大量的信息。然而，在许多情况下，并不需要这些信息的全部，或者希望降低图像

(a) 椒盐噪声图像　　　(b) 中值滤波图像

图 2-15　对椒盐噪声图像进行中值滤波

的复杂度以便进一步处理。此时，灰度化转换就显得尤为重要。灰度图像只有一个通道，只包含亮度信息，能够大大降低图像处理的复杂度和计算量。

灰度化转换是指将彩色图像中的每个像素点转换为灰度级别，从而生成灰度图像的过程。在彩色图像中，每个像素点由红、绿、蓝三个颜色通道组成，而灰度图像中每个像素点只有一个灰度值，用于表示像素的亮度。

灰度化转换的核心在于如何根据彩色图像的颜色信息计算出每个像素点的灰度值。常用的灰度化转换方法包括最大值法、平均值法和加权平均值法等。其中，加权平均值法是最常用的一种方法，它根据人眼对不同颜色敏感度的不同，为红、绿、蓝三个颜色通道赋予不同的权重，然后计算加权平均值作为灰度值。这种方法能够更好地保留图像的细节和对比度。

灰度化转换的方法有分量法、最大值法、平均值法和加权平均值法。

① 分量法。分量法是一种简单的灰度化转换方法，它直接将彩色图像中的某个颜色通道作为灰度值。例如，可以选择红色通道、绿色通道或蓝色通道作为灰度值。然而，这种方法可能会丢失一些颜色信息，导致灰度图像与原图像在视觉效果上存在较大差异。

② 最大值法。最大值法是将彩色图像中每个像素点的红、绿、蓝三个通道中的最大值作为灰度值。这种方法能够保留图像中较亮的区域，但可能会丢失一些暗部的细节。

③ 平均值法。平均值法是将彩色图像中每个像素点的红、绿、蓝三个通道的平均值作为灰度值。这种方法能够较为均匀地保留图像的亮度信息，但可能导致图像的对比度降低。

④ 加权平均值法。加权平均值法是根据人眼对不同颜色的敏感度，对红、绿、蓝三个通道赋予不同的权重，然后计算加权平均值作为灰度值。这种方法能够更好地保留图像的细节和对比度，通常能够得到较为满意的灰度化效果。

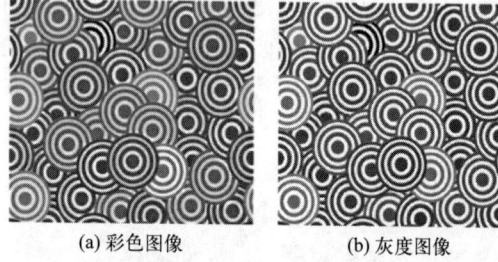

(a) 彩色图像　　　　(b) 灰度图像

图 2-16 所示为彩色图像转换为灰度图像。

图 2-16 彩色图像转换为灰度图像（彩图）

(3) 图像增强

图像增强的主要目的是通过一系列技术手段，改善图像的视觉效果或提取图像中的有用信息，从而满足后续分析、处理或识别的需求。

图像增强的原理是基于图像处理算法和数学模型，通过对图像进行变换、滤波、映射等操作，提升图像的对比度、亮度、色彩等视觉属性，或突出图像中的特定区域和特征。根据具体应用场景和增强目的，图像增强方法可分为空间域增强和频域增强两大类。

① 空间域增强。空间域增强方法直接对图像的像素值进行操作，包括灰度变换、直方图均衡化、滤波等。这些方法能够有效提高图像的对比度、亮度等视觉属性，去除噪声和干扰，提升图像的整体质量。

图 2-17 所示为图像的直方图均衡化。

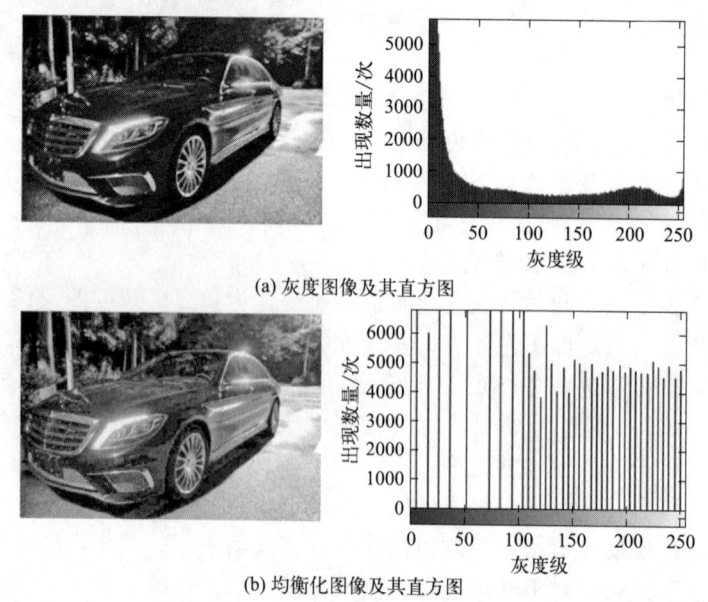

(a) 灰度图像及其直方图

(b) 均衡化图像及其直方图

图 2-17 图像的直方图均衡化

② 频域增强。频域增强方法通过对图像进行频域变换（如傅里叶变换、小波变换等），在频域中对图像进行滤波或增强处理，然后再反变换回空间域。这种方法能够针对图像的特定频率成分进行增强或抑制，从而实现更为精细的图像增强效果。

图 2-18 所示为图像的傅里叶变换和逆变换。

常见的图像增强技术有对比度增强、噪声抑制、锐化处理、色彩增强等。

(a) 原始图像

(b) 傅里叶变换频谱图

(c) 频移后的频谱图

(d) 逆傅里叶变换图像

图 2-18 图像的傅里叶变换和逆变换（彩图）

① 对比度增强。对比度增强旨在提高图像中不同物体之间的亮度差异，使得图像更加清晰易辨。常见的对比度增强技术包括直方图均衡化、对数变换与幂律（伽马）变换等。

直方图均衡化是一种有效的对比度增强方法。它通过对图像的直方图进行非线性拉伸，使得图像的像素值分布更加均匀。这样，原来在直方图中占据较小范围的亮度值将被拉伸到更大的范围，从而增加图像的对比度。直方图均衡化简单易行，且通常能够取得较好的增强效果。

对数变换与幂律（伽马）变换是两种基于像素值映射的对比度增强方法。通过对图像的像素值进行对数或幂律变换，可以拉伸或压缩图像的亮度范围，从而改变图像的对比度。这些方法可以根据实际需求调整变换参数，以实现不同的增强效果。

图 2-19 所示为图像的对数变换，可以看出，黑暗图像经过对数变换，亮度增大。

(a) 原始图像

(b) 对数变换图像

图 2-19 图像的对数变换

② 噪声抑制。噪声是图像中常见的干扰因素，会降低图像的质量。噪声抑制技术通过滤波等方法去除图像中的噪声，提升图像的清晰度和信噪比。

③ 锐化处理。锐化处理旨在增强图像的边缘和轮廓信息，使得图像更加鲜明突出。常见的锐化处理方法包括拉普拉斯算子、Prewitt 算子、Sobel 算子、Roberts 算子、Canny 算子、高斯滤波等。

a. 拉普拉斯算子是一种二阶微分算子，通过计算图像的二阶导数来检测边缘。它对噪声较为敏感，因此在应用拉普拉斯算子进行边缘检测前，通常需要先对图像进行平滑处理以减少噪声的影响。拉普拉斯算子能够检测到图像中的急剧变化区域，但在实际应用中可能产生双像素边缘，需要通过一些后处理技术来解决。

b. Prewitt 算子是一种基于一阶微分的边缘检测算子，通过计算像素点周围相邻像素点的灰度差来检测边缘。它对噪声有一定的抑制作用,但相对于其他算子,其检测效果可能稍逊一些。Prewitt 算子简单易懂,实现起来较为容易,适用于对实时性要求较高或对边缘检测精度要求不太严格的场合。

c. Sobel 算子是一种常用的边缘检测算子,通过计算像素点周围 3×3 邻域内的灰度加权差来检测边缘。与 Prewitt 算子相比,Sobel 算子在中心像素点上给予较大的权重,因此能更好地抑制噪声并突出边缘信息。Sobel 算子对边缘的方向性较为敏感,能够检测到水平和垂直方向的边缘,但在斜向边缘的检测上可能存在一定的不足。

d. Roberts 算子是一种利用局部差分算子寻找边缘的算子,它通过计算对角方向上相邻两像素点灰度值的差来检测边缘。Roberts 算子对具有陡峭边缘且噪声较少的图像有较好的检测效果,但由于其仅考虑对角方向上的像素点差异,对于复杂图像的边缘检测可能存在一定的局限性。

e. Canny 算子是一种多阶段、高性能的边缘检测算法。它采用高斯滤波对图像进行平滑处理,然后计算图像的梯度强度和方向。通过非极大值抑制和双阈值处理,Canny 算子能够检测到真正的弱边缘,并抑制虚假的边缘响应。Canny 算子具有较高的边缘检测准确性和稳定性,因此在许多应用中得到广泛应用。

(a) 原始图像

(b) 拉普拉斯锐化图像

(c) 高斯滤波锐化图像

(d) Sobel算子锐化图像

图 2-20　图像锐化(彩图)

f. 高斯滤波是通过卷积高斯核函数对图像进行滤波处理,高斯滤波能够有效地减少图像中的噪声干扰,使边缘检测算子能够更准确地检测到边缘信息。高斯滤波通常作为边缘检测算子的预处理步骤,以提高边缘检测的准确性和可靠性。

图 2-20 所示为利用拉普拉斯算子、高斯滤波和 Sobel 算子进行的图像锐化。

图像锐化的目的是增强图像边缘,使模糊的图像变得更加清晰,颜色变得鲜明突出,图像的质量有所提高,产生更适合人眼观察和识别的图像。希望通过锐化处理后,目标物体的边缘鲜明,以便于提取目标的边缘,对图像进行分割、目标区域识别、区域形状提取等,为进一步的图像处理与分析奠定基础。

④ 色彩增强。色彩增强技术通过调整图像的色彩属性,如饱和度、色调等,改善图像的视觉效果或突出特定物体的颜色特征。

(4) 图像二值化

图像二值化是将原始灰度图像转换成只有两种颜色(通常是黑色和白色)的二值图像。在这个过程中,每一个像素的灰度值都会被转换成一个二进制的值(0 或 1),从而实现对图像信息的简化。这种简化有助于从复杂的图像中快速提取出有用的信息,提高图像处理的速度和效率。

图像二值化的方法有阈值法、自适应阈值法、基于边缘检测的二值化方法和基于形态学的二值化方法。

① 阈值法。阈值法是最常用的图像二值化方法之一。它基于一个预先设定的阈值,将

图像的灰度值与这个阈值进行比较，如果灰度值大于或等于阈值，则将像素设为白色（或黑色），否则设为黑色（或白色）。阈值的选择对二值化结果具有重要影响，常用的确定阈值的方法包括大津法、迭代法等。

② 自适应阈值法。自适应阈值法是针对阈值法的一种改进，它不再使用单一的全局阈值，而是根据图像的局部信息动态调整阈值。这种方法可以更好地处理光照不均、噪声等复杂情况，提高二值化结果的准确性。

③ 基于边缘检测的二值化方法。基于边缘检测的二值化方法利用图像的边缘信息来进行二值化。这种方法首先通过边缘检测算法提取出图像的边缘，然后根据边缘信息将图像划分为不同的区域，最后对每个区域进行二值化处理。这种方法可以有效地保留图像的边缘信息，适用于对图像轮廓有较高要求的场合。

④ 基于形态学的二值化方法。基于形态学的二值化方法利用形态学运算（如腐蚀、膨胀、开运算、闭运算等）对图像进行预处理，以消除噪声、平滑边缘等。然后结合其他二值化方法（如阈值法）进行二值化处理。这种方法可以提高二值化结果的稳定性和鲁棒性。

图 2-21 所示为图像腐蚀，图 2-22 所示为图像膨胀。

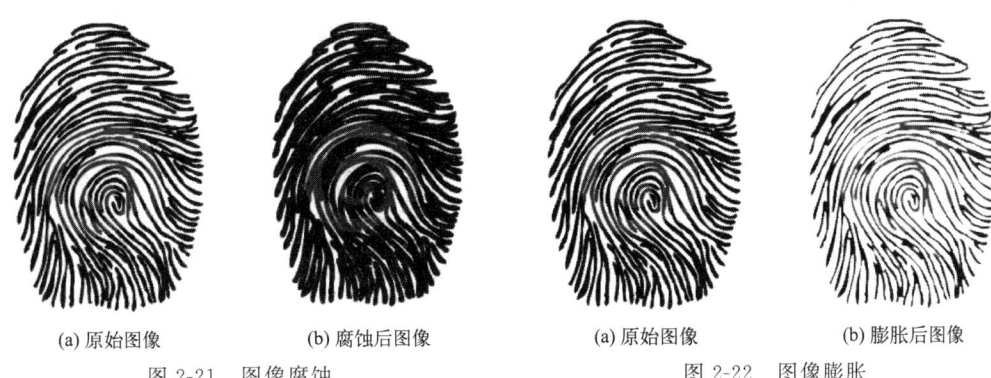

(a) 原始图像　　　　(b) 腐蚀后图像　　　　　　(a) 原始图像　　　　(b) 膨胀后图像

图 2-21　图像腐蚀　　　　　　　　　　图 2-22　图像膨胀

（5）几何变换

几何变换是指对图像进行空间上的几何变换操作，从而改变图像的形态、方向和位置等属性。通过几何变换，可以实现对图像的缩放、旋转、平移、镜像、仿射变换和透视变换等多种操作，以满足不同的应用需求。

常见的几何变换方法有缩放变换、旋转变换、平移变换、镜像变换、仿射变换和透视变换。

① 缩放变换。缩放变换是指对图像的尺寸进行放大或缩小的操作。通过调整图像的宽度和高度，可以实现图像的放大和缩小效果。这种变换在图像处理中非常常见，用于调整图像的大小以适应不同的显示设备或存储需求。

② 旋转变换。旋转变换是指将图像绕某一点旋转一定角度的操作。通过指定旋转中心点和旋转角度，可以实现图像的旋转效果。这种变换在图像校正和目标跟踪等应用中具有重要作用。

③ 平移变换。平移变换是指将图像在水平或垂直方向上移动一定距离的操作。通过指定平移的水平和垂直距离，可以实现图像的平移效果。这种变换常用于图像对齐和图像拼接等任务。

④ 镜像变换。镜像变换是指将图像沿某条轴线进行翻转的操作。常见的镜像变换包括

水平镜像和垂直镜像，即将图像左右翻转或上下翻转。这种变换在图像处理中常用于生成图像的对称效果。

⑤ 仿射变换。仿射变换是一种更复杂的几何变换，它允许对图像进行缩放、旋转、平移以及剪切等多种操作的组合。通过指定变换矩阵，可以实现图像的任意仿射变换效果。这种变换在图像校正和图像配准等领域具有广泛的应用。

⑥ 透视变换。透视变换是一种更为复杂的几何变换，它模拟人眼观察物体的透视效果。通过指定变换矩阵，可以实现图像的透视变换效果，使得图像呈现出三维空间中的透视关系。这种变换在图像拼接、虚拟现实和增强现实等领域具有重要应用价值。

图 2-23 所示为图像的平移。

(a) 原始图像　　　　(b) 移动后的图像

图 2-23　图像的平移（单位：像素）

2.3.2　图像特征提取技术

图像特征提取是指从原始图像数据中，通过一系列算法和技术，提取出能够描述图像内容或特点的信息集合。这些特征可以是图像的自然属性，如亮度、色彩、纹理等，也可以是人为定义的属性，如图像频谱、图像直方图等。特征提取的目的是将图像的原始数据转化为一种更紧凑、更具代表性的形式，以便后续的分析和处理。

（1）图像特征的类型

图像特征主要可以分为颜色特征、纹理特征、形状特征和空间关系特征。

① 颜色特征。颜色特征是最直观、最易理解的图像特征之一。它们描述图像中像素的颜色分布、颜色比例以及颜色之间的关系。常见的颜色特征包括颜色直方图、颜色矩、颜色聚合向量等。

a. 颜色直方图是最常用且直观的颜色特征表示方法之一。它通过统计图像中不同颜色出现的频率来描述图像的颜色分布。具体来说，颜色直方图将图像中的颜色空间划分为若干个颜色区间，然后统计每个颜色区间内像素的数量，形成一个一维数组作为特征向量。

b. 颜色矩是一种基于颜色分布的低阶统计量来表示颜色特征的方法。它利用颜色的一阶矩（均值）、二阶矩（方差）和三阶矩（偏斜度）来描述图像的颜色分布。这些颜色矩能够反映图像颜色的整体情况，对于描述图像颜色的均值、离散程度和偏斜程度具有一定的代表性。

c. 颜色聚合向量是一种结合颜色直方图和颜色空间聚合信息的颜色特征表示方法。它首先计算图像的颜色直方图，然后引入颜色聚合的概念，将颜色空间中的相邻颜色进行聚合，形成一个聚合颜色直方图。通过这种方式，颜色聚合向量不仅能够描述颜色的整体分布，而且能够反映颜色在空间中的聚合情况。

② 纹理特征。纹理特征描述图像中像素的排列规律和空间关系。它们对于描述图像的局部和全局结构至关重要。常见的纹理特征提取方法包括灰度共生矩阵、自相关函数、小波变换等。

a. 灰度共生矩阵是一种常用的纹理特征提取方法。它通过统计图像中不同方向和不同间隔的像素灰度值共生情况，反映图像的纹理特性。灰度共生矩阵能够描述图像的局部模式和周期性，对于不同纹理的区分具有较好的性能。

b. 自相关函数是通过计算图像中像素灰度值的自相关函数来提取纹理特征。自相关函数能够反映图像中像素灰度值的空间分布和周期性，对于描述图像的纹理结构具有重要意义。自相关函数计算简单，对于纹理的规律性有较好的描述能力。

c. 小波变换是一种多尺度、多方向性的信号分析工具，也广泛应用于纹理特征提取。通过对图像进行小波变换，可以获取不同尺度、不同方向上的子带图像，从而提取出图像的纹理信息。小波变换特征具有多尺度性和方向性，能够更全面地描述图像的纹理特性。

③ 形状特征。形状特征主要关注图像中物体的边界和轮廓信息。它们对于目标识别、姿态估计等任务具有重要意义。常见的形状特征提取方法包括边界描述子（如霍夫变换）、区域描述子（如矩描述子）等。

a. 边界描述子是一种通过提取物体边界信息来描述形状特征的方法。常见的边界描述子包括链码、傅里叶描述子、矩描述子等。这些方法可以捕获边界的几何特性，如长度、曲率、方向等，从而有效地描述形状。

b. 区域描述子则是通过考虑物体内部区域的信息来提取形状特征。常见的区域描述子包括面积、质心、凸包、椭圆拟合等。这些描述子能够反映物体的整体形状和结构，对于目标识别和分类具有重要意义。

④ 空间关系特征。空间关系特征描述图像中多个目标之间的相对位置关系。这种特征对于场景理解、目标定位等任务至关重要。常见的空间关系特征提取方法包括空间金字塔匹配、区域邻接图等。

a. 空间金字塔匹配是一种基于空间层次划分的特征提取方法。该方法通过将图像划分为不同尺度的子区域，并在每个子区域中提取特征，形成一个多尺度的特征表示。这种层次化的特征表示能够捕获图像中不同尺度上的空间关系信息。具体来说，空间金字塔匹配方法首先将图像划分为不同尺度的子区域，形成一个金字塔状的结构。然后，在每个子区域中提取局部特征，如颜色、纹理等。最后，将这些局部特征进行统计和编码，形成一个全局的特征向量。

b. 区域邻接图是一种基于图像分割和邻接关系分析的特征提取方法。该方法首先对图像进行分割，将图像划分为多个区域。然后，根据区域之间的空间位置关系构建邻接图，进而提取空间关系特征。

在构建邻接图时，通常需要考虑区域之间的相邻关系和连通关系。例如，可以定义相邻的两个区域之间存在一条边，并根据区域之间的相对位置或方向关系为边赋予不同的权重。通过这种方式，邻接图能够直观地表示图像中不同区域之间的空间关系。

(2) 图像特征的提取方法

① 统计方法。统计方法是一种简单且有效的特征提取方法。通过对图像数据进行统计计算，可以提取出颜色、纹理等特征的统计量作为特征表示。例如，颜色直方图就是一种典型的基于统计方法的颜色特征提取技术。

② 变换方法。变换方法是指通过对图像进行某种数学变换，以提取出更具代表性的特

征。常见的变换方法包括傅里叶变换、小波变换、离散余弦变换等。这些方法能够将图像数据从空间域转换到频率域或其他域，从而揭示图像中的潜在结构和信息。

③ 滤波器方法。滤波器方法是指通过使用不同的滤波器对图像进行卷积操作，以提取出图像的局部特征。例如索贝尔滤波器、拉普拉斯滤波器等可以用于边缘检测，提取出图像的轮廓和边界信息。

④ 深度学习方法。随着深度学习的快速发展，卷积神经网络等深度学习模型在图像特征提取方面取得显著成果。通过训练深度学习模型，可以自动学习并提取出图像中的深层特征表示。这些特征表示具有更强的表达能力和鲁棒性，适用于各种复杂的图像处理任务。

（3）HOG 特征

HOG 特征的主要思想是用局部梯度大小和梯度方向的分布来描述对象的局部外观和外形，而梯度和边缘的确切位置不需要知道。

梯度方向直方图描述符一般有三种不同形式，如图 2-24 所示，都是基于密集型的网格单元，用图像梯度方向的信息代表局部的形状信息，图 2-24（a）为矩形梯度直方图描述符；图 2-24（b）为圆形梯度方向直方图描述符；图 2-24（c）为单个中心单元的圆形梯度直方图描述符。

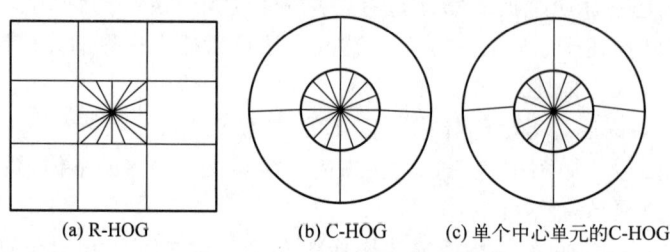

(a) R-HOG　　　　　(b) C-HOG　　　　(c) 单个中心单元的C-HOG

图 2-24　梯度方向直方图描述符变量

（4）小波特征

小波特征反映图像局部的灰度值变化，是黑色矩形与白色矩形在图像子窗口中对应区域灰度级总和的差值。小波特征计算方便且能充分地描述目标特征，常与 Adaboost 级联分类器结合，检测行人目标。

常用的小波特征主要分为八种线性特征、四种边缘特征、两种中心环绕特征和一种对角线特征，如图 2-25 所示。

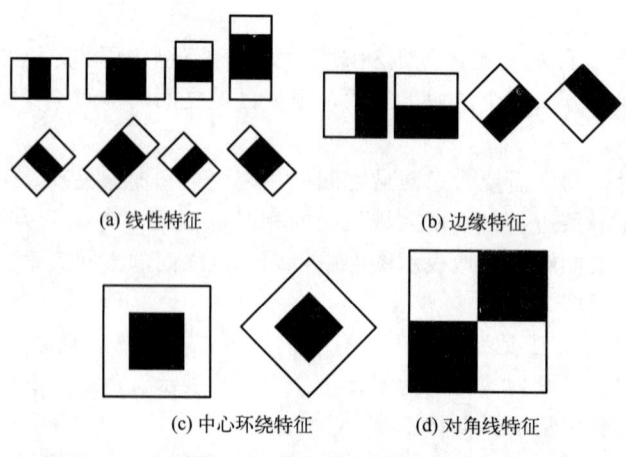

(a) 线性特征　　　　　　　　　(b) 边缘特征

(c) 中心环绕特征　　　　　(d) 对角线特征

图 2-25　常用的小波特征

可以看出，小波特征都是由 2～4 个白色和黑色的矩形框构成的。由该特征定义知，每一种特征的计算都是由黑色填充区域的像素值之和与白色填充区域的像素值之和的差值，这种差值就是小波特征的特征值。实验表明，一幅很小的图像就可以提取成千上万个小波特征，这样就给算法带来巨大的计算量，严重降低检测小波和分类器的训练速度，为了解决这些问题，可以在特征提取中引入积分图的概念，并应用到实际的对象检测框架中。

（5）霍夫变换

霍夫变换是一种在图像处理中广泛应用的特征提取技术，主要用于检测图像中的直线、圆或其他简单形状。通过霍夫变换，可以将图像空间中的形状检测问题转化为参数空间中的峰值检测问题，从而实现对形状的快速、准确提取。

霍夫变换的基本思想是利用图像空间和参数空间之间的对偶性，将图像空间中的形状检测问题转化为参数空间中的投票统计问题。以直线检测为例，霍夫变换将图像中的每个像素点映射到参数空间的一条直线上，直线上的每个点对应图像空间中的一条可能直线。通过统计参数空间中各点的累积投票数，可以找到峰值点，即对应图像空间中的直线。

直线的方程可表示为

$$y = mx + c \tag{2-9}$$

式中，m 为斜率；c 为常数。

在霍夫变换中，直线的极形表示为

$$\rho = x\cos\theta + y\sin\theta \tag{2-10}$$

式中，ρ 为直线与原点的垂直距离（以像素为单位）；θ 是以弧度为单位测量的角度。

直线与原点形成的角度如图 2-26 所示。

对于圆或其他形状的检测，霍夫变换的原理类似，只是映射关系和参数空间略有不同。

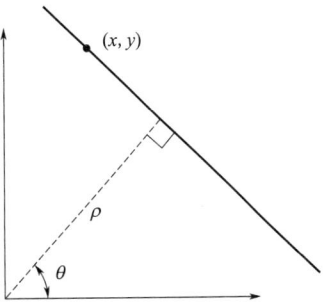

图 2-26　直线与原点形成的角度

2.3.3　图像分割技术

图像分割技术旨在将图像划分为若干个互不相交的区域，每个区域内部具有相似的属性或特征，而不同区域之间则存在明显的差异。

图像分割技术是基于图像中的颜色、纹理、形状等特征，通过一定的算法将图像划分为多个区域。这些区域通常对应着图像中的不同物体或物体的不同部分，从而实现对图像内容的分割和理解。

（1）基于阈值的分割方法

基于阈值的分割方法的核心在于阈值的选择。阈值可以是单个固定的值，也可以是根据图像特性动态确定的多个值。根据阈值数量的不同，基于阈值的分割方法可以分为单阈值分割和多阈值分割。

① 单阈值分割。单阈值分割是最简单的基于阈值的分割方法。它设定一个全局阈值，将图像中的像素分为两类：大于阈值的像素归为前景，小于阈值的像素归为背景。这种方法适用于背景和前景灰度差异明显的图像。

② 多阈值分割。对于灰度级别较多或灰度分布不均的图像，可能需要使用多个阈值进行分割。多阈值分割方法根据图像的灰度直方图或其他特性确定多个阈值，将图像划分为多个不同的区域。这种方法能够更精细地分割图像，但计算复杂度相对较高。

常见基于阈值的分割方法有直方图双峰法、最大类间方差法和迭代法。

① 直方图双峰法。对于灰度直方图呈双峰分布的图像，可以选择两峰之间的谷底作为阈值进行分割。这种方法简单有效，但要求图像的灰度直方图具有明显的双峰特性。

② 最大类间方差法。最大类间方差法是一种自适应的阈值选择方法。它通过计算类间方差来寻找最佳阈值，使得分割后的前景和背景之间的方差最大。这种方法对于不同背景和前景的灰度差异具有较好的适应性。

③ 迭代法。迭代法是一种逐步逼近最佳阈值的方法。它首先选择一个初始阈值，然后根据分割结果调整阈值，直到满足一定的终止条件为止。这种方法适用于灰度分布较为复杂的图像。

基于阈值的分割方法具有以下优点。

① 计算简单高效。基于阈值的分割方法原理直观，计算过程相对简单，不需要复杂的迭代或优化算法。这使得该方法在处理大规模图像或需要实时处理的场景中具有显著优势。通过设定合适的阈值，可以快速地将图像分割为不同的区域，满足实际应用的需求。

② 对灰度差异明显的图像效果好。对于背景和前景灰度差异明显的图像，基于阈值的分割方法通常能够取得良好的分割效果。通过选择合适的阈值，可以有效地将不同灰度级别的像素区分开来，从而实现精确的分割。这种特性使得该方法在医学影像分析、工业检测等领域具有广泛的应用价值。

③ 灵活性高。基于阈值的分割方法可以根据具体需求调整阈值设置。对于不同的图像或应用场景，可以通过调整阈值来适应不同的分割需求。此外，还可以结合其他图像处理技术，如滤波、形态学操作等，进一步优化分割结果。这种灵活性使得该方法能够适应各种复杂的图像分割任务。

基于阈值的分割方法具有以下缺点。

① 对噪声敏感。基于阈值的分割方法对于图像中的噪声较为敏感。当图像中存在噪声时，噪声点的灰度值可能会干扰阈值的设定，导致分割结果不准确。因此，在应用该方法时，需要对图像进行适当的预处理，如滤波操作，以减少噪声的影响。

② 对灰度分布不均的图像效果不佳。对于灰度分布不均或存在多个灰度级别的图像，基于阈值的分割方法可能难以得到满意的分割结果。这种情况下，单一的阈值可能无法准确地区分不同的区域，导致分割结果出现误判或遗漏。此时，可能需要考虑使用多阈值分割方法或其他更复杂的分割技术。

③ 需要手动或自适应选择阈值。基于阈值的分割方法需要手动或自适应地选择阈值。然而，选择合适的阈值并非易事，需要根据具体图像的特点和应用需求进行调整。手动选择阈值可能需要大量的试验和调整，而自适应选择阈值的方法虽然可以自动确定阈值，但其准确性和鲁棒性往往受到一定限制。因此，在实际应用中，需要权衡不同方法的优缺点，选择最适合的阈值确定方式。

图 2-27 所示为基于阈值分割的道路图像。

（2）基于边缘的分割方法

利用图像中的边缘信息，通过检测边缘点并连接成边缘线，从而实现图像的分割。这类方法对于边缘明显的图像效果较好，但对于噪声和纹理复杂的图像可能存在一定的挑战。常见的边缘检测算子包括 Sobel 算子、Prewitt 算子、

图 2-27　基于阈值分割的道路图像

Roberts算子、Log算子、Canny算子等,这些算子通过计算像素间的灰度变化来检测边缘点,进而形成边缘图像。

基于边缘的分割方法具有以下优点。

① 精确度高。基于边缘的分割方法能够精确地定位到图像中的边缘位置,这是因为边缘通常是图像中灰度、颜色或纹理等特征发生显著变化的地方。通过检测这些边缘点,可以精确地划分出图像的不同区域。这种高精度特性使得该方法在医学影像分析、目标识别等领域中具有显著的优势。

② 细节保留良好。由于边缘检测关注的是图像中灰度、颜色或纹理等特征的突变点,因此基于边缘的分割方法通常能够很好地保留图像的细节信息。这使得在后续的图像处理和分析过程中,可以利用这些保留的细节信息来进行更精确的操作。

③ 直观性强。基于边缘的分割方法直观性较强,易于理解和实现。边缘作为图像的基本特征之一,具有明确的物理意义,因此基于边缘的分割方法通常能够直观地反映出图像的结构和特征。

基于边缘的分割方法具有以下缺点。

① 对噪声敏感。基于边缘的分割方法通常对图像中的噪声比较敏感。噪声可能导致边缘检测算子误判,从而引入错误的边缘点或遗漏真正的边缘点,这会影响分割结果的准确性和可靠性。因此,在使用基于边缘的分割方法时,通常需要先对图像进行预处理以减少噪声的影响。

② 对复杂边缘处理能力有限。对于图像中存在复杂边缘(如交叉边缘、弯曲边缘等)的情况,基于边缘的分割方法可能会遇到困难。这些复杂的边缘结构可能使得边缘检测算子无法准确地检测和定位,导致分割结果不准确或存在歧义。

③ 参数选择和调整较为困难。基于边缘的分割方法通常需要选择合适的参数或算子来适应不同的图像特征和任务需求。然而,这些参数的选择和调整可能较为困难,需要经验和技巧。不同的参数选择可能会对分割结果产生显著的影响,因此需要进行充分的实验和调整以找到最优的参数设置。

图 2-28 所示为采用不同算子的图像边缘检测。

(a) 原始图像　　　(b) Sobel算子检测图像　　　(c) Prewitt算子检测图像

(d) Coberts算子检测图像　　　(e) Log算子检测图像　　　(f) Canny算子检测图像

图 2-28　采用不同算子的图像边缘检测

（3）基于区域的分割方法

基于区域的分割方法通常根据图像内部特征的相似性或差异性进行分割。这种方法的核心思想是将具有相似特征的像素点聚合成一个区域，并将不同特征的区域进行区分。

常见的基于区域的分割方法包括阈值分割、区域生长、区域分裂合并以及基于图论的分割等。

① 阈值分割。阈值分割是一种简单直观的基于区域的分割方法，它通过设定一个或多个阈值，将图像的像素值划分为不同的类别，从而实现分割。这种方法适用于背景和前景灰度差异明显的图像，但对于灰度分布不均或存在噪声的图像，效果可能不佳。

② 区域生长。区域生长是一种基于种子点的分割方法，它首先选取一个或多个种子点，然后根据预设的相似性准则，将相邻的相似像素点合并到种子点所在的区域中。通过不断迭代，最终得到完整的分割区域。区域生长方法能够较好地保留图像中的细节信息，但对于噪声和复杂结构的处理可能存在一定的挑战。

③ 区域分裂合并。区域分裂合并方法首先将图像划分为多个初始区域，然后根据预设的分裂和合并准则，对区域进行迭代处理。分裂操作将不满足一致性条件的区域进一步划分为更小的子区域，而合并操作则将相邻的相似区域合并为一个更大的区域。通过不断调整区域的边界和大小，最终得到符合要求的分割结果。这种方法能够处理复杂结构的图像，但计算复杂度较高。

④ 基于图论的分割。基于图论的分割方法将图像表示为图的形式，其中像素点作为图的顶点，相邻像素点之间的相似性作为边的权重。通过寻找图中的最小割或最大流等优化问题，实现图像的分割。这种方法能够综合考虑图像的全局和局部信息，实现精确的分割。但图论算法的计算复杂度通常较高，对大规模图像的处理可能存在一定的挑战。

基于区域的分割方法具有以下优点。

① 对噪声的鲁棒性强。基于区域的分割方法通常基于像素间的相似性进行区域划分，这种相似性不仅仅基于单个像素的灰度或颜色值，而是考虑更广泛的区域信息。因此，相比于基于边缘的分割方法，基于区域的分割方法对噪声和局部变化具有更强的鲁棒性。即使图像中存在一些噪声或小的变化，基于区域的分割方法也能相对准确地识别出不同的区域。

② 能够处理复杂结构和纹理。基于区域的分割方法能够考虑图像中的复杂结构和纹理信息。通过利用像素间的空间关系和特征相似性，它能够将具有相似结构和纹理的区域划分在一起。这使得基于区域的分割方法在处理具有复杂结构和纹理的图像时表现出色，如医学影像中的组织分割、遥感图像中的地表覆盖分类等。

③ 灵活性高。基于区域的分割方法通常具有较高的灵活性，能够适应不同类型的图像和应用场景。不同的算法和参数选择可以适应不同的图像特征及任务需求。此外，基于区域的分割方法还可以与其他图像处理技术相结合，以进一步提高分割效果。

基于区域的分割方法具有以下缺点。

① 计算复杂度较高。基于区域的分割方法通常需要对图像中的每个像素或区域进行遍历和比较，以确定它们之间的相似性。这导致该方法的计算复杂度相对较高，特别是在处理大规模图像时，可能需要较长的时间来完成分割。这在一定程度上限制了基于区域的分割方法在实时处理和高效率应用中的使用。

② 对参数选择敏感。基于区域的分割方法的性能往往受到参数选择的影响。不同的参数设置可能导致不同的分割结果。因此，在选择参数时需要根据具体任务的需求和图像特征进行仔细调整。然而，对于某些复杂的图像或场景，确定合适的参数可能是一个挑战，需要

一定的经验和专业知识。

③ 可能产生过度分割或欠分割。基于区域的分割方法有时可能会出现过度分割或欠分割的问题。过度分割指的是将原本应该属于同一区域的像素错误地划分为不同的区域，导致分割结果过于细碎。而欠分割则是指将本应划分为不同区域的像素错误地合并在一起，导致某些区域的边界不够准确。这些问题的出现可能与算法的选择、参数的设置以及图像本身的特征有关。

（4）基于深度学习的分割方法

利用深度学习模型，通过训练大量的数据来学习图像中的特征表示和分割规则。这类方法在处理复杂的图像和场景时具有较高的准确性和鲁棒性，但通常需要大量的计算资源和时间进行训练及优化。

基于深度学习的分割方法通常利用卷积神经网络作为核心组件，通过训练网络模型学习图像中的特征表示，并根据这些特征将图像划分为不同的区域或类别。与传统的分割方法相比，基于深度学习的分割方法具有更强的特征提取能力和更高的分割精度，特别适用于处理复杂结构和纹理的图像。

常见的基于深度学习的分割算法有全卷积网络、Mask R-CNN 和 DeepLab 系列等。

① 全卷积网络。全卷积网络是最早应用于图像分割的深度学习算法之一。与传统的卷积神经网络不同，全卷积网络去除全连接层，转而采用卷积层来提取图像特征，并通过上采样操作将特征图恢复到与输入图像相同的尺寸，从而实现像素级别的分类。全卷积网络通过跳跃连接将不同层级的特征进行融合，提高分割精度。然而，全卷积网络的分割结果在某些细节方面可能不够准确，需要进一步改进。

② Mask R-CNN。Mask R-CNN 是一种在目标检测基础上扩展的图像分割算法。它首先通过区域提议网络生成一系列候选目标框，并对这些框进行分类和位置调整。然后，Mask R-CNN 引入一个额外的分割分支，对每个候选目标框生成一个二进制分割掩码，从而实现目标的精确分割。Mask R-CNN 在目标检测和图像分割任务中都取得优异的表现，尤其在处理复杂场景和多类别目标时具有较高的性能。

③ DeepLab 系列。DeepLab 系列算法结合深度卷积神经网络和空洞卷积技术，以实现高精度的图像分割。空洞卷积能够在不增加参数数量的前提下扩大感受野，捕获更多的上下文信息。DeepLab 系列算法还采用条件随机场进行后处理，以进一步提高分割结果的准确性和平滑度。DeepLab 系列算法在多个公开数据集上取得领先的性能表现，为图像分割任务提供有效的解决方案。

基于深度学习的分割方法具有以下优点。

① 高分割精度。基于深度学习的分割方法通过构建复杂的神经网络模型，能够学习到图像中的精细特征和上下文信息，从而实现对图像内容的精确分割。与传统的分割方法相比，深度学习分割方法在边缘检测、纹理识别等方面表现更为出色，能够获得更高的分割精度。

② 强大的特征提取能力。深度学习模型能够自动学习和提取图像中的深层次特征，这些特征对于后续的分割任务至关重要。通过逐层卷积和池化操作，深度学习模型能够捕捉到图像中的局部和全局信息，为精确分割提供有力的支持。

③ 适应性强。基于深度学习的分割方法具有很强的适应性，能够处理各种复杂和多样的图像场景。无论是简单的二分类任务还是复杂的多类别分割任务，深度学习模型都能通过学习和调整参数来适应不同的任务需求。

基于深度学习的分割方法具有以下缺点。

① 数据需求量大。深度学习模型的训练需要大量标注数据。对于图像分割任务来说，标注数据通常需要进行像素级别的精细标注，这既耗时又费力。同时，如果训练数据不足或分布不均衡，可能会导致模型过拟合或泛化能力较差。

② 计算资源要求高。深度学习模型的训练和推理过程通常需要大量的计算资源和时间。尤其是在处理大规模图像或高分辨率图像时，计算成本会显著增加。这限制了基于深度学习的分割方法在一些资源受限场景下的应用。

③ 模型可解释性差。深度学习模型通常是高度复杂的黑盒模型，其内部机制和决策过程难以直观解释。这使得在实际应用中难以对模型的分割结果进行有效的调试和优化。同时，由于缺乏可解释性，深度学习分割方法在某些对可靠性和透明度要求较高的场景下可能受到限制。

为了克服这些缺点，可以关注以下几个方面：一是研究更加高效的标注方法和技术，以减少对大量标注数据的依赖；二是探索轻量级和高效的深度学习模型结构，以降低计算成本和提高推理速度；三是加强深度学习模型的可解释性研究，提高模型的透明度和可靠性。

不同分割方法的比较见表 2-2。

表 2-2 不同分割方法的比较

分割方法	原理	优点	缺点	适用场景
基于阈值的分割方法	根据像素值或灰度级设定阈值，将图像分为前景和背景	实现简单，计算效率高	对噪声和光照变化敏感，不适用于复杂图像	适用于目标和背景灰度或颜色差异明显的图像，如 CT 图像中肺部组织提取
基于边缘的分割方法	通过检测图像中灰度、颜色或纹理的突变来提取边缘	保留图像的边缘信息，对于轮廓识别效果好	对噪声敏感，边缘可能不连续或断裂	适用于边缘明显且噪声较少的图像，如物体轮廓提取或形状识别
基于区域的分割方法	根据像素的相似性将图像划分为不同的区域	能够处理复杂的图像结构，对噪声鲁棒性较好	计算复杂度较高，可能产生过度分割或欠分割	适用于灰度或颜色分布不均的图像，如自然场景或医学图像中的细胞识别
基于深度学习的分割方法	利用深度神经网络学习和推断图像中的像素或区域标签	分割精度高，能够处理复杂的图像场景	需要大量标注数据进行训练，计算资源消耗大，模型解释性较差	适用于需要高精度分割的任务，如自动驾驶中的道路识别、医学影像分析

这些分割方法各具特色，在实际应用中，应根据具体需求和图像特点选择合适的分割方法。例如，对于目标和背景差异明显的简单图像，基于阈值的分割方法可能更为合适；而对于需要高精度分割的复杂场景，基于深度学习的分割方法可能更为有效。

2.3.4 目标检测技术

图像处理中的目标检测旨在从图像中自动识别和定位出感兴趣的目标对象。目标检测的基本原理可以概括为对图像中的目标进行特征提取、分类和定位。首先，通过图像处理技术提取出图像中的特征信息，这些特征可以是颜色、形状、纹理等低级特征，也可以是经过深度学习模型学习得到的高级特征。然后，利用分类器或深度学习模型对提取的特征进行分类，确定目标所属的类别。最后，通过回归算法或目标候选区域生成方法确定目标在图像中的精确位置。

目标检测方法有基于手工特征的目标检测方法和基于深度学习的目标检测方法。

（1）基于手工特征的目标检测方法

基于手工特征的目标检测方法的核心思想是通过设计有效的特征描述子来捕捉图像中目标的独特属性。这些特征描述子可以是颜色直方图、梯度方向直方图（HOG）、小波特征（Haar）等。通过对图像进行预处理和特征提取，将原始图像转换为特征向量或特征图，然后利用分类器（如支持向量机、决策树等）对特征进行学习和分类，最终实现目标的定位和识别。

基于手工特征的目标检测方法按以下步骤进行。

① 图像预处理。图像预处理是目标检测的第一步，旨在消除图像中的噪声和干扰，提高图像的质量。常见的图像预处理操作包括灰度化、去噪、平滑滤波、对比度增强等。这些操作可以使图像更加清晰，有利于后续的特征提取和分类。

② 目标区域提取。目标区域提取是从整幅图像中选择出可能包含目标的子区域，以减少后续处理的计算量。这可以通过滑动窗口法、选择性搜索等方法实现。滑动窗口法以固定大小的窗口在图像上滑动，将每个窗口内的图像作为潜在的目标区域；选择性搜索则通过颜色、纹理等特征合并相似的区域，生成一系列候选目标区域。

滑动窗口法的基本思想是在给定的数据序列上设定一个固定大小的窗口，然后按照预设的步长，让窗口在数据序列上进行滑动。在每次滑动的过程中，都会选取窗口内的数据进行处理或分析，从而得到一系列的处理结果。

图 2-29 所示为利用滑动窗口法检测物体。首先对输入图像进行不同窗口大小的滑窗进行从左往右、从上到下的滑动。每次滑动时候对当前窗口执行分类器（分类器是事先训练好的）。如果当前窗口得到较高的分类概率，则认为检测到物体。对每个不同窗口大小的滑窗都进行检测后，会得到不同窗口检测到的物体标记，这些窗口大小会存在重复较高的部分，最后采用非极大值抑制的方法进行筛选。最终，经过非极大值抑制筛选后获得检测到的物体。

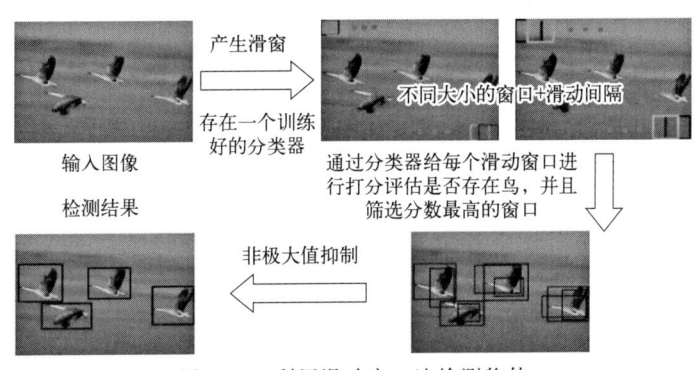

图 2-29　利用滑动窗口法检测物体

图 2-30 所示为利用搜索法检测物体。选择搜索算法的主要观点是图像中物体可能存在的区域应该是有某些相似性或者连续性区域的。首先，对输入图像进行分割算法产生许多小的子区域。其次，根据这些子区域之间相似性（相似性标准主要有颜色、纹理、大小等）进行区域合并，不断地进行区域迭代合并。每次迭代过程中对这些合并的子区域做外切矩形，这些子区域外切矩形就是通常所说的候选框。

③ 特征提取。特征提取是目标检测的核心步骤，它通过对目标区域进行进一步的分析

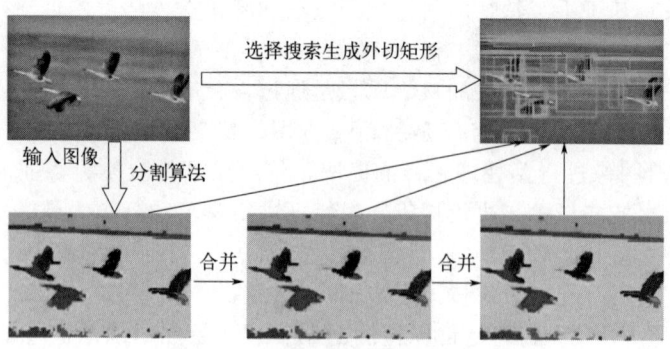

图 2-30　利用搜索法检测物体

和处理，提取出能够描述目标属性的特征向量或特征图。常见的手工特征包括 HOG、小波特征、SIFT 等。这些特征描述子通过计算图像的局部梯度、纹理、形状等信息，捕捉目标的独特属性。在提取特征时，需要注意选择合适的特征描述子和参数设置，以确保能够准确描述目标并降低计算复杂度。

④ 特征编码与聚合。在提取出大量特征后，为了降低维度和计算复杂度，通常需要对特征进行编码和聚合。常见的特征编码方法包括词袋模型、VLAD 算法等。这些方法将高维的特征向量转换为低维的向量表示，同时保留足够的信息以区分不同的目标。通过特征编码和聚合，可以进一步提高目标检测的准确性和效率。

⑤ 目标分类与定位。在特征提取和编码之后，需要使用分类器对目标进行分类和定位。常见的分类器包括支持向量机、决策树、随机森林等。分类器通过对特征进行学习和训练，建立起目标与特征之间的映射关系。在测试阶段，将提取的特征输入分类器中，分类器会输出目标的存在与否以及目标的位置信息。为了提高定位的准确性，还可以使用回归方法（如线性回归、支持向量回归等）对目标的位置进行微调。

支持向量机是一种基于监督学习的分类器，它通过寻找一个超平面来分隔不同类别的数据。支持向量机的核心思想是将输入数据映射到一个高维空间中，然后找到一个最大间隔的超平面，使得不同类别的数据点尽可能远离这个超平面。

决策树是一种直观且易于理解的分类器，它采用树形结构来表示分类过程。决策树通过不断地对数据进行划分，构建出一个从根节点到叶子节点的树状结构，每个叶子节点代表一个类别。

随机森林是一种集成学习方法，通过构建多棵决策树并将它们的预测结果进行综合来提高分类性能。每棵决策树都是基于随机选取的特征和样本子集进行训练的，这样可以增加模型的多样性和泛化能力。

基于手工特征的目标检测方法具有以下优点。

① 可解释性强。手工特征通常是根据图像处理的先验知识和领域经验进行设计的，它们具有明确的意义和直观性，有助于人们理解目标的视觉属性以及它们在图像中的表现形式。这使得基于手工特征的方法在解释性和可理解性方面优于基于深度学习的方法。

② 计算效率高。相比于深度学习模型，基于手工特征的目标检测方法通常具有较低的计算复杂度和内存消耗。手工特征的提取和匹配过程相对简单，适用于对实时性要求较高的场景。

③ 对特定任务有效。在某些特定任务中，手工特征可能更加有效。例如，在特定领域的图像识别任务中，通过精心设计的手工特征可以更好地捕捉目标的独特属性，从而提高识

别的准确性。

基于手工特征的目标检测方法具有以下缺点。

① 泛化能力有限。由于手工特征通常是基于特定任务和领域的先验知识设计的，因此它们可能无法很好地适应不同的场景和变化。当目标对象的外观、姿态或背景发生较大变化时，手工特征的鲁棒性和泛化能力可能会受到限制。

② 特征设计复杂。设计有效的手工特征需要深厚的图像处理知识和领域经验。对于不同的任务和数据集，可能需要设计不同的特征描述子，这增加了算法的复杂性和实现的难度。

③ 性能受限于特征设计。手工特征的性能在很大程度上取决于设计者的能力和经验。如果设计的特征不能充分表达目标的属性和变化，那么目标检测的性能可能会受到影响。此外，随着数据规模的增长和场景的复杂性增加，手工特征的局限性也会逐渐显现。

例如，假设有一个车辆监控系统的应用场景，需要实时监测道路上的车辆目标，可以采用基于小波特征和 AdaBoost 分类器的目标检测方法来实现这一目标。首先，收集大量的车辆图像和非车辆图像作为训练集，从训练集中提取出小波特征，并利用 AdaBoost 算法训练一个分类器。在训练过程中，可以不断调整分类器的参数和弱分类器的数量，以优化分类性能。然后，将训练好的分类器应用于测试图像上。通过滑动窗口的方式，在测试图像上逐一检测可能的目标区域。在每个目标区域内，提取出小波特征，并利用训练好的分类器进行分类判断。如果分类器判断该区域为车辆目标，则输出该目标的边界框和位置信息。通过这种方式，可以实现对车辆目标的实时检测。需要注意的是，在实际应用中，可能还需要对检测结果进行后处理，如非极大值抑制等，以消除冗余的边界框，提高检测结果的准确性。

（2）基于深度学习的目标检测算法分类

随着深度学习技术的发展，基于深度学习的目标检测算法逐渐成为主流。深度学习通过构建深层的神经网络模型，能够自动学习图像中的特征表示，从而实现对目标的准确检测。基于深度学习的目标检测算法可以分为二阶段检测算法和一阶段检测算法两条技术路线，如图 2-31 所示。

例如，假设有一个自动驾驶汽车的场景，车辆需要在复杂的城市道路上自主行驶。通过基于深度学习的目标检测方法，以实现以下功能。

① 车辆检测与跟踪。通过 YOLO 算法，可以实时检测道路上的其他车辆，并获取它们的位置、速度和行驶方向等信息。这些信息对于自动驾驶车辆的避障、路径规划和行驶决策至关重要。

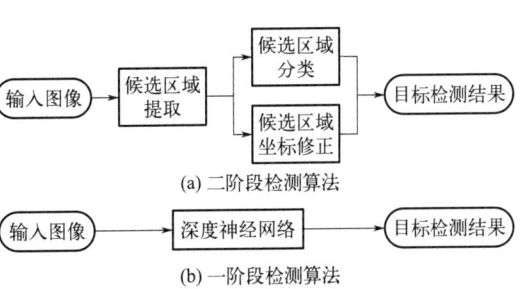

(a) 二阶段检测算法

(b) 一阶段检测算法

图 2-31 基于深度学习的目标检测算法

② 行人检测。除了车辆外，行人也是自动驾驶车辆需要关注的重要目标。通过目标检测，可以及时发现道路上的行人，并评估其行走方向和速度，从而采取相应的避让措施。

③ 交通信号灯识别。交通信号灯是自动驾驶车辆必须遵守的交通规则之一。通过目标检测算法，可以准确地识别出交通信号灯的颜色和状态，从而指导自动驾驶车辆遵守交通信号灯的指示。

通过这些目标检测功能，自动驾驶车辆能够更好地感知和理解周围环境，从而做出更加准确和安全的决策。这有助于提升自动驾驶系统的性能，增强其对复杂道路场景的适应能力。

（3）二阶段检测算法

二阶段检测算法将目标检测任务划分为两个阶段：区域生成和分类回归。在第一阶段，算法通过区域提议网络产生一系列可能包含目标的候选区域。在第二阶段，算法对每个候选区域进行特征提取和分类回归，以确定目标的类别和精确位置。典型的二阶段检测算法包括R-CNN系列（R-CNN、Fast R-CNN、Faster R-CNN、Mask R-CNN）等。这些算法具有较高的检测精度，但相对较慢的检测速度。

二阶段检测算法实施步骤。

① 数据准备与预处理。在开始目标识别任务之前，首先需要进行数据准备和预处理工作。这包括收集包含目标对象的图像数据集，并进行必要的标注工作，如为每个目标对象标注边界框和类别标签。此外，还需要对图像进行预处理操作，如尺寸调整、归一化等，以消除图像中的噪声和无关信息，提高算法的性能。

② 构建二阶段检测算法模型。二阶段检测算法通常由两个主要部分组成：区域提议网络和分类与回归网络。在构建模型时，首先需要选择合适的骨干网络（如ResNet、VGG等）进行特征提取。然后，构建区域提议网络，负责生成可能包含目标对象的候选区域。区域提议网络通过在特征图上滑动小网络并预测每个位置的先验框得分和边界框回归参数来生成候选区域。接下来，构建分类与回归网络，该网络负责对候选区域进行精细化处理。它使用骨干网络提取的特征作为输入，通过一系列卷积和全连接层，输出每个候选区域的类别得分和精确的边界框坐标。

③ 模型训练与优化。在构建完二阶段检测算法模型后，需要进行模型的训练与优化。这包括选择合适的损失函数（如交叉熵损失和 L_1 或 L_2 损失：L_1 损失称为最小绝对误差，是预测值与实际值之间绝对误差的总和；L_2 损失称为最小二乘误差，是预测值与实际值之间平方误差的总和），定义优化算法（如梯度下降算法），并设置合适的学习率和训练轮数等参数。通过训练过程中的反向传播和参数更新，模型逐渐学习到如何从图像中识别和定位目标对象。为了提高模型的性能，还可以采用一些优化策略，如数据增强（如随机裁剪、翻转等）以增加模型的泛化能力，使用预训练模型进行初始化以加速训练过程，以及调整模型结构和参数等。

④ 目标识别与结果输出。在模型训练完成后，可以利用训练好的二阶段检测算法模型进行目标识别任务。对于输入的测试图像，首先将其输入模型中，经过区域提议网络生成候选区域；然后，利用分类与回归网络对候选区域进行精细化处理，输出每个目标的类别得分和边界框坐标；最后，通过非极大值抑制技术消除冗余的边界框，得到最终的目标识别结果。这些结果通常以边界框和类别标签的形式在图像上进行可视化展示，或者作为输出数据供后续分析和处理使用。

二阶段检测算法具有以下优点。

① 高精度。二阶段检测算法通过区域提议网络生成一系列候选区域，并在第二阶段对候选区域进行精细化的分类和回归。这种分阶段的处理方式使得算法能够更准确地定位目标，并减少误检和漏检的情况。因此，二阶段检测算法通常具有较高的检测精度，适用于对精度要求较高的应用场景。

② 灵活的特征提取。二阶段检测算法通常采用深度卷积神经网络作为特征提取器，能够学习到更加抽象和鲁棒的特征表示。这使得算法能够适应不同类型的目标和场景，并在复杂多变的图像中保持稳定的性能。

③ 可处理多尺度目标。通过在不同尺度的特征图上进行预测，二阶段检测算法能够有效地处理多尺度目标。这种多尺度处理能力使得算法能够同时检测到图像中的大目标和小目标，提高检测的全面性和准确性。

二阶段检测算法具有以下缺点。

① 计算复杂度高。由于二阶段检测算法需要进行候选区域的生成和精细化处理，其计算复杂度相对较高。这导致算法在训练和推理过程中需要消耗更多的计算资源和时间。因此，在处理大规模数据集或实时应用时，二阶段检测算法可能面临性能瓶颈。

② 速度慢。与一阶段检测算法相比，二阶段检测算法由于分阶段的处理流程，通常具有较慢的检测速度。尽管通过优化网络结构和采用硬件加速等技术可以提升检测速度，但相较于一阶段检测算法，二阶段检测算法在速度方面仍然处于劣势。

③ 依赖先验框的设计。二阶段检测算法通常依赖先验框的设计来生成候选区域。然而，先验框的尺寸、比例和数量等因素需要根据特定数据集和目标特性进行调整，这对算法的通用性和迁移能力提出挑战。此外，不合理的先验框设计可能导致算法无法有效地覆盖到某些目标或引入过多的误检。

（4）一阶段检测算法

一阶段检测算法则直接在特征图上预测目标的类别和位置，无须显式的区域生成步骤。这类算法通常具有较快的检测速度，但在精度方面可能稍逊于二阶段检测算法。典型的一阶段检测算法包括 YOLO 系列（YOLOv1、YOLOv2、YOLOv3 等）、SSD 等。这些算法通过优化网络结构和损失函数等方式，不断提升检测精度和速度，以适应不同场景下的应用需求。

一阶段检测算法实施步骤。

① 数据准备与预处理。在进行目标识别任务之前，首先需要收集并标注相关的数据集。数据集应包含多个不同场景下的图像，并且每个图像中的目标对象都应被准确地标注出边界框和类别标签。此外，为了提高算法的泛化能力，还可以采用数据增强技术，如随机裁剪、翻转、缩放等，对原始数据集进行扩展。

预处理阶段则主要包括对输入图像进行必要的调整，如尺寸归一化、颜色空间转换等，以便算法能够更好地提取特征并识别目标。

② 构建一阶段检测算法模型。一阶段检测算法通常使用深度卷积神经网络作为模型的基础。在构建模型时，首先需要选择合适的骨干网络进行特征提取。这些骨干网络经过大量图像数据的训练，能够学习到丰富的视觉特征表示。接下来，在骨干网络的基础上构建一阶段检测器的头部网络。头部网络通常包括多个卷积层和预测层，用于预测目标的类别和位置。为了捕获不同尺度的目标，可以采用多尺度特征融合的方法，将不同层的特征进行融合，提高算法对目标的识别能力。

③ 模型训练与优化。在构建完一阶段检测算法模型后，需要进行模型的训练与优化。首先，定义合适的损失函数，通常包括分类损失和边界框回归损失两部分。分类损失用于衡量模型对目标类别的预测准确性，而边界框回归损失则用于衡量模型对目标位置的预测精度。然后，选择合适的优化算法（如梯度下降算法或其变种）和学习率等超参数进行训练。在训练过程中，模型通过反向传播算法不断更新网络参数，以最小化损失函数并提高识别性能。为了提高模型的性能，还可以采用一些优化策略，如学习率调整、正则化技术、模型剪枝等。这些策略可以帮助防止过拟合、加速训练过程，并进一步提高目标识别的准确性。

④ 目标识别与结果输出。经过训练后的一阶段检测算法模型可以用于目标识别任务。

对于输入的测试图像，模型会直接在特征图上进行目标类别和位置的预测。经过非极大值抑制等后处理步骤，可以得到最终的识别结果。

识别结果通常以边界框和类别标签的形式在图像上进行可视化展示，也可以作为输出数据供后续分析和处理使用。根据具体需求，还可以对识别结果进行进一步的评估和优化。

一阶段检测算法具有以下优点。

① 速度快。一阶段检测算法直接在特征图上进行目标检测，无须经过候选区域生成和筛选等复杂步骤，因此具有较快的检测速度。这使得一阶段检测算法在实时应用场景中更具优势，如自动驾驶、视频监控等。

② 结构简单。一阶段检测算法的网络结构相对简单，通常包含特征提取、分类和回归等模块。这种简洁的结构使得算法更易于实现和优化，同时减少计算资源的消耗。

③ 端到端训练。一阶段检测算法可以采用端到端的训练方式，直接优化整个网络的损失函数。这种训练方式使得算法能够更好地学习到目标的特征表示和检测策略，提高检测性能。

一阶段检测算法具有以下缺点。

① 精度相对较低。相较于二阶段检测算法，一阶段检测算法在精度方面可能稍逊一筹。由于一阶段检测算法直接对特征图进行预测，缺乏像二阶段检测算法那样的候选区域筛选和精细化处理步骤，因此可能在目标定位和分类方面存在一定的误差。

② 对小目标和遮挡目标的检测效果不佳。一阶段检测算法在处理小目标和遮挡目标时可能面临挑战。由于小目标在特征图中的信息较少，而遮挡目标则可能导致特征不完整，这些因素都可能导致一阶段检测算法在检测这些目标时出现漏检或误检的情况。

③ 正负样本不平衡问题。在一阶段检测算法中，正负样本（即前景目标和背景）的不平衡问题是一个常见的挑战。由于背景区域通常占据图像的大部分，这可能导致模型在训练过程中过多地关注背景区域，而忽略前景目标。为了解决这个问题，通常需要采用一些特殊的采样策略或损失函数来调整正负样本的比例。

图 2-32 所示为基于深度学习的目标检测。

图 2-32 基于深度学习的目标检测

基于不同方法的目标检测技术的比较见表 2-3。

表 2-3 基于不同方法的目标检测技术的比较

方法类型	基本原理	优点	缺点	适用场景
基于手工特征的目标检测方法	使用手工设计的特征描述子；结合分类器(如支持向量机)进行目标分类	直观易懂，计算相对简单；对于特定任务有一定的准确性	对光照、形变等敏感，泛化能力有限；特征设计需要专业知识，耗时耗力	适用于简单的目标检测任务，如人脸检测；某些特定场景下的物体识别

方法类型	基本原理	优点	缺点	适用场景
二阶段检测算法（如 Faster R-CNN、Mask R-CNN）	先生成一系列候选区域，再进行精细的目标定位和分类；分为区域提议和分类回归	精度高，对复杂场景和形变鲁棒性较好；对不同尺度和长宽比的目标检测效果好	速度相对较慢，不适用于实时性要求高的场景；训练过程相对复杂，计算资源消耗较大	需要高精度的目标检测任务；医学影像分析、安全监控等
一阶段检测算法（如 SSD、YOLO 系列）	将目标定位和分类合并到一个网络中，端到端训练；直接输出目标的边界框和类别概率	速度较快，适用于实时应用；易于部署和优化	精度相对较低，对小目标和重叠目标的检测能力有限	对速度要求较高的实时目标检测任务；自动驾驶、视频监控等

2.3.5　目标识别技术

目标识别技术作为图像处理的核心任务之一，旨在识别图像中的特定对象或目标，并对其进行分类、定位等操作。随着深度学习、机器学习等技术的快速发展，目标识别技术得到极大的提升和广泛应用。

（1）目标识别的基本原理

目标识别技术的基本原理主要基于特征提取和分类器设计两个方面。首先，通过图像处理算法提取图像中的特征，这些特征可以是颜色、形状、纹理等底层特征，也可以是更高级别的语义特征。然后，利用分类器对提取的特征进行分类，从而实现对目标的识别。

（2）目标检测与目标识别的区别

① 关注点的不同。目标检测更关注确定目标物体在图像中的位置和范围。它通过对图像进行分析和处理，找到图像中所有可能存在的目标物体，并给出它们的位置和边界框。目标检测的输出通常是一系列包含目标物体位置和范围的标记或边界框。而目标识别则更侧重于对目标物体进行准确的分类和识别。它利用提取的特征和训练好的分类器，对检测到的目标物体进行分类，确定它们所属的类别或身份。目标识别的输出是对每个目标物体的类别标签或身份信息。

② 输出结果的不同。目标检测和目标识别在方法与技术上也存在差异。目标检测通常依赖于特征提取、滑动窗口或深度学习等技术来定位和标记目标物体。而目标识别则更侧重于特征学习、分类器设计和优化等方面，以实现准确分类和识别。

例如，在自动驾驶中，目标检测可以用于检测道路上的车辆、行人等目标物体，为车辆提供必要的导航和避障信息。而目标识别则可以对这些目标物体进行准确的分类，从而进一步实现车辆的自动驾驶和决策。

（3）基于手工特征的传统目标识别方法

基于手工特征的传统目标识别方法是指通过人为设计和提取图像的底层特征，再利用这些特征训练分类器以实现对目标物体的分类和识别的方法。这种方法主要依赖于特征提取算法和分类器的设计，而不依赖大量的训练数据和复杂的模型结构。

基于手工特征的传统目标识别方法按以下步骤进行。

① 特征提取。这是目标识别过程中的核心步骤。特征提取的目标是找到一种能够有效表示目标物体特性的方法。这通常涉及颜色、形状、纹理等底层特征的提取。这些特征可以是基于全局的（如颜色直方图），也可以是基于局部的（如 SIFT、SURF 等关键点描述子）。

② 特征编码与选择。提取的特征通常需要进一步地编码和选择，以形成更具代表性的特征向量。这包括特征的降维、特征的选择性增强等操作，以提高识别的准确性和效率。

③ 分类器设计。利用提取的特征，训练一个分类器（如支持向量机、AdaBoost 等）对目标物体进行分类。这个分类器可以看作是一个映射，将特征空间映射到标签空间，从而实现目标识别。

基于手工特征的传统目标识别方法具有以下优点。

① 可解释性强。手工特征是根据人类的视觉感知和经验设计的，因此具有较强的可解释性。这使得人们能够更直观地理解特征的提取和分类过程，有助于优化和改进算法。

② 计算效率高。相比于基于深度学习的目标识别方法，基于手工特征的方法通常具有更低的计算复杂度。这使得它们能够在资源有限的环境下运行，适用于实时性要求较高的场景。

基于手工特征的传统目标识别方法具有以下缺点。

① 特征设计复杂。手工特征的设计需要丰富的专业知识和经验，且针对不同目标和场景需要设计不同的特征。这增加了特征设计的复杂性和工作量，同时也限制了算法的通用性。

② 鲁棒性较差。手工特征对图像的尺度、光照、角度等变化较为敏感，容易受到噪声和干扰的影响。这导致算法在复杂多变的实际环境中识别性能下降。

③ 识别能力有限。由于手工特征只能描述图像的底层信息，而无法捕捉到更高层次的语义信息，因此其识别能力相对有限。对于复杂目标和背景，手工特征可能无法提供足够的信息以支持准确识别。

（4）基于深度学习的目标识别方法

基于深度学习的目标识别方法是指利用深度神经网络对图像进行自动特征提取和分类，从而实现对目标物体的识别和分类的方法。这种方法通过构建深层次的神经网络模型，从原始图像中逐层提取特征，并利用大量标注数据进行模型训练，以达到对目标物体的准确识别。

基于深度学习的目标识别方法按以下步骤进行。

① 数据准备。收集并标注大量的图像数据，用于训练深度神经网络模型。标注数据通常包括目标物体的类别和位置信息。

② 模型构建。选择合适的深度神经网络模型，如卷积神经网络、循环神经网络等，用于目标识别任务。根据具体任务的需求，可以设计不同层次的卷积层、池化层、全连接层等，以提取不同层次的特征。

③ 模型训练。利用标注的图像数据对模型进行训练。通过反向传播算法和优化器，不断调整模型的参数，以最小化训练数据上的损失函数。训练过程通常需要大量的计算资源和时间。

④ 模型评估与调优。使用验证集对训练好的模型进行评估，计算模型的准确率、召回率等指标。根据评估结果，可以对模型进行调优，如增加模型深度、调整学习率等，以进一步提高识别性能。

⑤ 目标识别。将训练好的模型应用于测试集或实际应用场景中，对新的图像进行目标识别。模型会自动提取图像中的特征，并输出目标物体的类别和位置信息。

基于深度学习的目标识别方法具有以下优点。

① 强大的特征表示能力。深度神经网络能够自动学习并提取图像中的高层次特征，这

些特征通常比手工设计的特征更具表示能力，能够更好地描述目标物体的特性。

② 端到端的识别流程。深度学习方法可以实现从原始图像到目标识别的端到端流程，无须进行复杂的特征提取和编码过程，简化识别流程。

③ 适用于大规模数据集。深度学习方法可以利用大规模标注数据进行模型训练，从而进一步提高识别的准确性和鲁棒性。

基于深度学习的目标识别方法具有以下缺点。

① 数据依赖性强。深度学习方法需要大量标注数据进行模型训练，如果数据不足或标注不准确，将会影响模型的性能。此外，模型的性能也会受到数据集分布和多样性的限制。

② 计算资源需求高。深度神经网络的训练通常需要大量的计算资源和时间，特别是在处理大规模数据集或构建复杂模型时，对计算资源的需求更高。

③ 模型可解释性差。深度学习模型通常具有复杂的结构和参数，导致模型的可解释性较差。这使得人们难以直观地理解模型的工作原理和特征提取过程。

图 2-33 所示为基于深度学习的目标识别。

图 2-33　基于深度学习的目标识别

基于深度学习的目标识别方法以其强大的特征表示能力和端到端的识别流程在目标识别领域取得显著的成功。然而，其数据依赖性、计算资源需求和模型可解释性等方面的挑战仍需进一步研究和解决。

基于深度学习的目标识别方法离不开数据集的支撑。数据集为深度学习模型提供丰富的训练样本和评估标准，推动算法的进步和性能的提升。

2.4　数据集

　　数据集就像是自动驾驶汽车的"知识库"。就像我们学开车一样，需要不断地通过实践积累经验，以逐步掌握驾驶技巧，自动驾驶汽车也需要学习，而数据集就是它的"学习资料"。想象一下，你有一本厚厚的驾驶手册，里面记录各种路况、交通标志、车辆行为等信息。这本手册就是自动驾驶的数据集。车辆通过不断学习这个数据集中的信息，学会如何安全地在道路上行驶，识别交通信号，避让行人和其他车辆。因此，一个丰富、准确的自动驾驶数据集对于提升自动驾驶技术的性能和安全性至关重要。

2.4.1 数据集的作用

自动驾驶数据集是指一系列用于自动驾驶技术研发的标注数据集合，涵盖传感器数据、车辆状态信息、道路环境信息等多方面的内容。这些数据集通常具有大规模、多样性、实时性和标注精确性等特点，能够为自动驾驶算法提供丰富的训练和测试资源。

自动驾驶数据集具有以下作用。

(1) 算法训练与优化

自动驾驶数据集为算法的训练提供丰富的数据资源。通过使用数据集中的标注数据，研究者可以训练出目标检测、语义分割、轨迹规划等关键算法，从而提高自动驾驶系统的感知、决策和控制能力。同时，通过对比不同算法在数据集上的表现，可以对算法进行优化和改进，提高其性能和稳定性。

(2) 性能评估与比较

自动驾驶数据集还可以作为性能评估的基准，用于评估不同自动驾驶算法的性能和效果。通过在数据集上进行测试，研究者可以客观地评估算法的准确率、召回率、速度等关键指标，从而选择最优的算法方案。此外，数据集还可以用于比较不同自动驾驶系统之间的性能差异，为研究者提供有价值的参考信息。

(3) 场景适应性与鲁棒性测试

自动驾驶数据集通常包含多种不同的驾驶场景和天气条件，如城市道路、高速公路、乡村道路以及晴天、雨天、雪天等。这使得数据集成为测试自动驾驶系统场景适应性和鲁棒性的重要工具。通过在各种复杂和变化的场景中进行测试，可以评估自动驾驶系统在不同条件下的表现，发现潜在的问题和短板，从而指导算法和系统的改进。

(4) 加速研发进程

自动驾驶数据集的丰富性和多样性使得研究者能够更快地积累数据和经验，从而加速自动驾驶技术的研发进程。通过利用已有的数据集，研究者可以节省大量时间和资源用于数据采集和标注工作，更加专注于算法和系统的研发与优化。

(5) 促进交流与合作

自动驾驶数据集作为公共资源，为研究者提供交流和合作的平台。不同研究团队可以通过共享和使用数据集，共同探讨和解决自动驾驶技术面临的问题和挑战。这种合作与交流有助于推动自动驾驶技术的快速发展和普及。

2.4.2 KITTI 数据集

KITTI 数据集由德国卡尔斯鲁厄理工学院和丰田美国技术研究院联合创办，是目前国际上最大的自动驾驶场景下的计算机视觉算法评测数据集。该数据集以真实的交通场景为基础，采集丰富的图像和点云数据，用于评测立体图像、光流、视觉测距、3D 物体检测以及 3D 跟踪等计算机视觉技术在车载环境下的性能。

(1) KITTI 数据集的特点

① 真实性与复杂性。KITTI 数据集包含市区、乡村和高速公路等多种真实场景的图像数据，每张图像中最多包含 15 辆车和 30 个行人，以及不同程度的遮挡与截断。这种真实性和复杂性使得数据集能够更贴近实际驾驶环境，为自动驾驶算法的训练和测试提供有力的支持。

② 多模态数据融合。KITTI 数据集不仅包含图像数据，还融合激光雷达点云、GPS

（全球定位系统）等数据，为多模态数据的融合处理提供可能。这种多模态数据的融合使得算法能够更全面地感知和理解周围环境，提高自动驾驶系统的性能。

③ 标注精确。KITTI 数据集中的三维物体检测数据集通过手工标注的方式，对多种类别的物体进行精确的标注，如轿车、卡车、行人等。这种精确的标注为算法的训练和测试提供可靠的依据。

（2）KITTI 数据集的组成

① 立体光流数据集。由图片对组成，包括立体图片对和光流图片对。立体图片对由两个摄像头在不同位置同时拍摄，光流图片对则是同一个摄像头在相邻时间点拍摄的。这一数据集主要用于立体视觉和光流估计任务的研究和评估。

② 视觉里程测量数据集。包含多个立体图片对序列，共覆盖数十千米的里程。每个序列都包含大量的图像帧，可用于视觉里程测量任务的研究和评估。

③ 三维物体检测数据集。通过手工标注的方式，包含多种类别的物体，并提供丰富的标注信息。这一数据集可用于三维物体检测任务的研究和评估。

（3）KITTI 数据集的应用

① 自动驾驶感知算法训练。KITTI 数据集为自动驾驶感知算法提供丰富的训练数据。研究人员可以利用这些数据集训练目标检测、语义分割、深度估计等算法，提高自动驾驶系统对周围环境的感知能力。

② 算法性能评估。KITTI 数据集不仅用于算法的训练，还广泛用于算法性能的评估。通过在 KITTI 数据集上进行测试，研究人员可以客观地评估算法的性能，并与其他算法进行比较。

③ 多模态数据融合研究。由于 KITTI 数据集包含多模态数据，它也为多模态数据融合研究提供宝贵资源。研究人员可以探索如何有效融合图像、点云等不同类型的数据，以提高自动驾驶系统的感知和决策能力。

图 2-34 所示为 KITTI 数据集中的图片。可以看到，在 KITTI 中每一帧的点云和图像都是从同一个视角（车身上装有相机传感器和激光雷达）采集的，因此可以通过标定参数将两者对齐。在同一帧 KITTI 数据中，点云中的车辆和相机图像中的车辆是一一对应的。

(a) 相机图片

2.4.3 nuScenes 数据集

nuScenes 数据集是一个用于自动驾驶的大型公共数据集，包含约 40 万个关键帧中的 140 万个摄像机图像和 39 万个激光雷达扫描数据。此外，该数据集还提供 1.4 万个对象边界框以及详细的标注信息。nuScenes 数据

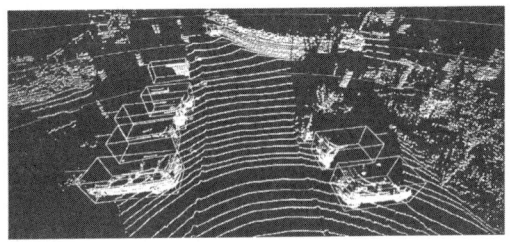

(b) 点云图片

图 2-34 KITTI 数据集中的图片

集涵盖多种道路场景和天气条件，为自动驾驶汽车的感知和决策模块提供丰富的训练资源。

（1）nuScenes 数据集的特点

① 丰富性与复杂性。nuScenes 数据集提供大量的高质量、多模态、多传感器数据，覆盖自动驾驶汽车所需的多种数据类型。这些数据不仅丰富，而且具有极高的复杂性，能够真

实反映实际道路环境中的各种情况。

② 真实性与代表性。数据集中包含多种日常道路场景，如城市街道、高速公路、交叉路口等，具有良好的真实性和代表性。这使得算法能够更好地适应真实道路情况，提高自动驾驶系统的安全性和可靠性。

③ 详细的注释信息。数据集提供丰富的注释信息，包括对象的位置、速度、姿态等，为算法进行真实场景下的检测与跟踪提供极大的便利。

（2）nuScenes 数据集的组成

① 传感器数据。数据集提供自动驾驶车辆的各种传感器数据，包括 6 个摄像头、1 个激光雷达、5 个毫米波雷达、GPS 以及 IMU（惯性测量单元）等。这些传感器数据共同构成自动驾驶车辆感知世界的基础。

② 图像与视频。数据集中的摄像头数据以图像和视频的形式呈现，记录车辆在不同道路场景下的行驶过程。

③ 点云数据。激光雷达和雷达提供的点云数据能够精确描述周围环境的空间结构，对于自动驾驶汽车的障碍物检测和定位至关重要。

④ 标注信息。数据集中的每个对象都被精确地标注了位置、速度、姿态等信息，为算法的训练和测试提供重要的参考。

（3）nuScenes 数据集的应用

① 物体检测与跟踪。数据集丰富的传感器数据和详细的标注信息使得它成为物体检测和跟踪任务的理想选择。研究人员可以利用这些数据来训练和优化算法，提高自动驾驶汽车在复杂环境中的感知能力。

② 预测与决策。通过对 nuScenes 数据集中的行驶轨迹和场景信息的分析，研究人员可以训练出更精准的预测模型，帮助自动驾驶汽车做出更合理的决策。

③ 算法验证与评估。nuScenes 数据集作为一个公开的、大规模的自动驾驶数据集，为算法的性能验证和评估提供统一的标准。通过在数据集上进行测试，研究人员可以客观地评估算法的性能和优缺点。

2.4.4　Waymo Open Dataset

Waymo Open Dataset 是由谷歌 Waymo 无人驾驶公司发布的开源自动驾驶数据集。它旨在推动自动驾驶技术的研究和发展，为研究者提供丰富的数据资源，以训练和评估自动驾驶算法。

（1）Waymo Open Dataset 的特点

① 多模态数据融合。Waymo Open Dataset 的核心特点之一是它的多模态数据特性。每一帧数据都融合多种传感器的信息，包括高清彩色相机图像，短程、中程和远程激光雷达数据，以及 GPS 和 IMU 数据等。这种多模态数据的融合使得研究者能够更全面地感知和理解驾驶环境，为自动驾驶算法提供更丰富、更准确的输入信息。

② 标注准确性高。Waymo Open Dataset 对各类物体进行精细且准确的标注，包括车辆、行人、自行车等。这些高质量的标注为训练深度学习模型提供有力的支持，使得模型能够更准确地识别和跟踪目标物体。

③ 场景多样性。数据集涵盖各种驾驶场景和天气条件，包括城市街道、高速公路、乡村道路以及晴天、雨天、雪天等多种情况。这种场景的多样性使得算法能够更好地适应各种复杂和变化的驾驶环境。

（2）Waymo Open Dataset 的组成

① Perception 数据集。该数据集主要用于自动驾驶系统的感知任务，包括目标检测、语义分割等。它提供丰富的图像和点云数据，以及对应的标注信息，使得研究者能够训练出更准确的感知模型。

② Motion 数据集。该数据集主要关注自动驾驶车辆的轨迹预测和规划任务。它包含车辆的运动轨迹、速度、加速度等信息以及与其他物体的交互情况，为研究者提供宝贵的运动数据资源。

（3）Waymo Open Dataset 的应用

① 自动驾驶算法训练。Waymo Open Dataset 为自动驾驶算法的训练提供丰富的数据资源。研究者可以利用这些数据集训练目标检测、语义分割、轨迹预测等算法，提高自动驾驶系统的感知和决策能力。

② 算法性能评估。数据集不仅用于算法的训练，而且可以作为算法性能的评估基准。通过在 Waymo Open Dataset 上进行测试，研究者可以客观地评估算法的准确性和鲁棒性，并与其他算法进行比较。

③ 多模态数据融合研究。由于数据集包含多种传感器的数据，它也为多模态数据融合研究提供宝贵的资源。研究者可以探索如何有效地融合不同传感器的信息，以提高自动驾驶系统的感知和决策能力。

2.4.5　Apollo Open Dataset

Apollo Open Dataset 是百度发布的一个用于自动驾驶研究的开源数据集。它涵盖多种传感器数据，包括高清图像、点云数据、GPS 信息等，为自动驾驶算法的训练和测试提供丰富多样的数据资源。

（1）Apollo Open Dataset 的特点

① 高精度与高密度。Apollo Open Dataset 的一个显著特点是其数据的高精度和高密度。通过使用高精度地图采集车，激光雷达点云密度极高，达到光学成像级的密度，使得数据集在环境感知和障碍物识别方面具有出色的性能。

② 丰富的标注信息。数据集提供详尽的标注信息，包括道路标识、障碍物、车辆、行人等。这些标注信息不仅数量庞大，而且质量高，为算法的训练提供有力的支持。

③ 多场景覆盖。Apollo Open Dataset 涵盖多种驾驶场景，包括城市道路、高速公路、乡村道路等以及不同的天气和时间条件，使得算法能够更好地适应各种复杂和变化的驾驶环境。

（2）Apollo Open Dataset 的组成

① 图像数据。包括高清彩色图像，这些图像具有高分辨率和丰富的色彩信息，为视觉感知算法提供重要的输入。

② 点云数据。激光雷达生成的点云数据，提供精确的 3D 空间信息，对于障碍物检测、道路标记识别等任务至关重要。

③ 标注信息。详细的标注数据，包括道路标识、车辆、行人等物体的位置、类别和属性信息，为算法的训练和评估提供基准。

（3）Apollo Open Dataset 的应用

① 自动驾驶算法研发。Apollo Open Dataset 为自动驾驶算法的研发提供丰富的数据资源。研究人员可以利用这些数据集训练目标检测、语义分割、轨迹规划等算法，提高自动驾

驶系统的感知和决策能力。

②算法性能评估。数据集不仅可用于算法的训练，而且可作为算法性能的评估基准。通过在 Apollo Open Dataset 上进行测试，研究人员可以客观地评估算法的性能和效果，为算法的改进和优化提供依据。

③多传感器融合研究。数据集包含多种传感器的数据，为多传感器融合研究提供有力的支持。研究人员可以探索如何有效地融合不同传感器的信息，提高自动驾驶系统的感知精度和鲁棒性。

随着自动驾驶技术的不断发展，越来越多的数据集被发布并用于支持相关研究。这些数据集涵盖不同的道路场景、天气条件和传感器类型，为自动驾驶汽车的训练和评估提供有力支持。

不同数据集的比较见表 2-4。

表 2-4　不同数据集的比较

数据集	KITTI 数据集	nuScenes 数据集	Waymo Open Dataset	Apollo Open Dataset
复杂度	中等	较高	较高	较高
数据集规模	相对较大	较大	非常大	较大
任务类型	感知级任务为主	感知、预测、规划与控制等	感知、预测、规划与控制等	感知级任务为主
场景	城市、街道、高速公路和乡村道路	多种复杂场景	各种天气和交通环境	北京拥堵路况
数据内容	立体图像、激光雷达、GPS 定位等	摄像头、激光雷达、毫米波雷达、GPS、IMU 等	高清图像、激光雷达、GPS 数据等	3D 点云、相机信息、静态背景/物体标注等
开源与否	开源	开源	开源	未知
主要特点	为自动驾驶研究提供基础数据	提供丰富的传感器数据，标注详尽	面向全球研究者和开发者，数据丰富	场景复杂，包含 3D 属性和相机信息

2.5　目标检测常用算法

2.5.1　卷积神经网络

卷积神经网络就像一座精心设计的工厂流水线，处理着输入的图像数据。图像作为原料从输入层进入，就像工人接收原材料。卷积层如同熟练的技工，用卷积核对图像进行特征提取，捕捉边缘、纹理等信息。接着，池化层像是质检员，简化特征信息，剔除冗余，保留关键特征。全连接层则像高级分析师，综合所有特征进行决策分析。最后，输出层给出分类结果，就像流水线的最终产品。整个流程，从原始图像到分类结果，卷积神经网络以其独特的结构和算法，实现高效、准确的图像识别。

（1）神经网络的定义

神经网络也称为人工神经网络，是一种模仿生物神经网络行为特征的算法数学模型，由神经元（细胞体、细胞核、树突）、节点与节点之间的连接（轴突）所构成，如图 2-35 所示。

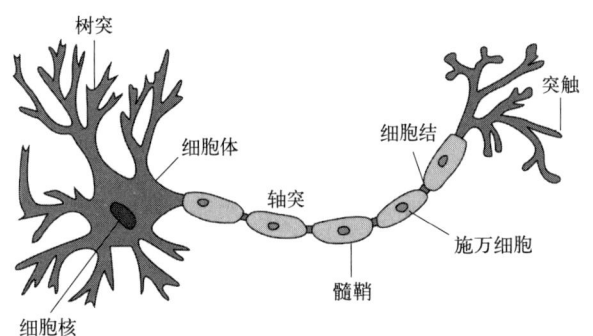

图 2-35 生物的神经网络

每个神经网络单元抽象出来的数学模型如图 2-36 所示，也叫感知器，它接收多个输入（$x_1, x_2, x_3\cdots$），产生一个输出，这就好比是神经末梢感受各种外部环境的变化（外部刺激），然后产生电信号，以便于传导到神经细胞（又叫神经元）。

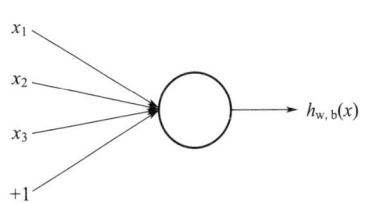

图 2-36 每个神经网络单元
抽象出来的数学模型

单个感知器就构成一个简单的模型，但在现实世界中，实际的决策模型则要复杂得多，往往是由多个感知器组成的多层网络，如图 2-37 所示，这也是经典的神经网络模型，由输入层、隐含层、输出层构成。输入层、隐含层、输出层的单元可以有多个。

隐含层也可以有多层，如图 2-38 所示为有 2 个隐含层。

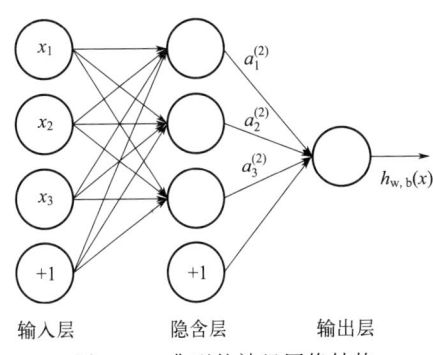

图 2-37 典型的神经网络结构

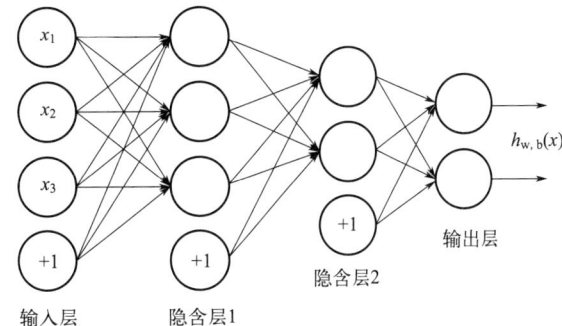

图 2-38 具有双隐含层的神经网络结构

人工神经网络可以映射任意复杂的非线性关系，具有很强的鲁棒性、记忆能力、自学习等能力，在分类、预测、模式识别等方面有着广泛的应用。

（2）卷积神经网络的定义

卷积神经网络是一种特殊的神经网络，其核心在于利用卷积操作对输入数据进行特征提取。卷积操作通过卷积核对输入数据进行局部加权求和，从而得到数据的特征表示。这种局部连接和权值共享的方式使得卷积神经网络在处理图像数据时具有更高的效率和准确性。

卷积神经网络主要由输入层、卷积层、池化层、全连接层和输出层组成，如图 2-39 所示。

① 输入层。接收原始图像数据，并进行必要的预处理操作。

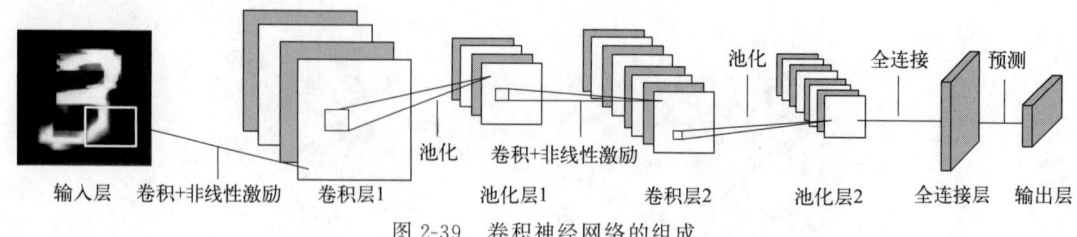

图 2-39　卷积神经网络的组成

② 卷积层。通过多个卷积核对输入数据进行卷积操作，提取出图像中的局部特征。

卷积层是卷积神经网络中的核心功能层，其主要作用是用来获取输入图像中目标的特征。卷积操作将卷积核矩阵的各个参数与对应的局部像素值做内积，接着与偏置参数相加，就能得到卷积层的输出结果，其具体计算如式(2-11) 所示。最后通过非线性映射层处理这些输出结果，得到卷积层的输出特征图，实际上是利用卷积核在上一级输入层上逐一滑动窗口计算并输出特征图。卷积操作被广泛应用于图像处理领域，不同的卷积核能够提取到不同的特征。

$$C(i,j) = \sum_m \sum_n A(m,n)B(i-m,j-n) \tag{2-11}$$

式中，A 为二维输入图像；B 为卷积核；(m,n) 代表像素点的位置。

二维卷积计算过程如图 2-40 所示。

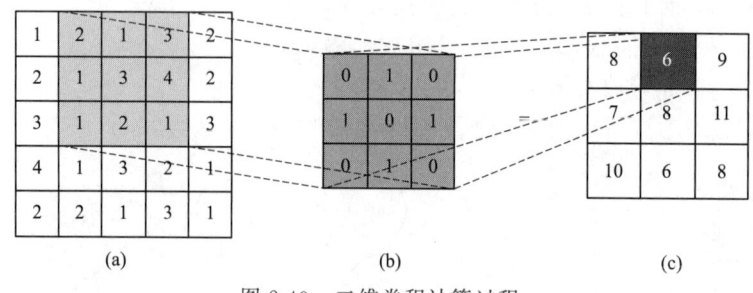

图 2-40　二维卷积计算过程

③ 激活函数。激活函数在卷积神经网络架构中位于卷积层之后，对卷积层输出的特征图进行非线性映射，避免训练网络时出现梯度消失现象，并为网络引入稀疏特性，使网络能够逼近任意非线性函数。传统的神经网络常使用 Sigmoid 和 Tanh 作为激活函数，卷积神经网络还会选择 ReLU 作为激活函数。

Sigmoid 函数是一种能够将输入的连续实值映射到 (0,1) 之间的函数，其数学形式为

$$f(x)_{\text{sigm}} = \frac{1}{1 + e^{-x}} \tag{2-12}$$

Sigmoid 函数图像如图 2-41 所示，从图像中可以看出，输入的绝对值越大，图像越平缓，输入的绝对值越小，图像越陡峭。Sigmoid 函数具有一些局限性，在深度神经网络的反向传播过程中 Sigmoid 函数可能会导致梯度消失，且 Sigmoid 函数的输出并非以 0 为中心，因此，参数更新过程的收敛速度会降低，由于含有幂运算，Sigmoid 函数的计算机执行效率不高。

Tanh 函数也是一个连续单调的 S 型函数，其表达式为

$$f(x)_{\text{Tanh}} = \frac{e^x - e^{-x}}{e^x + e^{-x}} \tag{2-13}$$

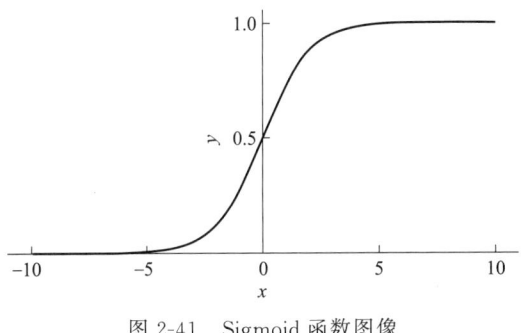

图 2-41　Sigmoid 函数图像

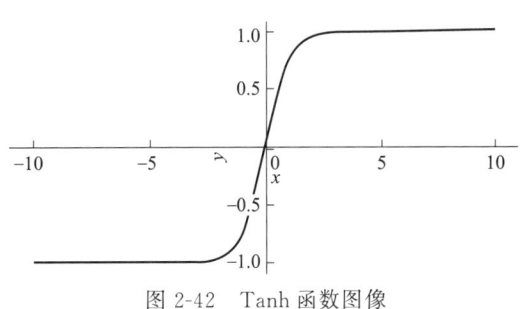

图 2-42　Tanh 函数图像

Tanh 函数将输入映射到区间（－1，1）之间，其图像如图 2-42 所示。与 Sigmoid 函数相比，虽然函数的曲线相似，然而 Tanh 函数是以 0 为中心的，在添加非线性的同时还能进行归一化的操作。Tanh 函数在反向传播的过程中同样存在梯度消失的问题以及计算效率偏低的问题。

ReLU 函数是修正线性的分段函数，其表达式为

$$f(x)_{\text{ReLU}} = \begin{cases} 0 & x < 0 \\ x & x \geqslant 0 \end{cases} \tag{2-14}$$

ReLU 函数图像如图 2-43 所示。ReLU 函数在 $x \geqslant 0$ 时解决了梯度消失的问题，且 ReLU 函数具有非常快的计算速度与收敛速度，具有很好的性能。然而 ReLU 函数也有其局限性，相比于 Tanh 函数，ReLU 函数的输出并非以 0 为中心。在参数初始化后输入分布不理想的情况下，以及在训练过程中设置较高的学习率或突然产生较大的梯度影响下一次的输入分布的情况下，都有可能出现大多数输入为负，进而经过 ReLU 函数激

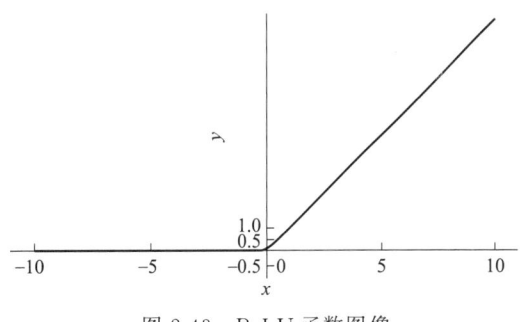

图 2-43　ReLU 函数图像

活后为 0，负输入不能进行梯度更新的现象，即神经元死亡现象。

④ 池化层。池化层主要用于调整卷积层的输出，通过对特征图采取下采样操作，减少特征维度，保存目标的主要特征，在降低模型复杂度的同时起到防止过拟合的作用。此外，池化操作还可以增加感受野，从而使特征图中包含目标更丰富的语义信息，其具体实现方法是将某一位置相邻区域的总体信息来替代该位置在网络中的输出。现有的池化方法主要有平均池化和最大池化。平均池化是求特征图上某个相邻区域内的平均值，能够保留背景。最大池化是求特征图上某个相邻区域内的最大值，可以有效地保留目标纹理特征。

图 2-44 所示为最大池化和平均池化的操作过程，其中特征图尺寸为 6×6，池化步长为 3。从图中可以看出特征图在经过池化操作后大小被压缩，提取主要特征，进一步减少目标不必要的信息量，从而降低卷积神经

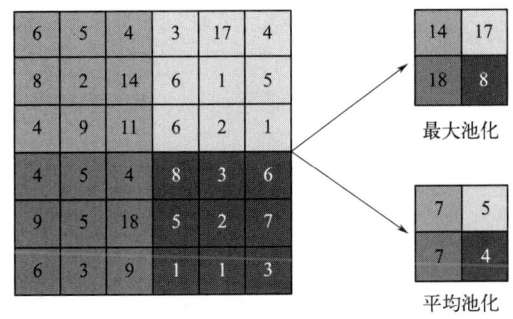

图 2-44　最大池化和平均池化的操作过程

网络的计算量。其他池化操作还包括重叠池化、空间金字塔池化等。

⑤ 全连接层。将前面层提取的特征进行整合，并映射到样本标记空间。

全连接层将前面一层的每个神经元都与后面一层的神经元相连接，连接形式如图 2-45 所示，其中，X_1、X_2、X_3 为全连接层的输入，F_1、F_2、F_3 由式（2-15）可得。

$$F_1 = W_{11}X_1 + W_{12}X_2 + W_{13}X_3 + B_1$$
$$F_2 = W_{21}X_1 + W_{22}X_2 + W_{23}X_3 + B_2 \qquad (2\text{-}15)$$
$$F_3 = W_{31}X_1 + W_{32}X_2 + W_{33}X_3 + B_3$$

式中，W 为权重；B 为与输入对应的偏置。

在深度学习领域中，全连接层一般用于分类任务中，通过将该层之前获取的特征向量映射到下一层，或者映射到最终的 Softmax 函数，起到分类器的作用。

⑥ 输出层。输出分类结果或回归值。

如图 2-46 所示，卷积神经网络工作时，会伴随着卷积并且不断转换着这些卷积。

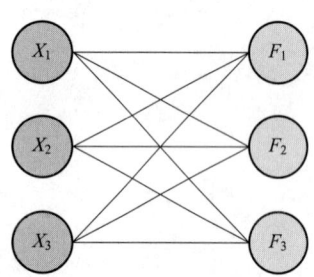

图 2-45 全连接层连接方式

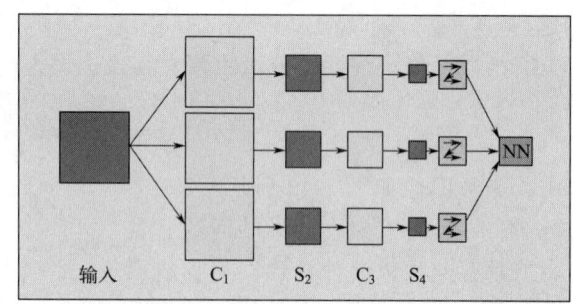

图 2-46 卷积神经网络的概念示范

输入图像通过与三个可训练的滤波器和可加偏置进行卷积，卷积后在 C_1 层产生三个特征映射图，然后特征映射图中每组的四个像素再进行求和，加权值，加偏置，通过一个 S 型函数得到三个 S_2 层的特征映射图。这些映射图再经过滤波得到 C_3 层。这个层级结构再和 S_2 一样产生 S_4。最终，这些像素值被光栅化，并连接成一个向量输入传统的神经网络，得到输出。

一般 C 层为特征提取层，每个神经元的输入与前一层的局部感受野相连，并提取该局部的特征，一旦该局部特征被提取后，它与其他特征间的位置关系也随之确定下来；S 层为特征映射层，网络的每个计算层由多个特征映射组成，每个特征映射为一个平面，平面上所有神经元的权值相等。特征映射结构采用 S 型函数作为卷积网络的激活函数，使得特征映射具有位移不变性。

此外，由于一个映射面上的神经元共享权值，因而减少网络自由参数的数量，降低网络参数选择的复杂度。卷积神经网络中的每一个特征提取层（C 层）都紧跟着一个用于求局部平均与二次提取的计算层（S 层），这种特有的二次特征提取结构使网络在识别时对输入样本有较高的畸变容忍能力。

（3）卷积神经网络的实施步骤

① 数据准备。在开始训练卷积神经网络之前，首先需要对数据进行预处理。这通常包括将图像大小调整为网络能够处理的大小，并将图像转化为由像素值构成的矩阵。此外，可能还需要进行数据增强，通过对训练数据进行随机的转换和变换来扩充训练集，以提高模型的泛化能力。

② 定义网络结构。卷积神经网络的结构通常包括多个卷积层、池化层以及全连接层。卷积层通过卷积操作提取输入数据的特征，池化层则负责对特征进行下采样，减小数据的尺寸并降低计算复杂度。最后，全连接层将提取的特征进行整合，并输出分类结果。

③ 前向传播。前向传播是卷积神经网络的核心步骤之一。在这一阶段，输入数据通过网络层层传递，并在每一层中进行特征提取和转换。卷积层使用卷积核对输入数据进行卷积操作，提取出局部特征；池化层则对卷积层的输出进行下采样，进一步减小数据尺寸；全连接层则对前面层提取的特征进行拼接和整合。

④ 计算损失与反向传播。在前向传播完成后，需要计算网络的输出值与真实标签之间的误差（损失）。如果误差大于期望值，则需要进行反向传播。反向传播是根据损失函数对各层参数的梯度，采用优化算法（如梯度下降法）来更新网络的权重和偏置，以减小误差。这一过程会逐层进行，从输出层开始，一直反推到输入层。

⑤ 迭代优化。通过不断重复前向传播、计算损失与反向传播的过程，卷积神经网络会逐渐学习到数据的内在规律和特征表示，并优化自身的参数以减小误差。这个过程通常需要大量的迭代次数和计算资源。

⑥ 模型评估与测试。当模型训练完成后，需要使用测试集对模型进行评估。通过计算模型在测试集上的准确率、召回率等指标，可以评估模型的性能和泛化能力。如果模型表现不佳，可能需要对网络结构、参数设置或训练策略进行调整，并重新进行训练。

下面通过一个案例介绍卷积神经网络的处理程序。假设给定一张图，可能是字母 X 或者字母 O，通过卷积神经网络即可识别出是 X 还是 O，如图 2-47 所示，那怎么做到的呢？卷积神经网络的处理顺序为图像输入、特征提取、卷积、池化、激活函数、深度神经网络、全连接层、卷积神经网络。

① 图像输入。采用经典神经网络模型，需要读取整幅图像作为神经网络模型的输入，即全连接的方式。图像尺寸越大，其连接的参数也变得很多，从而导致计算量非常大。人类对外界的认知一般是从局部到全局，先对局部有感知认识，再逐步对全体有认知，这是人类的认识模式。在图像中的空间联系也是类似的，局部范围内的像素之间联系较为紧密，而距离较远的像素则相关性较弱。因而，每个神经元其实没有必要对全局图像进行感知，只需要对局部进行感知，然后在更高层将局部的信息综合起来就得到全局的信息，这种模式就是卷积神经网络中降低参数数目的局部感受野。局部感受野就是视觉感受区域的大小。在卷积神经网络中，局部感受野的定义是卷积神经网络每一层输出的特征图上的像素点在原始图像上映射的区域大小，如图 2-48 所示。

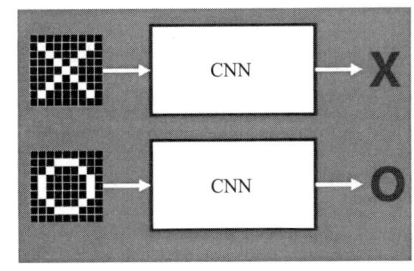

图 2-47　识别字母

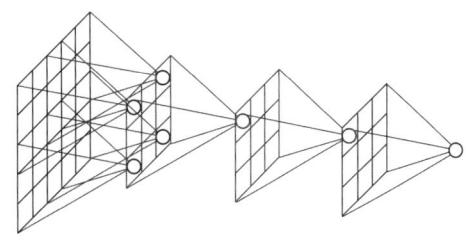

图 2-48　局部感受野

经典神经网络与卷积神经网络的图像输入对比如图 2-49 所示。

② 特征提取。如果字母 X 和字母 O 是固定不变的，那么最简单的方式就是将图像之间

的像素进行一一比对即可，但在现实生活中，字体都有着各个形态上的变化，例如平移、缩放、旋转、微变形等，如图 2-50 所示。

目标是对于各种形态变化的 X 和 O，都能通过卷积神经网络准确地识别出来，这就涉及应该如何有效地提取特征，作为识别的关键因子。对于卷积神经网络，它是一小块一小块地进行比对，在两幅图像中大致相同的位置找到一些粗糙的特征（小块图像）进行匹配，相比起传统的整幅图逐一比对的方式，卷积神经网络的这种小块匹配方式能够更好地比较两幅图像之间的相似性，如图 2-51 所示。

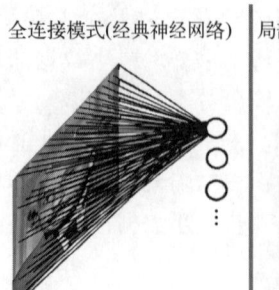
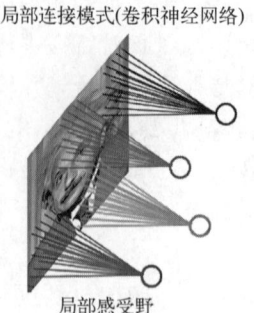

图 2-49　经典神经网络与卷积神经
网络的图像输入对比

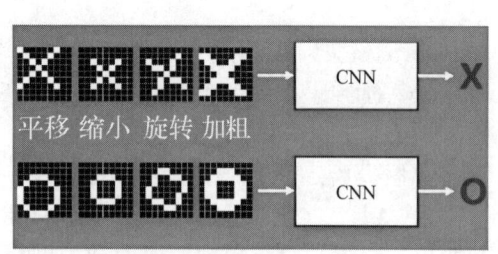

图 2-50　字母形态的变化

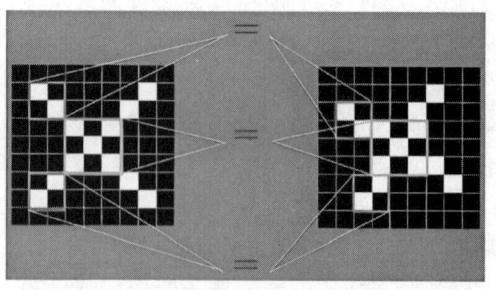

图 2-51　卷积神经网络的小块匹配

以字母 X 为例，可以提取出三个重要特征，两条交叉线和一条对角线，如图 2-52 所示。

假如以像素值"1"代表白色，以像素值"-1"代表黑色，则字母 X 的像素值特征如图 2-53 所示。那么这些特征又是怎么进行匹配和计算呢？

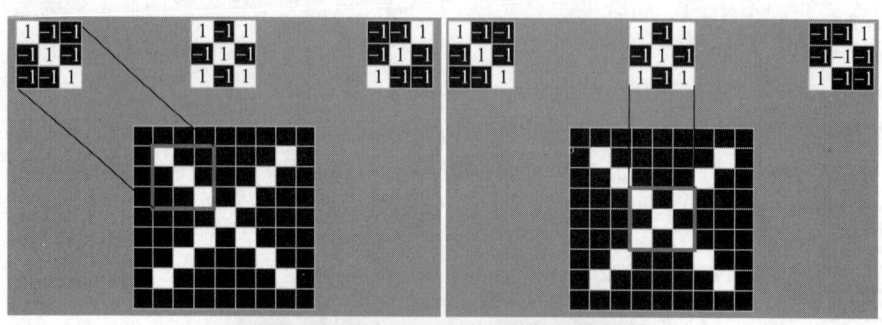

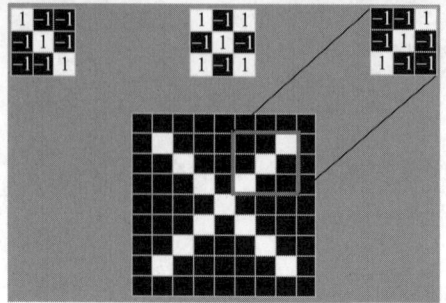

图 2-52　字母 X 的三个重要特征

③ 卷积。当给定一张新图时，卷积神经网络并不能准确地知道这些特征到底要匹配原图的哪些部分，所以它会在原图中把每一个可能的位置都进行尝试，相当于把这个特征变成一个过滤器。这个用于匹配的过程称为卷积操作，这也是卷积神经网络名字的由来。卷积操作如图 2-54 所示。

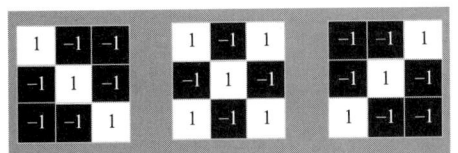

图 2-53　字母 X 的像素值特征

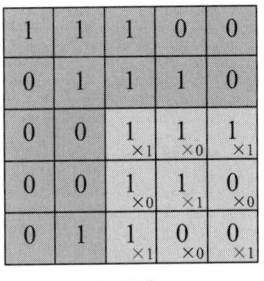

(a) 图像

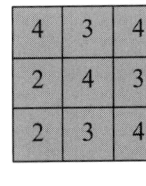

(b) 卷积

图 2-54　卷积操作

在本案例中，要计算一个特征和其在原图上对应的某一小块的结果，只需将两个小块内对应位置的像素值进行乘法运算，然后将整个小块内乘法运算的结果累加起来，最后除以小块内像素点总数量即可。如果两个像素点都是白色（值均为 1），那么 $1 \times 1 = 1$，如果均为黑色；那么 $(-1) \times (-1) = 1$，也就是说，每一对能够匹配上的像素，其相乘结果都为 1。类似地，任何不匹配的像素相乘结果都为 -1。具体过程如图 2-55 所示，第一个像素、第二个像素……直至最后一个像素的匹配结果。

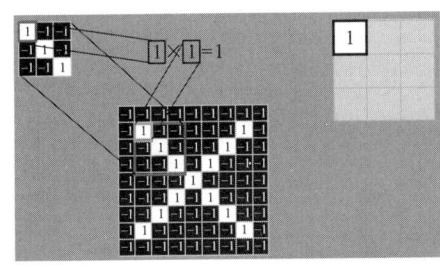

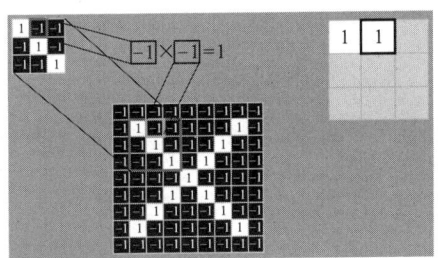

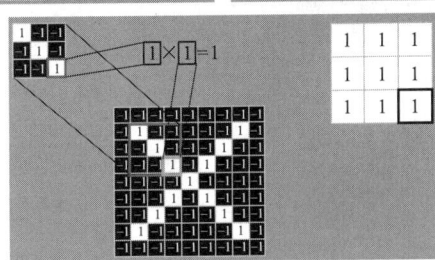

图 2-55　字母 X 的像素匹配

根据卷积的计算方式，第一块特征匹配后的卷积计算如图 2-56 所示，结果为 1。

对于其他位置的匹配也是类似的，例如中间部分的匹配，如图 2-57 所示。

字母 X 中间部分卷积的计算结果如图 2-58 所示。

以此类推，对三个特征图像不断地重复着上述过程，通过每一个特征的卷积操作，都会得到一个新的二维数组，称为特征映射。其中的值越接近 1，表示对应位置和特征的匹配越完整；越是接近 -1，表示对应位置和特征的反面匹配越完整；而值接近 0 的表示对应位置

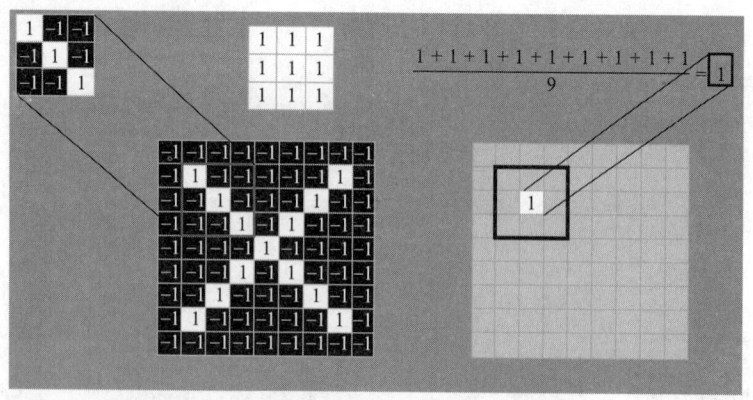

图 2-56　第一块特征匹配后的卷积计算

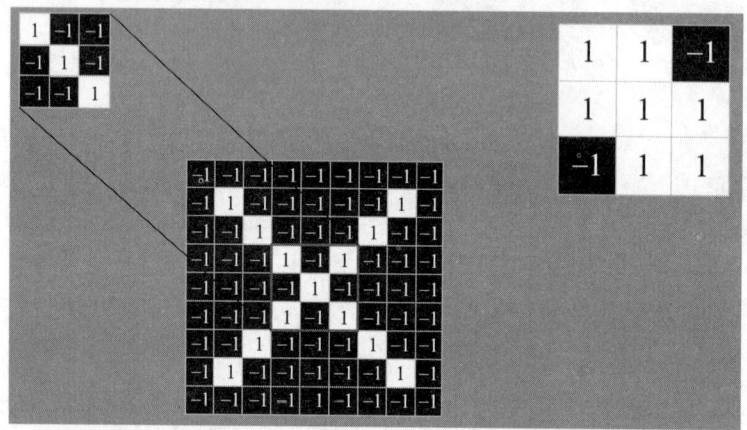

图 2-57　字母 X 中间部分的匹配

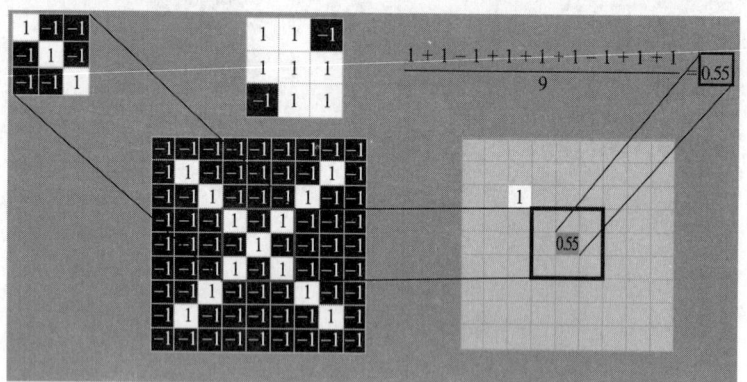

图 2-58　字母 X 中间部分卷积的计算结果

没有任何匹配或者说没有什么关联。当图像尺寸增大时，其内部的加法、乘法和除法操作的次数会增加得很快，每一个特征的大小和特征的数目都呈线性增长。由于有这么多因素的影响，很容易使得计算量变得相当庞大。

④ 池化。卷积神经网络使用池化来减少计算量。池化就是将输入图像进行缩小，减少像素信息，只保留重要信息。池化的操作也很简单，通常情况下，池化区域是 2×2 大小，然后按一定规则转换成相应的值，例如取这个池化区域内的最大值、平均值等，以这个值作为结果的像素值。图 2-59 所示为左上角 2×2 池化区域的最大结果，取该区域（0.77，−0.11，

$-0.11,1.00$）的最大值 1.00 作为池化后的结果。

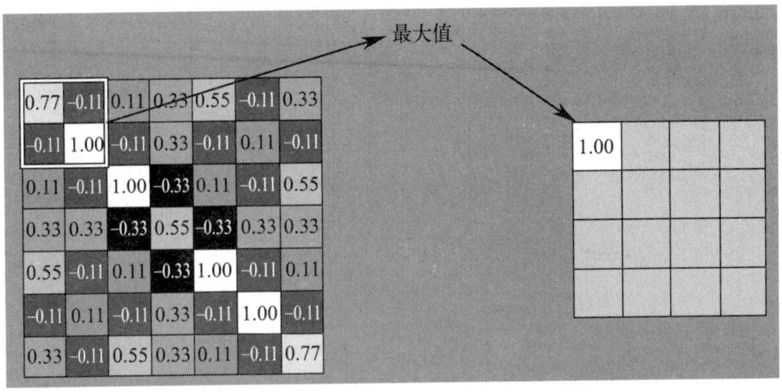

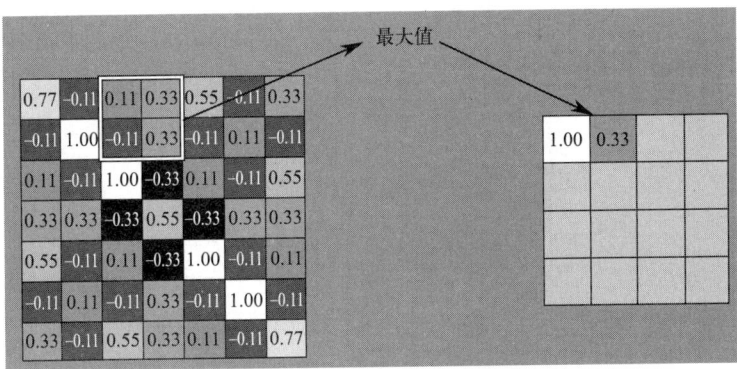

图 2-59　左上角 2×2 池化区域的最大结果

第二小块区域（$0.11,0.33,-0.11,0.33$）取大值 0.33 作为池化后的结果，如图 2-60 所示。

图 2-60　第二小块区域的池化结果

其他区域也是类似的，取区域内的最大值作为池化后的结果，最终的池化结果如图 2-61 所示。可以对所有的特征映射进行池化。

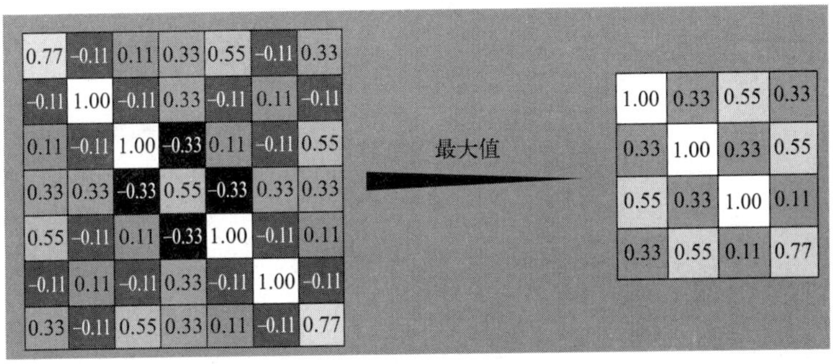

图 2-61　最终的池化结果

最大池化保留每一小块内的最大值，也就是相当于保留这一块最佳的匹配结果（因为值越接近 1 表示匹配越好）。也就是说，它不会具体关注窗口内到底是哪一个地方匹配，而只关注是不是有某个地方匹配上。通过加入池化层，图像缩小，能在很大程度上减少计算量，降低机器负载。

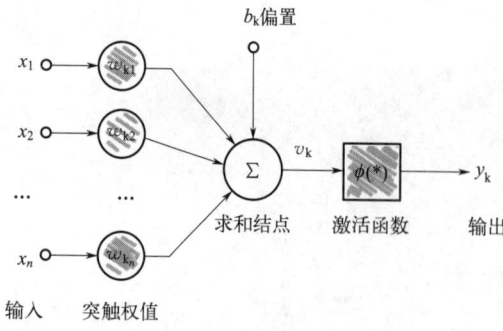

图 2-62　激活函数

⑤ 激活函数。常用的激活函数有 S 型函数、双曲正切函数、线性整流函数等，前两者常见于全连接层，后者常见于卷积层。

感知机接收各个输入，然后进行求和，再经过激活函数后输出，如图 2-62 所示。激活函数的作用是用来加入非线性因素，把卷积层输出结果做非线性映射。

在卷积神经网络中，激活函数一般使用线性整流函数，它的特点是收敛快，求梯度简单。计算公式也很简单，为 $\max(0, T)$，即对于输入的负值，输出全为 0，对于正值，则原样输出。下面看一下本案例的线性整流函数操作过程。第一个值，取 $\max(0, 0.77)$，结果为 0.77，如图 2-63 所示。

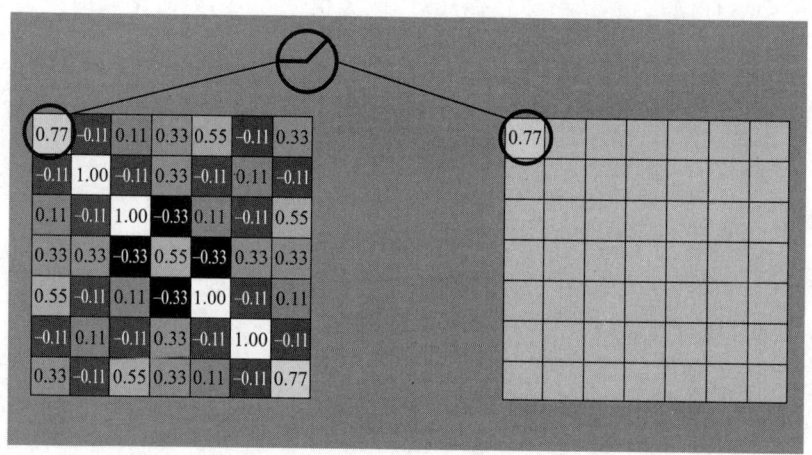

图 2-63　取 $\max(0, 0.77)$ 的结果

第二个值，取 $\max(0, -0.11)$，结果为 0，如图 2-64 所示。

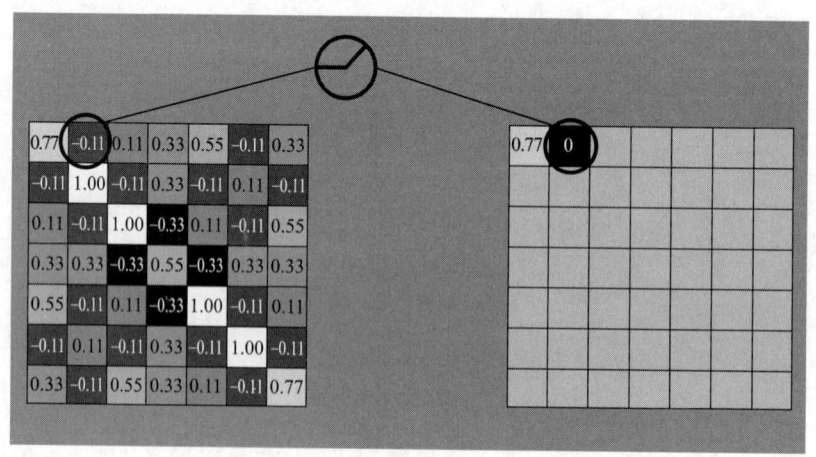

图 2-64　取 $\max(0, -0.11)$ 的结果

以此类推，经过线性整流函数后，结果如图 2-65 所示。可以对所有的特征映射执行线性整流函数操作。

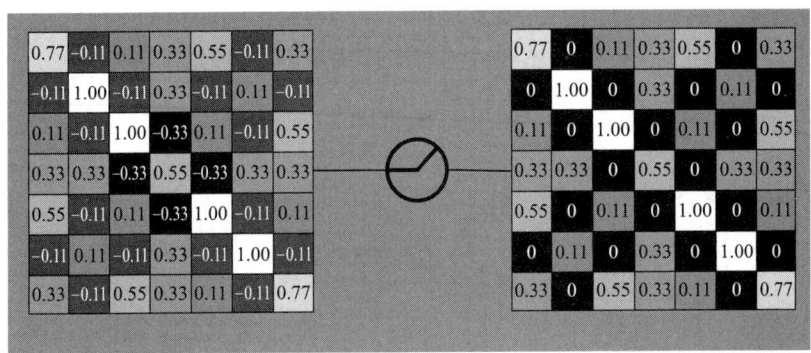

图 2-65　经过线性整流函数后的结果

⑥ 深度神经网络。通过将卷积、激活函数、池化组合在一起，以及加大网络的深度，增加更多的层，就可以得到深度神经网络，如图 2-66 所示。

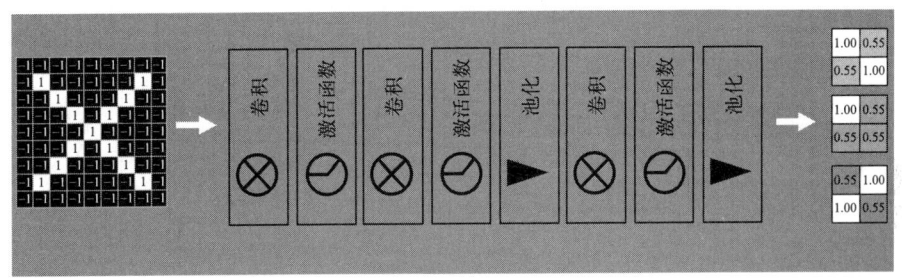

图 2-66　深度神经网络

⑦ 全连接层。全连接层在整个卷积神经网络中起到"分类器"的作用，即通过卷积、激活函数、池化等深度网络后，再经过全连接层对结果进行识别分类。将经过卷积、激活函数、池化等深度神经网络后的结果串联起来，如图 2-67 所示。

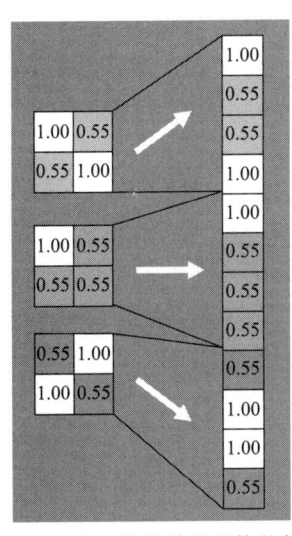

图 2-67　串联深度神经网络的结果

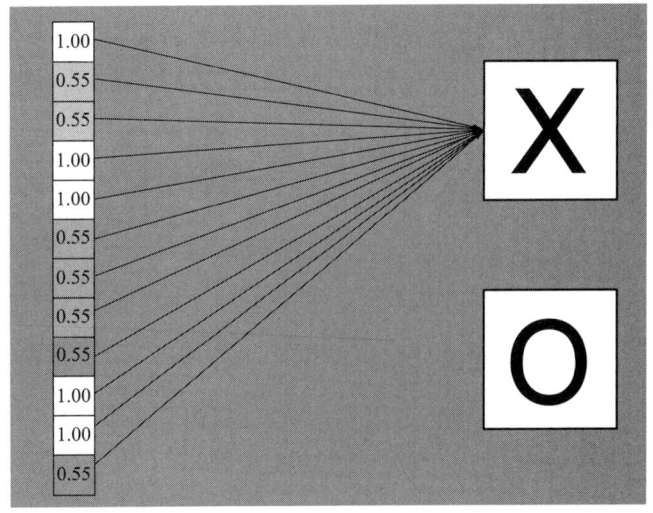

图 2-68　预测字母 X 的所有连接的权重

由于神经网络属于监督学习，在进行模型训练时，根据训练样本对模型进行训练，从而得到全连接层的权重，如预测字母 X 的所有连接的权重，如图 2-68 所示。

在利用该模型进行结果识别时，根据刚才提到的模型训练得出来的权重，以及经过前面的卷积、激活函数、池化等深度网络计算出来的结果，进行加权求和，得到各个结果的预测值，然后将取值最大的作为识别的结果，如图 2-69 所示，最后计算出字母 X 的识别值为 0.92，字母 O 的识别值为 0.51，则结果判定为 X。

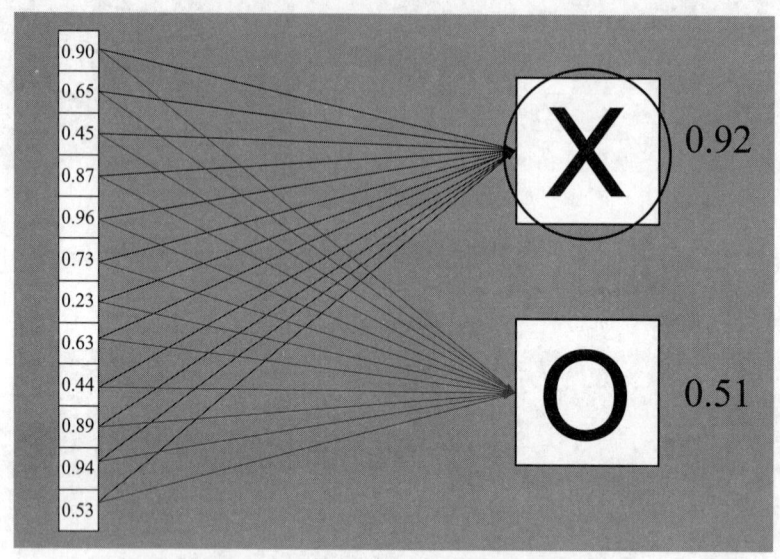

图 2-69　字母的识别结果

上述这个过程定义的操作为全连接层，全连接层也可以有多个，如图 2-70 所示。

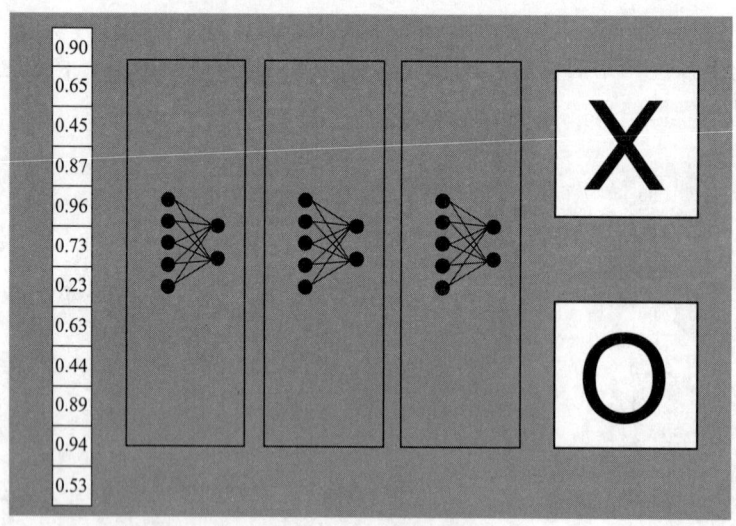

图 2-70　多个全连接层

　　⑧ 卷积神经网络。将以上所有结果串联起来后，就形成一个卷积神经网络结构，如图 2-71 所示。

卷积神经网络主要由两部分组成，一部分是特征提取（卷积、激活函数、池化），另一部分是分类识别（全连接层）。卷积神经网络在本质上是一种从输入到输出的映射，它能够学习大量的输入与输出之间的映射关系，而不需要任何输入和输出之间的精确的数学表达式，只要用已知的模式对卷积神经网络加以训练，网络就具有输入/输出对之间的映射能力。

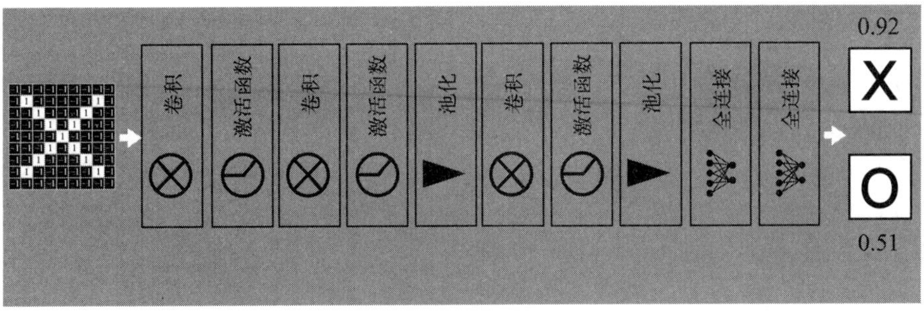

图 2-71　卷积神经网络

卷积神经网络一个非常重要的特点就是头重脚轻，即输入权值越小，输出权值越多，呈现出一个倒三角的形态，这就很好地避免了在 BP 神经网络中反向传播的时候梯度损失得太快。卷积神经网络主要用于识别位移、缩放及其他形式扭曲不变性的二维图形。由于卷积神经网络的特征检测层通过训练数据进行学习，所以在使用卷积神经网络时，避免显式的特征抽取，而是要隐式地从训练数据中进行学习；再者由于同一特征映射面上的神经元权值相同，所以网络可以并行学习，这也是卷积神经网络相对于神经元彼此相连网络的一大优势。卷积神经网络以其局部权值共享的特殊结构在语音识别和图像处理方面有着独特的优越性，其布局更接近实际的生物神经网络，权值共享降低网络的复杂性，特别是多维输入向量的图像可以直接输入网络这一特点避免特征提取和分类过程中数据重建的复杂度。

（4）卷积神经网络的特点

卷积神经网络具有以下优点。

① 局部感知。卷积神经网络通过局部连接的方式提取特征，降低网络复杂度，提高计算效率。

② 权值共享。同一卷积层内的神经元使用相同的卷积核进行卷积操作，减少参数数量，提高模型的泛化能力。

③ 特征自动提取。卷积神经网络能够自动从输入数据中学习特征表示，避免传统方法中烦琐的特征工程过程。

卷积神经网络具有以下缺点。

① 计算量大。卷积神经网络通常包含大量的参数和计算量，需要较长的训练时间和较高的计算资源。

② 数据依赖。卷积神经网络的性能受到数据集的影响，对于小样本或噪声较多的数据集，模型的性能可能会下降。

③ 解释性不足。卷积神经网络的学习过程是黑箱操作，难以直接解释其内部的工作机制和决策过程。

（5）卷积神经网络在智能汽车中的应用

① 自动驾驶。自动驾驶是智能汽车的核心功能之一，而卷积神经网络在自动驾驶中发挥着重要作用。通过训练卷积神经网络模型，可以实现对道路标识、交通信号灯、障碍物等关键信息的准确识别。此外，卷积神经网络还可以用于预测周围车辆的行驶轨迹，从而帮助自动驾驶车辆做出合理的决策。

② 车辆识别。车辆识别是智能汽车中的另一个重要应用。卷积神经网络可以通过学习大量车辆图像数据，实现对不同类型车辆的准确识别。这对于智能汽车的行驶安全具有重要

意义，可以帮助车辆避免与其他车辆发生碰撞或违规行为。

③ 行人检测。行人检测是智能汽车安全行驶的关键环节。卷积神经网络可以实现对行人的准确检测，包括行人的位置、姿态等信息。这有助于智能汽车在行驶过程中及时发现并避让行人，保障行人的安全。

通过利用卷积神经网络进行图像识别和目标检测，智能汽车可以实现更高级别的自动驾驶功能，提高行驶安全性和效率。然而，要克服实际应用中的挑战，还需要在算法优化、数据标注、计算资源等方面进行深入研究和探索。

 **练习案例**

基于卷积神经网络的智能汽车视觉传感器环境感知系统设计

案例描述

本案例以一个城市道路的自动驾驶场景为例，智能汽车需要实时检测并识别道路上的行人、车辆、交通标志等关键信息。为了实现这一目标，设计一个基于卷积神经网络的视觉传感器环境感知系统。该系统通过安装在汽车上的摄像头捕获道路图像，并利用卷积神经网络对图像进行处理和分析，提取出目标物体的特征和位置信息，从而实现对周围环境的感知。

实施步骤

① 数据采集与预处理。需要收集大量道路场景的图像数据，并进行标注，以便后续的训练和测试。数据预处理包括图像缩放、归一化等操作，以提高网络的训练效率。

② 卷积神经网络模型设计。针对环境感知任务的需求，设计一个合适的卷积神经网络模型。该模型应能够提取图像中的目标特征，并输出相应的分类和位置信息。可以采用经典的卷积神经网络结构，如 VGG、ResNet 等，并根据任务需求进行必要的调整和优化。

③ 模型训练与调优。利用标注好的数据集对卷积神经网络模型进行训练。通过调整网络参数、优化器和学习率等超参数，提高模型的性能。同时，采用交叉验证等技术，防止过拟合现象的发生。

④ 环境感知系统实现。将训练好的卷积神经网络模型集成到智能汽车的环境感知系统中。通过实时捕获道路图像，并利用模型进行目标检测和识别，实现对周围环境的感知。此外，还需要设计相应的数据处理和通信模块，以确保系统的稳定性和实时性。

⑤ 测试与验证。在实际道路环境中对智能汽车进行测试和验证，以评估环境感知系统的性能。通过对比系统的检测准确率、识别速度等指标，不断优化和改进系统的性能。

2.5.2 R-CNN 系列算法

R-CNN（regions with convolutional neural network features）就像一位艺术家在画布上寻找并描绘目标对象。首先，艺术家扫视整个画布（候选区域生成），找出可能的目标位置。接着，他深入观察每个区域（特征提取），捕捉目标的独特纹理和形状。然后，艺术家用这些特征训练分类器（分类器训练），学会识别目标。之后，他细致地描绘目标的边界（边界框回归），确保轮廓清晰。最后，艺术家对画作进行微调（后处理），优化整体效果。R-CNN 正是这样，通过一系列步骤精准地检测和定位图像中的目标对象，展现出强大的目标检测能力。

R-CNN 是一种基于候选区域（region proposal）的目标检测算法，它结合卷积神经网络和传统计算机视觉技术的优点，实现对图像中目标物体的高精度检测。R-CNN 的核心思想是将目标检测任务分解为两个主要步骤：候选区域的生成和基于卷积神经网络的特征提取与分类。

具体来说，R-CNN 首先使用一种候选区域生成方法（如选择性搜索）在输入图像中生成一系列可能包含目标的候选区域。然后，对于每个候选区域，R-CNN 利用预训练的卷积神经网络模型提取特征，并将这些特征输入支持向量机分类器中进行分类。最后，通过非极大值抑制等方法对分类结果进行后处理，得到最终的检测结果。

（1）R-CNN 的检测流程

R-CNN 的检测流程可以概括为以下几个主要步骤：候选区域生成、特征提取、分类器训练和检测、边界框回归以及后处理。

① 候选区域生成。候选区域生成是 R-CNN 检测流程的第一步，其目的是从输入图像中提取可能包含目标的区域。这一步骤通常使用选择性搜索等方法实现。选择性搜索通过颜色、纹理、大小等多种特征对图像进行分割和合并，生成一系列候选区域。这些候选区域作为后续步骤的输入，为后续的特征提取和分类提供基础。

② 特征提取。在候选区域生成后，R-CNN 利用预训练的卷积神经网络对每个候选区域进行特征提取。卷积神经网络模型通过多个卷积层、池化层和全连接层的组合，自动学习图像中的特征表示。对于每个候选区域，R-CNN 将其调整为卷积神经网络模型输入所需的大小，并通过前向传播得到固定长度的特征向量。这些特征向量捕捉候选区域的图像内容，为后续的分类和回归提供有力的支持。

③ 分类器训练和检测。在特征提取后，R-CNN 利用这些特征向量训练多个支持向量机分类器。每个分类器对应一个目标类别，用于判断候选区域是否属于该类别。在训练过程中，R-CNN 使用带标签的训练数据对支持向量机分类器进行训练，使其能够准确识别目标物体。在检测阶段，R-CNN 将每个候选区域的特征向量输入训练好的支持向量机分类器中，得到该区域的类别概率。通过设定阈值，R-CNN 可以筛选出包含目标的候选区域。

④ 边界框回归。为了进一步提高目标定位的精度，R-CNN 还采用了边界框回归的方法。边界框回归的目标是对支持向量机分类器检测出的候选区域进行微调，使其更准确地贴合目标物体的实际边界。具体而言，R-CNN 训练一个回归模型，用于预测候选区域与目标物体实际边界之间的偏移量。在检测阶段，R-CNN 将回归模型应用于每个包含目标的候选区域，得到调整后的边界框坐标。

⑤ 后处理。最后，R-CNN 通过非极大值抑制等方法对检测结果进行后处理。非极大值抑制的目的是消除冗余的检测框，保留最佳的检测结果。在非极大值抑制过程中，R-CNN 根据检测框的得分进行排序，并逐个比较相邻框的重叠程度。如果相邻框的重叠程度超过一定阈值，则将其视为冗余框并予以抑制。经过非极大值抑制处理后，R-CNN 得到最终的检测结果，包括目标物体的类别和位置信息。

R-CNN 结构如图 2-72 所示，输入图像先经过选择性搜索提取可能包含目标的候选区域，由于卷积神经网络全连接层的限制，这些区域被重新调整为固定尺寸后输入卷积神经网络进行特征提取，最后支持向量机利用提取的特征来对目标进行进一步分类。尽管 R-CNN 引入卷积神经网络来提取图像的特征，然而整个算法的其他部分仍是应用传统计算机视觉的方法。

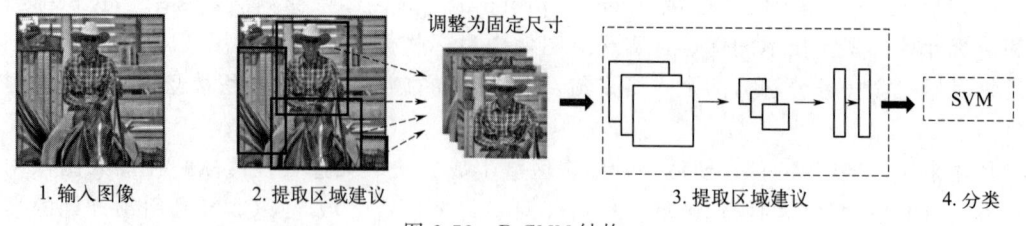

1. 输入图像　　　　2. 提取区域建议　　　　　　　3. 提取区域建议　　　　　4. 分类

图 2-72　R-CNN 结构

（2）R-CNN 的优点

① 精度高。R-CNN 利用卷积神经网络强大的特征提取能力，能够自动学习图像中的复杂特征表示。这使得 R-CNN 在目标检测任务中取得较高的精度，尤其是在处理复杂背景和多变目标形态时表现出色。

② 灵活性好。R-CNN 采用候选区域生成和卷积神经网络特征提取相结合的方式，使得算法可以适应不同规模和形状的目标物体。此外，R-CNN 还可以结合不同的卷积神经网络模型和支持向量机分类器进行训练，以适应不同的任务需求。

③ 具有可扩展性。R-CNN 为后续的改进和扩展提供基础。例如，Fast R-CNN 和 Faster R-CNN 等算法在 R-CNN 的基础上进行优化，进一步提高检测速度和精度。这些改进算法在继承 R-CNN 优点的同时，也克服其一些缺点。

（3）R-CNN 的缺点

① 训练流程烦琐。R-CNN 的训练过程包括候选区域生成、特征提取、支持向量机分类器训练和边界框回归等多个步骤。这些步骤需要分别进行，且相互之间存在依赖关系，导致训练流程相对烦琐。此外，支持向量机分类器的训练需要大量的存储空间和计算资源。

② 检测速度慢。R-CNN 在检测阶段需要对每个候选区域进行卷积神经网络特征提取和支持向量机分类，这导致较高的计算复杂度。尤其是在处理大量候选区域时，R-CNN 的检测速度会显著下降。这种慢速检测在实际应用中可能会受到限制，尤其是在需要实时响应的场景中。

③ 对候选区域生成方法依赖。R-CNN 的性能在很大程度上取决于候选区域生成方法的质量。如果候选区域生成方法不准确或效率低下，将直接影响 R-CNN 的检测精度和速度。因此，选择合适的候选区域生成方法对于 R-CNN 的性能至关重要。

（4）R-CNN 在智能汽车中的应用

① 道路障碍物检测。智能汽车需要能够实时检测道路上的障碍物，如车辆、行人、自行车等。R-CNN 可以准确识别这些障碍物，并为车辆提供位置信息，从而帮助其做出正确的避障和行驶决策。

② 交通标志识别。交通标志是智能汽车在行驶过程中必须关注的重要信息。R-CNN 可以识别各种交通标志，如红绿灯、限速标志、禁止驶入标志等，并根据识别结果调整车辆的行驶策略。

③ 车道线检测。车道线是智能汽车保持行驶轨迹的重要参考。R-CNN 可以准确检测车道线的位置和形状，为车辆的自动导航和路径规划提供有力支持。

④ 车辆跟踪与计数。在智能交通系统中，车辆跟踪和计数是实现交通流量管理和优化的关键步骤。R-CNN 可以实现对车辆的持续跟踪和准确计数，为交通管理部门提供实时数据支持。

练习案例

基于 R-CNN 的智能汽车视觉传感器环境感知系统设计

案例描述

本案例以城市复杂道路环境为背景，设计一个基于 R-CNN 的智能汽车视觉传感器环境感知系统。该系统通过安装在汽车前部的摄像头实时捕获道路图像，利用 R-CNN 算法对图像中的目标物体进行检测和识别，包括行人、车辆、交通标志等关键信息。通过对这些信息的提取和分析，智能汽车能够更准确地感知周围环境，从而做出更加智能和安全的驾驶决策。

实施步骤

① 数据准备。收集大量包含目标物体的道路图像数据，并进行标注。标注数据应包括目标物体的类别、位置以及边界框等信息，用于后续训练 R-CNN 模型。

② R-CNN 模型构建。构建基于 R-CNN 的目标检测模型。 R-CNN 模型主要包括区域提议网络、卷积神经网络和分类器三个部分。区域提议网络负责生成候选目标区域，卷积神经网络用于提取候选区域的特征，而分类器则根据提取的特征对目标进行分类和定位。

③ 模型训练与优化。利用标注好的数据对 R-CNN 模型进行训练。通过调整模型参数、学习率以及优化算法等，提高模型的检测准确率和性能。同时，采用数据增强技术，如旋转、缩放和裁剪等，增加模型的泛化能力。

④ 环境感知系统集成。将训练好的 R-CNN 模型集成到智能汽车的环境感知系统中。系统实时接收摄像头捕获的道路图像，通过 R-CNN 模型进行目标检测和识别，提取出目标物体的类别、位置和边界框等信息。

⑤ 决策与执行。根据环境感知系统提供的信息，智能汽车进行驾驶决策和执行。例如，根据检测到的行人和车辆的位置及速度信息，智能汽车可以调整自身的行驶轨迹和速度，以确保安全行驶。

（5）Fast R-CNN

R-CNN 对使用选择性搜索生成的候选区域进行独立的特征提取，候选区域之间往往存在大量的重叠，因此存在大量重复的计算，极大限制算法的速度与性能，Fast R-CNN 的提出对这一问题进行优化，其结构如图 2-73 所示。对于一张待检测图片，选择性搜索会生成一组候选区域，整张图片输入卷积神经网络进行特征提取，候选区域按照空间位置关系映射到卷积神经网络提取出的特征图，对于特征图上的每个候选区域，进行 RoI Pooling 操作，输出得到固定维度，最后输入全连接层进行分类以及边界框回归。

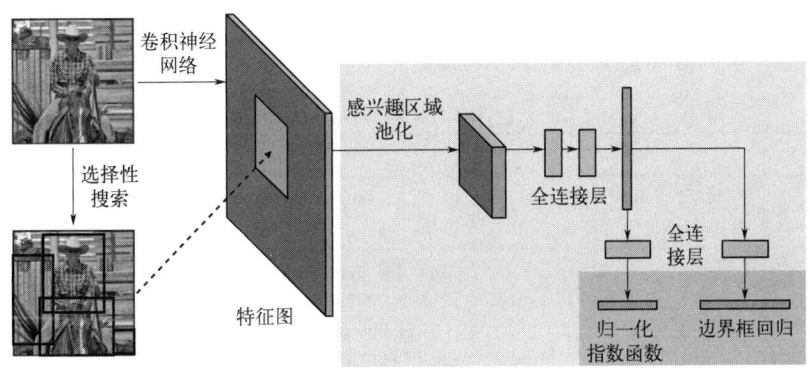

图 2-73 Fast R-CNN 结构

尽管相比于 R-CNN，Fast R-CNN 的性能已经得到极大的提升，然而通过选择性搜索来生成候选区域仍对算法的速度与性能有很大的限制，Faster R-CNN 提出区域提议网络来解决这个问题，区域提议网络与检测网络共享全图像的卷积特征，以极小的成本实现提取候选区域。

（6）Faster R-CNN

Faster R-CNN 检测流程如图 2-74 所示，对输入图像预处理后，将图像输入主干网络并提取特征层，最常用的主干特征网络为 VGG16 卷积神经网络，对于生成的共享特征层，一部分直接进入 ROI 池化层，另一部分通过区域提议网络生成候选区域，即建议框，再进入ROI 池化层。

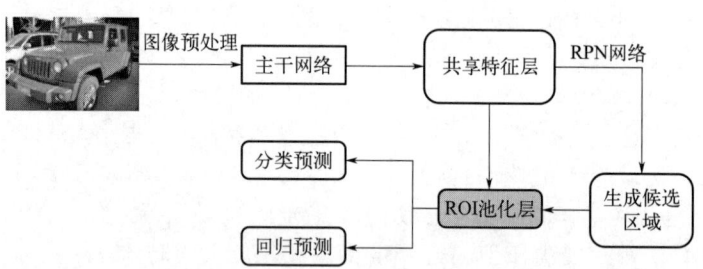

图 2-74　Faster R-CNN 检测流程

图 2-75 所示为基于 Faster R-CNN 的交通标志检测。

图 2-75　基于 Faster R-CNN 的交通标志检测

（7）R-CNN 系列算法的比较　见表 2-5。

表 2-5　R-CNN 系列算法的比较

算法	R-CNN	Fast R-CNN	Faster R-CNN
候选区域生成	使用 Selective Search 等方法	使用 Selective Search 等方法	内置区域提议网络生成候选区域
特征提取	对每个候选区域使用卷积神经网络提取特征	使用卷积神经网络对整个图像提取特征，再利用感兴趣区域池化从特征图中提取固定长度的特征向量	同 Fast R-CNN，但区域提议网络与 Fast R-CNN 共享卷积层

算法	R-CNN	Fast R-CNN	Faster R-CNN
分类器与回归	使用支持向量机分类器进行分类,回归器进行位置修正	使用神经网络进行分类,回归器进行位置修正	同 Fast R-CNN
训练方式	多阶段训练,需要分别训练卷积神经网络、支持向量机和回归器	单阶段训练,同时优化分类和定位任务	同 Fast R-CNN,但区域提议网络与 Fast R-CNN 共享参数,实现端到端训练
优点	成功将深度学习应用于目标检测	提高检测速度,实现单阶段训练	进一步提高检测速度和精度,实现端到端训练
缺点	训练速度慢,计算复杂度高	仍需要磁盘存储特征	在处理小物体或重叠物体时仍面临挑战

从 R-CNN 到 Faster R-CNN,目标检测算法在速度、精度和训练方式上都有显著的提升。这些算法在智能汽车领域有着广泛的应用前景。

Mask R-CNN 是在 Faster R-CNN 的基础上增加了一个分支,用于预测目标实例的精确掩码。这使得模型不仅可以定位和分类目标,还能够精确地分割出目标的轮廓。

图 2-76 所示为基于 Faster R-CNN 的目标检测,图 2-77 所示为基于 Mask R-CNN 的目标检测。可以发现使用 Mask R-CNN 检测到目标的准确率很高,同时检测到的目标数量也比 Faster R-CNN 多。

图 2-76　基于 Faster R-CNN 的目标检测

图 2-77　基于 Mask R-CNN 的目标检测

2.5.3 YOLO 系列算法

YOLO（you only look once）就像一位高效的侦探，专门负责在复杂的场景中迅速而准确地识别出目标对象。想象一下，侦探进入一个繁忙的市集，他的任务是找出所有的苹果摊位。不同于传统的侦探方法，YOLO 采用一种端到端的策略。它首先扫视整个市集，将画面分割成多个网格区域。每个网格区域就像侦探的一个助手，负责观察并预测自己区域内是否存在苹果摊位，以及摊位的具体位置和大小。这种并行处理的方式让 YOLO 能够迅速覆盖整个市集。最后，侦探将各个助手的报告汇总起来，形成一份完整的苹果摊位分布图。这就像是 YOLO 的输出，一个包含目标对象类别、位置和大小信息的检测结果。

YOLO 是一种高效的目标检测算法，它通过单次前向传播即可直接预测出目标的边界框和类别，实现实时且准确地检测目标。YOLO 算法的出现，极大地简化了目标检测的流程，并提高检测速度和准确性。

（1）YOLO 算法的发展

随着深度学习技术的不断发展，YOLO 算法也经历了多个版本的改进和优化，从最初的 YOLOv1 到最新的 YOLOv10，每一个版本的迭代都带来显著的性能提升和新的技术突破。

① YOLOv1：奠定实时目标检测的基石。YOLOv1 算法通过将目标检测任务转化为回归问题，实现端到端的实时目标检测。它将图像划分为网格，并在每个网格上预测边界框和类别概率。虽然 YOLOv1 在速度上取得显著的优势，但在小目标检测和定位精度方面仍存在一定的局限性。

② YOLOv2：性能提升与改进。YOLOv2 在 YOLOv1 的基础上进行多项改进，包括引入批量归一化、高分辨率分类器预训练、使用锚框以及多尺度训练等。这些改进措施显著提升了模型的检测精度和鲁棒性，使得 YOLOv2 在目标检测领域取得更大的成功。

③ YOLOv3：更强大的特征提取与多尺度检测。YOLOv3 采用更深的 Darknet-53 网络作为骨干网络，增强特征提取能力。同时，它引入多尺度特征融合，结合不同层次的特征信息，提高对小目标的检测效果。此外，YOLOv3 还优化了损失函数和边界框回归方式，进一步提升检测精度。

④ YOLOv4：集成先进技术与高效推理。YOLOv4 在集成先进技术的同时，注重模型的推理速度和效率。它采用 CSPDarknet53 作为骨干网络，结合 Mish 激活函数和 Mosaic 数据增强等技术，进一步提高模型的性能。此外，YOLOv4 还引入自对抗训练策略，增强模型的鲁棒性。

⑤ YOLOv5：优化结构与部署便捷性。YOLOv5 在保持高性能的同时，更加注重模型的优化和部署便捷性。它采用更加简洁的网络结构，减少计算量和参数量，使得模型更容易在各种设备上部署和应用。同时，YOLOv5 还提供丰富的预训练模型和配置文件，方便用户快速上手和定制。

⑥ YOLOv6 至 YOLOv10：持续创新与性能提升。从 YOLOv6 至 YOLOv10，这些版本的算法在保持 YOLO 系列实时性和高精度的优势基础上，进一步探索新的网络结构、优化策略和损失函数。它们引入更先进的特征提取方法、多尺度融合技术和上下文信息利用机制，以进一步提高目标检测的精度和鲁棒性。此外，这些版本还关注模型的压缩和加速技术，以满足更多实际场景的需求。

（2）YOLO 模型的基本原理

YOLO 系列检测模型是基于回归任务的车辆检测模型中的代表模型，同时也是一阶段检测模型中的代表，检测速度非常快，能够轻松地完成实时检测任务，非常适合运用在对于实时性要求较高的车辆检测领域内。YOLO 系列算法的核心思想就是将车辆检测问题转换为一个回归问题，直接通过神经网络进行特征提取，预测目标的位置及类型。虽然检测效率极高，但检测精度有所下降，可以通过改进 YOLO 系列的网络结构以及训练方法来提升模型的检测精度。YOLO 模型的基本原理如图 2-78 所示，YOLO 目标检测模型就是将输入的图像通过主干网络的特征提取划分成不同的网格，然后每个网格点负责对应一个区域的目标预测，只要物体的中心坐标点落在这个区域，该物体就由这个网格点来确定。将预测网格中置信度最高的类别标注为检测类别，完成检测。而 YOLO 系列的检测模型通常会通过主干网络输出三个不同尺度的特征层，也就是将图像划分为对应三种数量不同的网格，分别进行多尺度预测，最后综合三个尺度的输出结果获得最终检测结果。

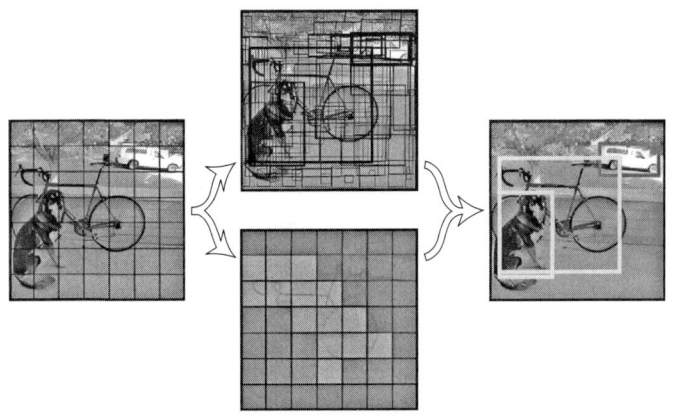

图 2-78　YOLO 模型的基本原理

(3) YOLOv5 网络结构

YOLOv5 模型主要由输入端（input）、主干网络（backbone）、颈部网络（neck）以及检测端（head）四部分组成。相较于 YOLOv4 模型，YOLOv5 算法将空间金字塔池化（spatial pyramid pooling，SPP）模块由颈部网络部分转移到主干网络，颈部网络由 FPN＋PAN 复合网络构成，输出端为 YOLO head 提供三个尺寸的特征输出，图 2-79 所示为YOLOv5 模型网络结构。

输入图像首先进入主干网络进行特征提取，由 focus 模块进行通道数的扩充，然后经由其他模块进行特征提取，提取到的特征可以被称作特征层，是输入图片的特征合集，YOLOv5 的主干网络获取三个特征层，可以称为有效特征层，分别为输出网格 20×20、40×40、80×80 三个尺度的有效特征层。颈部网络部分可以称为 YOLOv5 的加强特征提取网络，在主干部分获取的三个有效特征层在这一部分进行特征融合，目的是结合不同尺度的特征信息。在此部分，通过对已经获得的有效特征层进行上采样与下采样融合，继续进行特征提取，使网络中不同采样尺度的特征层充分融合，叠加出三种尺度不同的特征层，并输入检测端 head 部分用于大小不同的物体，进行目标检测。在 head 检测部分，三种特征层通过一次普通卷积操作，输出分类检测结果。

YOLOv5 提出的 focus 结构如图 2-80 所示，该结构的核心步骤是在一张图像中每隔一个像素取出一个值，获得 4 个独立的特征层，然后将 4 个特征层进行堆叠，此时高和宽的信息就集中到通道信息，使得输入图像通道扩充 4 倍，由原先的 3 个通道变成 12 个通道。以YOLOv5 为例，原始输入为 $640 \times 640 \times 3$ 的图像由 focus 模块进行通道数的扩充变为 $320 \times$

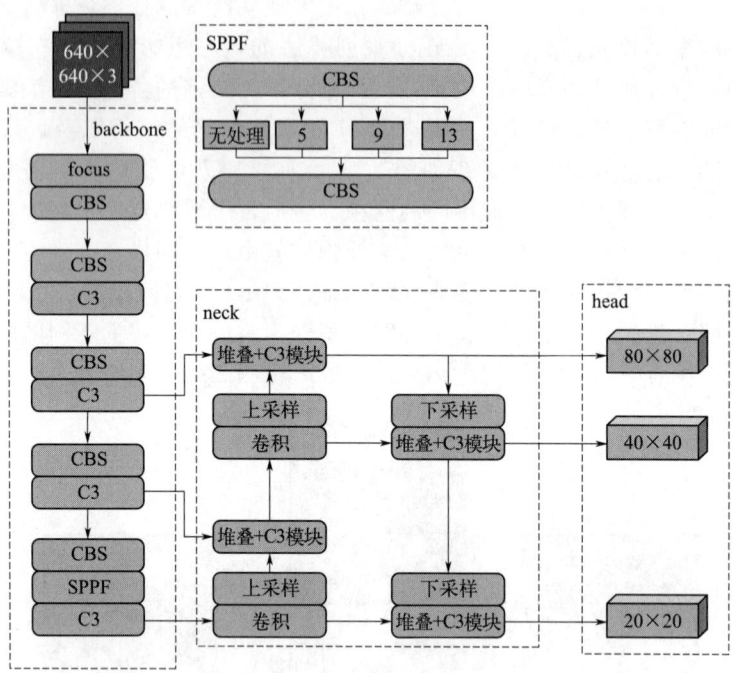

图 2-79　YOLOv5 模型网络结构

320×12 的特征图。该模块以更低的计算成本来实现下采样并扩充通道维度，从而减少参数数量，提升检测速度。

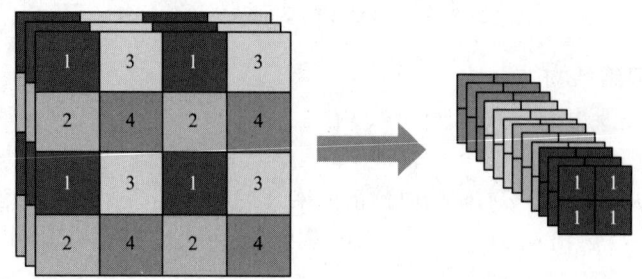

图 2-80　YOLOv5 提出的 focus 结构

YOLOv5 的主干网络主要由 CBS 模块及 C3 模块构成，图片输入 focus 结构扩充通道数后，直接进入 CBS 模块进行计算。CBS 模块由卷积层、BN（batch normalization，批规范化）层和 SiLU 激活函数组成，结构如图 2-81 所示。进入 CBS 模块的图片依次进行卷积计算、经过 BN 层进行标准化处理及 SiLU 函数激活三种操作。

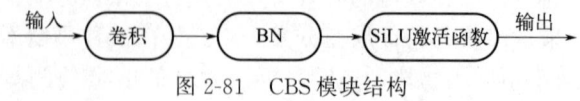

图 2-81　CBS 模块结构

其中卷积处理进一步扩充通道数，标准化处理能够使得输入的数据分布一致，可以解决神经网络训练过程中因为数据分布发生变化而造成的下一层网络学习困难的问题。使训练过程更加平缓的同时，由于数据被标准化，提升神经网络训练过程的收敛速度，加快训练效率，提高训练精度，还可以防止过拟合现象。标准化处理公式为

$$x_{\text{out}} = \frac{x_{\text{conv}} - \mu}{\sqrt{\sigma^2 + \varepsilon}}\gamma + \beta \tag{2-16}$$

式中，x_{out} 为标准化后的结果；x_{conv} 为卷积处理的结果；μ 为卷积处理后的均值；σ^2 为卷积处理后的方差；γ 为缩放因子；β 为平移因子；ε 为常量，作用是防止除 0。

激活函数的主要作用是提高模型的表达能力，将非线性因素引入相应模块，可以对输入数据进行非线性计算。通过激活标准化处理后的数据具有非线性，从而使得模型可以逼近其他的任何非线性函数，CBS 模块使用的激活函数为 SiLU 函数，其计算公式为

$$y_{\text{SiLU}} = \frac{x_{\text{out}}}{1 + e^{x_{\text{out}}}} \tag{2-17}$$

式中，y_{SiLU} 为激活函数计算结果。

激活函数曲线如图 2-82 所示。SiLU 是 Sigmoid 和 ReLU 的改进版，具有无上界有下界、非单调及平滑的特性。可以提高网络的正则化效果，从而防止过拟合，增强泛化能力。并且在深层网络模型上的训练效果优于 ReLU 激活函数。

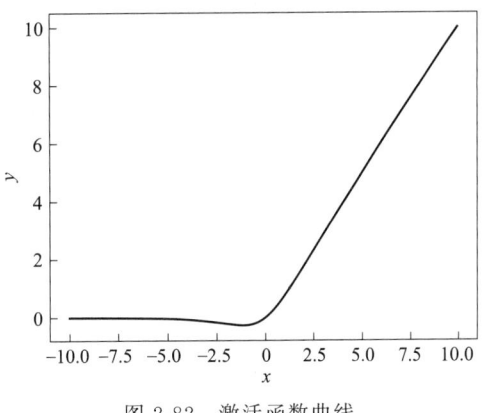

图 2-82　激活函数曲线

CBS 模块计算后的结果进入 C3 模块进行处理，其结构如图 2-83 所示。该模块计算通道分为两部分，一部分直接进行 CBS 模块处理，另一部分经由 CBS 模块计算后再经过多个数量的修正单元进行修正，之后将两个通道输出特征层进行堆叠，由 CBS 模块进行卷积后输出到下一层进行处理。该模块的特点是易于优化，同时提升网络结构的深度。

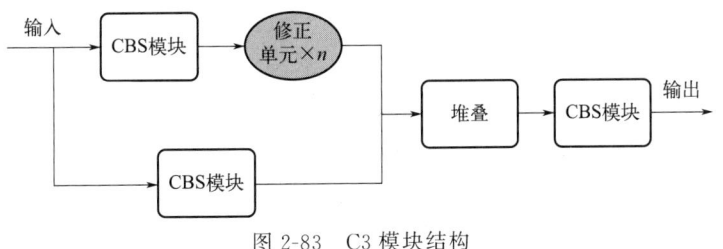

图 2-83　C3 模块结构

C3 模块中使用大量修正单元，修正单元的结构原理与残差网络相同，结构如图 2-84 所示。修正单元使用跳跃连接，主干部分进行两次 CBS 模块的卷积，而另一部分不做任何处理，直接跳跃到特征图相加的步骤与主干叠加。跳跃连接能够有效解决网络结构加深引起的梯度消失问题。

在 YOLOv5 网络结构中，SPPF 模块是空间金字塔池化的简称。首先通过 CBS 模块进行一次卷积后将输入通道数减半，然后分别进行卷积核尺寸为 5、9、13 的全连接处理，称为池化操作。最后对三次最大池化的结果与未进行池化操作的特征层进行堆叠和卷积，最终

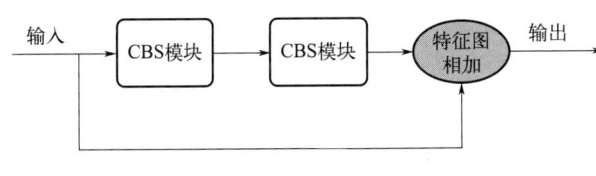

图 2-84　修正单元结构

合并的通道数是原来的 2 倍。池化操作可以有效避免因为图像区域剪裁和缩放而导致图像失真的问题，并且解决神经网络对图像重复进行特征提取的问题，从而提高候选框的产生速度，节省计算成本。YOLOv5 中使用的 SPPF 结构，相比较 YOLOv4 的 SPP 结构，在计算结果近乎相同的基础上，计算速度大大提升。

图 2-85　基于 YOLOv5 的车辆检测

图 2-85 所示为基于 YOLOv5 的车辆检测。

（4）基于 YOLOv5 的目标检测流程

① 数据准备。数据准备是目标检测任务中的关键步骤。首先，需要收集并整理包含目标对象的图像数据集。这些图像应覆盖不同场景、光照条件和目标姿态，以保证模型的泛化能力。接着，需要对图像进行标注，即使用特定的工具或软件，手动或自动地为目标对象在图像中绘制边界框，并赋予相应的类别标签。最后，将标注好的图像数据划分为训练集、验证集和测试集，以便后续进行模型训练和评估。

② 模型训练。在模型训练阶段，主要使用训练集对 YOLOv5 模型进行训练。首先，加载预训练的 YOLOv5 模型权重，作为初始化的起点。然后，根据数据集的特点和需求，设置合适的训练参数，如学习率、批次大小、训练轮数等。接下来，将训练集中的图像数据输入模型中，通过前向传播计算损失函数值，并利用反向传播算法更新模型的权重。在训练过程中，可以使用验证集进行模型验证，以监控模型的性能变化，并根据需要进行参数调整。

③ 模型评估。模型评估是检验模型性能的重要环节。在 YOLOv5 目标检测流程中，通常使用测试集对训练好的模型进行评估。评估指标包括准确率、召回率等，这些指标能够全面反映模型在目标检测任务中的性能表现。通过计算这些指标的值，可以评估模型在识别不同类别目标对象时的效果，以及在不同场景下的泛化能力。

④ 推理与结果展示。推理与结果展示是目标检测任务的最终环节。在推理阶段，将训练好的 YOLOv5 模型应用于新的图像数据，通过前向传播计算出目标对象的位置和类别。结果展示则是将推理结果可视化在原始图像上，以便用户能够直观地观察到目标对象的位置和类别信息。这通常通过使用边界框、类别标签和置信度分数来实现。

（5）YOLOv5 算法的优点

① 速度快。YOLOv5 在速度方面表现出色，相比之前的版本以及其他目标检测算法，YOLOv5 的检测速度更快。这得益于其高效的网络结构和优化方法，使得 YOLOv5 在保持高准确性的同时，能够实时地进行目标检测。

② 准确性高。YOLOv5 在目标检测的准确性方面也表现出色。通过采用更先进的网络结构和算法优化，YOLOv5 能够在多个指标上提升检测的准确性，从而更准确地识别并定位目标对象。

③ 轻量级与易部署。与一些复杂的目标检测算法相比，YOLOv5 的模型更小、参数更少，这使得它在保持高性能的同时，具有更小的模型体积和更低的计算资源消耗。因此，YOLOv5 更易于在移动设备和嵌入式系统上部署，适合在资源有限的环境中使用。

④ 多尺度检测。YOLOv5 通过使用不同尺度的特征图进行目标检测，可以有效地检测

不同大小的目标。这种多尺度检测的能力使得 YOLOv5 在处理不同大小的目标时具有更好的鲁棒性。

（6）YOLOv5 算法的缺点

① 对小目标检测效果不佳。尽管 YOLOv5 在整体目标检测方面表现出色，但在处理小目标时可能存在一定的局限性。由于小目标在图像中所占的像素较少，其特征信息可能不够丰富，导致 YOLOv5 在检测小目标时容易出现漏检或误检的情况。

② 对密集目标检测效果不佳。当图像中存在大量密集排列的目标时，YOLOv5 可能会遇到一些挑战。由于目标之间的遮挡和重叠，可能导致算法在检测时出现重叠框或漏检的情况。

③ 需要更多训练数据。与其他一些算法相比，YOLOv5 通常需要更多的训练数据才能达到理想的性能。这在一定程度上增加算法的应用成本和时间成本，特别是在处理新领域或特定场景的目标检测任务时。

（7）YOLOv5 算法的改进方法

① 网络结构改进。

a. 引入注意力机制。注意力机制能够使模型更加关注图像中的重要区域，提高特征提取的针对性。在 YOLOv5 算法中，可以通过引入 SE 模块或 CBAM 等注意力机制，使网络能够自适应地调整不同通道或空间位置的权重，从而更准确地定位目标。

b. 多尺度特征融合。目标在图像中可能呈现不同的大小和尺度，因此，充分利用多尺度特征信息对于提高检测精度至关重要。YOLOv5 算法可以通过改进 FPN 或引入其他多尺度特征融合方法，实现不同尺度特征的融合，从而提高对小目标和密集目标的检测效果。

c. 轻量级网络设计。在实际应用中，算法的推理速度往往也是一个重要的考量因素。为了在保证性能的同时提高推理速度，可以对 YOLOv5 的网络结构进行轻量化设计。通过采用深度可分离卷积、剪枝和量化等方法，减少模型的参数数量和计算复杂度，从而实现更快速的推理。

② 损失函数优化。

a. IoU 损失的改进。传统的 IoU 损失仅考虑预测框与真实框之间的重叠面积，但在某些情况下，如当预测框与真实框不重叠或重叠程度较低时，IoU 损失可能无法提供有效的梯度信息，导致模型优化困难。为了解决这个问题，研究者提出多种 IoU 损失的改进版本，如 GIoU、DIoU 和 CIoU 等。这些改进版本通过引入额外的度量指标（如预测框与真实框之间的中心点距离或长宽比等），使得损失函数在更多情况下都能提供有效的梯度信息，从而加快模型的收敛速度并提高定位精度。

b. 加权损失改进。在目标检测任务中，不同类别的样本或不同难易程度的样本可能对模型的性能产生不同的影响。因此，对损失函数进行加权处理，使得模型更加关注那些对性能提升更重要的样本，是一种有效的优化方法。例如，可以为正样本赋予更高的权重，或者根据样本的难易程度动态调整权重。

c. 焦点损失引入。在目标检测任务中，通常存在大量的负样本和少量的正样本，这可能导致模型在训练过程中过度关注负样本而忽略正样本。为了解决这个问题，可以引入焦点损失函数。焦点损失通过在交叉熵损失的基础上添加一个调制因子，使得模型在训练过程中能够自适应地调整对正负样本的关注程度，从而提高分类准确性。

③ 训练策略优化。

a. 学习率调整策略。学习率是训练过程中非常重要的超参数，它决定模型参数更新的步长。过大的学习率可能导致模型在训练过程中振荡而无法收敛，而过小的学习率则可能导致模型收敛速度过慢。因此，采用合适的学习率调整策略对于优化训练过程至关重要。常见的学习率调整策略包括固定学习率、学习率衰减、自适应学习率等。对于YOLOv5算法，可以根据任务需求和数据特点选择合适的学习率调整策略，以提高模型的收敛速度和性能。

b. 批处理大小的选择。批处理大小决定每次更新模型参数时所使用的样本数量。较大的批处理可以加速模型的收敛，但也可能导致内存消耗过大；而较小的批处理虽然可以减少内存消耗，但可能降低模型的收敛速度。因此，在选择批处理大小时需要综合考虑计算资源和性能需求。对于YOLOv5算法，可以通过实验尝试不同的批处理大小，找到最适合当前任务和数据集的配置。

c. 数据增强与预处理。数据增强和预处理是提升模型泛化能力的重要手段。通过对训练数据进行适当的变换和增强，可以增加模型的鲁棒性，使其对不同的输入变化具有更好的适应性。对于YOLOv5算法，可以采用随机裁剪、旋转、缩放等数据增强方法，以及归一化、标准化等预处理手段，来提高模型的性能。

d. 正则化方法。正则化是防止模型过拟合的有效手段。通过在损失函数中添加正则化项，可以限制模型参数的复杂度，提高模型的泛化能力。常见的正则化方法包括L1正则化、L2正则化等。对于YOLOv5算法，可以根据实际情况选择合适的正则化方法，以缓解过拟合问题。

④ 后处理优化。

a. 非极大值抑制的改进。非极大值抑制是目标检测算法中常用的后处理步骤，用于去除冗余的预测框。传统的非极大值抑制方法基于预测框的交并比进行筛选，但这种方式有时可能导致邻近目标的漏检。为了解决这个问题，研究者提出改进的非极大值抑制方法，如加权非极大值抑制、Soft-非极大值抑制等。这些方法通过引入额外的度量指标或调整IoU阈值，使得非极大值抑制过程更加灵活和准确。

b. 边界框精细化。边界框的精度对于目标检测的结果至关重要。为了提高边界框的定位精度，可以采用边界框精细化的方法。这包括使用更精确的边界框回归算法、对边界框进行微调或使用额外的上下文信息进行修正等。通过这些方法，可以进一步提升YOLOv5算法对目标的定位精度。

c. 类别概率的校准。类别概率的准确性直接影响到目标检测的可靠性。在YOLOv5算法中，可以使用概率校准技术来改进分类器输出的类别概率。这包括使用温度系数来调整Softmax输出的概率分布、采用标签平滑技术来减少过拟合等。通过类别概率的校准，可以提高YOLOv5算法对目标类别的识别准确性。

(8) YOLOv5算法在智能汽车中的应用

① 车辆与行人检测。智能汽车需要实时检测道路上的车辆和行人，以确保行驶安全。YOLOv5算法可以快速准确地识别出车辆和行人，为智能汽车的决策系统提供重要信息。通过实时检测，智能汽车可以及时调整行驶速度和方向，避免与障碍物发生碰撞。

② 交通标志与信号灯识别。交通标志和信号灯是道路交通中的重要组成部分，对于智能汽车的行驶安全至关重要。YOLOv5算法可以识别出各种交通标志和信号灯的状态，为智能汽车的导航和控制系统提供准确的信息。通过识别交通标志和信号灯，智能汽车可以遵守交通规则，提高行驶安全性。

③ 障碍物检测与避障。在复杂道路环境中，智能汽车需要实时检测并避免障碍物。

YOLOv5算法可以检测出道路上的各种障碍物,如路障、施工区域等,并提醒驾驶员或自动驾驶系统采取相应的避障措施。这有助于减少因障碍物导致的交通事故。

YOLOv5算法与R-CNN算法的比较见表2-6。

表2-6 YOLOv5算法与R-CNN算法的比较

算法		YOLOv5算法	R-CNN算法
模型结构与特点	网络结构	全卷积网络,包含backbone、neck和head三部分	包含多个全连接层,通过层与层之间的连接实现特征提取和分类
	特征提取	通过backbone中的Conv模块、C3模块和SPPF模块进行特征提取	通过全连接层之间的连接和激活函数实现特征提取
	目标检测方式	在不同图像细粒度上聚合并形成图像特征,通过head部分进行预测	主要用于分类任务,不直接进行目标检测
	训练策略	采用自适应锚框计算、学习率调整策略、数据增强与预处理等方法优化训练	依赖于标准的反向传播和梯度下降算法进行训练
性能比较	检测速度	实时性高,适用于需要快速响应的场景	相对较慢,不适合实时性要求高的任务
	检测精度	高精度,能够准确识别并定位目标	在分类任务中表现出色,但在目标检测方面可能不如YOLOv5
	资源消耗	适中,可在一般计算设备上运行	相对较高,可能需要更强大的计算资源
应用场景	目标检测	广泛应用于自动驾驶、视频监控、安防等领域	主要用于图像分类任务,如人脸识别、物体识别等
	实时性要求	适用于需要实时检测的场景,如自动驾驶汽车	不太适合需要实时处理的场景

YOLOv5和R-CNN各自在深度学习领域具有独特的优势和适用场景。YOLOv5以其高效的实时检测性能和优秀的准确性,在目标检测任务中表现出色,特别适用于自动驾驶、视频监控等需要快速响应和精确定位的场景。而R-CNN则以其强大的特征提取和分类能力,在图像分类任务中占据重要地位。然而,由于其相对较慢的检测速度和较高的资源消耗,R-CNN在实时性要求较高的场景中可能不如YOLOv5。因此,在选择使用哪种模型时,需要根据具体的应用场景和需求进行权衡和选择。

🚗 **练习案例** ≫ ☰

基于YOLOv5的智能汽车视觉传感器环境感知系统设计

案例描述

本案例以高速公路自动驾驶场景为背景,设计一个基于YOLOv5的智能汽车视觉传感器环境感知系统。该系统通过安装在汽车前部的摄像头实时捕获道路图像,利用YOLOv5算法对图像中的目标物体进行快速准确的检测和识别,包括车辆、行人、道路标志等关键信息。通过对这些信息的实时分析和处理,智能汽车能够实时感知周围环境的变化,为后续的驾驶决策提供有力支持。

实施步骤

① 数据准备与预处理。收集高速公路场景的图像数据，并进行标注。标注数据应包括目标物体的类别、位置以及边界框等信息。为了提高模型的泛化能力，数据应尽可能覆盖不同天气、光照和交通状况下的场景。同时，对数据进行预处理，包括图像缩放、归一化等操作，以便于模型的训练和推理。

② YOLOv5模型选择与训练。选择适合本案例的YOLOv5模型版本（如YOLOv5s、YOLOv5m、 YOLOv5l或YOLOv5x），并根据任务需求调整模型的参数和结构。使用标注好的数据集对模型进行训练，通过优化器和学习率等超参数的调整，使模型达到最佳的检测性能。

③ 环境感知系统集成。将训练好的YOLOv5模型集成到智能汽车的环境感知系统中。通过调用模型的推理接口，实现对实时道路图像的目标检测和识别。为了提高系统的实时性能，可以采用图形处理器加速技术，减少推理时间。

④ 结果解析与决策支持。对YOLOv5模型的输出结果进行解析，提取出目标物体的类别、位置和边界框等信息。根据这些信息，智能汽车可以实时感知周围环境的变化，包括车辆的距离、速度以及道路标志的含义等。这些信息可以为后续的驾驶决策提供有力支持，如车道保持、避障、超车等。

⑤ 系统测试与优化。在实际道路环境中对智能汽车进行测试，评估环境感知系统的性能。根据测试结果，对系统进行优化和改进，提高检测的准确性和实时性。同时，可以考虑与其他传感器数据进行融合，如激光雷达、毫米波雷达等，以提高环境感知的准确性和可靠性。

2.6 基于视觉传感器的目标检测

可以将基于视觉传感器的目标检测想象成是一场现实版的"捉迷藏"。在这个游戏中，视觉传感器就像是一个经验丰富的"猎人"，用它的"眼睛"——摄像头，不断地扫视着四周的环境。每当它发现目标对象——就像是那个藏得很好的"小朋友"时，它就会立刻用它的"大脑"——计算机算法，进行分析和确认。这个过程需要传感器快速且准确地识别出目标，就如同猎人在茂密的树林中一眼就能发现隐藏的猎物。通过这种方式，基于视觉传感器的目标检测技术在各种实际场景中发挥着重要作用，帮助我们更好地理解和感知周围的世界。

2.6.1 车道线检测

（1）车道线检测的目的

车道线检测是自动驾驶和辅助驾驶系统中的重要组成部分，其主要目的在于确保车辆能够安全、稳定地在道路上行驶。具体来说，车道线检测主要有以下目的。

① 车辆定位与导航。通过检测车道线，系统可以准确判断车辆在当前车道中的位置，为导航和路径规划提供基础数据。

② 车道保持与偏离预警。当车辆偏离车道时，系统能够及时发出预警，提醒驾驶员调整车辆行驶方向，从而避免潜在的安全风险。

③ 辅助变道与超车。在需要变道或超车时，系统可以通过检测相邻车道的车道线，为驾驶员提供辅助决策，确保变道或超车过程的安全和顺畅。

（2）车道线检测的方法

① 按使用传感器分类。

a. 基于视觉传感器的车道线检测。视觉传感器（如摄像头）是车道线检测中最常用的传感器之一。通过捕捉道路图像，并利用图像处理算法提取车道线特征，实现车道线的识别与定位。这种方法成本相对较低，且图像信息丰富，可以提取出更多的道路细节。但受光照条件、阴影、遮挡等因素影响较大，对图像处理算法的实时性和准确性要求较高。

b. 基于激光雷达的车道线检测。激光雷达通过发射激光束并测量反射时间来确定周围环境的三维信息。在车道线检测中，激光雷达可以获取道路表面的高精度点云数据，通过数据处理和模型拟合提取出车道线信息。激光雷达检测范围广泛，对光照条件不敏感，但成本较高，且数据处理复杂，对算法要求较高。

② 按使用的算法分类。

a. 基于传统图像处理算法的车道线检测。传统图像处理算法包括边缘检测、颜色分割、霍夫变换等。这些算法通过对图像进行预处理、特征提取和分类等操作，实现车道线的识别和定位。这类方法原理简单，计算量相对较小，但受环境和道路条件影响较大，对算法的鲁棒性要求较高。

b. 基于机器学习的车道线检测。机器学习算法，如支持向量机、随机森林等，可以通过训练学习车道线的特征，实现更准确的检测。这类方法具有一定的自适应学习能力，可以适应不同道路和光照条件。然而，机器学习算法的性能往往受限于训练数据的数量和质量，且需要人工设计和选择特征。

c. 基于深度学习的车道线检测。深度学习算法，尤其是卷积神经网络，在车道线检测中表现出强大的性能。通过大量标注数据的训练，深度学习模型可以自动学习并提取车道线的特征，实现高精度、高鲁棒性的检测。深度学习方法对环境变化的适应性较强，但计算量较大，对硬件资源要求较高。

（3）基于传统图像处理算法的车道线检测示例

利用视觉传感器进行车道线检测的流程主要是"原始图像采集→图像灰度化→图像滤波→图像二值化→车道线提取"，如图 2-86 所示。

(a) 原始图像采集　　　　(b) 图像灰度化　　　　(c) 图像滤波

(d) 图像二值化　　　　(e) 车道线提取

图 2-86　车道线检测的流程

① 原始图像采集。原始图像采集主要是通过摄像头采集目标的彩色图像，如果是模拟信号，要把模拟信号转换为数字信号，并把数字图像以一定格式表现出来。

② 图像灰度化。彩色图像分别用红、绿、蓝三个亮度值为一组，代表每个像素的颜色。灰度图像是指每个像素只有一个采样颜色的图像，这类图像通常显示为从最暗黑色到最亮的白色的灰度。0代表黑色，255代表白色。图像灰度化是指将彩色图像变成灰度图像，其目的是简化矩阵，提高运算速度。

③ 图像滤波。图像滤波是指在尽量保留图像细节特征的条件下对目标图像的噪声进行抑制，其处理的好坏直接影响到后续图像处理的有效性和可靠性。

④ 图像二值化。图像二值化是将图像上的像素点的灰度值设置为0或255，也就是将整个图像呈现出明显的黑白效果的过程。通过图像二值化能更好地分析物体的形状和轮廓。

⑤ 车道线提取。根据选择的道路识别方法提取车道线。

（4）基于深度学习的车道线检测示例

基于深度学习的车道线检测算法主要有以下方法。

① 基于卷积神经网络的算法。该算法使用卷积神经网络对车道线进行检测。卷积神经网络可以学习图像的局部特征，识别车道线的位置和形状。该算法需要大量标注数据和计算资源来训练模型，但检测效果较好，具有一定的实时性。

② 基于循环神经网络的算法。该算法使用循环神经网络对车道线进行检测。循环神经网络可以学习图像的时序特征，根据前一帧图像的信息预测下一帧图像中的车道线位置。该算法需要输入连续的图像序列，并具有一定的实时性。

③ 基于端到端学习的算法。该算法使用端到端学习的方法，直接从输入图像中学习车道线的位置和形状。该算法可以减少人工干预和预处理，提高检测的鲁棒性和实时性。该算法需要大量的训练数据和计算资源来训练模型，但检测效果较好。

图2-87所示为深度学习中的YOLOv车道线检测方法。采用CSPDarkNet特征提取网络为主干网络来提取输入的车道线图像特征，随后，对提取的车道线图像特征采用网络颈部中的多尺度感受野以及特征融合PANet处理，并提取3个不同尺度的特征映射层进行预测，从而实现车道线图像中短车道线检测。

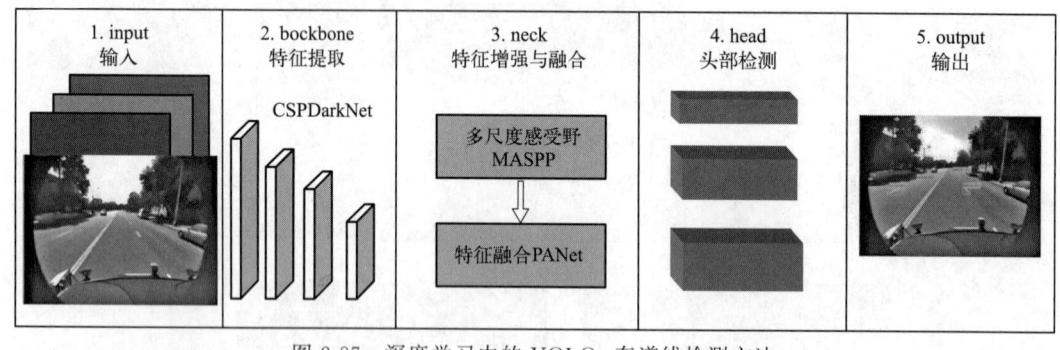

图2-87　深度学习中的YOLOv车道线检测方法

2.6.2　车辆检测

（1）车辆检测的目的

车辆检测的主要目的在于实时获取并解析道路环境中其他车辆的位置、速度、方向等关键信息。这些信息对于实现以下功能至关重要。

① 安全避障。通过检测前方和周围车辆，智能汽车可以实时调整行驶轨迹，避免碰撞和追尾等事故。

② 路径规划。根据检测到的车辆位置和行驶状态，智能汽车可以规划出更加合理和安全的行驶路径。

③ 速度控制。根据周围车辆的行驶速度，智能汽车可以自动调整自身速度，保持安全距离和行驶速度。

（2）车辆检测的方法

① 按使用传感器分类的车辆检测方法。

a. 基于视觉传感器的车辆检测。视觉传感器，如高清摄像头，通过捕捉道路图像进行车辆检测。利用图像处理技术提取车辆特征，并通过模式识别算法进行识别和定位。视觉传感器成本相对较低，且信息丰富，但在复杂环境下可能受到光照、遮挡等因素的干扰。

b. 基于雷达传感器的车辆检测。雷达传感器，包括激光雷达和毫米波雷达，通过发射电磁波并测量反射时间来检测周围车辆。雷达传感器具有不受光照条件影响的优点，且检测距离较远，但成本相对较高，且对安装位置和角度有一定要求。

c. 基于超声波传感器的车辆检测。超声波传感器通过发射超声波并测量反射时间来检测近距离内的车辆。它适用于短距离内的障碍物检测，但检测范围有限，且对复杂环境的适应性较弱。

② 按使用的算法分类的车辆检测方法。

a. 基于传统计算机视觉算法的车辆检测。传统计算机视觉算法包括边缘检测、背景建模、滑动窗口等。这些算法通过对图像进行预处理和特征提取，实现车辆的识别和定位。这类方法计算量相对较小，但在复杂环境下的鲁棒性有待提高。

b. 基于机器学习的车辆检测。机器学习算法，如支持向量机、决策树等，可以通过训练学习车辆的特征并进行分类。这类方法具有一定的自适应学习能力，但需要大量标注数据进行训练，且对特征的选择和提取有一定的要求。

c. 基于深度学习的车辆检测。深度学习算法，特别是卷积神经网络和目标检测算法（如 YOLO、SSD 等），在车辆检测中表现出强大的性能。深度学习模型可以自动学习并提取车辆的特征，实现高精度、高鲁棒性的检测。然而，这类方法需要大量的计算资源和时间进行训练及推理。

（3）基于深度学习的车辆检测示例

深度学习在目标检测领域有两条发展主线：第一条是基于目标候选框的检测主线，这条主线按照 R-CNN、Fast R-CNN、Faster R-CNN、Mask R-CNN 的线路不断发展，称为两阶段车辆目标检测法；第二条是基于一体化卷积网络的检测主线，这条主线按照 YOLO、YOLOv2、YOLOv3～YOLOv10 的线路不断发展，称为单阶段车辆目标检测法。下面主要介绍两阶段车辆目标检测法。

① R-CNN。R-CNN 的意思就是 region based CNN，是第一个成功将深度学习应用到目标检测上的算法。R-CNN 是基于卷积神经网络、线性回归和支持向量机等算法，实现目标检测的技术。R-CNN 的主要思路就是根据一张图像提取多个区域，再将每个区域输入卷积神经网络来进行特征的提取。因此，R-CNN 可以分为区域候选框生成和特征提取两个主要部分，提取的特征可以输入任意一个分类器来进行分类。

R-CNN 的目标是借助边界框获取图像，并正确地识别图像中的主要对象；它运用选择性搜索给出边界框或者候选区域，选择性搜索通过不同尺寸的窗口在图像中进行滑动，然后通过纹理、颜色、亮度等特征将不同滑窗聚合，减少候选区域的数量，降低模型的复杂度。

生成一组候选区域之后，R-CNN 将这些区域变换为标准的方形尺寸并采用改进后的 AlexNet 进行特征提取。在卷积神经网络的最终层，R-CNN 增加支持向量机，用于简单判断区域中是否包含目标以及它是什么。R-CNN 识别效果非常好，但是效率非常低，训练困难，主要原因：一是需要对每个图像的每个候选区域进行卷积神经网络前向传播，每个图像需要大约 2000 次前向传播，存在大量重复计算；二是该方法必须分别训练三个不同的模型——卷积神经网络图像特征提取模型、支持向量机分类模型、线性边框回归模型，训练困难而且中间保存特征向量需占用大量的空间，这使得模型很难训练。图 2-88 所示为基于 R-CNN 模型的车辆检测框架。

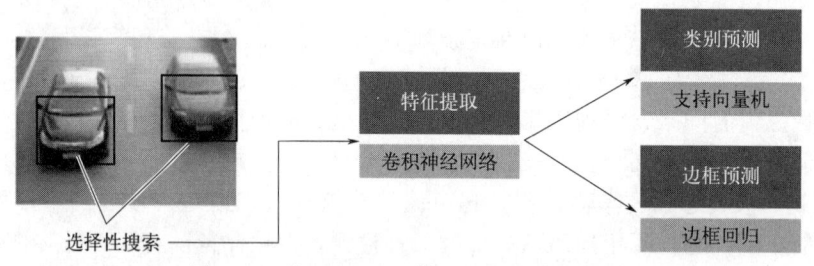

图 2-88　基于 R-CNN 模型的车辆检测框架

② Fast R-CNN。为解决 R-CNN 效率低、训练难的问题，提出 Fast R-CNN 的方法。Fast R-CNN 相对于 R-CNN 主要改进的一个方面在于，不再对每一个候选区域进行重复卷积操作，而是对整张图像先提取泛化特征，这样就减少了大量的计算（R-CNN 中对于每一个候选区域做卷积会有很多重复计算），并在卷积神经网络中引入兴趣区池化层，这样图片首先进行选择性搜索生成候选区域，同时在卷积神经网络中对整张图片进行特征提取，将候选区域通过映射的方式在池化层特征图上确定位置和矩形框。如此一来，只需要一次原始图像的卷积神经网络前向传播，而不是 2000 次；另外，Fast R-CNN 把分类从支持向量机改进为 softmax 函数，并将卷积神经网络、softmax 函数和边框回归的训练融合到一个模型中，降低训练的难度。池化用来降低卷积神经网络或循环神经网络中的特征图的维度。在卷积神经网络中，池化操作通常紧跟在卷积操作之后，用于降低特征图的空间大小。图 2-89 所示为基于 Fast R-CNN 模型的车辆检测框架。

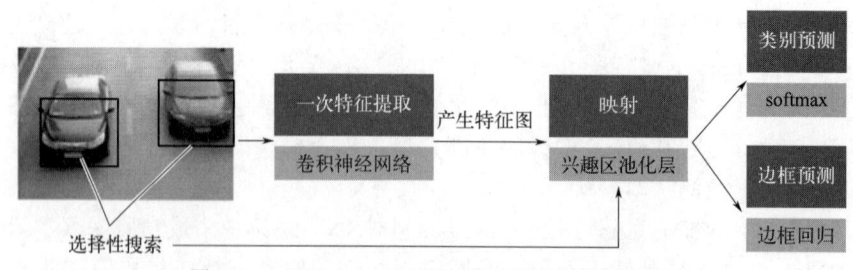

图 2-89　基于 Fast R-CNN 模型的车辆检测框架

③ Faster R-CNN。Faster R-CNN 的想法来源于候选区域的特征计算依赖图像的特征，这些特征已经通过卷积神经网络的前向传播（分类的第一步），那么为何不重用这些相同的卷积神经网络特征给出候选区，从而取代单独的选择性搜索？实际上，这就是 Faster R-CNN 方法的最大的改进。创新性地提出候选框提取不一定非要在原图上做，可以考虑在特

征图上做。继而提出候选区域网络，使得其可以抛弃传统的候选区域的方法，大幅加快训练速度。图 2-90 所示为基于 Faster R-CNN 模型的车辆检测框架。

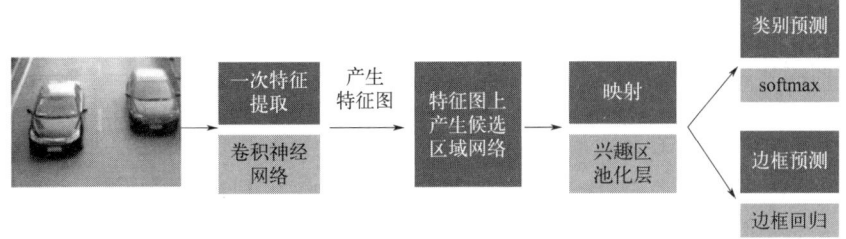

图 2-90　基于 Faster R-CNN 模型的车辆检测框架

④ Mask R-CNN。Mask R-CNN 是将 Faster R-CNN 扩展到像素级分割。原始的 Faster R-CNN 架构，由兴趣区池化层选择的特征图的区域与原始图像的区域稍有偏差，与边界框不同，图像分割需要像素级的特征，少量的偏差自然会导致不准确。通过巧妙地采用兴趣区对齐层的方法代替兴趣区池化层，使之更精确地对齐。与 Faster R-CNN 不同，Mask R-CNN 新增加一个输出作为物体的掩膜。与 Faster R-CNN 类似的是，Mask R-CNN 同样采用区域提议网络来进行候选区域提取。但是在之后，对于每一个兴趣区域，Mask R-CNN 还输出一个二值化（二进制）的掩膜，说明给定像素是否为目标的一部分，从而实现像素级分割。所谓二进制掩膜，就是当像素属于目标的所有位置上时标识为 1，其他位置标识为 0。图 2-91 所示为 R-CNN 系列算法的比较。

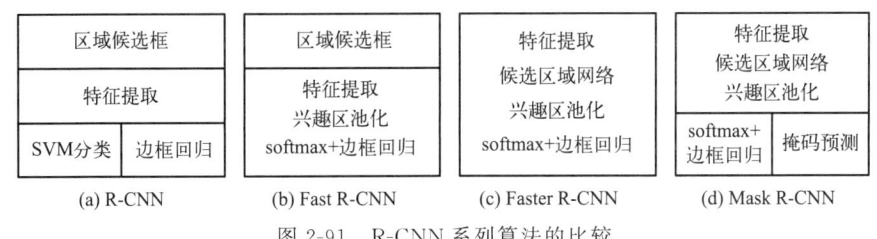

图 2-91　R-CNN 系列算法的比较

从 R-CNN 网络的演进可以看出，最初的 R-CNN 由最基础的三个部分完成检测，到 Faster R-CNN 实现端到端的检测，不断地加快效率；而 Mask R-CNN 更加实现像素级分割，使得结果更加精确。图 2-92 所示为基于深度学习的车辆检测结果。

图 2-92　基于深度学习的车辆检测结果

2.6.3 行人检测

(1) 行人检测的目的

行人检测的主要目的在于确保车辆在行驶过程中能够及时发现并识别道路上的行人，以便做出相应的避让或减速措施，从而确保行人的安全。

① 预防碰撞事故。通过准确识别行人，智能汽车可以在发生潜在碰撞之前及时做出反应，如减速或避让，从而避免或减少与行人之间的碰撞事故。

② 提高行车安全性。行人检测可以帮助驾驶员更好地了解道路环境，特别是在夜间、雨雪天气或视线不佳的情况下，提高行车安全性。

③ 实现自动驾驶功能。行人检测是自动驾驶技术中不可或缺的一部分，它使得车辆能够自主判断道路状况，实现更高级别的自动驾驶功能。

(2) 行人检测的方法

① 按使用传感器分类的行人检测方法。

a. 基于视觉传感器的行人检测。视觉传感器（如高清摄像头）是行人检测中最常用的传感器之一。通过捕捉道路图像，并利用图像处理算法提取行人特征，实现行人的识别和定位。这种方法成本相对较低，且图像信息丰富，可以提取出更多的行人特征。然而，视觉传感器受光照条件、阴影、遮挡等因素影响较大，对图像处理算法的鲁棒性要求较高。

b. 基于雷达传感器的行人检测。雷达传感器，包括激光雷达和毫米波雷达，通过发射电磁波并测量反射时间来检测行人。雷达传感器具有不受光照条件影响的优点，且检测距离较远。在行人检测中，雷达传感器可以提供行人的距离和速度信息，有助于车辆做出更准确的驾驶决策。但雷达传感器的成本相对较高，且对安装位置和角度有一定要求。

c. 基于红外传感器的行人检测。红外传感器能够探测到环境中的热辐射，对于夜间或恶劣天气条件下的行人检测具有特别的优势。通过检测行人的热辐射特征，红外传感器可以在光线不足或恶劣天气条件下提高行人检测的准确性。然而，红外传感器的分辨率和检测范围可能受到一定限制。

② 按使用的算法分类的行人检测方法。

a. 基于传统图像处理算法的行人检测。传统图像处理算法包括边缘检测、背景建模、模板匹配等。这些算法通过对图像进行预处理和特征提取，实现行人的识别和定位。这类方法计算量相对较小，但在复杂环境下的鲁棒性有待提高。

b. 基于机器学习的行人检测。机器学习算法，如支持向量机、随机森林等，可以通过训练学习行人的特征并进行分类。这类方法具有一定的自适应学习能力，可以适应不同道路和光照条件。然而，机器学习算法的性能往往受限于训练数据的数量和质量，且需要人工设计和选择特征。

c. 基于深度学习的行人检测。深度学习算法，尤其是卷积神经网络和目标检测算法（如 Faster R-CNN、YOLO 等），在行人检测中表现出强大的性能。深度学习模型可以自动学习并提取行人的特征，实现高精度、高鲁棒性的检测。通过大量标注数据进行训练，深度学习模型可以适应各种复杂环境和场景。然而，深度学习方法的计算量较大，对硬件资源要求较高。

(3) 基于深度学习的行人检测示例

基于深度学习的行人检测方法可以分为基于锚点框的行人检测和基于无锚点框的行人检测。

① 基于锚点框的行人检测。基于锚点框的目标检测（例如 Faster R-CNN 和 SSD）是当前较为成熟并且应用较为广泛的一类算法，该方法利用数据集的先验信息设置一系列大小和形状不同的锚点框，并利用卷积神经网络对锚点框进一步分类与回归，得到最终的行人检测结果。基于锚点框的行人检测方法分为基于行人部位的检测方法、基于行人整体与部位加权的检测方法以及基于级联的检测方法。

a. 基于行人部位的检测方法是处理遮挡行人检测问题最常见也是非常有效的一类方法。该方法利用遮挡行人可见部位判断行人是否存在。基于行人部位检测的方法往往是通过已训练好的人体关键点或部位检测网络，简单有效地识别遮挡行人可见身体部位。基于部位检测器的行人检测框架如图 2-93 所示，图中 FC 表示全连接网络。该算法通过人体关键点检测网络识别每个行人目标的 6 个关键节点，包括头部、上身、手臂、腿部等，并利用关键节点重建相应的部位信息。将含有特定语义的部位信息进行整合，即得到最终更加鲁棒的行人特征表达。该方案直观有效，对于提升检测器的抗遮挡性能有明显效果。但是缺点也显而易见：一是此类方法需要额外的部位标注训练人体关键点或部位检测网络；二是依赖数据驱动的部位检测器往往难以适配遮挡模式的多变。因此，如何降低部位检测器的计算成本，以及如何更有效地利用部位检测器仍然是一个值得探索的问题。

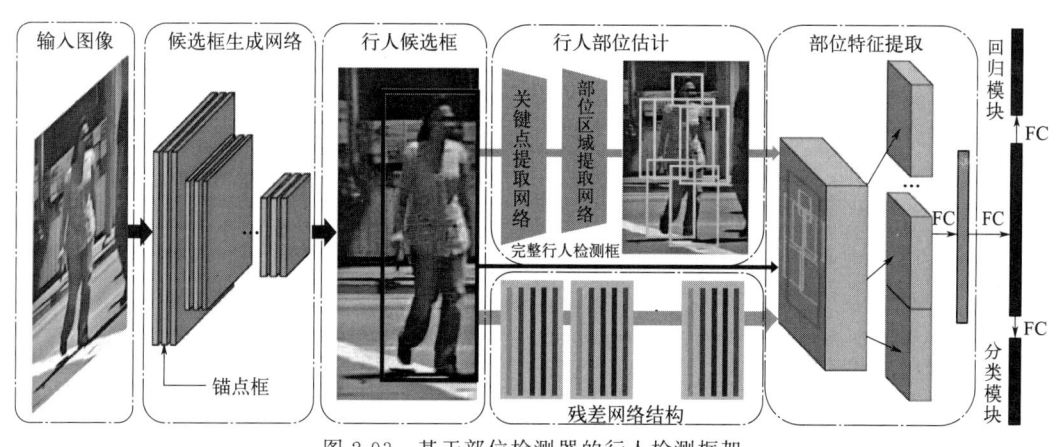

图 2-93　基于部位检测器的行人检测框架

b. 基于行人部位的检测方法较为有效地降低遮挡行人漏检率，但是由于过于依赖局部（部位）特征，导致对结构形似行人部位的背景目标产生误检。例如，主体结构形似行人躯干的树干、形状形似行人头部的路灯等。显然，仅基于行人部位的检测算法较难满足实际应用的需求。因此，提出基于行人整体（全局特征）与部位（局部特征）加权的检测方法，旨在同时保证遮挡行人的低漏检率以及无遮挡行人的低误检率。基于行人头部与整体加权的检测网络如图 2-94 所示。此类方法通过对行人头部和全身同时进行检测，直观有效地缓解行人检测中的遮挡问题。

c. 基于级联的检测方法分为基于两阶段检测器的级联方法和基于单阶段检测器的级联方法。两阶段的检测器是指检测算法包含候选框产生和候

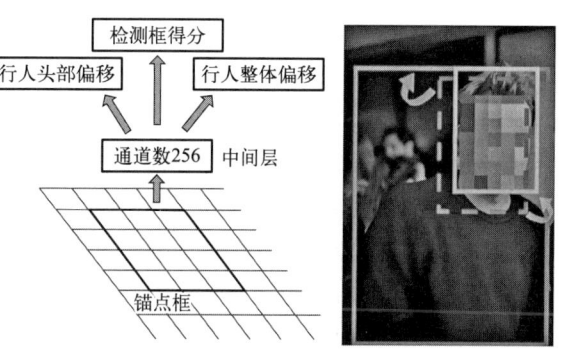

图 2-94　基于行人头部与整体加权的检测网络

智能汽车环境感知与多传感器融合技术

选框修正两个阶段。以两阶段 Faster R-CNN 网络为例，候选框通过区域提议网络模块产生，并经过 R-CNN 模块进行修正，由此得到更加精确的检测结果。Cascade R-CNN 算法框架如图 2-95 所示，图中 H 表示检测模块，B 表示检测框回归结果，C 表示检测框分类得分，conv 及 pool 分别表示卷积层及池化层。Cascade R-CNN 采用级联式的网络框架，将检测结果迭代式地回归，前一级检测模型的输出作为下一级检测模型的输入，并逐步提高正负样本分类时的交并比阈值。此类方法通过多级级联的模式对检测结果逐步精调，可以取得更好的分类精度和更好的定位效果。

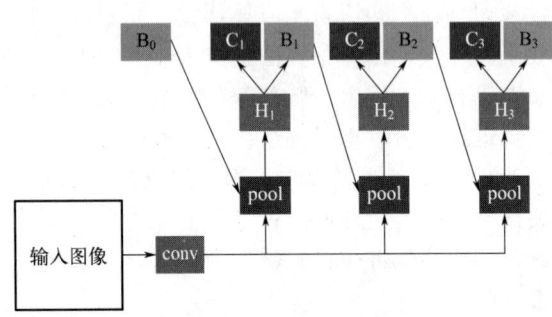

图 2-95 Cascade R-CNN 算法框架

单阶段检测器是指无须经过候选框生成，可以通过锚点框直接预测分类结果和边界框的回归位置。典型的行人检测模型是 ALFNet（asymptotic localization fitting network，渐近局部化拟合网络），其主要思想是多级渐进定位，即使用较高交并比阈值筛选第 1 级的检测框作为第 2 级检测框的输入，之后逐步提高网络的交并比阈值，从而训练更精确的行人检测器，其检测框架如图 2-96 所示，图中 h 及 w 分别表示特征图的高度及宽度。通过该级联的方式，一方面可以为下一级检测网络提供更加精准可靠的行人特征，另一方面通过加权多级检测置信度可以得到更加可靠的检测结果。

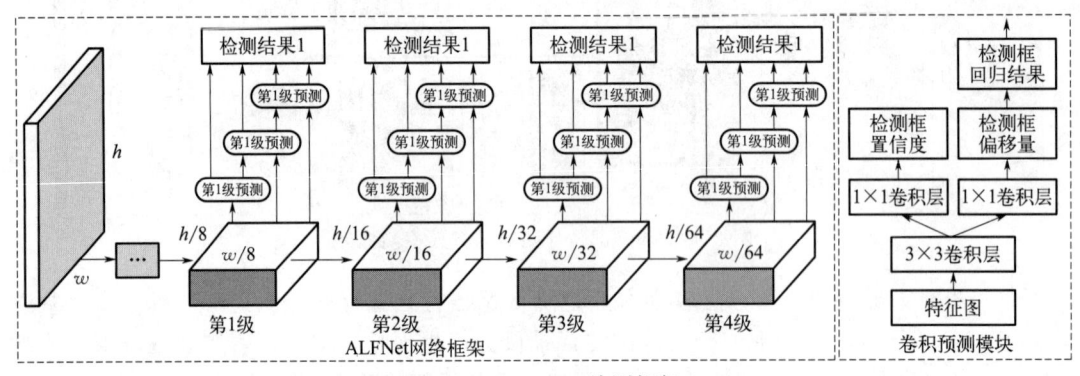

图 2-96 ALFNet 检测框架

② 基于无锚点框的行人检测。基于无锚点框的行人检测分为基于点的行人检测方法和基于线的行人检测方法。

a. 基于点的行人检测方法的出发点是认为行人目标可以用含有特定语义信息的点表示，例如角点、中心点等。CSP（center and scale prediction，中心和尺度预测）是此类算法中的典型代表。CSP 网络的主要思路是通过卷积神经网络直接预测行人目标中心点热力图，热力图上响应较大的点即为行人目标置信度较高的位置；通过卷积及全连接层预测相应的行人检测框高度。CSP 算法框架如图 2-97 所示，图中 h 及 w 分别表示输入图像的高度及宽度。与基于锚点框的方法相比，基于点的方法优点在于降低锚点框训练推理过程中的计算复杂度；基于点的方法更多依赖于行人可见部位特征而非整体行人特征，因此往往对于遮挡行人检测较为有效。

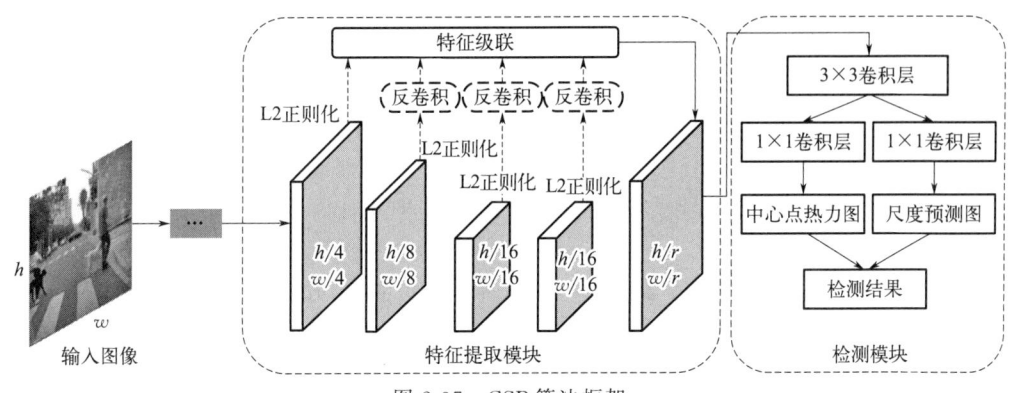

图 2-97 CSP 算法框架

b. 基于垂直线的行人检测。拓扑线定位算法框架如图 2-98 所示，图中 h 及 w 分别表示输入图像的高度及宽度。从基于线的检测思路出发，拓扑线定位算法将行人检测划分为 3 个子任务，分别是行人目标上顶点预测、行人目标下顶点预测以及行人目标中轴线预测。相较于基于锚点框的行人检测方法，基于线的方法无须根据数据集人工设定大量先验框，降低计算复杂度；基于锚点框的检测方法不可避免地引入背景噪声，而基于线的方法具有更明确、更清晰的语义特征。相较于基于点的行人检测方法，基于线的方法对行人结构有垂直约束，在检测性能上表现更为鲁棒性。

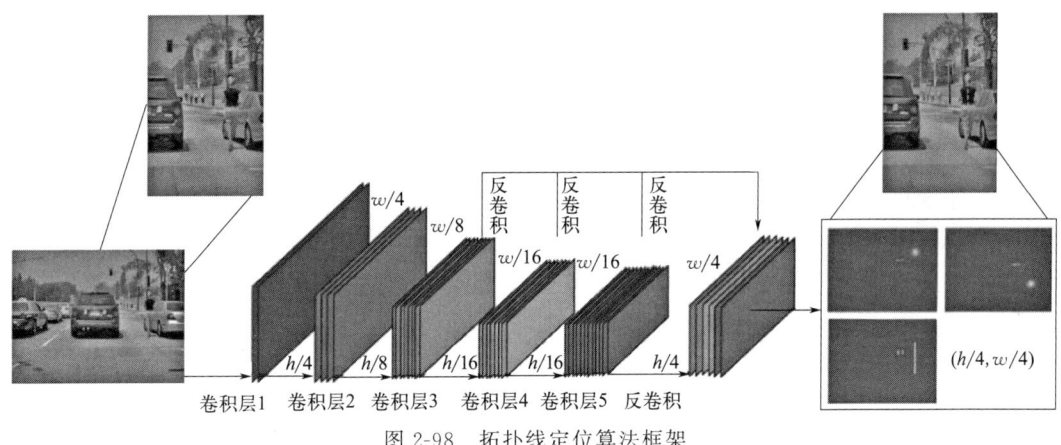

图 2-98 拓扑线定位算法框架

行人检测的目的在于确保车辆在行驶过程中能够及时发现并识别道路上的行人，从而确保行人的安全。根据使用的传感器类型和算法类型的不同，行人检测方法各有优缺点。在实际应用中，应根据具体需求和场景选择合适的行人检测方法。

2.6.4 交通标志检测

(1) 交通标志检测的目的

交通标志检测的主要目的在于实现车辆对道路交通场景的准确理解。通过实时检测并识别道路上的交通标志，智能汽车可以获取关于道路状况、限速、禁止事项等关键信息。这些信息对于智能汽车做出正确的驾驶决策至关重要，有助于避免交通违规和潜在的危险情况，从而提高行车安全性。

（2）交通标志检测的方法

① 按使用传感器分类的交通标志检测方法。

a. 基于视觉传感器的交通标志检测。视觉传感器（如高清摄像头）是交通标志检测中最常用的传感器之一。它们能够捕捉道路上的图像，并通过图像处理算法提取交通标志的特征。这种方法成本相对较低，且图像信息丰富，有助于准确识别交通标志的形状、颜色和文字信息。然而，视觉传感器可能受到光照条件、遮挡和天气等因素的影响，导致检测效果下降。

b. 基于雷达传感器的交通标志检测。雷达传感器，如激光雷达，可以通过发射电磁波并测量反射时间来检测物体。虽然雷达传感器在检测车辆和行人等方面具有优势，但在交通标志检测中的应用相对较少。这主要是因为交通标志通常较小且不具备明显的反射特性，使得雷达传感器在检测交通标志时面临挑战。

c. 基于红外传感器的交通标志检测。红外传感器能够检测环境中的热辐射，适用于夜间或恶劣天气条件下的交通标志检测。然而，由于交通标志本身不产生热辐射，且其材质和颜色对红外辐射的反射和吸收特性不同，因此红外传感器在交通标志检测中的应用也受到一定限制。

② 按使用的算法分类的交通标志检测方法。

a. 基于模板匹配法的交通标志检测。模板匹配法是一种简单的交通标志检测方法。它首先建立交通标志的模板库，然后将实际道路图像与模板库中的标志进行匹配。这种方法计算量较小，但适应能力较差，且容易受到光照、角度和遮挡等因素的影响。

b. 基于机器学习的交通标志检测。机器学习算法，如支持向量机、随机森林等，可以通过训练学习交通标志的特征并进行分类。这类方法具有一定的自适应学习能力，能够应对不同道路和光照条件下的交通标志检测。然而，机器学习算法的性能往往受限于训练数据的数量和质量。

c. 基于深度学习的交通标志检测。深度学习算法，特别是卷积神经网络，在交通标志检测中表现出强大的性能。深度学习模型可以自动学习并提取交通标志的特征，实现高精度、高鲁棒性的检测。通过大量的标注数据进行训练，深度学习模型可以适应各种复杂环境和场景。

（3）基于视觉传感器的交通标志检测示例

利用视觉传感器进行交通标志识别的流程主要是"原始图像采集→图像预处理→图像分割检测→图像特征提取→交通标志识别"，如图 2-99 所示。

① 原始图像采集。原始图像采集主要是通过摄像头采集带有交通标志的彩色图像，如果是模拟信号，要把模拟信号转换为数字信号，并把数字图像以一定格式表现出来。

② 图像预处理。图像预处理包含的内容较多，要根据具体实际情况进行选择，如图像灰度化、图像压缩以及图像增强与复原等。图像灰度化的目的是把彩色图像变成灰度图像；图像压缩的目的是减少描述图像的数据量，节省图像传输、处理时间和减少所占用的存储器容量；图像增强和复原的目的是提高图像的质量，如去除噪声，提高图像的清晰度等。

③ 图像分割检测。图像分割的目的是把图像分成若干个特定的、具有独特性质的区域并提出感兴趣的目标，它是图像处理和图像分析的关键步骤之一。图像分割方法主要有阈值分割法、区域分割法、边缘分割法以及特定理论分割法等。

④ 图像特征提取。为了完成图像中目标的识别，要在图像分割的基础上，提取需要特征并将某些特征进行计算、测量以及分类，便于计算机根据特征值进行图像分类和识别。常

(a) 原始图像采集　　　　　　　　　(b) 图像预处理

(c) 图像分割检测　　　　　　　　　(d) 图像特征提取

(e) 交通标志识别

图 2-99　交通标志识别的流程

用的特征有边缘特征、图像幅度特征、直观性特征、图像统计特征、图像几何特征以及图像变换系数特征等。

⑤ 交通标志识别。选择合适的识别方法，对特定的交通标志进行识别。

交通标志检测的目的在于确保车辆能够准确理解道路交通场景，从而做出正确的驾驶决策。根据使用的传感器类型和算法类型的不同，交通标志检测方法各有优缺点。在实际应用中，应根据具体需求和场景选择合适的检测方法。

2.6.5　交通信号灯检测

(1) 交通信号灯检测的目的

交通信号灯检测的主要目的在于确保车辆在行驶过程中能够准确识别并遵守交通信号灯的规定。通过实时检测交通信号灯的颜色和状态，智能汽车可以获取关于红灯、绿灯和黄灯等关键信息，从而做出相应的驾驶决策。这有助于避免交通违规和潜在的危险情况，提高行车安全性和道路通行效率。

(2) 交通信号灯检测的方法

① 按使用传感器分类的交通信号灯检测方法。

a. 基于视觉传感器的交通信号灯检测。视觉传感器是交通信号灯检测中最常用的传感器之一。通过捕捉道路上的图像，并利用图像处理算法提取交通信号灯的特征，实现信号的识别和定位。这种方法成本相对较低，且图像信息丰富，有助于准确识别交通信号灯的颜色和状态。然而，视觉传感器可能受到光照条件、遮挡和天气等因素的影响，导致检测效果下降。

b. 基于激光雷达传感器的交通信号灯检测。激光雷达传感器通过发射激光束并测量反射时间来检测物体。虽然激光雷达在车辆和行人检测方面表现出色，但在交通信号灯检测中的应用相对较少。这主要是因为交通信号灯通常较小且不具备明显的反射特性，使得激光雷达在检测交通信号灯时面临挑战。

② 按使用的算法分类的交通信号灯检测方法。

a. 基于传统图像处理算法的交通信号灯检测。传统图像处理算法利用颜色分割、边缘检测等技术提取交通信号灯的特征。这类方法计算量相对较小，但在复杂环境下可能受到光照、阴影等因素的影响，导致检测精度下降。

b. 基于机器学习的交通信号灯检测。机器学习算法通过训练大量标注数据学习交通信号灯的特征和模式。支持向量机、决策树等算法可用于分类和识别交通信号灯的颜色及状态。这类方法具有一定的自适应学习能力，但性能受限于训练数据的数量和质量。

c. 基于深度学习的交通信号灯检测。深度学习算法，特别是卷积神经网络和目标检测算法（如 YOLO、SSD 等），在交通信号灯检测中表现出强大的性能。通过训练深度学习模型，可以自动提取交通信号灯的特征并进行准确的识别和定位。深度学习算法具有较高的精度和鲁棒性，但计算量较大，对硬件资源要求较高。

(3) 基于深度学习的交通信号灯检测示例

交通信号灯检测就是检测当前路况下在摄像头的视觉范围内红绿灯的状态。输入是相机拍摄的图像，输出是红绿灯的属性，即红绿灯的颜色信息和位置信息。

交通信号灯检测分为预处理、神经网络模型建立以及后处理。

① 预处理。预处理是指对输入信号的预处理。由于有多个摄像头、定位信息、高精度地图以及标定结果，预处理的目的是有针对性地选择摄像头，选择一个需要处理的图像。还需要根据高精度地图的结果，预先设定一个红绿灯的大致位置。之所以用高精度地图，是因为红绿灯在图像中占的比例比较小，属于小目标检测问题，在有些情况下检测的召回率很难保证，比较容易出现这种漏检的情况。高精度地图会预先提供红绿灯的大致位置，可以依赖高精度地图给出的信息，预先在图像中选取感兴趣区域作为后面检测模型的输入，很大程度上提高红绿灯在检测模型输入中所占的比例，有效地提高检测结果，减少误检的情况。

② 神经网络模型建立。神经网络模型分成两部分，一是检测，二是对检测的结果做分类识别。检测模型并不会直接输出灯的颜色信息，它的输出类别是三种形状，即横向灯、竖向灯和方形灯，再根据不同的形状类别，有针对性地用分类模型做具体的颜色识别。

③ 后处理。后处理是对识别结果做优化和矫正。

图 2-100 所示为要检测的红绿灯。

从图 2-100 中可以看到红绿灯占的比例是比较小的，想要比较准确、完整地检测全部的红绿灯存在一定难度。图中的小矩形框是高精度地图给出的红绿灯位置，在一些情况下，会有一些偏移，并不完全准确。为了避免这种偏移的情况，会对高精度地图给出的位置信息做一定比例的扩展，也就是大矩形框。大矩形框标识的区域就是输入第二步检测模型的图像。

红绿灯检测模型如图 2-101 所示。检测模型可以分为三部分：提取图像特征、区域提取和 ROI 分类器。

检测模型采用一种常规的基于卷积神经网络的目标检测算法，模型接收的就是刚刚选取

图 2-100　要检测的红绿灯

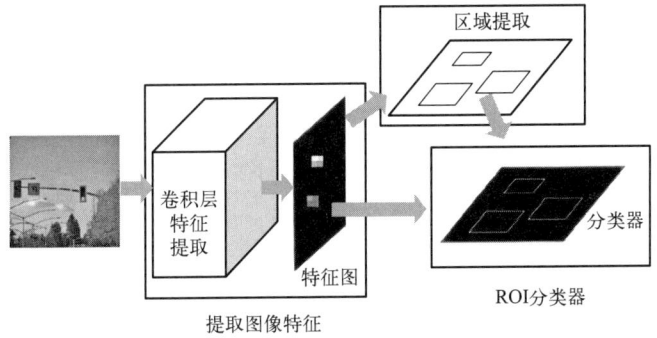

图 2-101　红绿灯检测模型

的 ROI 区域，它的输出是红绿灯的边框以及红绿灯的类别。

可变形的、位置敏感的感兴趣区域池化是一种全卷积的结构，引入位置信息，其结构如图 2-102 所示。

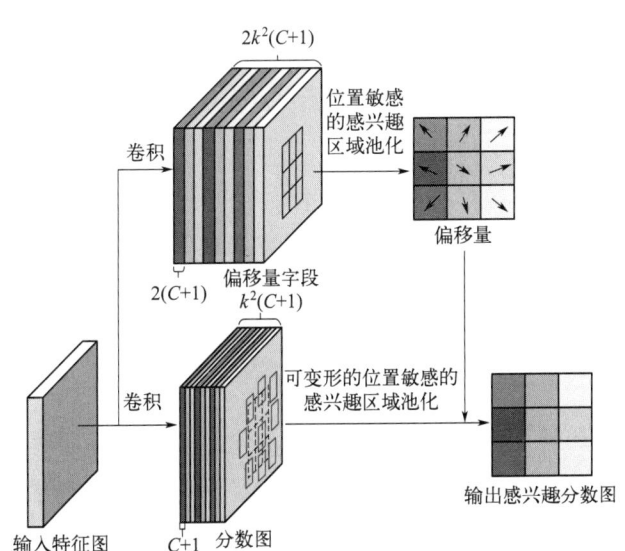

图 2-102　可变形的和位置敏感的感兴趣区域池化的结构（彩图）

图 2-102 中上面的支路是偏移量的生成，下面是常规的位置敏感的感兴趣区域池化，上

下支路合起来就是可变形的位置敏感的感兴趣区域池化。先看下面的位置敏感的感兴趣区域池化，对于输入特征图，进行卷积操作，生成同空间分辨率的通道数为 $k^2(C+1)$ 的分数图，其中 C 是要分类的类别数（+1 代表背景），k^2 是输出特征图的大小。若无偏移量，要取的块的空间位置在分数图中的虚线部分，加入偏移量后，要取的块的空间位置偏移到蓝色的 9 个框。需要注意的是，取这 9 个框时，取的是在不同的通道维度上的块（每个块的通道数为 $C+1$，即对应一种颜色的厚度），由图 2-102 可以看出，分数图中在通道维度上有 k^2（$k=3$ 时，即 9）种颜色，与输出感兴趣分数图中的颜色一一对应。偏移量字段部分是通过卷积层生成的，通道数为 $2k^2(C+1)$，这是因为总共有 k^2 个块，每个块的通道数为 $C+1$，一个偏移量需要用两个数表示（二维空间）。

一般来讲，网络越深，感兴趣区域池化具有的平移旋转不变性会越强。这个性质在做分类时，可以有效地提高对分类的鲁棒性，因为在分类时，并不关心物体是否翻转、旋转等。但在检测时，由于需要对物体进行定位，通过模型需要得到物体具体的位置信息，所以需要模型对位置有比较好的感知能力。如果模型过深，平移旋转不变性太强，会削弱模型的感知能力。太深的图像特征检测框架存在一个明显的缺陷：检测器对物体的位置信息敏感度下降，检测的准确度就会降低，所以提出这种位置敏感性的感兴趣区域池化。检测完成后，需要对红绿灯的颜色做识别。训练 3 个轻量级的卷积神经网络做分类，这 3 个网络分别对应检测结果的 3 个类别，即竖着的、横着的和方形的。图 2-103 所示为基于深度学习的交通信号灯检测，左侧是检测模型输入的 3 个结果。对它做不同的缩放，输入不同的分类网络中，得到四维向量，对应 4 种类别出现的概率。

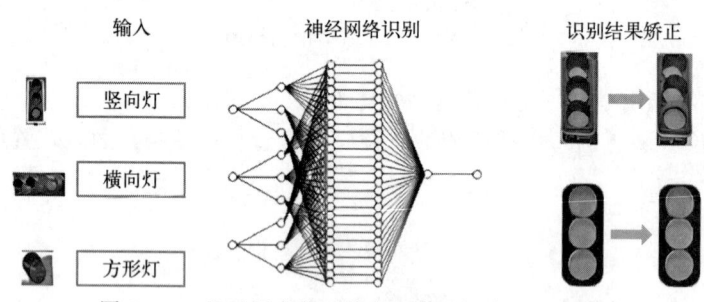

图 2-103　基于深度学习的交通信号灯检测（彩图）

最后会有一个矫正器，因为红绿灯可能会出现闪烁或者阴影的情况，这种分类算法并不能保证识别结果完全正确，也就是说当前检测的状态可能不能代表真实的状态。所以需要一个矫正系统对它做矫正。假如检测出来的是黑色或者置信度不高，不能确定到底是什么颜色，这时矫正器就会查找前几帧的检测状态，假如前面的状态是一直保持稳定的，比如一直是绿色，那么当前的黑色或者不确定的状态，就可以置为绿色。另外由于时间顺序的关系，比如黄色只能在绿色之后或红色之前，为了保证行车安全，把红色之后的黄色都视为红色，直到检测出绿色。

这就是整个交通信号灯检测的流程，从预处理到检测网络再到分类网络以及最后的矫正，输出的就是当前视觉下，检测出来的红绿灯以及红绿灯的具体颜色。

交通信号灯检测的目的是确保车辆能够准确识别并遵守交通信号灯的规定，从而提高行车安全性和道路通行效率。根据使用的传感器类型和算法类型的不同，交通信号灯检测方法各有优缺点。在实际应用中，应根据具体需求和场景选择合适的传感器和算法组合。

第 3 章 基于毫米波雷达的环境感知技术

　　基于毫米波雷达的环境感知技术是一种利用毫米波雷达进行周围环境信息获取与解析的先进技术。它通过发射和接收毫米波信号，实现对周围物体的精确探测和定位。毫米波雷达具有较强的穿透能力和抗干扰性，能够在复杂环境中稳定工作。该技术能够实时获取车辆周围的距离、速度和角度信息，为智能驾驶系统提供重要的感知数据支持。基于毫米波雷达的环境感知技术不仅可以提高行车安全性，而且为自动驾驶技术的发展提供有力保障。

3.1 毫米波雷达的功能需求与配置

可以将毫米波雷达的功能需求与配置形象地比喻为一位盲人的导航助手。想象一下，盲人行走在复杂的城市环境中，他需要知道前方的路况、障碍物的位置以及周围行人的动态。毫米波雷达就像这位盲人的智能导盲犬，它通过发射和接收毫米波信号，感知周围环境并转化为准确的数据。这位"导盲犬"不仅需要具有高灵敏度以捕获微弱的反射信号，而且要能够实时处理这些信息，以便为盲人提供清晰的导航和警告。同样，在智能汽车中，毫米波雷达的配置需满足精确感知和快速响应的要求，以确保车辆在各种复杂环境中的安全行驶。

3.1.1 毫米波雷达的功能需求

（1）目标探测与距离测量

毫米波雷达最基本的功能需求是对周围环境中的目标进行探测和距离测量。它能够通过发射和接收毫米波信号，准确测量出车辆与目标之间的距离。这对于自动驾驶和辅助驾驶系统来说至关重要，可以帮助车辆及时感知前方障碍物、车辆或其他目标，从而做出相应的避让或减速动作。

以高速公路上的自动驾驶为例，毫米波雷达能够实时监测前方车辆的行驶状态，通过测量与前车的距离，可以判断是否需要调整车速或保持安全距离。这对于预防追尾事故和保持车辆行驶稳定性具有重要意义。

（2）速度测量与运动轨迹跟踪

除了距离测量外，毫米波雷达还能对目标的速度进行测量，并跟踪其运动轨迹。这对于车辆识别和跟踪至关重要，尤其是在复杂的交通环境中。毫米波雷达可以通过连续测量目标的距离和角度变化，计算出目标的速度和运动方向，从而实现对目标的持续跟踪。

在城市道路驾驶中，毫米波雷达可以识别行人、自行车等非机动车，并跟踪其运动轨迹。通过与车辆控制系统的配合，可以实现自动避让或减速等功能，提高行驶安全性。

（3）多目标检测与处理能力

毫米波雷达需要具备多目标检测与处理能力，能够同时识别和跟踪多个目标，这对于应对繁忙的交通场景和复杂路况具有重要意义。毫米波雷达通过高速信号处理和数据解析，可以实现对多个目标的实时检测、分类和跟踪。

在繁忙的城市交通中，毫米波雷达可以同时识别多个车辆、行人等目标，并根据它们的运动轨迹和速度，做出相应的驾驶决策。这有助于避免潜在的碰撞和交通事故，提高车辆行驶的安全性和稳定性。

（4）抗干扰能力和适应性

毫米波雷达需要具备较高的抗干扰能力和适应性，以应对各种复杂的电磁环境和天气条件。例如，在雨雪天气或电磁干扰较强的环境中，毫米波雷达应能够保持稳定的性能，准确探测和跟踪目标。

通过采用先进的信号处理技术和抗干扰算法，毫米波雷达可以在复杂的电磁环境中稳定工作，减少误报和漏报的情况。同时，通过优化雷达的设计和制造工艺，可以提高其对恶劣天气的适应性，确保在各种天气条件下都能正常工作。

毫米波雷达的功能需求主要包括目标探测与距离测量、速度测量与运动轨迹跟踪、多目标检测与处理能力以及抗干扰能力和适应性等方面。这些功能的实现将有助于提升智能汽车的感知能力和安全性，为自动驾驶和辅助驾驶技术的发展提供有力支持。

3.1.2　毫米波雷达的配置

智能汽车毫米波雷达的配置是确保车辆高效、安全行驶的关键。毫米波雷达通过精确控制其发射功率、工作频率及扫描角度，实现对周围环境的有效探测。在配置过程中，需充分考虑雷达的探测距离、分辨率和抗干扰能力，以满足不同道路和天气条件下的感知需求。同时，雷达的安装位置和角度也需精心调整，以确保其能够覆盖车辆周围的关键区域。通过合理的配置，毫米波雷达能够为智能汽车提供准确、实时的环境信息，为自动驾驶的实现提供有力支持。图3-1所示为安装在智能汽车上的毫米波雷达。

图 3-1　安装在智能汽车上的毫米波雷达

（1）配置原则

在配置智能汽车毫米波雷达时，应遵循以下原则。

① 适应性原则。毫米波雷达的配置首先要适应智能汽车的实际应用场景和行驶环境。不同的场景和环境对雷达的性能要求不同，因此配置时要充分考虑车辆的行驶速度、道路类型、交通状况等因素，确保雷达能够满足车辆在各种情况下的感知需求。

以城市道路场景为例，毫米波雷达的配置需充分考虑道路狭窄、车辆密集、行人众多等特点。在这种情况下，毫米波雷达的探测范围应适中，以便覆盖车辆周围的关键区域，同时避免过多的无效探测。此外，由于城市道路中车辆的行驶速度相对较低，因此毫米波雷达的刷新率和精度也需相应调整，以满足对近距离目标的快速、准确感知。

② 精准性原则。毫米波雷达的配置应注重提高探测的精准度。这包括提高雷达的分辨率，使其能够准确识别目标物体的形状、大小等特征；同时，也要优化雷达的测距能力，确保能够精确测量目标与车辆之间的距离，为车辆的行驶提供准确的数据支持。

以自动驾驶为例，毫米波雷达必须精确识别车辆、行人等障碍物。在配置时，应优化雷达的分辨率和测距精度，确保对目标的形状、大小、速度等信息进行准确捕捉。此外，通过先进的信号处理算法，减少误差和干扰，提升数据可靠性。这种精准配置使毫米波雷达成为自动驾驶系统的"眼睛"，为车辆提供清晰的感知图像，确保行车安全。

③ 抗干扰性原则。在复杂的电磁环境中，毫米波雷达的配置应具备良好的抗干扰能力。配置时要选择适合的工作频率和调制方式，以减少其他无线设备的干扰；同时，也要优化雷

达的信号处理算法，提高其对噪声和干扰的抑制能力，确保雷达的稳定性和可靠性。

例如，在繁忙的城市交通中，毫米波雷达可能会受到来自附近无线通信设备的干扰。通过配置抗干扰算法和滤波器，毫米波雷达能够区分并滤除这些干扰信号，从而保持对周围环境的准确感知。这种配置原则可以确保毫米波雷达在各种电磁环境下的稳定性和可靠性，为智能车辆的安全行驶提供有力保障。

④ 可维护性原则。毫米波雷达的配置应考虑到设备的可维护性。配置时要选择易于安装、调试和维护的雷达设备，并提供完善的售后服务和技术支持；同时，也要制定合理的设备更换和升级策略，以适应智能汽车技术的不断发展。

以一款常用的毫米波雷达为例，其配置充分考虑可维护性。设备采用模块化设计，使得各部分组件可以独立拆卸和更换，极大地方便维修操作。当某个模块出现故障时，无须更换整个雷达，只需替换相应的模块即可，大大降低维护成本。该毫米波雷达还配备完善的故障诊断系统。通过实时监控和数据分析，系统能够及时发现潜在的故障隐患，并给出相应的维修建议。这不仅提高设备的稳定性，而且减少因故障导致的停机时间。

⑤ 成本效益原则。在满足车辆感知需求的前提下，毫米波雷达的配置应遵循成本效益原则。配置时要根据车辆的定位和市场需求，选择性价比高的雷达设备和配置方案；同时，也要优化设备的布局和数量，以降低整体成本，提高车辆的竞争力。

以一款中端市场的智能汽车为例，其毫米波雷达的配置遵循成本效益原则。在硬件选择上，采用高性价比的芯片和元器件，通过优化生产工艺，降低制造成本。在软件算法上，采用轻量级的感知算法，减少计算资源的需求，从而降低整体系统的成本。

此外，通过合理的布局和安装方式，减少雷达数量，降低安装和维护成本。同时，采用标准化和模块化的设计，使得雷达的升级和替换更加便捷及经济。

（2）配置策略

在配置智能汽车毫米波雷达时，可以采用以下策略。

① 针对不同类型的车辆进行差异化配置。不同类型的智能汽车对毫米波雷达的配置需求有所不同。例如，对于乘用车而言，通常需要在车辆四周安装多个毫米波雷达，以实现全方位的感知。而对于商用车，如货车或公交车，可能更注重对前方和侧方的探测，因此可以重点配置前向和侧向的毫米波雷达。

以一款家用乘用车为例，可以在车头、车尾以及车身两侧分别安装毫米波雷达，形成一个环绕车身的感知网络。这样可以有效地监测周围的车辆、行人以及其他障碍物，提高车辆的安全性能。

② 根据应用场景选择合适的雷达类型。毫米波雷达的类型多种多样，包括长距离雷达、短距离雷达、侧向雷达等。在配置时，应根据车辆的实际应用场景选择合适的雷达类型。

以一款自动驾驶出租车为例，它需要在城市道路和高速公路等多种场景下运行。因此，在配置毫米波雷达时，可以选择具有较长探测距离的长距离雷达，以应对高速公路等开阔场景的需求。同时，还可以搭配短距离雷达和侧向雷达，以实现对近距离障碍物和侧向车辆的精确感知。

③ 优化雷达布局以提高探测效果。毫米波雷达的布局对探测效果具有重要影响。在配置时，应充分考虑雷达的安装位置、角度以及相互之间的间距等因素。

以一款自动驾驶货车为例，由于其车身较长，需要在车身多个位置安装毫米波雷达以实现全面的感知。在配置过程中，可以通过模拟仿真或实际测试，确定最佳的雷达布局方案。例如，在车头安装前向长距离雷达，在车身两侧安装侧向雷达，在车尾安装后向雷达等。通过优化布局，可以确保雷达之间的探测范围相互补充，减少盲区，提高整体的感知能力。

（3）注意事项

在配置智能汽车毫米波雷达时，需要注意以下事项。

① 雷达选型与性能匹配。在选择毫米波雷达时，首先要考虑其性能是否满足车辆的实际需求。例如，对于高速公路自动驾驶的车辆，需要选择具有较大探测距离和速度的雷达，以应对高速行驶时的感知需求。而对于城市道路自动驾驶的车辆，则更需要关注雷达对近距离和侧向目标的探测能力。因此，在配置过程中，应根据车辆的应用场景和感知需求，选择性能匹配的毫米波雷达。

② 布局设计与安装位置。毫米波雷达的布局设计和安装位置对于其探测效果至关重要。合理的布局可以有效减小盲区，提高探测覆盖率。例如，在安装前向雷达时，需要考虑雷达的探测范围与车辆的行驶轨迹相匹配，确保能够覆盖前方的道路和障碍物。同时，还要避免雷达与车辆其他部件的相互干扰，如发动机舱盖、挡风玻璃等。此外，侧向和后向雷达的安装也需要考虑车身结构和探测需求，以实现全方位的感知。

③ 电磁兼容性与抗干扰能力。智能汽车中的毫米波雷达可能与其他电子设备产生电磁干扰，因此需要注意电磁兼容性问题。在配置过程中，应对雷达的电磁辐射和抗干扰能力进行充分测试，确保其与其他设备之间的电磁兼容性良好。此外，还需要考虑雷达对外部干扰信号的抗干扰能力，如其他无线通信设备的干扰等。通过合理的电磁屏蔽和信号处理技术，可以提高雷达的抗干扰能力，确保其稳定工作。

④ 校准与标定。毫米波雷达的校准与标定是确保其准确探测的关键步骤。在配置过程中，需要对雷达进行精确的校准和标定，以确保其测量数据的准确性。这包括对雷达的探测距离、角度、速度等参数的校准，以及对雷达与车辆其他传感器的数据融合和标定。通过定期校准和维护，可以确保毫米波雷达的稳定性和可靠性。

⑤ 成本控制与可维护性。在配置智能汽车毫米波雷达时，还需要考虑成本控制和可维护性。应选择性价比高的雷达产品，并在设计过程中考虑降低生产成本和安装维护成本。例如，可以采用模块化设计，使得雷达的维修和更换更加方便快捷。同时，提供详细的维修手册和技术支持也是提高可维护性的重要措施。

3.2 毫米波雷达的标定

毫米波雷达的标定就如同给眼睛配眼镜的过程。想象一下，如果我们视力模糊，就需要去验光配镜，使眼睛能够准确清晰地看到世界。同样，毫米波雷达在投入使用前，也需要进行标定。这是为了确保雷达能够准确感知周围环境，不会"看错"或"看漏"任何目标。标定的过程就是对雷达的感知能力进行校准和调整，就像为眼睛测量度数、挑选合适的镜片一样。经过标定的毫米波雷达，就像是配上精准眼镜的眼睛，能够更加清晰地捕捉道路上的每一个细节，为智能汽车的行驶安全提供有力保障。

3.2.1 毫米波雷达的标定目的

毫米波雷达标定的主要目的在于确保雷达系统在实际应用中能够准确、可靠地工作。以下是毫米波雷达标定的几个核心目的。

① 毫米波雷达的标定可以确保雷达系统测量的准确性。在复杂的道路环境中，毫米波

雷达需要精确测量目标物体的距离、速度和角度等参数，以提供可靠的感知信息给自动驾驶系统。通过标定，可以消除雷达系统的误差，提高测量精度，从而确保自动驾驶系统能够做出正确的决策。

② 标定有助于提升雷达系统的稳定性。在实际应用中，毫米波雷达可能受到温度、湿度等环境因素的影响，导致其性能波动。通过标定，可以对雷达系统进行优化和校准，使其在不同环境条件下都能保持稳定的性能输出，提高自动驾驶系统的可靠性。

③ 毫米波雷达的标定还有助于实现多传感器融合。在自动驾驶系统中，通常会使用多种传感器进行环境感知，包括摄像头、激光雷达等。这些传感器之间的数据需要进行融合以实现更全面的感知。通过标定，可以确保毫米波雷达与其他传感器之间的数据一致性和互补性，提高整体感知系统的性能。

通过三个实例进一步说明毫米波雷达标定的目的。

① 以自动驾驶汽车在高速公路上的应用为例。在高速公路上，车辆需要实时感知周围环境和道路状况，以做出正确的驾驶决策。毫米波雷达作为重要的感知传感器之一，负责测量目标车辆的距离和速度。通过标定，可以确保毫米波雷达在高速行驶和复杂路况下，能够准确测量距离和速度，避免因误差导致的追尾或碰撞风险。这有助于提升自动驾驶汽车在高速公路上的行驶安全性。

② 以城市道路上的行人检测场景为例。在城市道路中，行人是常见的交通参与者，对于智能汽车而言，准确识别并避免与行人发生碰撞至关重要。毫米波雷达可以通过标定优化其行人检测能力，提高对行人的识别精度和稳定性。这样，当智能汽车在城市道路上行驶时，能够更准确地感知到行人的存在，及时做出避让或减速等反应，保障行人的安全。

③ 以智能汽车在恶劣天气条件下的应用为例。在雨雪、雾霾等恶劣天气下，毫米波雷达可能会受到一定的影响，导致性能下降或测量误差增大。通过标定，可以针对这些特定环境条件对雷达系统进行优化和调整，使其在恶劣天气下仍能保持稳定的工作性能。这有助于智能汽车在恶劣天气条件下仍能准确感知周围环境，做出可靠的驾驶决策，提高行车安全性。

3.2.2 毫米波雷达的标定方法

毫米波雷达的标定方法有基于静态目标的标定方法、基于动态目标的标定方法和多雷达相互标定方法。

(1) 基于静态目标的标定方法

基于静态目标的标定方法是利用固定位置的静止目标进行雷达的标定。在标定过程中，将毫米波雷达对准已知距离的静止目标，如墙壁或专用标定板，并记录雷达测量的距离值。通过与实际距离值进行对比，可以计算出雷达的测距误差，并进行相应的校准。

基于静态目标的标定方法按以下步骤进行。

① 选定标定场地与静态目标。选择一个宽敞且平坦的标定场地，确保场地内没有其他动态物体或障碍物干扰雷达的测量。然后，在场地内放置一个或多个静态目标，这些目标可以是固定的墙壁、专门的标定板或者其他已知尺寸和位置的物体。重要的是，静态目标的真实尺寸和位置必须是精确已知的，以便后续进行比对和校准。

② 安装与配置毫米波雷达。将毫米波雷达安装在智能汽车上，确保其能够清晰地探测到选定的静态目标。根据雷达的具体型号和使用要求，对雷达进行必要的配置和初始化设置，包括工作模式的选择、参数调整等，确保雷达处于最佳工作状态。

③ 采集雷达数据。启动智能汽车，并使其以恒定的速度驶向静态目标。在行驶过程中，通过毫米波雷达连续采集目标的距离、速度、角度等测量数据。确保雷达的数据采集稳定且连续，以便后续进行数据处理和比对。

④ 处理与比对数据。将采集到的雷达数据与静态目标的实际尺寸和位置进行比对。通过计算测量值与实际值之间的误差，可以评估毫米波雷达的性能，并确定是否存在偏差或误差。

⑤ 校准毫米波雷达。根据比对结果，对毫米波雷达进行必要的校准。校准过程可能包括调整雷达的内部参数、优化算法、修正误差等，以确保其测量结果的准确性和可靠性。

⑥ 验证标定效果。完成校准后，再次进行标定实验，验证毫米波雷达的性能是否得到改善。可以通过重复采集雷达数据、比对实际值与测量值等方式，评估标定效果是否满足要求。

⑦ 记录与整理标定数据。在标定过程中，及时记录所有相关数据和操作步骤。完成标定后，整理标定数据，并保存为文档或报告形式，以备后续参考和分析。

基于静态目标的标定方法具有以下优点。

① 简单直观。基于静态目标的标定方法简单易行，操作直观。只需要在场地内放置已知尺寸和位置的静态目标，然后通过毫米波雷达采集数据并与实际值进行比对即可。这种方法不需要复杂的设备和算法，容易实施。

② 准确性高。由于静态目标的位置和尺寸是已知的，因此可以精确地评估毫米波雷达的测量误差，并进行相应的校准。这有助于提高雷达的测量精度和可靠性，确保其在自动驾驶系统中能够提供准确的感知信息。

③ 重复性好。基于静态目标的标定方法具有较好的重复性。通过多次重复实验，可以稳定地评估毫米波雷达的性能，并验证标定效果的可靠性。这有助于确保标定结果的一致性和可预测性。

④ 成本低廉。这种方法所需的设备和材料相对简单，不需要昂贵的专业设备或特殊场地。因此，基于静态目标的标定方法具有较低的成本，适合大规模应用和日常维护。

基于静态目标的标定方法具有以下缺点。

① 环境依赖性。基于静态目标的标定方法对环境条件有一定的依赖性。例如，天气变化、温度变化等因素可能对静态目标的性质产生影响，从而影响到标定的准确性。因此，在进行标定时需要选择适合的环境条件，并进行必要的控制。

② 场景局限性。静态目标只能模拟静止的场景，而无法完全模拟实际道路中复杂多变的动态环境。因此，基于静态目标的标定方法可能无法充分反映毫米波雷达在动态场景下的性能表现。

③ 缺乏实时性。这种方法通常是在离线状态下进行的，即标定和校准过程与实际的自动驾驶行驶是分开的。因此，它可能无法及时反映雷达在实时运行中的性能变化或环境因素对雷达性能的影响。

（2）基于动态目标的标定方法

除了静止目标，还可以利用移动目标对毫米波雷达进行标定。例如，使用安装有反射器的车辆或专用标定设备，在控制速度和轨迹的条件下，让其在雷达的探测范围内进行匀速运动。通过记录雷达测量的距离和速度数据，与实际数据进行对比，可以标定雷达的测速和测距性能。这种方法能够更全面地评估雷达的动态性能。

基于动态目标的标定方法按以下步骤进行。

① 选择标定场地与准备动态目标。选取一个宽敞且具备良好视线的标定场地，确保场地内无其他障碍物干扰雷达探测。接着，准备动态目标，这些目标可以是安装反射器的车辆、专用标定设备或人员携带的反射板等。动态目标应能够模拟实际行驶中的车辆或行人，具有可控的运动轨迹和速度。

② 安装与配置毫米波雷达。将毫米波雷达安装在智能汽车上，确保其能够覆盖整个标定场地并清晰地探测到动态目标。根据雷达的型号和规格，对雷达进行必要的配置和初始化设置，如选择工作模式、调整探测范围等。

③ 设置动态目标的运动轨迹与速度。在标定过程中，动态目标的运动轨迹和速度是关键因素。通过预设轨迹和速度，模拟实际行驶中的车辆或行人运动情况。可以使用专业设备或软件来控制动态目标的运动，确保其按照预设轨迹和速度进行移动。

④ 采集雷达数据。启动智能汽车，并让车辆以一定速度在标定场地内行驶。同时，开启毫米波雷达并采集动态目标的测量数据，包括距离、速度、角度等信息。确保雷达数据采集稳定且连续，以便后续进行数据处理和比对。

⑤ 处理与比对数据。将采集到的雷达数据与动态目标的实际轨迹和速度进行比对。通过计算测量值与实际值之间的误差，评估毫米波雷达的性能和校准效果。需要注意的是，在比对过程中应考虑雷达的探测范围、分辨率等特性以及可能存在的噪声和干扰因素。

⑥ 校准毫米波雷达。根据比对结果，对毫米波雷达进行必要的校准。校准过程可能包括调整雷达的内部参数、优化算法、修正误差等，以确保其测量结果的准确性和可靠性。在进行校准时，应根据误差的大小和分布情况，选择合适的校准方法和参数调整范围。

⑦ 验证标定效果。完成校准后，需要进行标定效果的验证。可以再次进行类似的动态目标实验，通过对比校准前后的测量误差，评估标定效果是否达到预期。此外，还可以在实际道路环境中进行测试，验证毫米波雷达在复杂场景下的性能表现。

⑧ 记录与整理标定数据。在整个标定过程中，应及时记录所有相关数据和操作步骤。完成标定后，整理标定数据，并保存为文档或报告形式，以备后续参考和分析。这些数据可以用于性能评估、故障排查以及后续的优化改进。

基于动态目标的标定方法具有以下优点。

① 更接近实际场景。基于动态目标的标定方法能够模拟实际驾驶环境中的动态物体运动情况，包括速度、轨迹和加速度等。这使得标定过程更加贴近实际使用场景，有助于提升毫米波雷达在实际应用中的性能表现。

② 提高测量准确性。通过动态目标的运动，可以充分测试毫米波雷达在不同速度、不同角度和不同距离下的测量能力。这种全面的测试有助于发现并修正雷达的潜在误差，从而提高其测量准确性。

③ 增强系统鲁棒性。动态目标的多样性使得毫米波雷达能够应对各种复杂的驾驶环境。通过标定，雷达可以更好地适应不同速度、不同形状和不同材质的物体，从而增强其在实际驾驶中的鲁棒性和可靠性。

④ 标定结果具有实际指导意义。基于动态目标的标定方法所得到的标定结果更贴近实际使用情况，因此具有更强的实际指导意义。这有助于优化雷达的算法和参数设置，提升其在自动驾驶系统中的性能表现。

基于动态目标的标定方法具有以下缺点。

① 标定过程复杂。相比基于静态目标的标定方法，基于动态目标的标定过程更为复杂。需要准备动态目标、设置运动轨迹和速度，并实时采集和处理雷达数据。这增加了标定的难

度和复杂性。

② 设备成本较高。为了实现动态目标的运动，可能需要使用专业的标定设备或软件，这会增加标定的成本。同时，动态目标的制备和维护也可能需要额外的投入。

③ 受环境因素影响大。动态目标的运动可能受到天气、场地条件等环境因素的影响。例如，风力、地面不平整等因素可能导致动态目标的运动轨迹偏离预设值，从而影响标定的准确性。

④ 实时性要求高。基于动态目标的标定方法需要在实时环境下进行，要求标定过程中能够实时采集和处理雷达数据。这对设备和人员的要求较高，且需要保证标定过程中的安全性和稳定性。

（3）多雷达相互标定方法

当智能汽车装备有多个毫米波雷达时，可以利用这些雷达之间的相互关系进行标定。这种方法通过比较不同雷达对同一目标的测量结果，找出它们之间的差异，并进行相应的校准。这种方法可以提高整个雷达系统的准确性和一致性。

① 选择标定场地与布置雷达。选取一个宽敞且视线良好的标定场地，确保场地内无遮挡物干扰雷达探测。然后，将多个毫米波雷达安装在智能汽车的适当位置，确保它们能够覆盖整个标定场地并实现相互探测。根据车辆的具体情况和雷达的性能要求，确定雷达的安装位置和角度。

② 配置雷达参数与建立通信。对每个毫米波雷达进行必要的配置和初始化设置，包括选择工作模式、设置探测范围、调整分辨率等。确保每个雷达的工作状态一致且处于最佳性能。同时，建立雷达之间的通信连接，以便在标定过程中能够实时交换数据和信息。

③ 设置标定目标与运动轨迹。在标定场地内设置标定目标，这些目标可以是固定的反射板、移动的车辆或行人等。根据标定需求，确定目标的数量、位置和运动轨迹。通过预设轨迹和速度，模拟实际行驶中的物体运动情况，以便雷达系统能够充分感知并采集数据。

④ 采集多雷达数据。启动智能汽车并使其在标定场地内按照预设轨迹行驶。同时，开启所有毫米波雷达并采集目标的测量数据。确保每个雷达都能够实时获取目标的位置、速度等信息，并将数据传输到标定系统中。

⑤ 数据同步与对齐。由于不同雷达之间存在采样频率、时钟偏差等因素，需要对采集到的数据进行同步和对齐处理。通过时间戳、同步信号等方式，确保各雷达数据在时间维度上的一致性和可比性。

⑥ 数据比对与误差分析。将同步后的多雷达数据进行比对和分析。通过比较不同雷达对同一目标的测量值，评估雷达系统之间的测量误差和一致性。可以计算测量值之间的偏差、标准差等指标，以量化评估标定效果。

⑦ 多雷达联合校准。根据比对结果，对多个毫米波雷达进行联合校准。校准过程可能包括调整雷达的内部参数、优化算法、修正误差等，以提高整个雷达系统的测量精度和一致性。

⑧ 验证标定效果。完成校准后，需要进行标定效果的验证。可以再次进行类似的标定实验，通过对比校准前后的测量误差和一致性指标，评估标定效果是否达到预期。此外，还可以在实际道路环境中进行测试，验证多雷达系统在复杂场景下的性能表现。

⑨ 记录与整理标定数据。在整个标定过程中，应及时记录所有相关数据和操作步骤。完成标定后，整理标定数据，并保存为文档或报告形式，以备后续参考和分析。

多雷达相互标定方法具有以下优点。

① 提高整体精度与一致性。多雷达相互标定方法可以通过多个雷达之间的协同工作和数据比对，实现对整个雷达系统的全面校准。这有助于减少单个雷达的误差，提高整个系统的测量精度和一致性。

② 增强系统鲁棒性。通过多雷达相互标定，可以综合考虑不同雷达的探测结果，从而在某些雷达出现故障或受到干扰时，系统仍能够保持较高的感知能力。这可以增强系统的鲁棒性和可靠性。

③ 优化性能表现。多雷达相互标定方法可以对不同雷达的性能进行综合评估和优化。通过比对和分析不同雷达的测量数据，可以发现潜在的性能瓶颈并进行相应的优化，从而提升整个系统的性能表现。

④ 扩展应用场景。多雷达相互标定方法使得多个雷达能够更准确地协同工作，从而适用于更广泛的应用场景。无论是高速公路上的高速行驶，还是城市道路上的复杂交通环境，多雷达系统都能提供更可靠、更全面的感知数据。

多雷达相互标定方法具有以下缺点。

① 标定过程复杂。多雷达相互标定方法需要同时处理多个雷达的数据，并进行相互之间的比对和校准。这会增加标定的复杂性，需要更高级的算法和更多的数据处理能力。

② 设备和成本要求高。为了实现多雷达相互标定，需要使用多个毫米波雷达，并对它们进行精确的安装和配置。这会增加设备的数量和成本，同时也对设备的性能和稳定性提出了更高的要求。

③ 对通信和同步要求高。多雷达系统需要实时传输和同步数据，以确保标定的准确性和可靠性。这对通信系统的带宽、稳定性和实时性提出了较高的要求，同时也增加了系统的复杂性和潜在的风险。

④ 受环境影响大。毫米波雷达的探测性能受到多种环境因素的影响，如天气条件、路面状况等。在多雷达相互标定过程中，这些因素可能导致不同雷达之间的探测结果出现偏差，从而影响标定的准确性。

毫米波雷达不同标定方法的比较见表3-1。

表 3-1　毫米波雷达不同标定方法的比较

标定方法	基于静态目标的标定方法	基于动态目标的标定方法	多雷达相互标定方法
操作复杂性	较低	较高	较高
标定精度	中等	较高	较高
标定时间	较短	较长	较长
成本投入	较低	中等	较高
适用场景	初步标定和简单测试	复杂场景和精确测试	多雷达协同工作场景

通过对比可以发现每种方法都有其独特的优缺点和适用场景。在选择标定方法时，应根据实际需求和条件进行权衡与选择，以确保毫米波雷达系统的准确性和稳定性。

3.3　毫米波雷达的数据处理

想象一下，毫米波雷达就像一个手艺高超的厨师，处理数据如同烹饪美食。雷达收集到的原始数据就

像各种食材，杂乱无章。首先，厨师（即数据处理系统）会对这些"食材"进行清洗和切割，即去除噪声和杂波，提取出有用的信息。接着，进行细致的"烹调"，即利用算法对数据进行分析和处理，识别出目标的距离、速度和方向。最后，呈现出一道色香味俱佳的"菜肴"，即清晰、准确的目标信息，供智能汽车等系统使用，确保行驶的安全与顺畅。

3.3.1 数据接收

毫米波雷达作为智能车辆感知系统的重要组成部分，能够实现对周围环境的精确探测和目标的快速识别。在毫米波雷达的数据处理流程中，数据接收作为首个环节，其准确性和实时性对于整个处理流程的后续步骤具有至关重要的影响。

（1）数据接收原理

毫米波雷达的工作原理如图 3-2 所示，毫米波雷达发射器产生毫米波信号，并通过天线定向发射，遇到目标后反射回波，由接收器捕获并转换为电信号。电信号经过产生与放大，确保足够强度用于探测。采集到的数据通过运算处理，提取目标信息。毫米波雷达与 ECU之间通过总线通信，实现数据交互和指令控制。ECU 综合处理毫米波雷达数据，指导车辆做出相应响应。

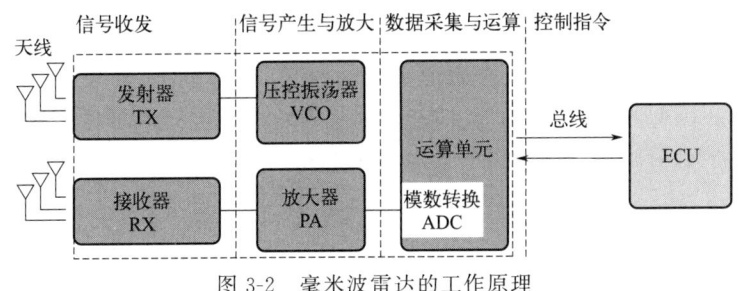

图 3-2 毫米波雷达的工作原理

毫米波雷达的数据接收原理包括信号转换与采集、同步与时序控制、数据解码与格式化。

① 信号转换与采集。毫米波雷达接收到的回波信号是微弱的射频信号，需要经过一系列的处理才能转换为可供后续处理的数字信号。这一过程主要包括信号放大、滤波、混频和模数转换等步骤。首先，通过信号放大器将微弱的回波信号放大到足够的幅度，然后通过滤波器滤除噪声和杂波，提高信号的信噪比。接着，通过混频器将射频信号与本地振荡器产生的信号进行混频，将射频信号变频到中频或低频。最后，通过模数转换器将中频或低频的模拟信号转换为数字信号，以便进行后续的数字信号处理。

② 同步与时序控制。在毫米波雷达的数据接收过程中，同步与时序控制是至关重要的。由于雷达发射器和接收器需要精确地配合工作，因此需要确保接收信号的时序与发射信号的时序保持一致。这通常通过精确的时钟控制和信号同步来实现。在接收端，需要根据发射信号的时序和雷达的工作参数来设置接收窗口，确保在正确的时间内接收并处理回波信号。

③ 数据解码与格式化。经过信号转换和采集后，接收到的数字信号需要进一步进行解码和格式化处理。解码是将数字信号中的信息还原为原始数据的过程，包括解调、解码等步骤。通过解调将数字信号中的调制信息提取出来，然后通过解码将解调后的数据转换为可理解的格式。格式化是将解码后的数据按照特定的格式进行组织和存储，以便后续的数据处理和分析。

（2）数据接收方法

① 硬件接口连接。毫米波雷达通过专用的硬件接口（如 CAN 总线、以太网等）与数据处理单元进行连接。在连接过程中，需要确保接口的稳定性和可靠性，以避免数据丢失或传输错误。

② 通信协议匹配。为了确保数据的正确传输和解析，数据处理单元需要与毫米波雷达使用相同的通信协议。这包括数据帧的格式、传输速率、校验方式等。在实际应用中，需要仔细查看雷达的技术文档，确保通信协议的匹配性。

③ 数据同步。由于毫米波雷达的扫描速率较高，因此数据接收需要保证实时性和同步性。数据处理单元应该具备足够的处理速度，能够实时接收并处理雷达发送的数据。同时，还需要确保数据的同步性，避免由于时间偏差导致的数据错误。

（3）实际应用中的注意事项

① 环境适应性。毫米波雷达的数据接收可能受到环境因素的影响，如电磁干扰、天气条件等。在实际应用中，需要选择具有较好环境适应性的雷达设备，并采取适当的措施减少环境因素的干扰。

② 数据校验与错误处理。在数据接收过程中，可能会出现数据丢失、错误等情况。为了确保数据的可靠性，数据处理单元应该具备数据校验功能，能够检测并纠正数据错误。同时，还需要设计合理的错误处理机制，以应对数据丢失或异常等情况。

③ 数据安全与隐私保护。由于毫米波雷达接收到的数据可能包含敏感信息，如车辆位置、行驶轨迹等，因此需要关注数据的安全性和隐私保护问题。在实际应用中，需要采取适当的加密和访问控制措施，确保数据的安全性和隐私性。

3.3.2　数据预处理

数据预处理的主要目的是对原始雷达数据进行清洗、过滤和格式化，以消除噪声，减少数据冗余，提高数据质量和一致性，为后续的数据分析和目标检测奠定坚实的基础。

（1）噪声消除

毫米波雷达的噪声来源多种多样，主要包括以下方面。

① 电磁干扰。周围环境中的其他电子设备或电磁场可能对雷达信号产生干扰，导致数据中出现异常值或波动。

② 热噪声。毫米波雷达系统内部的电子元件在工作时会产生热噪声，这种噪声是随机的，且难以完全消除。

③ 多径效应。毫米波雷达信号在传播过程中可能遇到障碍物产生反射，形成多径信号，这些信号与直接路径的信号相互干扰，导致数据失真。

针对毫米波雷达数据的噪声消除，可以采用以下方法。

① 数字滤波。通过设计合适的数字滤波器，对雷达数据进行滤波处理，以消除特定频率范围内的噪声。常见的数字滤波方法包括中值滤波、均值滤波和卡尔曼滤波等。这些滤波器可以根据噪声的特性进行定制，以达到最佳的滤波效果。

② 统计方法。利用统计学的原理对雷达数据进行处理，通过计算数据的均值、方差等统计量，识别并消除异常值或波动较大的数据点。这种方法对于处理随机噪声和热噪声较为有效。

③ 机器学习算法。随着机器学习技术的不断发展，越来越多的算法被应用于雷达数据的噪声消除。例如，可以利用神经网络或深度学习模型对雷达数据进行训练和学习，使其能

够自动识别和消除噪声。这种方法具有较高的自适应性和鲁棒性，但也需要大量的训练数据和计算资源。

在实际应用中，噪声消除方法的选择应根据具体的雷达型号、应用场景和目标需求进行。不同的雷达系统和应用环境可能具有不同的噪声特性，因此需要针对性地选择和优化噪声消除方法。

（2）数据过滤与筛选

数据过滤与筛选的主要目的是去除原始数据中的噪声、异常值和冗余信息，保留与目标检测相关的有效信息。通过数据过滤与筛选，可以显著提高数据的信噪比和一致性，为后续的数据分析和目标检测提供可靠的基础。同时，数据过滤与筛选还能够减少数据处理量，降低计算复杂度，提高处理速度。

数据过滤与筛选主要有以下方法。

① 基于阈值的过滤。通过设置合适的阈值，可以对原始数据进行过滤，去除那些幅度、速度或角度等参数不符合预设条件的数据点。这种方法简单易行，适用于那些具有明显特征差异的目标和非目标物体。

② 统计方法。利用统计学原理对数据进行处理，通过计算数据的均值、方差、标准差等统计量，识别并去除异常值或波动较大的数据点。例如，可以采用中值滤波、均值滤波等方法对数据进行平滑处理，以减少噪声和随机波动的影响。

③ 聚类分析。聚类分析是一种基于数据相似性的无监督学习方法，可以将原始数据划分为不同的簇或类别。通过聚类分析，可以将与目标检测相关的数据点聚集在一起，而将非目标物体或噪声等无效数据划分为不同的簇，从而实现数据的过滤与筛选。

④ 基于机器学习的过滤。随着机器学习技术的发展，越来越多的算法被应用于雷达数据的过滤与筛选。例如，可以利用支持向量机、随机森林等分类算法对数据进行训练和学习，使其能够自动识别并过滤掉无效数据。这种方法具有较高的准确性和自适应性，但需要一定的训练数据和计算资源。

（3）数据格式化

数据格式化的主要目的是将原始雷达数据转换为统一的格式，以便于后续的数据处理和分析。不同型号的毫米波雷达可能采用不同的数据格式和存储方式，这会导致数据解析和处理的复杂性。通过数据格式化，可以将不同来源的数据整合到一个统一的框架下，提高数据的可读性和可解释性。同时，数据格式化还能够去除原始数据中的冗余信息和无关特征，减少数据处理的复杂度和计算量。

数据格式化主要有以下方法。

① 确定统一的数据格式。根据具体的应用场景和需求，制定一套适用于毫米波雷达数据的统一格式。这包括确定数据的组织结构、数据类型、字段名称和精度等。

② 数据解析与转换。根据原始数据的格式和存储方式，编写相应的数据解析程序，将原始数据转换为统一的格式。这可能涉及数据的解码、重构和插值等操作。

③ 数据校验与清洗。在数据转换过程中，需要对数据进行校验和清洗，以确保数据的准确性和一致性。这包括去除重复数据、处理缺失值和异常值等。

（4）数据归一化

数据归一化是消除不同量纲和量级对数据影响的重要步骤。由于毫米波雷达数据中可能包含多种类型的特征信息，如距离、速度、角度等，这些特征具有不同的量纲和量级，因此直接进行数据处理可能导致某些特征被过分强调或忽视。通过数据归一化，可以将所有特征映射到同一数值范围内，使得不同特征在数据处理和分析中具有相同的权重和贡献。这有助于提高数据的可比性和稳定性，为后续的目标检测、分类和轨迹跟踪等功能提供可靠的输入。

数据归一化主要有以下方法。

① 最小-最大归一化。将原始数据映射到［0，1］的范围内，通过计算每个特征的最小值和最大值，将数据按比例缩放。这种方法简单易行，但对于存在异常值的数据可能不够稳健。

② Z-score 归一化。基于数据的均值和标准差进行归一化，将数据转换为标准正态分布。这种方法能够处理不同量纲和量级的数据，但对于非正态分布的数据可能效果不佳。

③ 其他归一化方法。根据具体的数据特征和需求，还可以采用其他归一化方法，如小数定标归一化、对数变换等。这些方法可以根据数据的分布情况选择合适的映射函数，以实现更好的归一化效果。

3.3.3 目标检测与提取

毫米波雷达通过发射电磁波并接收回波信号来探测周围环境中的目标。在数据处理过程中，首先需要从原始数据中提取出与目标相关的特征信息，如距离、速度、角度等。然后，利用这些特征信息构建目标检测算法，对雷达数据进行处理和分析，以识别并提取出目标物体。

（1）恒虚警率检测算法

恒虚警率检测算法的基本思想是在雷达扫描过程中，根据目标周围的噪声水平动态地调整检测阈值，以实现恒定的虚警率。具体而言，恒虚警率检测算法会在每个距离单元上计算一个局部阈值，该阈值是基于邻近单元的平均功率或幅度来确定的。通过比较当前单元的回波信号与这个局部阈值，可以判断是否存在目标。

恒虚警率检测算法的关键在于如何选择合适的参考单元和如何计算阈值。参考单元通常选择在当前单元的前后几个距离单元内，以避免与目标信号重叠。阈值的计算则可以采用多种方法，如均值类恒虚警率、有序统计类恒虚警率等，具体取决于噪声的分布特性和目标检测的需求。

恒虚警率检测算法可以按以下步骤实现。

① 选择参考单元。根据雷达的扫描范围和分辨率，选择合适的参考单元范围。参考单元的选择应避免与目标信号重叠，以保证阈值计算的准确性。

② 计算参考单元的统计特性。对选定的参考单元进行统计分析，如计算平均功率、方差等。这些统计特性将用于后续的阈值计算。

③ 确定阈值计算方法。根据应用场景和噪声特性选择合适的阈值计算方法。常见的阈值计算方法包括均值类恒虚警率、有序统计类恒虚警率等。

④ 计算阈值。根据选定的阈值计算方法，利用参考单元的统计特性计算当前单元的阈值。

⑤ 目标检测。将当前单元的回波信号与计算得到的阈值进行比较，若超过阈值则判断为目标存在，否则认为无目标。

恒虚警率检测算法具有以下优点。

① 自适应调整检测阈值。恒虚警率检测算法能够根据背景噪声水平动态调整检测阈值，从而保持恒定的虚警率。这种自适应特性使得恒虚警率检测算法能够适应不同环境条件下的

目标检测需求，提高检测的准确性和稳定性。

② 抗噪声干扰能力强。恒虚警率检测算法通过计算邻近单元的平均功率或幅度来确定检测阈值，能够有效抑制噪声和杂波的干扰。这使得恒虚警率检测算法在复杂环境中仍能保持较高的目标检测性能。

③ 适用于多种目标场景。恒虚警率检测算法可以应用于多种目标场景，包括点目标、扩展目标和起伏目标等。通过选择合适的参考单元和阈值计算方法，恒虚警率检测算法可以实现对不同类型目标的可靠检测。

恒虚警率检测算法具有以下缺点。

① 对参考单元的选择敏感。恒虚警率检测算法的性能在很大程度上取决于参考单元的选择。如果参考单元中包含与目标信号相似的强干扰或杂波，可能导致阈值计算不准确，从而影响目标检测的准确性。

② 计算复杂度较高。恒虚警率检测算法需要对每个距离单元进行局部阈值的计算，涉及大量的数据处理和统计分析。这可能导致算法的计算复杂度较高，对硬件资源和处理速度要求较高。

③ 在目标密集场景下性能受限。当目标分布较为密集时，选择合适的参考单元变得困难。邻近目标的存在可能导致参考单元中包含目标信号，从而影响阈值的准确性和目标检测的可靠性。

（2）基于卡尔曼滤波的目标检测

卡尔曼滤波是一种用于线性动态系统状态估计的递归算法。它利用系统的动态模型和观测数据，通过预测和更新两个步骤，对系统状态进行最优估计。卡尔曼滤波不仅考虑当前观测数据，而且结合过去的估计结果，因此能够在噪声干扰和不确定性环境下提供准确的状态估计。

基于卡尔曼滤波的毫米波雷达目标检测可以按以下步骤进行。

① 数据预处理。对毫米波雷达的原始数据进行预处理，包括去噪、滤波和格式转换等操作，以提高数据质量和可用性。

② 目标检测与初始化。利用适当的检测算法（如恒虚警率检测算法等）从预处理后的数据中提取目标信息，并初始化卡尔曼滤波器。初始化时，需要设置滤波器的初始状态、协方差矩阵以及动态模型等参数。

③ 状态估计与预测。根据初始化后的卡尔曼滤波器，对目标状态进行估计和预测。在每个时刻，利用雷达的观测数据更新滤波器的状态，并预测下一时刻的目标状态。

④ 结果输出与可视化。将卡尔曼滤波后的目标状态信息（如位置、速度等）进行输出，并进行可视化展示，以便于对目标进行实时监测和分析。

基于卡尔曼滤波的目标检测具有以下优点。

① 提高目标检测准确性。卡尔曼滤波通过结合目标的动态模型和毫米波雷达的观测数据，对目标状态进行最优估计。这种方法能够有效地抑制噪声干扰，提高目标检测的准确性。尤其是在复杂环境中，卡尔曼滤波能够显著提升毫米波雷达对目标的识别能力。

② 增强目标跟踪稳定性。基于卡尔曼滤波的目标检测方法能够实时预测和更新目标状态，使得目标跟踪更加稳定。即使在目标运动状态发生突变或受到外部干扰时，卡尔曼滤波也能够快速适应并维持稳定的跟踪性能。

③ 适应性强。卡尔曼滤波算法具有一定的自适应性，能够根据观测数据自动调整滤波器的参数和状态。这使得基于卡尔曼滤波的毫米波雷达目标检测方法能够适应不同场景和目

标特性，具有较好的通用性和灵活性。

基于卡尔曼滤波的目标检测具有以下缺点。

① 对模型依赖性强。卡尔曼滤波的性能在很大程度上取决于所建立的动态模型的准确性。如果模型与实际情况存在较大偏差，卡尔曼滤波的估计结果可能会受到严重影响。因此，在实际应用中需要根据具体场景和目标特性进行模型优化和调整。

② 计算复杂度较高。卡尔曼滤波需要进行递归计算，包括预测和更新两个步骤。随着目标数量的增加和场景的复杂化，计算量会显著增大，可能导致实时性受到影响。因此，在实际应用中需要优化算法实现和硬件平台，以提高计算效率。

③ 对初始值敏感。卡尔曼滤波器的初始值对其性能有一定影响。如果初始值设置不当，可能会导致滤波器在初始阶段产生较大的估计误差，影响后续的跟踪效果。因此，在实际应用中需要谨慎选择初始值，并进行适当的调试和优化。

（3）基于机器学习的目标检测算法

基于机器学习的目标检测算法利用大量的标注数据训练模型，使其能够自动学习和识别目标特征，从而实现目标的准确检测。

在毫米波雷达数据处理中，这类算法通常包括特征提取、模型训练和目标检测三个主要步骤。

① 特征提取。从毫米波雷达数据中提取与目标相关的特征信息，如距离、速度、角度等。这些特征信息将作为机器学习模型的输入。

② 模型训练。利用标注好的数据集对机器学习模型进行训练。在训练过程中，模型会学习到目标的特征和模式，并建立目标与背景之间的区分能力。

③ 目标检测。将训练好的模型应用于新的毫米波雷达数据，实现目标的自动检测。模型会根据学习到的特征和模式，判断数据中是否存在目标，并给出目标的位置和属性信息。

基于机器学习的目标检测算法具有以下优点。

① 强大的自适应能力。基于机器学习的目标检测算法具有强大的自适应能力，能够自动学习和适应不同环境条件下的目标特征。这意味着算法可以无须频繁地手动调整，就能在不同场景下保持稳定的检测性能。

② 高检测性能。通过大量的数据训练和模型优化，基于机器学习的目标检测算法能够实现较高的检测准确率。相比于传统的固定参数检测方法，机器学习算法更能有效地处理复杂多变的雷达数据，从而提高目标检测的准确性和可靠性。

③ 可扩展性强。机器学习模型具有较强的可扩展性，可以方便地集成新的特征和算法。随着技术的发展和新方法的不断涌现，可以将新的特征提取方法、分类器或优化算法引入模型中，以进一步提高目标检测的性能。

基于机器学习的目标检测算法具有以下缺点。

① 数据依赖性。基于机器学习的目标检测算法高度依赖标注的训练数据。如果训练数据不足或标注不准确，将导致模型性能下降甚至无法正常工作。此外，实际环境中的目标与训练数据中的目标可能存在差异，这也会对算法的泛化能力提出挑战。

② 计算复杂度高。基于机器学习的目标检测算法通常需要大量的计算资源来进行训练和推理。特别是在处理大规模数据集或复杂模型时，计算复杂度会显著增加，可能导致实时性能下降或无法满足某些应用的需求。

③ 模型可解释性差。机器学习模型通常具有复杂的内部结构和参数，这使得其决策过程和结果难以解释。对于毫米波雷达数据处理而言，了解模型的决策依据对于后续的优化和

调试至关重要。然而，基于机器学习的目标检测算法往往缺乏明确的可解释性，这会增加调试和优化的难度。

（4）多目标跟踪算法

多目标跟踪算法的基本原理是通过对毫米波雷达获取的原始数据进行处理，提取出目标的特征信息，如位置、速度、加速度等，并利用这些特征信息进行目标的关联和跟踪。

多目标跟踪算法通常包括以下步骤。

① 目标检测。从毫米波雷达数据中检测出潜在的目标，这通常基于信号处理和特征提取技术。

② 数据关联。将检测到的目标与已有目标轨迹进行关联，确定它们之间的对应关系。这通常涉及一些关联算法，如最近邻法、全局最优法等。

③ 轨迹更新与预测。根据关联结果，更新目标的轨迹信息，并预测目标未来的位置和状态，这通常依赖滤波算法和预测模型。

多目标跟踪算法具有以下优点。

① 高效的目标管理能力。多目标跟踪算法能够同时处理多个目标，有效管理目标的跟踪状态和轨迹信息。这使得毫米波雷达能够在复杂的交通环境中实现对多个目标的实时跟踪，提高系统的目标管理能力。

② 准确的跟踪性能。多目标跟踪算法通过数据关联、滤波和预测等步骤，能够实现对目标的准确跟踪。算法可以根据目标的特征信息和历史轨迹，预测目标未来的位置和状态，从而实现对目标的持续、稳定跟踪。

③ 适应性强。多目标跟踪算法能够适应不同的环境和场景变化。无论是目标的数量、速度还是方向的变化，算法都能够根据实时数据进行调整和优化，保持稳定的跟踪性能。

多目标跟踪算法具有以下缺点。

① 计算复杂度较高。多目标跟踪算法需要进行复杂的数据处理和计算，包括特征提取、数据关联、轨迹更新和预测等步骤。这可能导致算法的计算复杂度较高，需要较高的计算资源和时间成本。

② 对初始条件和噪声敏感。多目标跟踪算法的性能受到初始条件和噪声的影响较大。如果初始条件设置不当或噪声干扰较大，可能导致算法跟踪失稳或产生较大的误差。

③ 目标间的遮挡与干扰问题。在目标密集或相互遮挡的场景中，多目标跟踪算法可能面临较大的挑战。遮挡和干扰可能导致目标间的信息混淆，使得算法难以准确区分和跟踪每个目标。

3.3.4　目标跟踪与轨迹生成

对于检测到的目标，需要进行连续跟踪以生成其运动轨迹。这通常通过使用卡尔曼滤波器、粒子滤波器等算法来实现。这些算法能够根据目标的历史位置和速度信息，预测其未来的运动状态，并生成平滑的运动轨迹。

（1）目标跟踪算法

目标跟踪算法是毫米波雷达数据处理中的关键部分，主要用于从雷达数据中提取目标的运动轨迹。常见的目标跟踪算法包括基于滤波的跟踪算法和基于数据关联的跟踪算法。

① 基于滤波的跟踪算法。这类算法利用滤波技术对雷达数据进行处理，以估计目标的状态参数，如位置、速度和加速度。常见的滤波算法有卡尔曼滤波、扩展卡尔曼滤波和无迹卡尔曼滤波等。这些算法通过预测和更新步骤，不断修正目标状态的估计值，从而实现对目

标的连续跟踪。

② 基于数据关联的跟踪算法。这类算法通过对雷达数据进行关联处理，将不同时刻的检测数据与目标轨迹进行匹配。常见的关联算法有最近邻法、全局最优法等。通过数据关联，可以确定目标在不同时刻的对应关系，进而生成目标的连续轨迹。

（2）轨迹生成方法

轨迹生成是基于目标跟踪结果的基础上，进一步提取目标的运动轨迹信息。轨迹生成的方法通常包括以下步骤。

① 轨迹提取。根据目标跟踪的结果，提取出目标在不同时刻的位置信息。这可以通过滤波算法或数据关联算法得到的目标状态估计值来实现。

② 轨迹平滑与优化。为了获得更平滑、更准确的轨迹，可以对提取的轨迹数据进行平滑处理。常见的平滑方法包括滑动平均、中值滤波等。此外，还可以利用优化算法对轨迹进行优化，进一步提高轨迹的准确性。

③ 轨迹表示与可视化。将生成的轨迹以合适的方式表示和可视化。常见的轨迹表示方式包括点云、线段、曲线等。通过可视化技术，可以直观地展示目标的运动轨迹，便于后续的分析和应用。

3.4 基于毫米波雷达的目标检测

想象一下，毫米波雷达如同一位敏锐的侦探，在纷繁复杂的环境中捕捉目标的踪迹。当智能汽车行驶在道路上时，毫米波雷达就像是侦探手中的放大镜，能够穿透迷雾，捕捉到前方车辆的微小动静。它不断发送和接收毫米波信号，通过信号处理和分析，就如同侦探解析线索，识别出目标的距离、速度和方位。这样，智能汽车就能像侦探一样，准确无误地感知到周围的目标，为安全行驶提供坚实保障。

3.4.1 基于传统的毫米波雷达目标检测

（1）基于传统的毫米波雷达目标检测的定义

基于传统的毫米波雷达目标检测是指利用毫米波雷达传感器获取环境数据，并通过一系列信号处理与算法分析，实现对目标物体的有效识别与定位。毫米波雷达能够穿透雾霾、雨雪等恶劣天气条件，具有较高的抗干扰能力和探测精度。传统方法通常依赖于预设的规则和算法，从毫米波雷达数据中提取目标特征，从而实现对目标的检测与跟踪。这种方法在自动驾驶、智能交通等领域具有广泛应用，为车辆的安全行驶提供重要支持。

在自动驾驶汽车中，毫米波雷达可以作为主要的感知设备之一，用于检测周围的车辆、行人、障碍物等目标，为自动驾驶系统提供关键的环境信息。

（2）基于传统的毫米波雷达目标检测的步骤

① 毫米波雷达信号发射与接收。智能汽车毫米波雷达系统首先会发射毫米波信号。这些信号在遇到前方的目标物体后会反射回来，雷达系统随即接收这些反射信号。这一步骤是目标检测的基础，为后续的信号处理和分析提供原始数据。

② 信号处理与特征提取。接收到的反射信号需要经过一系列的处理，包括放大、滤波和采样等，以提取出与目标特征相关的信息。这一步骤的目标是消除噪声和干扰，提高信号的质量，为后续的目标识别提供清晰的数据基础。

③ 目标特征分析与提取。在信号处理的基础上，需要对提取出的特征进行进一步的分析和处理。这通常涉及利用预设的算法和规则，对特征进行提取与分类。目标特征可以包括目标的距离、速度、角度等，这些特征将用于后续的目标识别与分类。

④ 目标识别与分类。根据提取出的目标特征，智能汽车系统会对目标进行识别和分类。这通常涉及与目标模型或预设阈值的比较，以确定目标的类型和属性。例如，系统可以识别出前方的车辆、行人或其他障碍物，并判断其相对于车辆的位置和速度。

⑤ 决策与响应。智能汽车系统会根据目标检测的结果，做出相应的决策和响应。这些决策和响应可以包括自动调整车速、保持安全距离、进行避障操作等，以确保车辆在行驶过程中的安全性和稳定性。

（3）基于传统的毫米波雷达目标检测的优点

① 高精度测量。毫米波雷达具有极高的精度，可以有效测量距离上的微小差距，甚至在 30cm 之内即可识别物体，从而有效避免车辆和其他物体发生碰撞。

② 强大的抗干扰能力。毫米波雷达对于大气、雨雪、雾霾等环境条件的影响较小，能够在恶劣天气下保持良好的工作性能，具有较强的抗干扰能力。

③ 适中的成本。相比其他雷达单元，毫米波雷达的成本相对低廉，使得它在智能汽车的普及中更具优势。

④ 可测量多种参数。毫米波雷达不仅能够测量目标的距离，还能测量目标的相对速度及方位角等参数，为智能驾驶提供丰富的信息。

（4）基于传统的毫米波雷达目标检测的缺点

① 角度分辨率有限。毫米波雷达的可探测角度相对较小，这在一定程度上限制了其目标检测的范围和准确性。

② 对多径效应敏感。在复杂环境中，毫米波雷达容易受到多径效应的影响，导致测量误差增大，影响目标检测的准确性。

③ 数据处理复杂。毫米波雷达的信号处理相对复杂，需要采用高性能的算法和处理器进行数据处理和分析，增加系统的复杂度和成本。

④ 目标识别能力有限。传统的毫米波雷达目标检测方法在识别目标的种类、颜色、文字等信息方面存在局限性，主要依赖目标的物理特性进行识别。

3.4.2 基于深度学习的毫米波雷达目标检测

（1）基于深度学习的毫米波雷达目标检测的定义

基于深度学习的毫米波雷达目标检测是指借助深度学习技术对毫米波雷达数据进行处理和分析，以实现对目标的精准识别与定位。深度学习技术通过构建神经网络模型，从雷达数据中自动提取和学习目标的特征表示，进而提升目标检测的准确性和鲁棒性。这种方法克服传统方法在处理复杂环境和多变目标特性时的局限，为智能汽车的感知和决策提供更强大和灵活的支持。

（2）基于深度学习的毫米波雷达目标检测的步骤

① 数据采集与预处理。通过毫米波雷达采集目标数据，包括目标的距离、速度、角度等信息。然后，对这些原始数据进行预处理，如去噪、滤波和归一化等，以提高数据的质量和稳定性。

② 特征提取。利用深度学习技术从预处理后的数据中提取目标的特征。这通常通过构建神经网络模型来实现，模型能够自动学习并提取出与目标识别相关的关键特征。

③ 模型训练。在特征提取的基础上，使用标注好的数据进行模型训练。通过反向传播算法优化神经网络的参数，使模型能够准确识别目标并输出相应的检测结果。

④ 目标检测与定位。训练好的模型被用于实时检测毫米波雷达数据中的目标。模型会对输入的数据进行分析，判断其是否为目标，并输出目标的位置、速度等信息。同时，还可以利用深度学习算法对目标进行更精细的分类和识别。

⑤ 结果评估与优化。对目标检测的结果进行评估，包括准确率、召回率等指标。根据评估结果对模型进行优化，进一步提高目标检测的性能和稳定性。

（3）基于深度学习的毫米波雷达目标检测的优点

① 高精度检测。基于深度学习的毫米波雷达目标检测通过训练复杂的神经网络模型，能够捕捉到雷达数据中的细微特征和模式，从而实现对目标的精准检测。这种方法相比传统方法，显著提高了目标检测的准确性。

② 强大的鲁棒性。深度学习模型通过大量数据的训练和学习，能够自适应地应对不同环境和条件下的目标检测任务。无论是天气变化、目标遮挡还是其他干扰因素，深度学习模型都能保持稳定的性能，显示出强大的鲁棒性。

③ 多目标检测与分类能力。深度学习模型可以同时处理多个目标，并对它们进行准确的分类。这使得智能汽车能够更全面地感知周围环境，为决策提供更丰富的信息。

④ 实时性。借助高效的计算平台和算法优化，基于深度学习的毫米波雷达目标检测能够实现实时处理，满足智能汽车对实时感知的需求。

（4）基于深度学习的毫米波雷达目标检测的缺点

① 数据需求量大。深度学习模型的训练需要大量标注数据。对于毫米波雷达目标检测而言，获取足够数量和多样性的标注数据是一项挑战，尤其是在特殊场景和目标类型上。

② 计算资源要求高。深度学习模型的训练和推理需要高性能的计算资源，包括高性能计算机、图形处理器等。这会增加系统的复杂性和成本，可能限制在一些低成本或嵌入式系统中的应用。

③ 模型泛化能力有限。尽管深度学习模型具有很强的学习和适应能力，但在面对未见过或新颖的目标或场景时，模型的泛化能力可能会受到限制。这可能导致在某些情况下出现误检或漏检的情况。

④ 可解释性不足。深度学习模型的决策过程往往是高度复杂和难以解释的。这使得在出现错误或异常情况时，难以准确地定位问题并进行调整。

3.4.3 基于卡尔曼滤波的目标跟踪

想象一下，你在森林里追踪一只狡猾的狐狸。你的视线时常被树木遮挡，无法直接看到狐狸的准确位置。但你可以通过听觉、脚印等线索来推测它的位置。卡尔曼滤波就像是你大脑中的一个智能算法，它不断根据过去的经验（预测值）和当前的观察（实际值）来修正对狐狸位置的估计。每次修正后，你对狐狸位置的估计就更准确一点。这就是卡尔曼滤波的核心思想：通过不断预测和修正，使我们对事物的认识逐渐逼近真实情况。

（1）目标检测流程

图 3-3 所示为毫米波雷达目标检测流程。通过混频得到频率稳定的中频信号，对中频信号进行 ADC 采样得到雷达的时域信号。接着对于每个周期的线性调频连续波进行一维加窗

与一维距离 FFT 处理来获取目标的距离信息；对于一帧内的所有线性调频连续波进行多普勒维 FFT，以获取目标速度信息；再利用多根接收天线相位差估计目标角度信息。

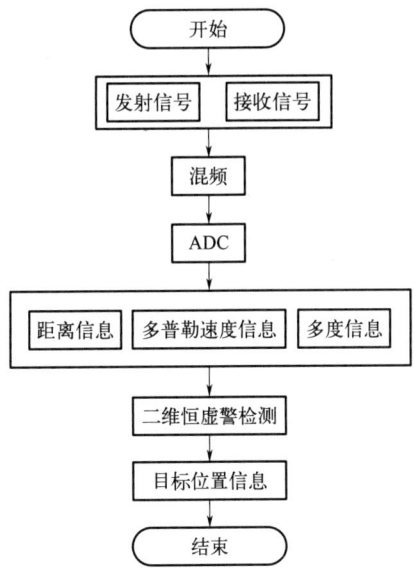

图 3-3　毫米波雷达目标检测流程

毫米波雷达接收的信号中含有杂波与噪声干扰，采用二维恒虚警检测可以滤除这些干扰，设噪声分布服从瑞利分布，此时恒虚警检测的检测门限为

$$T = K \sum x_i = Kn \sqrt{\frac{\pi}{2}} \sigma^{\mathrm{A}} \tag{3-1}$$

式中，T 为检测门限；K 为常数；x_i 为检测单元；σ^{A} 为单元标准差 σ 的估计值。

自适应的检测门限会随着噪声与杂波信号的大小而改变，有效滤除杂波和噪声干扰，获取目标位置。

（2）目标跟踪算法

基于卡尔曼滤波的跟踪算法是在线性系统中根据物体在当前时刻的观测位置和前一时刻的最优预测位置，来确定物体在当前时刻的真实位置。

线性卡尔曼滤波包括状态方程、测量方程、线性卡尔曼滤波器方程和滤波器循环。

① 状态方程。对于自动驾驶工具箱中的大多数物体的跟踪，状态向量由一维、二维或三维位置和速度组成。

对于一个沿着 x 轴方向运动并保持恒定加速度的物体，可以将其牛顿方程转化为空间状态方程。

牛顿方程为

$$m\ddot{x} = f$$
$$\ddot{x} = \frac{f}{m} = a \tag{3-2}$$

式中，m 为物体质量；a 为物体加速度；f 为物体所受外力。

定义状态变量为 $x_1 = x$，$x_2 = \dot{x}$，则牛顿定律的状态空间方程为

$$\frac{\mathrm{d}}{\mathrm{d}t}\begin{bmatrix} x_1 \\ x_2 \end{bmatrix} = \begin{bmatrix} 0 & 1 \\ 0 & 0 \end{bmatrix} \begin{bmatrix} x_1 \\ x_2 \end{bmatrix} + \begin{bmatrix} 0 \\ 1 \end{bmatrix} a \tag{3-3}$$

有时模型包含过程噪声，以反映运动模型中的不确定性。在这种情况下，牛顿定律的状态空间方程需要增加一个附加项，即

$$\frac{\mathrm{d}}{\mathrm{d}t}\begin{bmatrix} x_1 \\ x_2 \end{bmatrix} = \begin{bmatrix} 0 & 1 \\ 0 & 0 \end{bmatrix}\begin{bmatrix} x_1 \\ x_2 \end{bmatrix} + \begin{bmatrix} 0 \\ 1 \end{bmatrix}a + \begin{bmatrix} 0 \\ 1 \end{bmatrix}u_k \tag{3-4}$$

式中，u_k 为加速度的扰动噪声，假设它是均值为零的高斯白噪声。

将一维方程扩展为二维方程，即

$$\frac{\mathrm{d}}{\mathrm{d}t}\begin{bmatrix} x_1 \\ x_2 \\ y_1 \\ y_2 \end{bmatrix} = \begin{bmatrix} 0 & 1 & 0 & 0 \\ 0 & 0 & 0 & 0 \\ 0 & 0 & 0 & 1 \\ 0 & 0 & 0 & 0 \end{bmatrix}\begin{bmatrix} x_1 \\ x_2 \\ y_1 \\ y_2 \end{bmatrix} + \begin{bmatrix} 0 \\ a_x \\ 0 \\ a_y \end{bmatrix} + \begin{bmatrix} v_x \\ 0 \\ v_y \end{bmatrix} \tag{3-5}$$

对于离散形式，牛顿定律的状态空间方程变为

$$\begin{bmatrix} x_{1,k+1} \\ x_{2,k+1} \end{bmatrix} = \begin{bmatrix} 1 & T \\ 0 & 1 \end{bmatrix}\begin{bmatrix} x_{1,k} \\ x_{2,k} \end{bmatrix} + \begin{bmatrix} 0 \\ T \end{bmatrix}a + \begin{bmatrix} 0 \\ T \end{bmatrix}\widetilde{v} \tag{3-6}$$

式中，T 为采样周期；x_k 为离散时刻 k 对应的状态；x_{k+1} 为离散时刻 $k+1$ 对应的状态；$\widetilde{v}$ 为随机噪声。

离散状态方程可表示为

$$x_{k+1} = \boldsymbol{F}_k x_k + \boldsymbol{G}_k u_k + \boldsymbol{v}_k \tag{3-7}$$

式中，x_{k+1} 为 $k+1$ 时刻系统特征的状态变量；x_k 为 k 时刻系统特征的状态变量；$\boldsymbol{F}_k$ 为状态 k 时刻到 $k+1$ 时刻的转移矩阵；$\boldsymbol{G}_k$ 为状态 k 时刻到 $k+1$ 时刻的控制矩阵；$\boldsymbol{v}_k$ 为状态 k 时刻随机噪声扰动矩阵。

② 测量方程。测量依赖于持续变化的状态向量。例如，在雷达测量系统中，测量可以为球面坐标（范围、方位和高度），状态向量为笛卡尔位置和速度。对于线性卡尔曼滤波器，测量值一直为状态向量的线性函数，排除球面坐标。如果要用球面坐标，需要用扩展卡尔曼滤波器。

测量方程为

$$z_k = \boldsymbol{H}_k x_k + \boldsymbol{\omega}_k \tag{3-8}$$

式中，z_k 为测量变量；$\boldsymbol{H}_k$ 为状态向量对测量向量的增益；$\boldsymbol{\omega}_k$ 为测量噪声向量，测量噪声是均值为零的高斯白噪声。

③ 线性卡尔曼滤波器方程。如果不考虑噪声，则状态方程和测量方程分别为

$$x_{k+1} = \boldsymbol{F}_k x_k + \boldsymbol{G}_k u_k \tag{3-9}$$

$$z_k = \boldsymbol{H}_k x_x \tag{3-10}$$

④ 滤波器循环。滤波器循环工作过程如下。

a. 初始化。设置状态变量初值为 $x_{0|0}$，协方差矩阵初值为 $\boldsymbol{P}_{0|0}$。

b. 用运动方程将状态转移到下一时刻。$k+1$ 时刻状态变量的估计值为

$$x_{k+1|k} = \boldsymbol{F}_k x_{k|k} + \boldsymbol{G}_k u_k \tag{3-11}$$

协方差矩阵的先验值为

$$\boldsymbol{P}_{k+1|k} = \boldsymbol{F}_k \boldsymbol{P}_{k|k} \boldsymbol{F}_k^{\mathrm{T}} + \boldsymbol{Q}_k \tag{3-12}$$

式中，$\boldsymbol{Q}_k$ 为过程噪声斜方差矩阵。

$k+1$ 时刻测量变量的估计值为

$$z_{k+1|k} = \boldsymbol{H}_{k+1} x_{k+1|k} \tag{3-13}$$

　　c. 用实际测量值与预测测量值之间的偏差修正更新时刻的状态。修正需要计算卡尔曼增益。

　　测量值的预测协方差为

$$\boldsymbol{S}_{k+1} = \boldsymbol{H}_{k+1} \boldsymbol{P}_{k+1|k} \boldsymbol{H}_{k+1}^{\mathrm{T}} + \boldsymbol{R}_{k+1} \tag{3-14}$$

式中，$\boldsymbol{R}_{k+1}$ 为测量噪声协方差矩阵。

　　卡尔曼增益为

$$\boldsymbol{K}_{k+1} = \boldsymbol{P}_{k+1|k} \boldsymbol{H}_{k+1}^{\mathrm{T}} \boldsymbol{S}_{k+1}^{-1} \tag{3-15}$$

　　d. 用测量值修正预测估计。假设估计为预测状态和测量之间的线性组合，修正后估计值为

$$x_{k+1|k+1} = \boldsymbol{P}_{k+1|k} - \boldsymbol{K}_{k+1} \boldsymbol{S}_{k+1} \boldsymbol{K}_{k+1}' \tag{3-16}$$

　　修正协方差矩阵为

$$\boldsymbol{P}_{k+1|k+1} = \boldsymbol{P}_{k+1|k} - \boldsymbol{K}_{k+1} \boldsymbol{S}_{k+1} \boldsymbol{K}_{k+1}' \tag{3-17}$$

　　通过比较测量估计值与实际测量值，可以估计滤波器的性能。

　　① 状态更新模型。扩展卡尔曼滤波器线性化状态方程。更新后的状态和协方差矩阵与前一时刻的状态和协方差矩阵保持线性关系。但是，线性卡尔曼滤波器的状态转移矩阵用状态方程的雅可比矩阵替代。雅可比矩阵不是恒定的，而是依赖状态自身及时间。为了利用扩展卡尔曼滤波器，需要确定状态转移函数及其雅可比矩阵。

　　假设预测状态与先前状况、控制、噪声和时间的函数关系可以用解析表达式表示为

$$x_{k+1} = f(x_k, u_k, \omega_k, t) \tag{3-18}$$

　　预测状态关于先前状态的雅可比为

$$F^{(x)} = \frac{\partial f}{\partial x} \tag{3-19}$$

　　预测状态关于噪声的雅可比为

$$F^{(\omega)} = \frac{\partial f}{\partial \omega_i} \tag{3-20}$$

　　当输入噪声在状态更新方程中为线性时，该函数可以简化为

$$x_{k+1} = f(x_k, u_k, t) + \omega_k \tag{3-21}$$

　　② 测量模型。在扩展卡尔曼滤波器中，测量可以为状态和测量噪声的非线性函数，即

$$z_k = h(x_k, u_k, t) \tag{3-22}$$

　　测量关于状态的雅可比为

$$H^{(x)} = \frac{\partial h}{\partial x} \tag{3-23}$$

　　测量关于噪声的雅可比矩阵为

$$\boldsymbol{H}^{(u)} = \frac{\partial h}{\partial x} \tag{3-24}$$

　　当噪声在测量方程中为线性时，测量函数可以简化为

$$z_k = h(x_k, t) + u_k \tag{3-25}$$

　　③ 扩展卡尔曼滤波器循环。扩展卡尔曼滤波器循环与线性卡尔曼滤波器循环基本相同，只是状态转移矩阵用状态雅可比矩阵替代，测量矩阵用适当的雅可比矩阵替代。

　　图 3-4 所示为基于扩展卡尔曼滤波的目标跟踪算法流程，主要包含两个阶段：预测阶段，通过目标上一时刻的位置信息和速度信息来预测目标当前时刻的位置；更新阶段，通过

物体当前时刻的观测信息对第一阶段的预测结果进行修正，得到目标当前时刻位置的最优值。

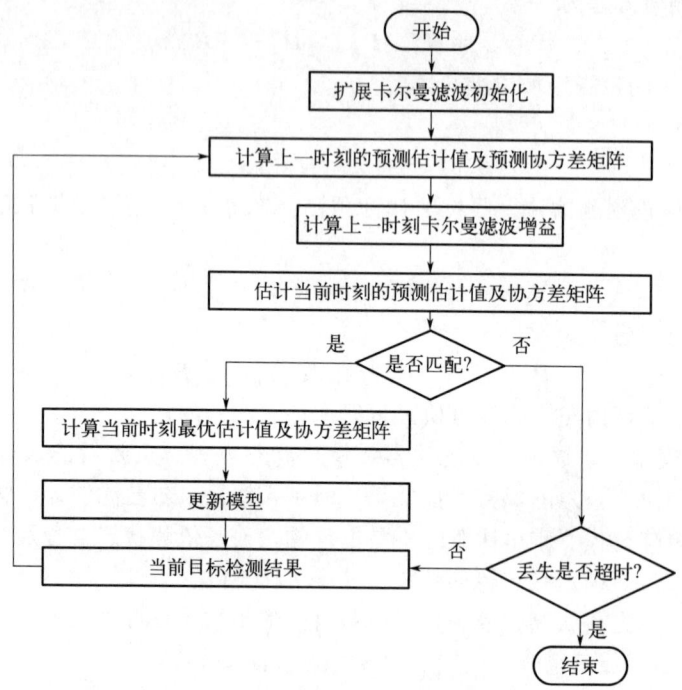

图 3-4　基于扩展卡尔曼滤波的目标跟踪算法流程

（3）目标跟踪结果

图 3-5 所示表示目标人员运动轨迹为 1 字形和 7 字形时，基于扩展卡尔曼滤波的目标跟踪轨迹。可以发现，当距离较远时，检测到的运动轨迹较为平滑；当距离较近时，运动轨迹较为粗糙，可以实现对目标运动轨迹的跟踪。

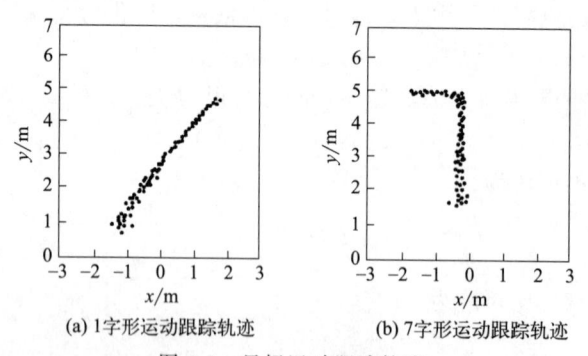

(a) 1字形运动跟踪轨迹　　(b) 7字形运动跟踪轨迹

图 3-5　目标运动跟踪轨迹

（4）基于毫米波雷达和视觉传感器融合的路径跟踪

毫米波雷达具有在恶劣天气和光照条件下仍能稳定工作的特点，可以提供目标的距离、速度和方位信息。而视觉传感器则能够获取丰富的图像信息，包括目标的形状、颜色和纹理等，为环境感知提供更为全面的数据。然而，单一的传感器技术往往存在局限性，如毫米波雷达对目标的细节识别能力有限，视觉传感器在恶劣天气或光照条件下的性能下降等。因此，通过融合这两种传感器的数据，可以弥补各自的不足，提高环境感知的准确性和鲁棒性。

为实现基于毫米波雷达和视觉传感器融合的路径跟踪，应设计一套融合算法。首先，通过标定和校准，确保两种传感器的数据在空间和时间上的一致性。然后，利用毫米波雷达提供的目标位置和速度信息，结合视觉传感器提供的图像信息，进行多源数据的融合处理。具体而言，采用加权平均、卡尔曼滤波等方法，对两种传感器的数据进行融合，得到更为准确的目标位置和轨迹信息。最后，基于融合后的数据，利用路径规划和控制算法，实现车辆的路径跟踪功能。

图 3-6 所示为基于毫米波雷达和视觉传感器融合的路径跟踪。

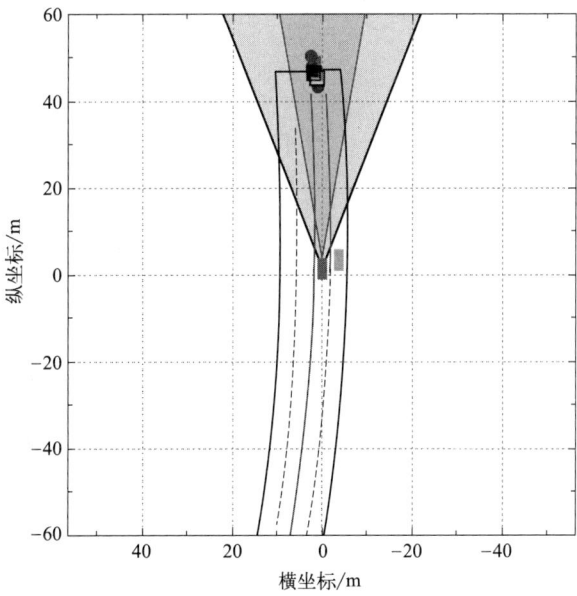

图 3-6　基于毫米波雷达和视觉传感器融合的路径跟踪

第**4**章 基于激光雷达的环境感知技术

　　基于激光雷达的环境感知技术是激光雷达通过发射激光束并测量其反射时间，精确获取周围环境的三维点云数据。这些数据经过处理和分析，可以识别出道路、车辆、行人等关键元素，并提取出它们的形状、位置和速度等信息。这种感知技术具有高分辨率、抗干扰能力强等优点，为智能车辆提供精准可靠的环境感知能力，有助于实现更安全、更高效的自动驾驶。

4.1　激光雷达的功能需求与配置

想象一下，智能汽车如同一位在森林中探险的旅者，激光雷达便是他手中的指南针和地图。为了顺利前行，这位旅者需要配置高精度、远距离探测的激光雷达，确保他能清晰感知周围的树木、山丘与溪流。功能需求上，激光雷达不仅要能实时绘制环境地图，还需准确识别障碍物，甚至能辨别出动物的动态轨迹。这样，智能汽车才能像经验丰富的探险家一样，在复杂的路况中自如穿梭，安全抵达目的地。

4.1.1　激光雷达的功能需求

（1）长距离探测需求

长距离探测是激光雷达在自动驾驶中必须满足的关键需求之一。智能汽车在行驶过程中，需要实时感知远处的道路状况、车辆动态以及障碍物信息，以便做出及时的决策和反应。激光雷达凭借其远距离探测能力，成为实现这一目标的重要传感器。

以高速公路自动驾驶为例，车辆需要能够提前感知到远处车辆的行驶状态和路况变化，以便及时调整车速和保持安全距离。激光雷达的长距离探测能力使得车辆能够获取到更远的距离信息，为自动驾驶系统提供更充足的反应时间，确保行驶安全。

此外，在远程监控和导航领域，激光雷达的长距离探测功能也发挥着重要作用。例如，在无人驾驶货运车队中，通过激光雷达的远距离探测，可以实现对整个车队的远程监控和协调调度，提高运输效率和安全性。

（2）高精度探测需求

高精度探测是激光雷达另一个不可或缺的功能需求。在自动驾驶过程中，对于车辆周围环境的精确感知是确保行驶安全的关键。激光雷达通过发射激光束并接收其反射回来的信号，可以获取到周围环境的三维点云数据，实现高精度探测。

以城市道路自动驾驶为例，车辆需要能够准确识别出道路上的行人、车辆、交通标志等细节信息，以便做出正确的驾驶决策。激光雷达的高精度探测能力使得车辆能够捕捉到更多的细节和特征信息，提高环境感知的准确性和可靠性。通过精确识别道路上的障碍物和行人动态，智能汽车可以做出更加精准的避让和减速动作，确保行驶过程中的安全性。

此外，在精准导航和地图构建领域，激光雷达的高精度探测功能也发挥着重要作用。通过激光雷达获取的高精度点云数据，可以构建出详细的三维地图，为自动驾驶系统的导航和定位提供精确的依据。

（3）3D 环境感知需求

3D 环境感知能够让智能汽车获取到周围环境的立体信息。通过激光雷达扫描生成的点云数据，车辆能够精确地感知到道路的形状、障碍物的位置以及周围车辆的动态变化。这种三维感知能力使得智能汽车能够在复杂多变的交通环境中进行精准决策。

以城市道路自动驾驶为例，激光雷达的 3D 环境感知功能发挥着至关重要的作用。在复杂的城市交通中，车辆需要时刻关注周围的行人、自行车、其他车辆等动态目标。激光雷达能够实时构建出这些目标的立体图像，并提供其位置、速度、方向等详细信息。这使得智能汽车能够准确判断与其他目标的相对位置和距离，从而避免碰撞并保障行车安全。

此外，在复杂地形和天气条件下的自动驾驶中，激光雷达的 3D 环境感知需求更为突出。无论是崎岖的山路还是恶劣的雨雪天气，激光雷达都能够提供稳定可靠的感知数据，帮助车辆适应各种复杂环境。

（4）动态物体跟踪与识别需求

在复杂的交通环境中，智能汽车需要实时跟踪和识别周围的动态物体，包括车辆、行人、自行车等，以确保行车安全。激光雷达通过发射激光束并接收其反射信号，能够获取到周围物体的精确位置和速度信息，从而实现对动态物体的有效跟踪。

以高速公路自动驾驶为例，激光雷达能够实时跟踪前方车辆的行驶轨迹和速度变化，并根据这些信息调整自身的行驶状态，保持安全距离。同时，激光雷达还能够准确识别出道路上的行人、动物等潜在障碍物，并在必要时发出警告或采取避让措施，避免潜在的危险。

此外，在城市道路和复杂场景中，激光雷达的动态物体跟踪与识别功能同样发挥着重要作用。例如，在交叉路口，激光雷达可以跟踪其他车辆的行驶轨迹，并协助车辆做出正确的决策，如优先通行或等待让行。同时，激光雷达还能够准确识别并区分不同类型的动态物体，如区分行人和车辆，以便为自动驾驶系统提供更为准确的决策依据。

（5）多目标检测与分类需求

多目标检测是激光雷达的基本功能之一。在自动驾驶过程中，车辆周围往往存在多个动态和静态目标，如其他车辆、行人、自行车以及道路标志等。激光雷达通过快速扫描周围环境，能够实时检测并获取这些目标的位置、形状和速度等信息。这种多目标检测能力使得智能汽车能够全面感知周围环境，为后续的决策和规划提供重要依据。

分类功能则是激光雷达在检测目标基础上的进一步应用。激光雷达不仅能够检测到目标的存在，而且能够根据目标的特征和属性对其进行分类。例如，它可以区分出车辆、行人、障碍物等不同类型的目标，并为每个目标分配相应的类别标签。这种分类能力使得智能汽车能够更好地理解周围环境的构成和动态变化，从而做出更加精准的决策。

以城市交通场景为例，激光雷达的多目标检测与分类功能发挥着重要作用。在复杂的交通流中，智能汽车需要同时关注多个目标，如前方的车辆、横穿马路的行人以及路边的障碍物等。激光雷达能够实时检测并分类这些目标，为车辆提供清晰的交通画面。通过准确识别不同类型的目标，智能汽车可以更加灵活地应对各种交通状况，确保行车安全。

4.1.2 激光雷达的配置

激光雷达作为高级别智能汽车的关键传感器之一，其配置直接影响到车辆的感知能力和自动驾驶性能。激光雷达的安装位置如图 4-1 所示，有的安装在车身顶部，有的安装在车辆前部。一个完整的激光雷达配置需要综合考虑多个因素，确保系统能够满足实际应用的需求。

图 4-1　激光雷达的安装位置

（1）配置原则

在配置智能汽车激光雷达时，应遵循以下原则。

① 性能需求与场景匹配。激光雷达的配置首先应根据实际应用的性能需求和场景特点进行选择。不同场景对激光雷达的探测范围、精度、分辨率等要求不同。

例如，高速公路自动驾驶需要长距离、高精度的激光雷达，而城市复杂道路则更注重近距离和快速响应能力。因此，在选择激光雷达时，应充分考虑其性能参数是否满足特定场景的需求。

② 成本效益考量。激光雷达的配置还需考虑成本效益。高性能的激光雷达往往价格昂贵，因此在满足性能需求的前提下，应尽量选择性价比高的产品。同时，可以通过优化系统架构和算法，降低对激光雷达性能的过度依赖，从而降低整体成本。

③ 冗余设计与可靠性。为了确保激光雷达在恶劣环境下的稳定运行，配置时应考虑冗余设计。通过在车辆上部署多个激光雷达或使用具有备用模式的单一设备，可以实现在部分激光雷达失效时，系统仍能继续运行。此外，选择经过严格测试和验证的激光雷达品牌和产品，也是提高系统可靠性的重要手段。

④ 与其他传感器的融合。激光雷达的配置还应考虑与其他传感器的融合使用。通过与其他传感器（如摄像头、毫米波雷达等）进行数据融合，可以弥补激光雷达在某些方面的不足，提高整体感知系统的鲁棒性和准确性。因此，在选择激光雷达时，应考虑其与现有传感器的兼容性和集成难度。

⑤ 持续的技术升级与创新。随着激光雷达技术的不断发展和创新，配置原则也应随之更新。密切关注市场动态和技术趋势，选择符合未来发展趋势的激光雷达技术和产品，有助于保持智能汽车感知系统的竞争力和领先性。

例如，对于自动驾驶乘用车，激光雷达的配置需要满足高精度、高可靠性以及较广的探测范围。通常，会选择配置多线束激光雷达，比如 64 线或 128 线激光雷达，它们可以提供丰富的点云数据，用于精确感知周围环境。同时，这些激光雷达还需要具备较高的扫描速度和分辨率，以应对城市复杂交通环境中的快速变化。

对于无人配送车，其主要在园区、小区等封闭或半封闭环境中运行，其激光雷达配置可以相对简化。考虑成本因素，可以选择配置较少线束的激光雷达，如 16 线或 32 线激光雷达。这些激光雷达虽然点云数据相对较少，但足以满足在固定路线上的感知需求，且成本更低，更适合大规模部署。

（2）配置策略

在配置智能汽车激光雷达时，可以采用以下策略。

① 多传感器融合策略。激光雷达与其他传感器（如毫米波雷达、摄像头等）在感知能力上各有优劣。因此，采用多传感器融合策略是提升感知系统整体性能的关键。通过算法将激光雷达的高精度点云数据与毫米波雷达的测距、摄像头的图像信息进行融合，可以实现对环境的全方位、多角度感知，提高自动驾驶的安全性。

② 冗余配置策略。为了确保激光雷达的稳定性和可靠性，冗余配置策略是一个有效选择。在车辆上安装多个激光雷达，当其中一个出现故障时，其他激光雷达可以继续工作，确保感知系统的连续性和稳定性。此外，冗余配置还可以提高对环境信息的采集密度和准确性，进一步提升自动驾驶的性能。

③ 定制化配置策略。根据智能汽车的具体应用场景和需求，制定定制化的激光雷达配置策略。例如，对于高速公路自动驾驶，需要配置长距离、高精度的激光雷达以应对远距离物体的探测；而对于城市复杂道路，则需要配置短距离、高分辨率的激光雷达以应对近距离障碍物的识别。定制化配置策略可以确保激光雷达的性能与实际应用场景相匹配，实现最佳的感知效果。

④ 升级与扩展策略。随着技术的不断进步和市场的不断发展，激光雷达的配置也应随

之升级和扩展。定期评估现有激光雷达的性能和市场需求，根据评估结果制定升级和扩展计划。例如，可以通过增加激光雷达的数量或提升其性能参数来增强感知系统的能力；也可以通过引入新型激光雷达技术或与其他先进技术进行融合来提升自动驾驶的智能化水平。

（3）注意事项

在配置智能汽车激光雷达时，需要注意以下事项。

① 性能参数的选择。激光雷达的性能参数包括探测范围、精度、分辨率、扫描速度等，这些参数直接决定其感知能力。在配置时，需要根据智能汽车的使用场景和导航需求来选择合适的性能参数。例如，对于高速公路自动驾驶，需要选择具有较长探测范围和较高精度的激光雷达；而对于城市环境，则需要更关注近距离探测和快速反应能力。

② 环境适应性考虑。智能汽车在运行过程中可能会面临各种天气和光照条件的变化。因此，在配置激光雷达时，需要考虑其环境适应性。选择能够在不同天气条件下稳定工作、对光照变化不敏感的激光雷达，可以确保智能汽车在复杂环境中仍能保持稳定的感知能力。

③ 安装位置与布局。激光雷达的安装位置和布局对其感知效果具有重要影响。在安装时，需要确保激光雷达的视野不被遮挡，能够充分扫描周围环境。同时，还需要考虑多个激光雷达之间的协同作用，避免出现盲区或重复覆盖区域。通过合理的安装位置和布局，可以提高感知系统的整体性能。

④ 数据处理与传输。激光雷达产生的点云数据需要经过处理和分析才能用于智能汽车的导航及决策。因此，在配置激光雷达时，需要考虑数据处理和传输的问题。选择具有高效数据处理能力和稳定数据传输通道的激光雷达，可以确保数据的实时性和准确性，为智能汽车的自动驾驶提供有力支持。

⑤ 成本与性价比。成本是配置激光雷达时需要考虑的重要因素之一。不同品牌和型号的激光雷达价格差异较大，因此在选择时需要综合考虑性能和价格。在满足性能需求的前提下，尽量选择性价比高的激光雷达产品，以降低智能汽车的成本。

4.2 激光雷达的标定

激光雷达标定就像是为舞者调整舞步和节奏，确保其表演既流畅又精准。想象一下，舞者在舞台上翩翩起舞，但步伐和节奏没有调整好，那么整个表演就会显得杂乱无章，失去美感。如果激光雷达未经标定，它获取的环境数据就会如同杂乱的舞步，无法为自动驾驶提供准确的感知信息。标定过程就像是对激光雷达的"舞步"和"节奏"进行细致调整，确保其能够按照预定的标准准确地扫描并识别周围物体。

经过标定的激光雷达，就像一位经过精心训练的舞者，能够在自动驾驶的舞台上展现出流畅而精准的"舞姿"，为车辆提供清晰、准确的环境感知数据，确保行车安全。

4.2.1 激光雷达的标定目的

激光雷达作为自动驾驶汽车的核心感知设备，其标定过程至关重要。标定的主要目的在于确保激光雷达能够准确、可靠地获取周围环境的三维信息，为自动驾驶系统提供精确的决策依据。

① 确保测量准确性。激光雷达通过发射激光束并接收其反射信号来感知周围环境。然而，由于设备本身的制造误差、环境因素或长时间使用的影响，激光雷达的测量结果可能会

存在偏差。标定的首要目的就是消除这些误差，确保激光雷达能够准确测量目标的距离、速度和角度等关键信息。

② 优化性能参数。激光雷达的性能参数直接影响其感知能力。通过标定，可以对激光雷达的扫描速度、分辨率、视场角等参数进行优化调整，以适应不同应用场景的需求。这有助于提高激光雷达的环境感知能力，使其在复杂多变的交通环境中更加稳定和可靠。

③ 实现传感器间数据融合。在自动驾驶系统中，激光雷达通常与其他传感器（如摄像头、毫米波雷达等）配合使用，以实现多源数据的融合。通过标定，可以建立各传感器之间的空间和时间对应关系，确保不同传感器之间的数据能够准确匹配和融合。这有助于提升整个感知系统的性能和可靠性，为自动驾驶车辆提供更全面、准确的环境感知信息。

④ 提高自适应性。在实际应用中，激光雷达可能会面临不同的工作环境和条件，如不同天气、光照条件或道路状况等。通过标定，可以使激光雷达适应这些变化，提高其在不同条件下的稳定性和可靠性。这有助于确保自动驾驶车辆在各种环境下都能保持良好的感知能力。

以高速公路自动驾驶为例，激光雷达的标定能够确保其在高速行驶过程中准确识别前方车辆、道路标线以及障碍物等。通过标定，激光雷达可以消除因安装误差或机械变形导致的测量偏差，从而提供更准确的距离和角度信息。这使得自动驾驶汽车能够更精确地判断与前车的安全距离、识别道路标线的位置以及避免潜在的障碍物，从而提高行驶的安全性和稳定性。

在城市道路等复杂环境中，激光雷达的标定同样具有重要意义。通过标定，激光雷达可以更加精准地识别行人、非机动车等动态目标，并在必要时发出预警或采取避让措施。同时，标定还可以帮助激光雷达更好地适应不同天气和光照条件下的工作环境，确保在各种复杂环境中都能提供稳定可靠的感知数据。

4.2.2 激光雷达的标定方法

激光雷达的标定方法主要有直接标定法、间接标定法和自动标定法。

(1) 直接标定法

直接标定法是直接利用已知尺寸的物体或场景作为参照，通过比较激光雷达的测量结果与实际值，计算出误差并进行校正。直接标定法可以按以下步骤进行。

① 标定场景选择。直接标定法的第一步是选择合适的标定场景。这个场景应该具备易于识别和测量的特征点或参照物，例如标定板、特定形状的建筑物或地标等。这些特征点或参照物的位置和形状都是已知的，可以作为标定过程中的参考。

② 数据采集。在选定的标定场景中，将激光雷达放置在合适的位置，并确保其能够扫描到足够的特征点或参照物。然后，通过激光雷达的数据采集系统，记录其扫描到的点云数据。这些数据包含特征点或参照物的空间位置信息。

③ 数据处理。需要对采集到的点云数据进行处理。首先，通过特征提取算法，从点云数据中提取出特征点或参照物的位置信息。然后，利用已知的参照物位置信息，计算出激光雷达与参照物之间的空间变换关系，即标定参数。

④ 参数优化。为了提高标定的精度和稳定性，还可以采用参数优化的方法。通过对多个标定场景的数据进行综合分析，利用优化算法对标定参数进行微调，以得到更加准确的标定结果。

⑤ 标定验证。需要对标定结果进行验证。通过在实际场景中再次采集数据，并与标定

前的数据进行对比，检查标定后的激光雷达性能是否有所提升。如果验证结果表明标定有效，那么就可以将标定参数应用于实际的自动驾驶系统中。

直接标定法虽然简单易行，但其精度和稳定性受到标定场景和数据处理方法的影响较大。因此，在实际应用中，需要根据具体情况选择合适的标定场景和数据处理方法，以确保标定结果的准确性和可靠性。

直接标定法具有以下优点。

① 直观性与直接性。直接标定法通过特定的标定场景或装置，直接测量激光雷达与外部参照物的空间关系，这种方法直观明了，易于理解。标定结果直接反映激光雷达的实际性能，无须进行复杂的计算或推导。

② 标定结果可靠。由于直接标定法依赖于实际的物理测量，因此其标定结果通常具有较高的可靠性。只要标定场景和装置设计得当，就能够获得准确的标定参数，为激光雷达的后续使用提供有力的保障。

③ 适用性强。直接标定法可以适用于各种不同类型的激光雷达，无论是旋转式还是固态式，都可以通过设计相应的标定场景和装置来进行标定。这使得直接标定法具有广泛的适用性，能够满足不同场景和需求下的标定要求。

直接标定法具有以下缺点。

① 标定场景和装置要求高。直接标定法需要特定的标定场景或装置，这些场景或装置的设计、搭建和维护成本可能较高。同时，对于不同的激光雷达类型和性能要求，可能需要设计不同的标定场景和装置，这会增加标定工作的复杂性和成本。

② 适用范围受限。直接标定法的应用受限于标定场景的选择。在某些特定环境或条件下，可能难以找到合适的标定场景或装置，这使得直接标定法在某些情况下无法使用。此外，对于大型场景或复杂环境，直接标定法的实施可能面临更大的挑战。

③ 易受人为因素影响。在直接标定法的实施过程中，标定场景的搭建、数据的采集和处理等步骤都需要人工参与，这可能导致人为因素对标定结果的影响。例如，标定场景的搭建精度、数据采集的准确性和处理方法的合理性等都会影响标定结果的准确性。

（2）间接标定法

间接标定法是通过与其他传感器（如相机、IMU 等）的数据进行融合，利用这些传感器的已知参数来间接推导激光雷达的误差并进行校正。间接标定法可以按以下步骤进行。

① 确定标定参考。这通常包括其他传感器（如相机、毫米波雷达等）或者环境中已知的静态特征（如路标、建筑物等）。这些参考对象需要具有稳定且已知的空间位置或属性，以便为激光雷达提供准确的参照。

② 采集多源数据。在确定标定参考后，需要同时采集激光雷达和其他传感器或环境特征的数据。这通常涉及同步采集多个传感器的数据，确保它们对应的是同一时刻或同一场景的信息。

③ 数据对齐与匹配。需要对采集到的多源数据进行对齐和匹配。这包括将激光雷达的点云数据与其他传感器的数据（如相机的图像数据）或环境特征进行空间对齐，确保它们在同一个坐标系下。这个过程可能涉及坐标变换、时间同步等技术。

④ 建立映射关系。在数据对齐和匹配的基础上，建立激光雷达与其他传感器或环境特征之间的映射关系。这可以通过特征提取、匹配算法或机器学习技术来实现，将激光雷达的数据与其他已知数据进行关联。

⑤ 求解标定参数。通过建立的映射关系，可以利用优化算法求解激光雷达的标定参数。

这些参数可能包括激光雷达的旋转矩阵、平移向量等，用于描述激光雷达与其他传感器或环境特征之间的空间关系。

⑥ 验证与评估。需要对标定结果进行验证和评估。这可以通过将标定后的激光雷达数据与其他传感器数据进行对比，或者在实际场景中进行测试来完成。验证的目的是确保标定参数的准确性和可靠性，以及标定后的激光雷达性能是否有所提升。

间接标定法的精度和可靠性受到多种因素的影响，如其他传感器的精度、环境特征的选择与稳定性等。因此，在实际应用中，需要综合考虑这些因素，选择合适的标定参考和数据处理方法，以获得最佳的标定效果。

间接标定法具有以下优点。

① 灵活性高。间接标定法不依赖特定的标定场景或装置，而是利用其他传感器数据或环境特征进行标定。这使得间接标定法在实际应用中具有更高的灵活性，可以适应各种复杂环境和场景。

② 成本较低。相比直接标定法需要特定的标定场景或装置，间接标定法无须额外的硬件设备投入，因此成本相对较低。这有助于降低激光雷达系统的整体成本，提高其市场普及率。

③ 可扩展性强。间接标定法可以与其他传感器数据进行融合，实现多源信息的综合处理。通过与其他传感器（如相机、毫米波雷达等）的协同工作，可以进一步提高激光雷达的标定精度和可靠性。

间接标定法具有以下缺点。

① 依赖其他传感器。间接标定法依赖其他传感器的数据或环境特征进行标定，因此其标定精度受到其他传感器性能的影响。如果其他传感器存在误差或不稳定，可能导致间接标定法的标定结果不准确。

② 标定过程复杂。间接标定法需要进行多源数据的采集、处理和匹配等步骤，这些过程相对复杂且耗时。同时，对于大规模场景或复杂环境，间接标定法的实施难度可能进一步增加。

③ 环境适应性受限，间接标定法依赖环境特征进行标定，如果环境特征不足或不稳定（如光滑表面、重复纹理等），可能导致标定失败或精度下降。此外，在动态环境中，间接标定法的应用也可能受到限制。

(3) 自动标定法

自动标定法是利用算法自动分析和处理激光雷达数据，从中提取关键特征进行标定。自动标定法可以按以下步骤进行。

① 数据收集与处理。自动标定法需要收集大量的激光雷达数据以及其他传感器（如相机、毫米波雷达等）的同步数据。这些数据应该涵盖多种不同的环境和场景，以确保标定的通用性和鲁棒性。收集到的数据需要进行预处理，包括去噪、滤波和特征提取等步骤，以提取出用于标定的关键信息。

② 建立标定模型。基于收集到的数据，自动标定法需要建立一个数学模型来描述激光雷达与其他传感器之间的空间关系。这个模型可能涉及旋转矩阵、平移向量以及传感器内部的参数等。模型的建立需要充分利用机器学习或深度学习技术，通过大量的数据学习和训练来优化模型的参数。

③ 自动调整参数。在标定模型建立后，自动标定法会利用优化算法来自动调整模型的参数。这个过程是迭代进行的，通过不断比较模型预测与实际数据的差异，来调整模型参数以减小误差。自动调整参数的过程中，可以加入正则化项或约束条件，以确保标定结果的稳

定性和可靠性。

④ 标定结果验证。标定完成后，需要对自动标定的结果进行验证。这可以通过将标定后的激光雷达数据与其他传感器数据进行对比来实现。验证过程中，可以计算标定前后的误差指标，如距离误差、角度误差等，以评估标定的准确性。此外，还可以在实际场景中测试标定后的激光雷达性能，观察其是否能够有效提升自动驾驶系统的感知能力。

⑤ 持续优化与更新。自动标定法并不是一次性的过程，而是需要随着数据的积累和环境的变化进行持续优化及更新。在实际应用中，可以定期重新收集数据并重新进行自动标定，以适应不同的环境和场景需求。此外，随着算法和技术的不断发展，也可以对自动标定方法进行改进和优化，以提高标定的精度和效率。

自动标定法虽然具有很多优点，但也存在一些挑战和限制。例如，对于某些复杂的场景或特殊的传感器配置，自动标定法可能难以达到理想的标定效果。因此，在实际应用中，需要根据具体情况选择合适的标定方法，并结合其他标定方法进行综合使用。

自动标定法具有以下优点。

① 自动化程度高。自动标定法通过算法和数据自动进行激光雷达的标定，无须人工参与或干预，从而大大提高了标定的自动化程度。这可以减少人为因素对标定结果的影响，提高标定的准确性和一致性。

② 标定效率高。相比传统的手动标定方法，自动标定法能够更快速地完成标定过程。它利用算法自动处理和分析数据，减少了人工操作的时间和复杂性，提高了标定的效率。

③ 适应性强。自动标定法可以根据实际场景和需求自动调整参数，以适应不同的环境和条件。这使得自动标定法具有更强的适应性和灵活性，能够应对各种复杂场景和变化。

自动标定法具有以下缺点。

① 算法复杂度高。自动标定法依赖复杂的算法和数据处理技术，这会增加实现的难度和成本。同时，算法的准确性和稳定性也直接影响到标定的结果，因此需要投入大量的研发资源进行算法的优化和改进。

② 对硬件要求高。自动标定法通常需要高性能的计算机和存储设备来支持大规模数据的处理和分析。这会增加硬件方面的投入成本，并可能限制其在某些场景下的应用。

③ 标定精度受限。尽管自动标定法可以提高标定的效率和适应性，但在某些情况下，其标定精度可能无法达到手动标定法的水平。特别是对于某些特殊场景或复杂环境，自动标定法可能无法准确捕捉到所有的细节和特征，导致标定结果存在一定的误差。

三种标定方法的比较见表 4-1。

表 4-1　三种标定方法的比较

标定方法	直接标定法	间接标定法	自动标定法
标定原理	依赖特定标定场景或装置,直接测量激光雷达与外部参照物的空间关系	利用其他传感器数据或环境信息进行间接计算,推导激光雷达的标定参数	通过算法和数据自动进行参数调整,实现激光雷达的自动标定
优点	标定过程直观,结果直接可靠	灵活性强,可利用多种信息源进行标定	自动化程度高,减少人工操作复杂性
缺点	需要特定的标定场景或装置,适用范围受限	依赖其他传感器或环境信息的准确性和稳定性	对算法和数据要求较高,可能面临算法复杂性和计算资源的问题
标定精度	较高,取决于标定场景和装置的质量	受其他传感器精度和环境信息稳定性的影响	依赖算法和数据的优化程度,可达到较高精度

标定方法	直接标定法	间接标定法	自动标定法
所需时间	适中,取决于标定场景和操作的复杂度	可能较长,需要采集和处理多源数据	自动化过程,通常较快
适用性	适用于特定场景下的激光雷达标定	适用于利用多源信息进行综合标定的场景	适用于大量数据可用且算法性能良好的场景

4.2.3 激光雷达标定示例

以威力登的 HDL-64E 激光雷达为例,介绍激光雷达的标定方法。

HDL-64E 激光雷达输出为 UDP 数据包,每个数据包都包含每一条激光束返回的距离信息和角度信息。定义激光雷达旋转一周输出的数据为一帧数据。为了将 64 线激光雷达返回的距离和角度信息转换到如图 4-2 所示的激光雷达坐标系中,需要对每一条激光光束采用 5 个参数进行建模,这些参数如图 4-3 所示。

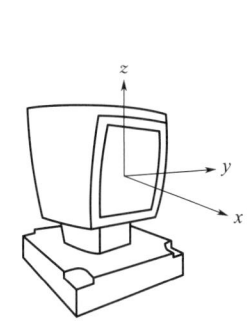 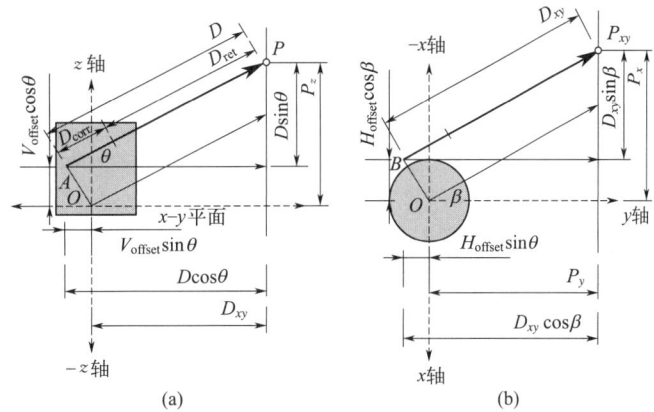

图 4-2　激光雷达坐标系　　图 4-3　HDL-64E 激光雷达坐标系的侧视图（a）和顶视图（b）

① 距离偏差 D_{corr}。每一条激光束的距离偏差 D_{corr} 与激光束返回的距离 D_{ret} 之和为激光束测得的真实距离 D。

② 垂直偏移量 V_{offset}。垂直偏移量是指在垂直平面内激光束到激光雷达坐标系原点的垂直距离,即图 4-3(a) 中的线段 OA。

③ 水平偏移量 H_{offset}。水平偏移量是指水平平面内激光束到激光雷达坐标系原点的垂直距离,即图 4-3(b) 中的线段 OB。

④ 垂直校正角 θ。垂直校正角是指激光束相对于激光雷达坐标系 x-y 平面的角度偏移量。

⑤ 旋转校正角 α。旋转校正角是指激光束与激光雷达编码盘零度角之间的角度偏移量。

当 64 线激光雷达旋转时,假设其当前旋转角度为 ϕ,每一条激光束都有一个不同的旋转校正角 α,定义另外一个角 $\beta = \phi - \alpha$ 表示激光束相对于 y-z 平面的角度。

将每一条激光束返回的距离 D_{ret} 和当前激光雷达的旋转角度 ϕ 转化为激光雷达坐标系中的笛卡尔坐标 (P_x, P_y, P_z),转化公式为

$$D = D_{ret} + D_{corr}$$
$$D_{xy} = D\cos\theta - V_0\sin\theta$$

$$P_x = D_{xy}\sin\beta - H_0\cos\beta$$
$$P_y = D_{xy}\cos\beta + H_0\sin\beta \qquad (4\text{-}1)$$
$$P_z = D\sin\theta + V_0\cos\theta$$

激光雷达外标定的任务就是寻找激光雷达坐标系 $O_LX_LY_LZ_L$ 到车辆坐标系 $O_VX_VY_VZ_V$ 的刚度变换，激光雷达坐标系和车辆坐标系如图 4-4 所示。

激光雷达坐标系 $O_LX_LY_LZ_L$ 与激光雷达固连，原点在激光雷达的某个点 O_L，X_L 轴正方向指向激光雷达右侧，Y_L 轴正方向指向激光雷达前方，X_LY_L 平面与底座平面平行，按照右手准则，Z_L 轴正方向垂直 X_LY_L 平面指向上方。

车辆坐标系 $O_VX_VY_VZ_V$ 与车辆固连，随车辆一起运动，原点 O_V 在车辆正前方地面上，X_V 轴正方向指向车辆右侧，Y_V 轴正方向指向车辆前方，Z_V 轴正方向垂直 X_VY_V 平面指向上方。

刚体变换可以由平移矩阵 $\boldsymbol{T}$ 和旋转矩阵 $\boldsymbol{R}$ 来描述，其中旋转矩阵 $\boldsymbol{R}$ 由 3 个欧拉角（φ，ϕ，γ）决定，平移矩阵 $\boldsymbol{T}$ 表示激光雷达坐标系原点

图 4-4　激光雷达坐标系和车辆坐标系

O_L 在车辆坐标系的坐标。激光雷达坐标系中的一点 P 到车辆坐标系的转化关系可表示为

$$\begin{bmatrix} X_V^P \\ Y_V^P \\ Z_V^P \end{bmatrix} = \boldsymbol{R}_{3\times3}\begin{bmatrix} X_L^P \\ Y_L^P \\ Z_L^P \end{bmatrix} + \boldsymbol{T}_{3\times1} \qquad (4\text{-}2)$$

式中，$(X_L^P, Y_L^P, Z_L^P)^T$、$(X_V^P, Y_V^P, Z_V^P)^T$ 分别为点 P 在激光雷达坐标系和车辆坐标系中的坐标。

选取合适的标定参照物，求不同点的激光雷达坐标系和车辆坐标系的坐标值，即可求出刚体变换矩阵，完成激光雷达的标定。

例如，采用参照物 1 标定 X、Y 方向的变换矩阵，采用参照物 2 标定 Z 方向的变换矩阵。将旋转矩阵和平移矩阵合并后，式（4-2）变为

$$\begin{bmatrix} X_V^P \\ Y_V^P \\ Z_V^P \end{bmatrix} = \boldsymbol{Q}_{3\times4}\begin{bmatrix} X_L^P \\ Y_L^P \\ Z_L^P \\ 1 \end{bmatrix} \qquad (4\text{-}3)$$

标定过程在水平地面进行，在车辆周围放上参照物 1，记录其在车辆坐标系中的位置 $[X_V^P, Y_V^P]$，并采集一帧激光雷达数据，在激光雷达数据中寻找参照物 1 的位置，记录其三维坐标 $[X_L^P, Y_L^P, Z_L^P]$；保持车辆的位置不变，在车辆周围放置高度不同的参照物 2，记录其在车辆坐标系中的高度 Z_V^q，同样采集一帧激光雷达数据，从数据中获得相应的参照物 2 所在的位置，记录其在激光坐标系中的三维坐标 $[X_L^q, Y_L^q, Z_L^q]$。

根据这些采集的数据，利用 MATLAB 求解方程，就可以求出从激光坐标系到车辆坐标系的变换矩阵 $\boldsymbol{Q}_{3\times4}$。

4.3　激光雷达的点云数据处理

　　点云数据处理犹如拼凑一幅千片拼图。想象一下，你手中有一堆混乱无序的拼图碎片，每片都代表空间中的一个点，而你的任务是将这些碎片组合成一幅完整的画面。这个过程中，你需要先进行碎片的分类与整理，剔除那些不属于画面的杂质碎片，这就如同点云数据中的滤波和降采样。接着，你需要找到碎片间的关联，将它们逐一拼接，这就如同点云配准和特征提取。最终，当所有碎片都准确无误地拼合在一起，一幅清晰完整的画面便展现在你眼前，这就是经过处理的点云数据所构建的三维模型。

4.3.1　点云数据获取

（1）点云数据获取方式

　　激光雷达点云数据是智能汽车进行环境感知、目标识别、路径规划等任务的基础。

　　点云是激光雷达技术获取的重要数据形式，它代表着物体表面的三维形态信息。具体来说，激光雷达通过发射激光束并接收反射回来的信号，来测量与物体之间的距离，并记录每个激光点的空间位置（通常为三维坐标）。这些大量的三维空间坐标点集合在一起，便形成点云。点云数据不仅包含点的空间位置信息，而且可以附加其他属性，如颜色、反射强度、时间戳等，这进一步丰富点云的数据表达能力。点云数据以离散的方式呈现物体的表面形态，因此能够高精度地反映物体表面的细节和结构。

　　图 4-5 所示为物体的三维点云。

　　点云数据主要有以下获取方式。

　　① 一维扫描式获取。一维扫描式激光雷达通过水平扫描和垂直方向的旋转扫描，获取环境信息。在扫描过程中，激光雷达按照预设的角度间隔发射激光束，并接收反射信号。通过计算激光束的发射和接收时间差，可以获取目标物体的距离信息。这种方式简单易行，但容易产生遮挡问题，影响数据的完整性。

　　② 二维扫描式获取。在一维扫描的基础上，二维扫描式激光雷达增加垂直方向的上下扫描功能。通过水平和垂直两个方向的扫描，可以获取更丰富的环境信息。这种方式比一维扫描式具有更好的抗遮挡性，能够更准确地感知周围环境。

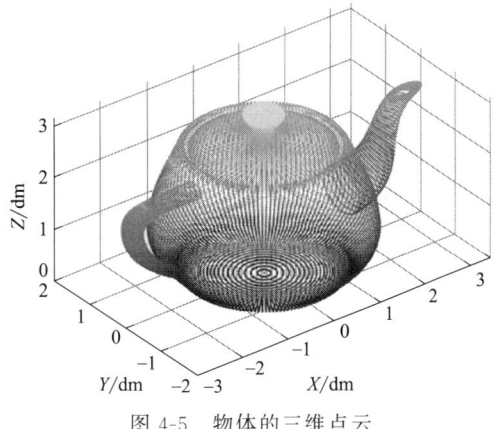

图 4-5　物体的三维点云

　　③ 三维扫描式获取。三维扫描式激光雷达通过多个激光雷达的同时扫描，实现对三维空间的全面覆盖。这种方式具有更高的精度和全面性，能够提供更精确的环境感知信息。然而，其成本也相对较高，需要更多的计算和处理资源。

　　获取到的激光雷达点云数据需要进行一系列的处理，包括滤波、去噪、配准等，以提高数据的质量和准确性。处理后的点云数据可以应用于目标识别、障碍物检测、道路提取等多个方面，为智能汽车的自动驾驶提供关键信息支持。

（2）点云数据的基本构成

激光点云数据由一系列的三维点组成，每个点包含其在三维空间中的位置信息（X，Y，Z 坐标）以及其他可能的属性信息（如颜色、反射强度等）。这些点通过某种方式被组织起来，形成描述目标物体或场景的点云数据。

点云数据的构成元素包括空间坐标、属性信息和数据结构。

① 空间坐标。点云数据的核心构成元素是点的空间坐标，即每个点在三维空间中的位置信息。这些坐标通常以 X、Y、Z 三个方向上的数值表示，构成点云数据的基础框架。通过空间坐标，可以确定点在三维空间中的具体位置，从而构建出目标物体的三维形态。

② 属性信息。除了空间坐标外，点云数据还可以包含丰富的属性信息。这些属性信息可以是点的颜色、反射强度、法向量等，用于描述点的物理属性或几何特征。属性信息的加入使得点云数据更加丰富多彩，能够更好地反映目标物体的真实情况。

③ 数据结构。点云数据通常以特定的数据结构进行组织和管理。常见的数据结构包括点集、树状结构（如 KD 树、八叉树）等。这些数据结构不仅方便数据的存储和访问，还为后续的点云处理提供便利。例如，树状结构可以有效地提高点云数据的检索和查询效率，加速数据处理的速度。

（3）点云数据表示形式

点云数据是三维空间中一组离散点的集合，不同的表示形式能够以不同的方式呈现和处理这些数据。点云数据表示形式主要有点表示形式、体素表示形式和图表示形式。

① 点表示形式。点表示形式是将点云数据直接表示为一系列的三维点，每个点都包含其在空间中的位置信息和可能的属性信息。例如，可以考虑一个由激光雷达扫描获得的道路点云数据。在这个例子中，每个点都代表道路表面上的一个测量点，其位置信息精确地反映道路的三维形态。通过点表示形式，可以直接观察到道路的点云分布，进而进行后续的路面检测、障碍物识别等任务。

② 体素表示形式。体素表示形式是将点云数据划分为一系列等大小的立方体（体素），并将点映射到相应的体素中。以建筑物内部的点云数据为例，体素表示形式可以将建筑物的空间划分为多个体素，每个体素包含该空间区域内的点云数据。通过这种方式，可以将点云数据转换为体素网格，便于进行空间索引、查询和分析。体素表示形式在处理大规模点云数据时能够显著提高计算效率，同时也方便进行可视化展示和空间分析。

③ 图表示形式。图表示形式是将点云数据抽象为图结构，通过顶点表示点，边表示点之间的空间关系或属性相似性。以室内场景的点云数据为例，图表示形式可以将每个点作为图的顶点，并根据点之间的空间距离或属性相似度构建边。这样，整个点云数据就被表示为一个图结构，可以方便地利用图论中的算法和技术进行空间分析及模式识别。例如，可以利用图的遍历算法来检测室内空间的连通性，或者利用图的聚类算法来分割不同的物体或区域。

图 4-6 所示为点云数据的表示形式，从左到右分别为点表示形式、体素表示形式和图表示形式。

不同点云数据表示形式在实际应用中的特点和优势：点表示形式直接反映点的位置和属性信息，适用于需要精确处理每个点的场景；体素表示形式通过空间划分简化数据处理和分析过程，适用于大规模点云数据的处理；图表示形式能够显式地表达点之间的空间关系和内在结构，适用于复杂的空间分析和模式识别任务。在实际应用中，可以根据具体需求和数据特点选择合适的表示形式，以充分发挥点云数据的价值。

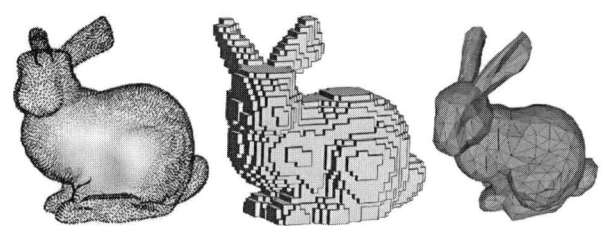

图 4-6　点云数据的表示形式

（4）点云数据的存储格式

点云数据作为三维空间中一组离散点的集合，在三维重建、物体识别、地形测绘等领域具有广泛的应用。不同的应用场景和需求对点云数据的存储格式提出不同的要求。常见的点云数据存储格式有 pts、PLY、LAS、PCD、.xyz 和 .Pcap 等。

① pts 格式。pts 格式是一种简单的文本文件格式，用于存储点云数据。每个点以特定的格式（如 XYZ）在文件中占一行，便于阅读和编辑。然而，由于其纯文本的特性，pts 格式在存储大型点云数据集时可能占用较多的磁盘空间，并且读取速度相对较慢。因此，pts 格式主要适用于小型点云数据集或需要手动编辑的情况。

② PLY 格式。PLY 是一种广泛使用的三维数据格式，也适用于点云数据的存储。PLY 格式支持存储点的三维坐标、颜色、法线等属性，并且可以以二进制或 ASCII 格式保存。二进制格式的 PLY 文件具有较小的文件大小和较快的读取速度，适用于大型点云数据集。同时，PLY 格式还支持存储顶点索引信息，便于构建网格模型。

③ LAS 格式。LAS 格式是专门为激光雷达数据设计的一种存储格式，广泛应用于地理空间数据和点云数据的存储。LAS 格式支持存储点的三维坐标、反射强度、回波次数等多种属性，并且具有标准化的文件结构和元数据定义。LAS 格式还支持数据压缩，能够有效地减少存储空间的占用。由于其高效性和标准化特性，LAS 格式在地理信息系统、地形测量等领域得到广泛应用。

表 4-2 为 LAS 格式文件实例。其中 C 代表所属类别，F 代表航线号，T 表示 GPS 时间，X、Y、Z 表示坐标值，I 表示回波强度，R 表示第几次回波，N 表示回波次数，A 表示扫描角，R、G、B 为 RGB 颜色值。

表 4-2　LAS 格式文件实例

C	F	T	X	Y	Z	I	R	N	A	R	G	B
1	5	405652.3622	656970.13	4770455.11	127.99	5.6	First	1	30	180	71	96
3	5	405652.3622	656968.85	4770455.33	130.45	2.8	First	1	30	113	130	122
3	5	405653.0426	656884.96	4770424.85	143.28	0.2	First	2	−11	120	137	95
1	5	405653.0426	656884.97	4770421.30	132.13	5.2	Last	2	−11	176	99	110

④ PCD 格式。PCD 是一种点云数据存储格式。PCD 格式支持存储点的三维坐标、颜色、法线、强度等多种属性，并且具有灵活性和可扩展性。PCD 格式可以以二进制格式保存数据，具有较高的读取速度和较小的存储空间占用。同时，PCD 格式还支持存储点云数据的属性、坐标系、数据来源等元数据信息，方便后续的数据处理和分析。

⑤ .xyz 格式。.xyz 是一种简单的点云数据存储格式，主要关注点的三维坐标信息。每个点以 XYZ 的顺序在文件中占一行，可以方便地通过文本编辑器查看和编辑。由于其简洁

性，.xyz格式适用于只需要点的坐标信息的场景，但可能不适用于需要存储其他属性（如颜色、强度等）的应用。

⑥.Pcap格式。.Pcap格式主要用于存储由激光雷达扫描设备捕获的点云数据。它通常包含原始扫描数据、传感器参数以及时间戳等信息，非常适合用于分析和处理激光雷达数据。然而，由于.Pcap格式通常与特定的设备或软件绑定，因此可能需要特定的工具才能读取和处理这些数据。威力登公司出品的激光雷达默认采集数据文件格式，以二进制的形式保存。

以威力登的16线激光雷达为例，原始点云数据的接收主要是通过用户数据报协议的形式向网络发送数据。具体来说，在激光雷达的web端进行设置或通过命令行进行设置后，技术人员会在接收端匹配激光雷达的IP地址与自身的用户数据报协议端口号，从而接收原始点云数据。从数据的内容来看，该型号的激光雷达在垂直方向上（-15°～+15°）有16线的激光束，其每帧的数据长度固定为1248字节，这些字节包括前42字节的前数据包标识、12组数据包、4字节时间戳和最后2字节雷达型号参数。每个数据包中的数据都包含激光光束的旋转角度、距离值、反射强度的信息，如图4-7所示。例如，"B6 07"代表激光雷达的探测距离，"2A"代表激光的反射强度，但这些信息都以2个字节表示，需要进一步解析这些数据。

图4-7 激光点云数据

点云数据的存储格式多种多样，每种格式都有其独特的优势和适用场景。在选择存储格式时，需要根据点云数据的大小、属性需求以及应用场景进行综合考虑。对于小型点云数据集或需要手动编辑的情况，pts和.xyz格式可能更合适；对于大型点云数据集，PLY格式和PCD格式的二进制版本可能更具优势；而LAS格式则适用于需要处理激光雷达数据的场景；对于特定的激光雷达设备捕获的数据，.Pcap格式可能是一个好的选择。

（5）点云数据的特性

点云数据具有空间分布性、属性丰富性、数据量庞大、噪声和冗余性、密度不一致性、不规则性和无序性等特点。

① 空间分布性。点云数据的空间分布性是其最基础的特性之一。每一个点都代表三维空间中的一个具体位置，这些点的集合共同描述一个物体或场景的表面形态。这种分布性使得点云数据能够精确捕捉物体的几何形状和空间结构，为三维重建和测量提供基础数据。

② 属性丰富性。除了位置信息外，点云数据中的每个点通常还携带丰富的属性信息。

138

这些属性可能包括颜色、强度、反射率等，这些信息反映物体表面的物理和光学特性。属性丰富性使得点云数据能够提供更全面的信息，有助于更深入地理解物体或场景的特性。

③ 数据量庞大。随着采集技术的发展，点云数据的数据量通常非常庞大。尤其是在高精度、高分辨率的采集条件下，一个场景或物体的点云数据可能包含数十万甚至数百万个点。这种庞大的数据量既带来丰富的信息，也给数据处理和分析带来挑战。

④ 噪声和冗余性。由于采集设备和环境的限制，点云数据中往往存在噪声和冗余点。噪声点可能是由于设备误差、外界干扰等因素引起的，而冗余点则可能是由于采集过程中的重复采样或数据重叠造成的。这些噪声和冗余点会降低点云数据的质量和准确性，需要进行相应的滤波和去噪处理。

⑤ 密度不一致性。点云数据的密度不一致性是其另一个重要特性。在实际应用中，由于采集设备的视角、距离、分辨率等因素的影响，点云数据的密度往往呈现出不均匀的分布。这种密度不一致性可能导致某些区域的信息较为丰富，而另一些区域则相对稀疏。因此，在处理和分析点云数据时，需要考虑密度不一致性对结果的影响，并采取相应的措施进行平衡和补充。

⑥ 不规则性和无序性。点云数据的另一个显著特性是其不规则性和无序性。与规则的网格数据不同，点云数据中的点以不规则的方式分布在三维空间中，且没有固定的顺序。这种不规则性和无序性使得点云数据能够更灵活地表示各种形状和结构的物体，但也给数据处理和分析带来挑战。为了处理这种不规则和无序的数据，需要采用特殊的算法和技术，如空间索引、邻近搜索等。

(6) 点云数据处理办法

点云数据处理是实现精确三维建模和分析的关键步骤。通过滤波与去噪、数据分割、特征提取和配准与融合等处理方法，可以有效地提高点云数据的质量，分离不同物体或场景，并提取出有意义的特征信息。

① 滤波与去噪。点云数据中往往存在噪声和冗余点，这些点可能是由于设备误差、环境因素或采样策略等原因引入的。因此，滤波与去噪是点云数据处理的第一个关键步骤。滤波方法可以根据点的属性（如密度、颜色、强度等）或空间关系（如邻近点之间的距离、法线方向等）进行筛选和去除噪声点。常见的滤波方法包括统计滤波、基于距离的滤波和基于机器学习的滤波等。通过滤波处理，可以减少噪声点对后续处理和分析的影响，提高点云数据的质量。

② 数据分割。点云数据分割是将整个点云数据划分为多个具有相似属性或几何特征的子集的过程。数据分割有助于将点云数据中的不同物体或场景进行分离，以便进行后续的特征提取和建模。常见的点云数据分割方法包括基于边缘的分割、基于区域的分割、基于聚类的分割等。这些方法可以根据点云数据的不同特性选择合适的算法进行实现。

③ 特征提取。特征提取是点云数据处理中的一个重要环节，旨在从点云数据中提取出有意义的几何特征和属性信息。这些特征可以用于物体的识别、分类、姿态估计等任务。常见的点云特征包括点的坐标、法线、曲率、点密度等。此外，还可以通过计算点云数据的统计特征、直方图特征或学习特征等方法来提取更高级别的特征表示。特征提取的准确性和有效性对于后续的任务至关重要。

④ 配准与融合。在实际应用中，可能需要将多个点云数据进行配准和融合，以构建完整的三维场景或物体模型。配准是将不同视角下的点云数据对齐到同一坐标系下的过程，以消除因视角变化导致的空间不一致性。常见的配准方法包括基于特征的配准、基于迭代的最

近点配准等。融合则是将配准后的点云数据进行合并，形成一个统一的点云数据集合。通过配准与融合处理，可以将多个点云数据集合并成一个完整的模型，为后续的应用提供便利。

4.3.2　点云预处理

点云预处理是点云处理流程中的重要步骤，主要目的是去除噪声、简化数据和提高后续处理的准确性。常见的预处理方法包括数据清洗、数据去噪、数据平滑、坐标系转换与对齐、点云下采样与简化、点云变换。

（1）数据清洗

激光雷达通过扫描周围环境，生成大量点云数据，用于三维场景重建和物体识别。然而，在实际应用中，激光雷达采集的点云数据往往包含噪声、冗余点以及不完整的数据，这些问题严重影响点云数据的质量和后续处理效果。因此，对激光雷达的点云数据进行清洗是确保数据质量和提高应用性能的关键步骤。

点云数据清洗的主要目标是消除噪声、去除冗余点、修复不完整数据，以获取更为准确、可靠的点云数据集。清洗后的点云数据应具备良好的空间分布性、属性一致性和完整性，为后续的三维建模、物体识别和场景分析提供高质量的数据支持。

点云数据清洗主要有以下方法。

① 统计滤波法。统计滤波法是一种基于点云数据统计分析的清洗方法。该方法通过计算每个点的邻域内点的统计特征（如距离、密度等），设定合适的阈值，将不符合阈值条件的点判定为噪声点或冗余点，并予以去除。这种方法能够有效地消除点云中的噪声点，但可能对点云的细节造成一定的损失。

② 基于几何特征的清洗方法。基于几何特征的清洗方法是指利用点云数据中点的几何特性（如法线、曲率等）进行清洗。通过分析点的几何特征，可以识别出不符合整体几何结构的点，如尖锐的突出点或平滑表面的异常点，并予以去除。这种方法能够保留点云的细节特征，但计算复杂度较高。

③ 基于机器学习的清洗方法。近年来，机器学习算法在点云数据清洗中得到广泛应用。通过训练合适的分类器，可以实现对点云中噪声点和冗余点的自动识别与去除。基于机器学习的清洗方法可以根据数据的分布特征和先验知识，学习出更加复杂的清洗规则，提高清洗的准确性和效率。

点云数据清洗应注意以下事项。

① 在进行点云数据清洗前，应充分了解数据的采集设备和场景特点，选择合适的清洗方法。

② 在设定清洗阈值时，应根据实际数据和清洗目标进行权衡，避免过度清洗导致信息损失。

③ 清洗过程中，可以结合可视化工具进行点云数据的查看和对比，以便更直观地评估清洗效果。

④ 对于大规模的点云数据，可以考虑采用分布式计算或并行处理的方法，提高清洗效率。

（2）数据去噪

激光雷达通过发射激光束并测量其反射回来的时间，获取周围环境的三维点云数据。然而，在实际应用中，由于设备误差、环境噪声以及采样策略等因素的影响，点云数据中往往存在噪声点，这些噪声点会严重影响点云数据的质量和后续处理效果。因此，对激光雷达的点云数据进行去噪处理是确保数据准确性和可靠性的重要步骤。

点云数据去噪的重要性主要体现在以下方面。

① 提高数据质量。通过去除噪声点，可以显著提高点云数据的整体质量，减少错误和异常值对后续处理和分析的影响。

② 提升处理效率。噪声点会增加数据处理的复杂度，去噪后可以简化后续的三维建模、物体识别等任务的计算量，提高处理效率。

③ 改善应用性能。对于依赖点云数据进行决策和控制的系统（如无人驾驶车辆），去噪可以提高系统的稳定性和准确性，降低误判和失控的风险。

点云数据去噪主要有以下方法。

① 统计滤波法。基于点云数据的统计特性，设定合适的阈值，将距离平均值或标准差较远的点判定为噪声点并去除。这种方法简单易行，但可能无法完全去除所有噪声点。

② 基于邻域的方法。通过分析每个点的邻域内点的分布和密度，识别并去除异常点或噪声点。常用的方法包括，基于距离的方法、基于密度的方法和基于聚类的方法等。这些方法可以根据点云的局部特性进行去噪，效果较好。

③ 基于机器学习的方法。利用机器学习算法对点云数据进行学习和分类将噪声点与正常点区分开来。常用的机器学习算法包括支持向量机、随机森林、深度学习等。这些方法可以根据数据的复杂性和噪声特性进行灵活调整，但需要一定的计算资源和时间进行训练。

图 4-8 所示为从三维点云中去除噪声。

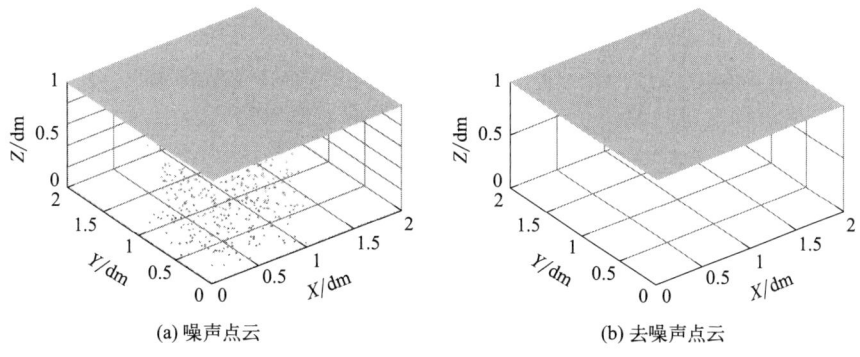

(a) 噪声点云   (b) 去噪声点云

图 4-8　从三维点云中去除噪声

点云数据去噪应注意以下事项。

① 根据应用场景和数据特点选择合适的去噪方法。不同的去噪方法适用于不同的场景和数据分布，需要根据实际情况进行选择。

② 设定合适的去噪参数。去噪参数的设定直接影响去噪效果，需要根据数据的噪声水平和后续处理要求进行调整。

③ 评估去噪效果。通过可视化工具或定量指标对去噪后的点云数据进行评估，确保去噪效果符合预期。

④ 注意保护点云的细节特征。在去噪过程中，应避免过度去噪导致点云数据的细节特征丢失。

（3）数据平滑

激光雷达通过扫描周围环境生成大量点云数据，这些点云数据通常包含丰富的空间信息和细节特征。然而，在实际应用中，由于设备误差、环境因素以及采样策略的限制，点云数据往往存在一定的粗糙和不连续性，这会影响点云数据的可视化和后续处理效果。因此，有时需要对激光雷达的点云数据进行平滑处理。

点云数据平滑的主要目的是消除点云中的噪声和毛刺，提高点云的连续性和光滑度，使其更接近真实的三维表面。通过平滑处理，可以减少点云数据的冗余性和复杂性，提高数据的可视化和处理效率。同时，平滑后的点云数据更有利于后续的建模、识别和分析任务。

点云数据平滑主要有以下方法。

① 移动平均滤波法。移动平均滤波法是一种简单有效的点云数据平滑方法。该方法通过计算每个点邻域内点的平均值，将原始点替换为该平均值，从而实现点云的平滑处理。移动平均滤波法能够有效地去除点云中的噪声和细小毛刺，但可能导致点云数据的细节特征丢失。

② 高斯滤波法。高斯滤波法是一种基于高斯分布的平滑方法。该方法通过为每个点计算一个高斯权重，并将其应用于邻域内的点，从而实现点云的平滑处理。高斯滤波法能够保留点云数据的细节特征，同时消除噪声和毛刺。然而，高斯滤波法的效果受高斯核大小的影响，需要根据实际情况进行调整。

③ 基于曲率的平滑方法。基于曲率的平滑方法通过分析点云数据中点的曲率信息，实现平滑处理。该方法根据点的曲率变化程度调整其位置，使得点云表面更加光滑。这种方法能够保持点云数据的细节特征，同时去除噪声和毛刺，提高点云的整体质量。

点云数据平滑应注意以下事项。

① 根据应用场景和数据特点选择合适的平滑方法。不同的平滑方法具有不同的特点和适用场景，需要根据实际情况进行选择。

② 调整平滑参数以优化平滑效果。平滑参数的设置直接影响平滑效果，需要根据数据的噪声水平和细节特征进行调整，以达到最佳的平滑效果。

③ 评估平滑效果。通过可视化工具或定量指标对平滑后的点云数据进行评估，确保平滑效果符合预期。

④ 注意保护点云的细节特征。在平滑过程中，应避免过度平滑导致点云数据的细节特征丢失。

（4）坐标系转换与对齐

在获取点云数据的过程中，由于不同激光雷达设备、不同场景以及不同坐标系下的测量，点云数据可能存在坐标系不一致的问题。因此，对激光雷达的点云数据进行坐标系转换与对齐，是实现点云数据有效融合和精确处理的关键步骤。

坐标系转换是指将一个坐标系下的点云数据转换到另一个坐标系下，使得不同坐标系下的点云数据能够在同一坐标系下进行统一处理和分析。坐标系转换的基本原理包括平移、旋转和缩放等操作，其中平移和旋转是最常见的操作。

平移操作是指将点云数据在空间中沿某一方向移动一定的距离，使得不同坐标系下的点云数据在位置上对齐。旋转操作则是通过绕某一轴线旋转一定的角度，使得不同坐标系下的点云数据在方向上一致。这些操作可以通过数学矩阵运算来实现。

点云数据的对齐是将多个激光雷达采集的点云数据在同一坐标系下进行配准，使得它们能够准确地对应起来。常见的点云数据对齐方法包括基于特征的对齐和基于迭代最近点的对齐等。

① 基于特征的对齐方法。基于特征的对齐方法是通过提取点云数据中的显著特征（如角点、边缘等），并基于这些特征进行匹配和对齐。这种方法在特征明显的场景中效果较好，

但对于缺乏明显特征的场景可能存在一定的挑战。

② 基于迭代最近点的对齐方法。基于迭代最近点的对齐方法是一种迭代优化的方法，通过不断迭代计算源点云和目标点云之间的最近点对，并根据这些点对求解变换矩阵，使得源点云经过变换后与目标点云对齐。基于迭代最近点方法具有较高的对齐精度，但计算量较大，对于大规模点云数据的处理可能存在一定的挑战。

点云数据坐标系转换与对齐应注意以下事项。

① 准确获取不同坐标系之间的转换参数，包括平移向量和旋转矩阵等。这些参数可以通过标定实验或传感器之间的相对位置关系获得。

② 根据应用场景和数据特点选择合适的对齐方法。不同的对齐方法具有不同的适用场景和优缺点，需要根据实际情况进行选择。

③ 对于大规模点云数据的处理，可以考虑采用分布式计算或并行处理的方法，提高计算效率。

④ 在对齐过程中，需要注意保护点云数据的细节特征，避免过度对齐导致信息损失。

(5) 点云下采样与简化

激光雷达通过发射激光束并测量反射时间，获取周围环境的高精度点云数据。然而，随着激光雷达测量范围的扩大和精度的提高，获取的点云数据往往数量庞大，给后续的数据处理和分析带来巨大挑战。因此，对激光雷达的点云数据进行下采样与简化，成为提高数据处理效率和保持关键信息的重要手段。

点云下采样与简化的主要目的是减少点云数据的数量，同时保持其结构和关键特征的完整性。通过去除冗余点和降低数据密度，可以显著减少数据处理的时间和计算资源消耗，提高后续分析和应用的效率。此外，下采样与简化还有助于消除噪声点，提高点云数据的质量和准确性。

点云下采样与简化主要有以下方法。

① 体素滤波下采样。体素滤波是一种常用的点云下采样方法。它首先将点云空间划分为一系列等大小的立方体（体素），然后在每个体素内选择一个代表点，通常是体素的中心点或体素内所有点的平均位置。这种方法可以有效减少点云数量，同时保持一定的空间分辨率。

② 均匀下采样。均匀下采样方法根据预设的采样间隔，在点云数据中均匀地选择一部分点作为代表。这种方法简单易行，但可能无法很好地保留点云数据的细节和特征。

③ 基于密度的下采样。基于密度的下采样方法根据点云数据中各点的分布密度进行简化。在密度较高的区域，选择较少的代表点；而在密度较低的区域，则保留更多的点以保持结构的完整性。这种方法能够更好地保留点云数据的细节和特征。

④ 基于特征的下采样。基于特征的下采样方法通过分析点云数据的几何特性或利用机器学习算法来识别关键特征点，并在下采样过程中优先保留这些点。这种方法能够在保持数据整体结构的同时，减少冗余点并保留关键特征。

点云下采样与简化应注意以下事项。

① 根据实际应用需求和数据特点选择合适的下采样与简化方法。不同的方法可能适用于不同的场景和需求，需要根据具体情况进行选择。

② 合理设置下采样参数，如体素大小、采样间隔或密度阈值等。这些参数将直接影响下采样后的点云质量和处理效率。

③ 在下采样过程中，应尽量保持点云数据的整体结构和关键特征的完整性。避免过度

简化导致信息丢失或结构破坏。

④ 对于重要区域或关键特征，可以考虑采用局部加密或精细处理的方法，以更好地保留其细节信息。

（6）点云变换

点云变换是点云处理中的关键步骤，用于调整点云数据的空间位置和姿态。不同的变换方法适应不同的应用需求和场景特性。仿射变换和位移场变换是两种常见的点云变换。

① 仿射变换。仿射变换是一种线性变换，它保持点云中的直线和平行性。仿射变换包括平移、旋转、缩放等操作，可以通过仿射变换矩阵进行统一描述。在点云处理中，仿射变换常用于点云的对齐、配准以及不同坐标系之间的转换。

仿射变换的基本形式可以表示为一个矩阵与点云数据中的每个点相乘，从而得到变换后的新点云。这种变换具有可逆性，可以通过求解变换矩阵的逆来恢复到原始的点云状态。仿射变换简单且计算高效，因此在实际应用中广泛使用。

② 位移场变换。位移场变换是一种更复杂的点云变换方法，它允许点云在变换过程中发生非线性的形状变化。位移场变换通过定义一个位移场函数来描述每个点的位移向量，从而实现点云的非刚性变换。

位移场变换可以处理点云中的局部形变和扭曲，适用于更复杂的场景和物体。它通常基于物理模型或学习算法来构建位移场函数，以实现对点云数据的精确调整。位移场变换的计算复杂度较高，但能够提供更加灵活和准确的点云变换结果。

图 4-9 所示为三维点云的仿射变换和位移场变换。

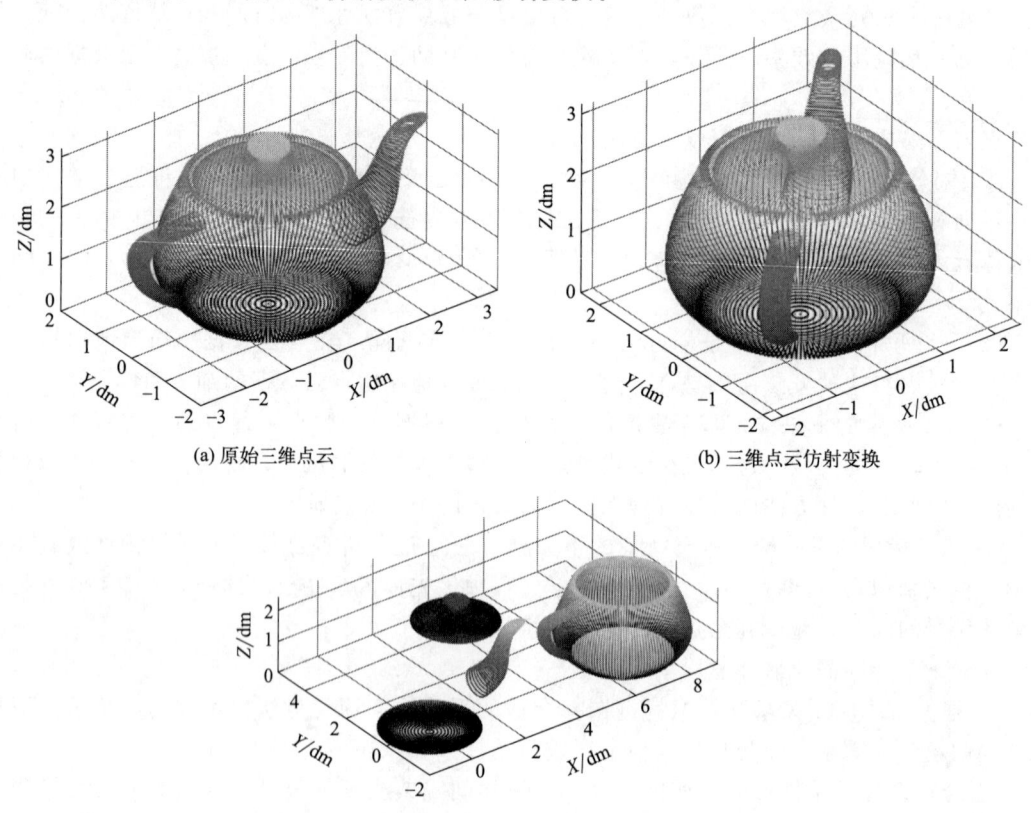

(a) 原始三维点云　　　　　　　　　(b) 三维点云仿射变换

(c) 三维点云位移场变换

图 4-9　三维点云的仿射变换和位移场变换

4.3.3 点云配准

激光雷达通过发射激光束并测量反射时间来获取周围环境的三维点云数据。然而，由于雷达设备的移动、不同视角的采集以及环境因素等影响，不同时刻或不同视角下获取的点云数据往往存在位置差异，需要进行点云配准来将它们对齐到统一的坐标系下。

(1) 点云配准的定义

点云配准是指通过一系列数学方法和技术，将两个或多个点云数据集进行空间位置上的对齐，使它们在同一坐标系下具有一致的空间位置关系。点云配准的目标是实现点云数据之间的精确对齐，以便进行后续的三维建模、场景分析、物体识别等任务。

(2) 点云配准的方法

点云配准的方法主要有基于特征的配准方法、基于迭代的配准方法、基于相干点漂移的三维点云配准方法、基于正态分布变换的三维点云配准方法、基于深度学习的配准方法

① 基于特征的配准方法。基于特征的配准方法主要通过提取点云中的显著特征（如角点、边缘、平面等）来建立对应关系，进而求解变换矩阵以实现点云配准。这种方法的关键在于特征提取的准确性和稳定性。基于特征的配准方法具有较高的配准精度，但对特征提取算法的选择和参数设置较为敏感。

② 基于迭代的配准方法。基于迭代的配准方法通过不断优化变换参数来实现点云的对齐。其中最著名的是基于迭代最近点算法。基于迭代最近点算法通过迭代地寻找最近点对应关系，并据此求解变换矩阵，直到满足收敛条件为止。基于迭代最近点算法具有较高的配准精度，但对初始位置和迭代参数的选择较为敏感，且对于大规模点云数据集，计算复杂度较高。图 4-10 所示为基于迭代最近点的三维点云配准。

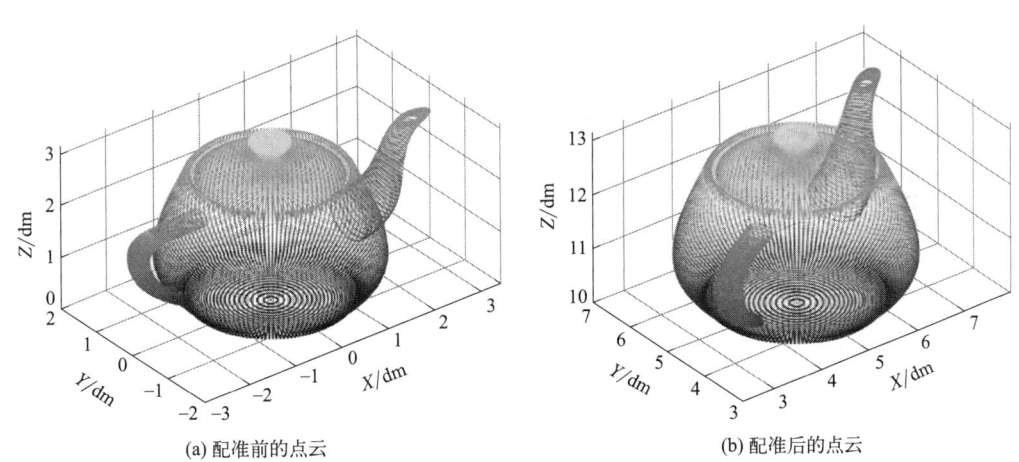

(a) 配准前的点云 (b) 配准后的点云

图 4-10 基于迭代最近点的三维点云配准

③ 基于相干点漂移的三维点云配准方法。相干点漂移算法是一种基于概率的配准方法，它并不依赖点云中的明确特征进行配准。相干点漂移算法通过最小化点云之间的距离来确定两个点云之间的几何变换，它使用概率分布函数来描述每个点在另一个点云中的对应位置的可能性。这种方法可以在不需要任何先验知识的情况下进行点云配准，并且具有良好的鲁棒性和精度。然而，相干点漂移算法在处理大规模点云数据时可能面临计算效率的挑战。图 4-11 所示为基于相干点漂移的三维点云配准。

④ 基于正态分布变换的三维点云配准方法。正态分布变换算法是一种基于概率模型的

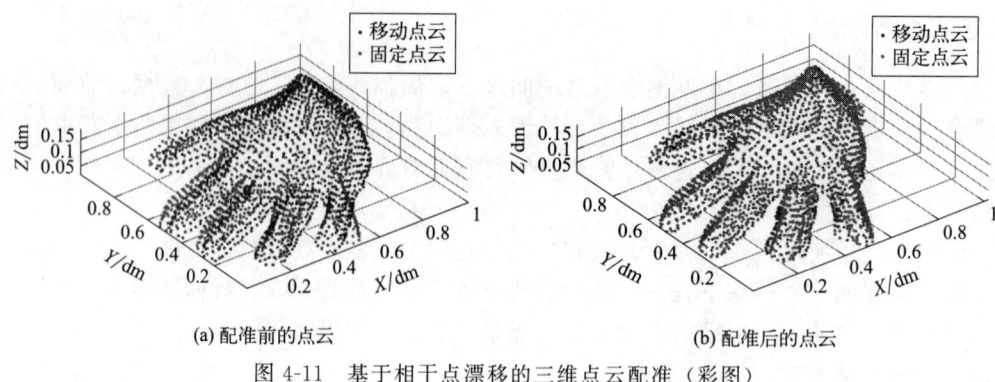

(a) 配准前的点云　　　　　　　　　　　(b) 配准后的点云

图 4-11　基于相干点漂移的三维点云配准（彩图）

配准方法。它通过将点云划分为多个单元格，并为每个单元格计算高斯分布参数来描述点云的局部结构。然后，通过最小化两个点云之间的正态分布变换分布函数之间的相对熵来进行配准。正态分布变换算法对初始位姿和噪声的鲁棒性较好，适用于大规模点云数据的配准。然而，正态分布变换算法的性能可能受到单元格大小选择的影响，且对于具有复杂形状和结构的点云，可能难以获得理想的配准结果。图 4-12 所示为基于正态分布变换的三维点云配准。

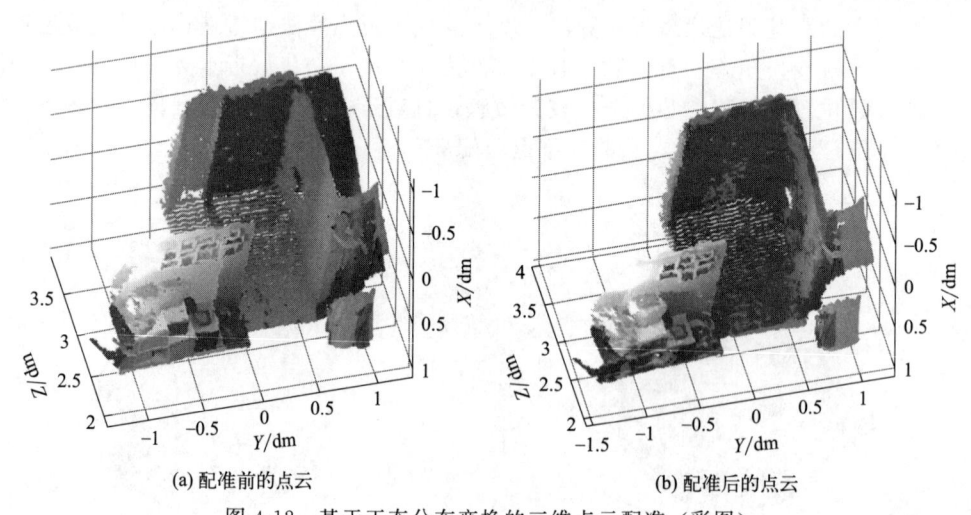

(a) 配准前的点云　　　　　　　　　　　(b) 配准后的点云

图 4-12　基于正态分布变换的三维点云配准（彩图）

⑤ 基于深度学习的配准方法。基于深度学习的配准方法通过训练神经网络来学习点云之间的对应关系或变换参数。这种方法具有较强的泛化能力，可以处理复杂的场景和形状变化。深度学习配准方法可以通过大量的数据进行学习，提高配准精度和效率。然而，其训练过程需要大量标注数据，并且计算复杂度较高，对于实时性要求较高的应用可能存在一定的挑战。

每种方法都有其独特的优势和适用场景，但也可能存在一些挑战和限制。在实际应用中，应根据具体需求和数据特点选择合适的配准方法。

（3）基于迭代最近点的三维点云配准理论

点云配准的最终目的是通过一定的旋转和平移变换将不同坐标系下的两组或者多组点云数据统一到同一参考坐标系下。

为了统一不同坐标系下的点云数据，需要通过一定的变换关系来实现。假定源点云为 $\boldsymbol{P}$，待配准的目标点云为 $\boldsymbol{Q}$，$\boldsymbol{P}$ 与 $\boldsymbol{Q}$ 之间的重合点可以通过最小化相应对应点之间的欧式距离来表示。从源点云到目标点云的变换过程可用数学模型 $\boldsymbol{P}=\boldsymbol{R}\times\boldsymbol{Q}+\boldsymbol{T}$ 表示。式中，$\boldsymbol{R}$ 为 3×3 的旋转矩阵；$\boldsymbol{T}$ 为平移矩阵。配准过程包含旋转和平移，故配准的关键之处在于求解旋转矩阵和平移矩阵。

在转换过程中，需要利用三维射影变换矩阵 $\boldsymbol{H}$ 来完成，其表达式为

$$\boldsymbol{H}=\begin{bmatrix} a_{11} & a_{12} & a_{13} & t_x \\ a_{21} & a_{22} & a_{23} & t_y \\ a_{31} & a_{32} & a_{33} & t_1 \\ v_x & v_y & v_z & s \end{bmatrix}=\begin{bmatrix} \boldsymbol{R} & \boldsymbol{T} \\ \boldsymbol{V} & s \end{bmatrix} \tag{4-4}$$

式中，$\boldsymbol{R}=\begin{bmatrix} a_{11} & a_{12} & a_{13} \\ a_{21} & a_{22} & a_{23} \\ a_{31} & a_{32} & a_{33} \end{bmatrix}$ 为旋转矩阵；$\boldsymbol{T}=\begin{bmatrix} t_x & t_y & t_z \end{bmatrix}^{\mathrm{T}}$ 为平移向量；$\boldsymbol{V}=\begin{bmatrix} v_x & v_y & v_z \end{bmatrix}$ 为透视向量；s 为缩放因子。

对于无缩放刚性点云，只存在旋转和平移变换，不存在形变，因此，透视向量为零，缩放因子为 1，则变换矩阵为

$$\boldsymbol{H}=\begin{bmatrix} \boldsymbol{R}_{3\times3} & \boldsymbol{T}_{3\times1} \\ 0_{1\times3} & 1 \end{bmatrix}_{4\times4} \tag{4-5}$$

设点云数据沿 x、y、z 轴旋转的角度分别为 α、β、γ；沿 x、y、z 轴方向的平移量分别为 t_x、t_y、t_z，则旋转矩阵和平移矩阵可分别表示为

$$\boldsymbol{R}_{3\times3}=\begin{bmatrix} 1 & 0 & 0 \\ 0 & \cos\alpha & \sin\alpha \\ 0 & -\sin\alpha & \cos\alpha \end{bmatrix}\begin{bmatrix} \cos\beta & 0 & -\sin\beta \\ 0 & 1 & 0 \\ \sin\beta & 0 & \cos\beta \end{bmatrix}\begin{bmatrix} \cos\gamma & \sin\gamma & 0 \\ -\sin\gamma & \cos\gamma & 0 \\ 0 & 0 & 1 \end{bmatrix} \tag{4-6}$$

$$\boldsymbol{T}_{3\times1}=\begin{bmatrix} t_x & t_y & t_z \end{bmatrix}^{\mathrm{T}} \tag{4-7}$$

对两片点云 $\boldsymbol{Q}$ 与 $\boldsymbol{Q}'$ 进行刚性变换，则

$$\boldsymbol{Q}'=\boldsymbol{R}_{3\times3}\times\boldsymbol{Q}+\boldsymbol{T}_{3\times1} \tag{4-8}$$

式中，$\boldsymbol{Q}=\begin{bmatrix} x_i & y_i & z_i \end{bmatrix}^{\mathrm{T}}$；$\boldsymbol{Q}'=\begin{bmatrix} x_i' & y_i' & z_i' \end{bmatrix}^{\mathrm{T}}$。

将式(4-6)和式(4-7)代入式(4-8)中，得

$$\begin{bmatrix} x_i' \\ y_i' \\ z_i' \end{bmatrix}=\begin{bmatrix} 1 & 0 & 0 \\ 0 & \cos\alpha & \sin\alpha \\ 0 & -\sin\alpha & \cos\alpha \end{bmatrix}\begin{bmatrix} \cos\beta & 0 & -\sin\beta \\ 0 & 1 & 0 \\ \sin\beta & 0 & \cos\beta \end{bmatrix}\begin{bmatrix} \cos\gamma & \sin\gamma & 0 \\ -\sin\gamma & \cos\gamma & 0 \\ 0 & 0 & 1 \end{bmatrix}\begin{bmatrix} x_i \\ y_i \\ z_i \end{bmatrix}+\begin{bmatrix} t_x \\ t_y \\ t_z \end{bmatrix} \tag{4-9}$$

可以看出，需要求解 α、β、γ、t_x、t_y、t_z 6 个参数，即至少需要在点云重合区域内寻找三组不共线的点对，这样 6 个线性方程组就能求得参数的唯一解。不过为了保证求得参数的准确性，通常会选取较多的对应点进行参数方程的建立，以此实现高质量的点云配准。

点云配准直接得到的结果是两部分点云之间的旋转及平移矩阵，而求解该矩阵常用的方法有四元数法。

四元数是一个四元矢量，由一个实数单位和三个虚数单位构成，通常写成

$$a=a_0+a_1\mathrm{i}+a_2\mathrm{j}+a_3\mathrm{k} \tag{4-10}$$

式中，a_0 为实部；a_1、a_2、a_3 为虚部；i、j、k 为虚数单位。

i、j、k 满足以下运算规律。

$$\begin{cases} ij=k=-ji \\ jk=i=-kj \\ ki=j=-jk \\ i^2=j^2=k^2=-1 \end{cases}$$ (4-11)

利用四元数法求解旋转矩阵和平移矩阵的具体步骤如下。

① 求取源点云和目标点云的质心。

$$C_p=\frac{1}{n}\sum_{i=1}^n p_i$$ (4-12)

$$C_q=\frac{1}{n}\sum_{i=1}^n q_i$$ (4-13)

式中，C_p、C_q 分别为源点云的质心和目标点云的质心；n 为源点云与目标点云对应点对数量；p_i 为源点云的点；q_i 为目标点云的点。

② 计算协方差矩阵。

$$\boldsymbol{E}=\frac{1}{n}\sum_{i=1}^n\left[(p_i-C_p)(q_i-C_q)^\mathrm{T}\right]$$ (4-14)

③ 计算协方差矩阵对应的循环列向量 $\boldsymbol{\Delta}=\begin{bmatrix} e_{12} & e_{23} & e_{31}\end{bmatrix}^\mathrm{T}$，列向量 e_{12}、e_{23}、e_{31} 分别按照 $e_{ij}=\begin{bmatrix}\boldsymbol{E}-\boldsymbol{E}^\mathrm{T}\end{bmatrix}_{i,j}$ （i，$j=1$，2，3）求取。

④ 搭建四阶对称矩阵。

$$\boldsymbol{M}=\begin{bmatrix} tr(\boldsymbol{E}) & \boldsymbol{\Delta}^\mathrm{T} \\ \boldsymbol{\Delta} & \boldsymbol{E}+\boldsymbol{E}^\mathrm{T}-tr(\boldsymbol{E})\boldsymbol{I}_3 \end{bmatrix}$$ (4-15)

式中，$tr(\boldsymbol{E})$ 为矩阵 $\boldsymbol{E}$ 的迹；$\boldsymbol{I}_3$ 为 3×3 单位矩阵。

⑤ 计算四阶对称矩阵的特征值和特征向量，取最大特征值对应的特征向量，此向量即为四元数$[a_0,a_1,a_2,a_3]$。

⑥ 求旋转矩阵。

$$\boldsymbol{R}=\begin{bmatrix} a_0^2+a_1^2+a_2^2+a_3^2 & 2(a_1a_2-a_0a_3) & 2(a_1a_3+a_0a_2) \\ 2(a_1a_2+a_0a_3) & a_0^2+a_2^2-a_1^2-a_3^2 & 2(a_2a_3-a_0a_1) \\ 2(a_1a_3-a_0a_2) & 2(a_2a_3+a_0a_1) & a_0^2+a_3^2-a_1^2-a_2^2 \end{bmatrix}$$ (4-16)

⑦ 求平移矩阵。根据旋转矩阵和平移矩阵的关系，可以求得平移矩阵为

$$\boldsymbol{T}_p=C_p-\boldsymbol{R}C_q$$ (4-17)

4.3.4 点云特征提取

激光雷达通过发射激光束并测量反射时间来获取周围环境的三维点云数据。点云数据中包含大量的空间信息，但原始的点云数据通常较为杂乱，难以直接用于后续的物体识别、场景理解等任务。因此，对激光雷达点云进行特征提取至关重要。

（1）点云特征提取的定义

点云特征提取是指从原始的点云数据中提取出具有代表性、稳定性和区分性的信息，以便于后续的物体识别、分类、配准等任务。这些特征可以是点云的几何属性（如位置、法线、曲率等），也可以是点云的空间分布特性（如密度、分布模式等）。

（2）点云特征的类型

点云特征包括空间位置特征、表面属性特征、几何形状特征、分布与密度特征以及统计特征等。这些特征信息相互关联、相互补充，共同构成点云数据的丰富内涵。

① 空间位置特征。点云数据最基本的特征是空间位置信息，即每个点在三维空间中的坐标。这些坐标反映物体表面的实际位置，是点云数据的基础。通过对空间位置特征的分析，可以了解物体的形状、大小以及物体之间的相对位置关系。

② 表面属性特征。除了空间位置信息外，点云数据还可以包含表面属性特征，如点的颜色、反射强度等。这些特征信息进一步丰富点云数据的表达能力，可以更加准确地描述物体表面的纹理、材质等特性。

③ 几何形状特征。点云数据中的点按照一定的空间分布模式构成物体的表面形状。通过计算点的法线、曲率等几何形状特征，可以描述物体表面的局部结构和细节。这些特征在目标识别、三维建模等应用中具有重要价值。

④ 分布与密度特征。点云数据中点的分布模式和密度变化也可以作为特征信息。例如，物体的边缘部分通常具有更高的点密度，而平坦区域则可能具有较低的点密度。通过分析点云的分布与密度特征，可以进一步了解物体的结构特点和空间分布规律。

⑤ 统计特征。对点云数据进行统计分析，可以提取出一系列统计特征，如点的平均距离、标准差、偏度、峰度等。这些统计特征反映点云数据的整体分布情况和数据特性，有助于更好地理解点云数据的内在规律和结构。

（3）点云特征的提取方法

① 基于几何属性的特征提取。几何属性是点云数据中最直接、最易于获取的特征。例如，点的坐标信息直接反映物体在三维空间中的位置；法线和曲率描述点的局部表面形状和变化情况；密度信息可以反映物体的材质、厚度等特性。通过对这些几何属性进行提取和分析，可以得到点云数据的基本特征。

② 基于统计学的特征提取。统计学方法可以对点云数据进行更深层次的分析，提取出更加复杂的特征。例如，可以利用主成分分析对点云数据进行降维处理，提取出点云的主方向；通过计算点云中各点的距离、角度等统计量，可以得到点云的分布特性和结构信息。

③ 基于机器学习的特征提取。随着深度学习技术的快速发展，基于机器学习的点云特征提取方法也逐渐受到关注。通过训练神经网络模型，可以自动学习点云数据中的深层次特征。这种方法具有强大的特征提取能力，可以处理复杂的场景和形状变化。然而，其训练过程需要大量标注数据，并且计算复杂度较高。

在自动驾驶领域，通过对点云数据进行特征提取，可以实现车辆的精确定位、障碍物检测以及道路环境理解。

图 4-13 所示为激光雷达的点云特征提取。

4.3.5　点云分割

激光雷达作为三维感知技术的重要组成部分，能够获取周围环境的高精度三维点云数据。然而，原始的点云数据通常包含大量的冗余信息，不利于后续的物体识别、场景理解和导航等任务。

图 4-13　激光雷达的点云特征提取

因此，对激光雷达点云进行分割是至关重要的预处理步骤。

（1）点云分割的基本原理

点云分割的基本原理是根据点云数据中点的属性、空间关系或特征相似性将点云划分为不同的子集。这些子集可以代表不同的物体、表面或区域，从而简化对点云数据的分析和理解。点云分割的关键在于如何定义和度量点之间的相似性或差异性，以及如何有效地实现点的聚类或区域划分。

（2）点云分割方法

① 基于阈值的分割方法。基于阈值的分割方法是最简单直接的点云分割方法之一。该方法通过设定某些属性的阈值（如距离、高度、反射强度等），将点云划分为不同的子集。例如，可以根据地面与障碍物的高度差异来分割出地面点云和物体点云。然而，这种方法对于复杂场景和形状变化的适应性较差，且阈值的设定往往依赖经验和场景特性。

② 基于边缘检测的分割方法。基于边缘检测的分割方法利用点云中点的曲率、法线等几何属性的突变来检测边缘，从而实现点云的分割。这种方法能够较好地处理具有明显边缘特征的物体，但对于表面光滑或特征不明显的物体则可能效果不佳。

③ 基于区域生长的分割方法。基于区域生长的分割方法通过选取种子点，并根据邻近点的属性相似性逐步扩展区域，实现点云的分割。该方法能够较好地处理具有连续性和相似性的点云区域，但对于属性差异较大或存在噪声的点云数据可能产生错误的分割结果。

④ 基于聚类的分割方法。基于聚类的分割方法利用聚类算法对点云数据进行划分，实现不同物体的分割。这种方法能够处理复杂的点云数据，自动发现点云中的结构信息，但对聚类参数的选择和算法的性能要求较高。

⑤ 基于深度学习的分割方法。近年来，深度学习在点云处理领域取得显著进展。基于深度学习的分割方法通过训练神经网络模型来自动学习点云中的特征表示和分割边界，实现高精度的点云分割。这种方法能够处理复杂的场景和形状变化，但训练过程需要大量标注数据，且计算复杂度较高。语义分割是常见的一种。

（3）语义分割

语义分割的目标是将图像中的每个像素划分为不同的语义类别，从而实现对图像内容的精细化理解。这通常需要通过机器学习或深度学习算法来提取图像中的特征，并根据这些特征对像素进行分类。在语义分割的过程中，算法需要学习到不同类别的视觉特征，并能够准确地识别和区分它们。图 4-14 所示为语义分割示意。

(a) 原始图像　　　　　　　　　　　　(b) 语义分割图像

图 4-14　语义分割示意（彩图）

语义分割可以作为对象检测的一种有用替代方法，因为它允许感兴趣对象在像素级别上跨越图像中的多个区域。这种技术可以清楚地检测到形态不规则的对象，相比之下，目标检测要求目标必须位于有边界的方框内，如图 4-15 所示。

语义分割有以下主要方法。

① 基于传统机器学习的方法。传统机器学习的方法通常依赖手工设计的特征和分类器来实现语义分割。例如，可以使用基于图像纹理、颜色、形状等特征的方法来提取图像中的信息，并利用分类器（如支持向量机、随机森林等）对像素进行分类。然而，这种方法往往受限于手工设计特征的表达能力和泛化性能。

图 4-15　自动驾驶的车辆检测

② 基于深度学习的方法。近年来，深度学习方法在语义分割领域取得显著的进展。特别是卷积神经网络的出现，为语义分割提供强大的特征提取和分类能力。全卷积网络是语义分割中的经典模型，它通过对卷积层进行上采样和融合，实现对图像像素级别的预测。此外，还有一系列基于卷积神经网络的改进模型，它们在特征提取、上下文信息融合以及多尺度处理等方面进行优化，进一步提高语义分割的精度和效率。

在自动驾驶领域，语义分割可以用于识别道路、车辆、行人等关键元素，为车辆提供精确的导航和避障信息。通过对道路场景的语义理解，自动驾驶系统可以更加智能地应对各种复杂的交通环境。图 4-16 所示为自动驾驶场景的语义分割。图 4-17 所示为激光雷达点云的语义分割。

(a) 原始图像

(b) 分割图像

图 4-16　自动驾驶场景的语义分割（彩图）

（4）地面的点云分割

在自动驾驶、机器人导航以及三维重建等领域，地面点云的分割是一项至关重要的任务。由于地面通常占据点云数据的大部分，因此对其进行有效分割可以显著提高后续处理效率和精度。

地面的点云分割方法主要有平面栅格法、点云法向量法、模型拟合法、面元网格法和深度学习法等。

行人
汽车
树
建筑

(a) 原始图像　　　　　　　　(b) 分割图像

图 4-17　激光雷达点云的语义分割（彩图）

① 平面栅格法。平面栅格法是一种基于栅格化处理的地面点云分割方法。该方法首先将点云空间划分为一系列固定大小的栅格，然后统计每个栅格内的点云高度分布。通过设定阈值，可以判断每个栅格是否属于地面。这种方法简单快速，适用于平坦地面的分割。然而，对于不平坦地面或存在坡度的情况，该方法可能产生误分割。

② 点云法向量法。点云法向量法基于点云中每个点的法向量信息进行分割。通过计算每个点的法向量，可以判断该点是否位于平面上。如果法向量与预设的地面法向量相近，则将该点视为地面点。这种方法能够处理具有一定坡度的地面，但对噪声和遮挡较为敏感。

③ 模型拟合法。模型拟合法是一种基于平面或曲面模型拟合的地面点云分割方法。通过对点云数据进行迭代拟合，可以得到最佳的地面模型。然后，计算每个点到拟合平面的距离，根据距离阈值判断其是否属于地面。这种方法适用于复杂地形的分割，但需要选择合适的拟合算法和参数。

④ 面元网格法。面元网格法利用点云中的面元信息来分割地面。该方法首先将点云转换为三角形网格或四边形网格，然后提取出面元特征。通过比较面元特征与预设的地面特征，可以实现地面的分割。这种方法能够处理复杂的地面形状，但计算复杂度较高。

⑤ 深度学习法。深度学习法通过训练神经网络模型来实现地面点云的分割。通过大量标注数据的训练，神经网络可以学习到地面的特征表示和分割边界。这种方法能够自动提取复杂的地面特征，实现高精度的地面分割。然而，深度学习方法的计算复杂度较高，且需要充足的标注数据。

地面的点云分割方法的比较见表 4-3。

表 4-3　地面的点云分割方法的比较

方法名称	原理简介	优点	缺点	适用场景
平面栅格法	将点云空间划分为栅格，根据栅格内点的高度分布判断地面	简单易行，计算效率高	对不平坦地面处理效果较差，容易产生误分割	平坦地面或对实时性要求高的场景
点云法向量法	计算每个点的法向量，根据法向量与预设地面法向量的相似度判断地面	能处理具有一定坡度的地面	对噪声和遮挡敏感，计算复杂度较高	具有坡度但不太复杂的地面场景
模型拟合法	通过迭代拟合平面或曲面模型，根据点到模型的距离判断地面	能处理复杂地形，精度较高	需要选择合适的拟合算法和参数，计算复杂度较高	复杂地形或需要高精度分割的场景

方法名称	原理简介	优点	缺点	适用场景
面元网格法	将点云转换为面元网格,根据面元特征与预设地面特征的匹配度判断地面	能处理复杂地面形状,分割效果较好	计算复杂度高,对硬件资源要求较高	需要较高分割精度且对计算资源有一定要求的场景
深度学习法	利用神经网络学习地面特征,实现自动分割	能够自动提取复杂地面特征,精度高	需要大量标注数据进行训练,计算复杂度极高	数据充足且对分割精度要求极高的场景

从表 4-3 中可以看出，每种地面点云分割方法都有其独特的优点和局限性。平面栅格法简单高效，但处理不平坦地面时效果较差；点云法向量法能处理具有一定坡度的地面，但对噪声和遮挡敏感；模型拟合法能处理复杂地形，但计算复杂度较高；面元网格法分割效果较好，但同样需要较高的计算资源；深度学习法能够自动提取复杂地面特征并实现高精度分割，但需要大量的标注数据和较高的计算资源。

在实际应用中，应根据具体场景和需求选择合适的方法。对于平坦地面或实时性要求较高的场景，可以选择平面栅格法或点云法向量法；对于复杂地形或需要高精度分割的场景，可以考虑使用模型拟合法或面元网格法；而对于数据充足且对分割精度要求极高的场景，深度学习法可能是一个更好的选择。需要注意的是，深度学习法的应用还受限于硬件资源和计算能力的限制。

图 4-18 所示为从激光雷达数据中分割和绘制地面。

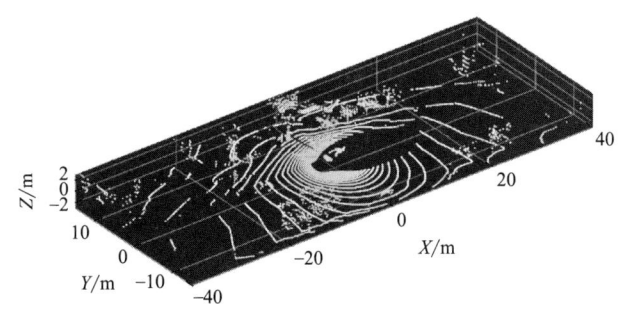

图 4-18　从激光雷达数据中分割和绘制地面

（5）目标物的点云分割

在去除掉地面点云后，就需要将目标物点云进行有效的分割、分块，从而便于对目标物进行单独处理，即点云分割。目标障碍物的点云分割是指根据空间、几何和纹理等特征对点云进行划分。

目标物的点云分割方法主要有基于边缘的方法、基于区域增长的方法和基于属性的方法。

① 基于边缘的点云分割方法。基于边缘的点云分割方法主要通过检测点云中的突变或边缘信息来实现分割。这种方法的核心在于提取点云中的边缘特征，如法向量、曲率等，并利用这些特征来识别不同物体之间的边界。基于边缘的方法能够较好地保留物体的边界信息，适用于那些具有明显边缘特征的目标物。然而，对于表面光滑或边缘不明显的物体，该方法的分割效果可能会受到一定影响。

② 基于区域增长的点云分割方法。基于区域增长的点云分割方法通过迭代将具有相似

属性的点聚集在一起形成区域来实现分割。该方法从一个种子点开始，根据预设的相似度阈值，逐步将相邻的点加入当前区域，直到满足停止条件。基于区域增长的方法能够处理具有较大连续区域的点云数据，但对噪声敏感，且需要选择合适的种子点和相似度阈值。

③ 基于属性的点云分割方法。基于属性的点云分割方法根据点的属性信息，如颜色、密度、反射率等，将点云划分为不同的子集。这种方法通常需要对点云进行预处理，以提取所需的属性信息。基于属性的方法能够处理复杂的点云数据，并考虑多种属性信息的综合影响。然而，属性的选择和阈值的设定对于分割效果具有重要影响，需要针对具体场景进行调整。

目标物的点云分割方法的比较见表 4-4。

表 4-4　目标物的点云分割方法的比较

方法名称	原理简介	优点	缺点	适用场景
基于边缘的点云分割方法	通过检测点云中的突变或边缘信息来实现分割，如法向量、曲率等的变化	保留物体的边界信息；适用于具有明显边缘特征的目标物	对噪声敏感；可能在光滑或边缘不明显的区域产生误分割	边缘特征明显的目标物；需要保持边界信息的场景
基于区域增长的点云分割方法	从一个种子点开始，逐步将相邻的具有相似属性的点加入当前区域，形成分割区域	适用于处理具有较大连续区域的点云数据；能够处理复杂的点云结构；易于实现	需要选择合适的种子点；对相似度阈值敏感；可能因阈值设置不当导致过分割或欠分割	连续区域明显的点云数据；需要进行区域分割的场景；需要快速分割的场景
基于属性的点云分割方法	根据点的属性信息（如颜色、密度、反射率等）进行分割	综合考虑多种属性信息的影响；适用于处理具有多种属性信息的点云数据；灵活性高，可针对不同需求进行定制	属性选择和阈值设定对结果影响大；可能需要针对特定场景进行大量实验和调参；计算复杂度可能较高	需要考虑多种属性信息的复杂场景；对属性信息敏感的场景；需要高度定制化的分割场景

从表 4-4 中可以看出，基于边缘的点云分割方法、基于区域增长的点云分割方法和基于属性的点云分割方法各有其优势和局限性。基于边缘的点云分割方法能够保留物体的边界信息，但在噪声较多的情况下可能产生误分割；基于区域增长的点云分割方法能够处理连续区域明显的点云数据，但需要选择合适的种子点和相似度阈值；基于属性的点云分割方法综合考虑多种属性信息的影响，但属性选择和阈值设定对结果影响较大，需要针对特定场景进行大量实验和调参。

不同的点云分割方法适用于不同的场景。对于边缘特征明显的目标物，可以优先考虑基于边缘的点云分割方法；对于具有较大连续区域的点云数据，如建筑物、地形等，可以考虑使用基于区域增长的点云分割方法；对于需要考虑多种属性信息的复杂场景，如彩色点云数据中的不同物体识别，可以尝试使用基于属性的点云分割方法。需要注意的是，在实际应用中，可能需要结合多种方法的优点，以达到更好的分割效果。

图 4-19 所示为从点云数据中分割出悬挂物。

图 4-19　从点云数据中分割出悬挂物

4.3.6　点云聚类

点云聚类旨在将无序的点云数据划分为具有相似属性或特征的子集，也称为聚类簇。通过点云聚类，可以有效地识别、分割和理解三维场景中的不同物体或结构。聚类结果对于后续的三维重建、物体识别、场景理解等任务具有重要的应用价值。

（1）点云聚类的基本原理

点云聚类的基本原理是将点云数据中的点根据某种相似性或距离度量进行分组，使得同一组内的点具有较高的相似性，而不同组之间的点具有较低的相似性。聚类算法的选择对聚类结果的质量和效率具有重要影响。常见的点云聚类方法包括基于距离的聚类、基于密度的聚类、基于图的聚类以及基于学习的聚类等。

（2）常用点云聚类方法

① 基于距离的聚类方法。这类方法通常使用某种距离度量（如欧氏距离）来计算点之间的相似度，并将相似的点聚集在一起形成聚类簇。典型的基于距离的聚类算法有 K-means 和层次聚类等。这些方法在点云数据分布较为均匀且聚类形状较为规则时效果较好。

② 基于密度的聚类方法。基于密度的聚类方法通过计算点云数据的局部密度来识别聚类簇。基于密度的聚类算法能够识别出具有任意形状的聚类簇，并对噪声点具有较好的鲁棒性。然而，基于密度的聚类方法对参数的选择较为敏感，需要针对具体场景进行调整。

③ 基于图的聚类方法。基于图的聚类方法将点云数据构建为图结构，并利用图的拓扑信息进行聚类。典型的算法有谱聚类和图割等。这些方法能够处理复杂的点云结构，但计算复杂度较高，对于大规模点云数据可能不太适用。

④ 基于学习的聚类方法。随着深度学习的快速发展，基于学习的聚类方法逐渐受到关注。这些方法通过训练神经网络来学习点云数据的特征表示和聚类方式。典型的算法有深度嵌入聚类、自编码器聚类等。基于学习的聚类方法能够提取更高级别的特征信息，并在一定程度上解决传统聚类方法难以处理的问题。

图 4-20 所示为激光点云的聚类。

在自动驾驶领域，通过对道路点云数据进行聚类，可以识别出车辆、行人、道路标记等关键元素，为自动驾驶系统的决策提供重要依据。

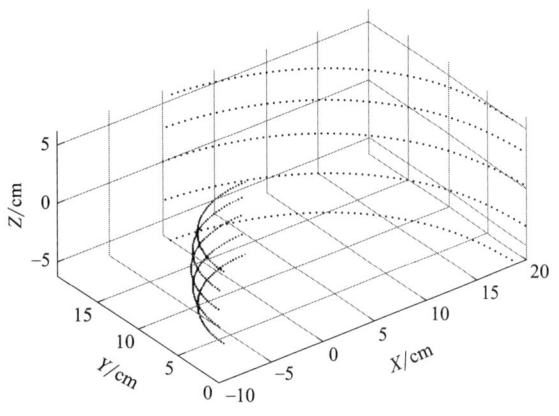

图 4-20　激光点云的聚类

4.3.7　点云三维建模

通过从真实场景中获取的离散点云数据，可以构建出精确的三维模型，进而实现场景重建、物体识别、虚拟现实等多种应用。

（1）点云三维建模基本原理

点云三维建模的基本原理是通过对大量离散点的空间位置和属性信息进行处理和分析，提取出物体的几何形状和结构特征，进而构建出三维模型。点云数据通常通过激光扫描、摄影测量、三维相机等技术获取，包含物体的表面信息以及空间位置关系。通过对点云数据进行预处理、特征提取、表面重建等步骤，可以得到精确的三维模型。表面重建是点云三维建模的核心步骤，旨在从离散的点云数据中恢复出物体的连续表面。

（2）点云数据表面重建的方法

① 基于隐式函数的表面重建方法。基于隐式函数的表面重建方法通过将点云数据拟合到一个隐式函数中，从而实现对物体表面的重建。常见的隐式函数包括符号距离函数和水平集方法等。这些方法通过计算点云到隐式函数表面的距离，构建出一个能够描述物体表面的连续函数。基于隐式函数的重建方法能够处理复杂的拓扑结构，并生成平滑的表面模型。然而，其计算复杂度较高，对大规模点云数据的处理可能较为困难。

② 基于三角剖分的表面重建方法。基于三角剖分的表面重建方法通过将点云数据划分为一系列三角面片来逼近物体的表面。常见的三角剖分算法包括 Delaunay 三角剖分和贪婪投影三角剖分等。这些算法通过连接点云中邻近的点形成三角形，进而构建出物体的表面模型。基于三角剖分的重建方法具有较高的灵活性和适用性，能够处理各种形状的物体。然而，在处理稀疏或噪声较多的点云数据时，可能会产生不准确的三角面片，影响重建质量。

③ 基于机器学习的表面重建方法。随着深度学习技术的发展，基于机器学习的表面重建方法逐渐受到关注。这些方法通过训练神经网络来学习从点云到表面的映射关系。深度学习模型可以提取点云中的深层特征，并生成高精度的表面模型。常见的基于机器学习的表面重建方法包括 PointNet、PointConv 等。这些方法在处理复杂形状和大规模点云数据方面具有优势，能够实现较高的重建精度和效率。然而，其需要大量的训练数据和计算资源，且对模型的泛化能力要求较高。

除了上述常见的表面重建方法外，还有一些其他方法也被应用于点云数据的表面重建中。例如，基于体积的重建方法通过构建物体的体积表示来进行表面重建，基于移动最小二乘法的重建方法通过拟合局部曲面来逼近物体的表面。这些方法各有特点，可以根据具体的应用场景和需求进行选择。

图 4-21 所示为点云的三维建模，其中有 2 个平面。

4.3.8 点云的运动畸变

（1）点云运动畸变的成因

点云的运动畸变主要由以下因素引起。

① 设备运动。在采集点云数据的过程中，若采集设备发生移动或旋转，会导致采集到的点云数据发生畸变。这种畸变通常表现为点云的整体偏移或旋转。

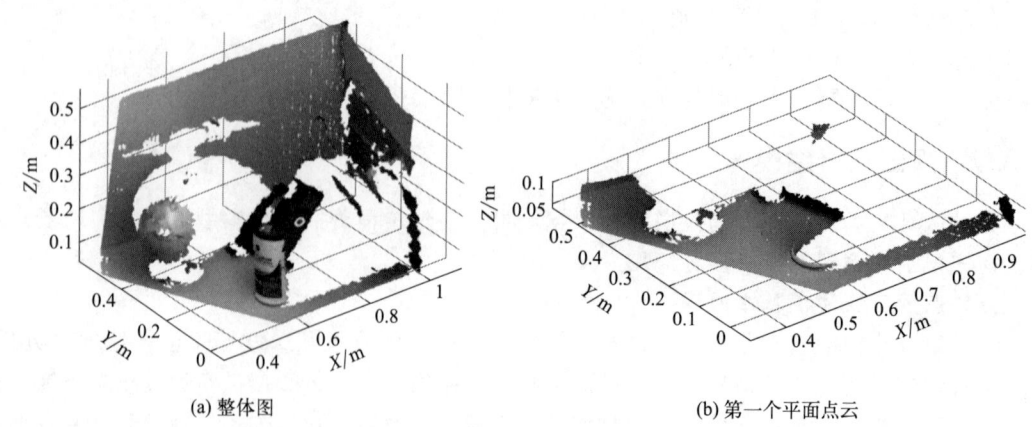

(a) 整体图   (b) 第一个平面点云

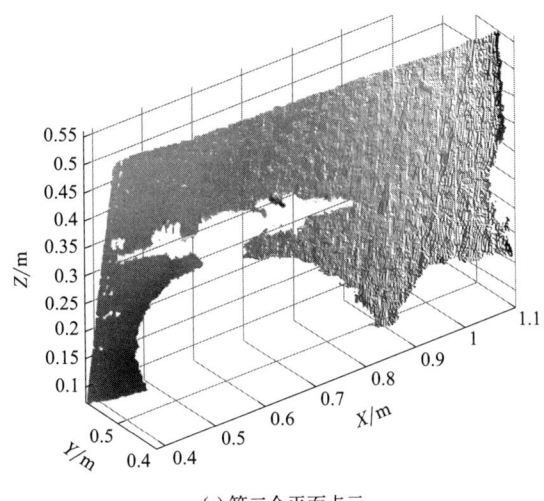

(c) 第二个平面点云

图 4-21 点云的三维建模

② 外部干扰。外部环境中的噪声、振动等因素也可能对点云数据产生干扰，导致点云数据的精度下降和畸变。

③ 数据处理。在点云数据的处理过程中，如滤波、降采样等操作也可能引入一定的畸变。

激光雷达发射的一帧激光点云由多个激光点组成，而这些激光点云是由扫描器件经过一次扫描后才形成的。在静止的场景中时，车辆处于静止状态且场景中的目标物也处于相对静止状态，那么采集到的一帧点云是没有畸变的，每条激光线束最终会形成一个闭合的圆形，如图 4-22 所示。

在运动场景下，如车辆高速行驶或者转弯时，一帧点云中的起始点云和终止点云只能在不同坐标系下获得测量结果，这便导致三维环境信息产生畸变。如图 4-23 所示，当车辆在运动过程中，车端上的激光雷达在扫描完一圈后，在最后一束激光照射到目标物时，与第一束激光照射到目标时相比，目标物的空间位置已发生相对位移——该物体在两个不同时刻的点云，显示在坐标系中的信息是不同的。

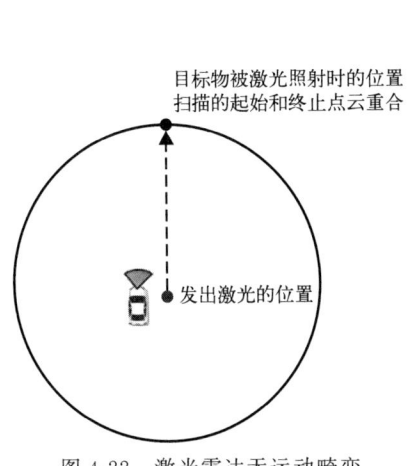

图 4-22 激光雷达无运动畸变

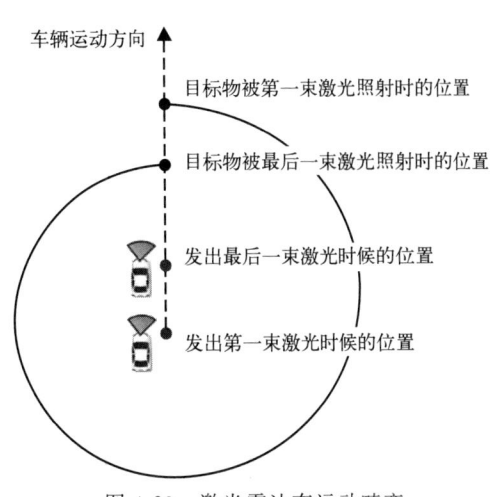

图 4-23 激光雷达有运动畸变

（2）点云运动畸变的影响

点云运动畸变会对后续的数据处理和应用产生以下影响。

① 目标检测精度下降。运动畸变会导致目标物体的形状、位置等信息发生偏差，从而降低目标检测的准确性。

② 场景理解困难。运动畸变会使点云数据中的场景结构变得复杂和混乱，增加场景理解的难度。

③ 决策规划失误。在自动驾驶等应用中，运动畸变可能导致车辆对周围环境的误判，进而影响决策和规划的正确性。

（3）点云运动畸变的处理办法

① 静态校正法。通过获取设备的运动参数，对点云数据进行静态校正。这种方法需要事先知道设备的运动轨迹和姿态，因此在实际应用中可能存在一定的限制。

② 运动同步法。通过同步采集设备的运动信息和点云数据，实现点云数据的动态校正。这种方法需要采集设备的运动信息与点云数据具有较高的同步性，对于实时性要求较高的应用场景可能较为困难。

③ 基于特征匹配的方法。利用点云中的特征信息进行匹配，通过对比不同时间或不同视角下的点云数据，估计出设备的运动参数，进而对点云数据进行校正。这种方法对于环境特征丰富的场景具有较好的效果。

④ 深度学习方法。近年来，深度学习在三维数据处理领域取得显著的进展。利用深度学习技术，可以从大量数据中学习到点云的运动规律，实现对点云运动畸变的自动校正。这种方法具有较强的自适应性和泛化能力，但通常需要大量的训练数据和计算资源。

点云运动畸变的处理方法的比较见表 4-5。

表 4-5 点云运动畸变的处理方法的比较

方法	原理	优点	缺点	适用场景
静态校正法	通过获取设备的运动参数，对点云数据进行静态校正	简单直接，计算量小	需要事先知道设备的运动轨迹和姿态，可能存在限制	适用于设备运动规律已知或可预测的场景
运动同步法	通过同步采集设备的运动信息和点云数据，实现点云数据的动态校正	能够实时校正，适用于动态场景	对采集设备的同步性要求较高，可能引入新的误差	适用于需要实时校正的场景，如自动驾驶、机器人导航等
基于特征匹配的方法	利用点云中的特征信息进行匹配，通过对比不同时间或不同视角下的点云数据，估计出设备的运动参数，进而对点云数据进行校正	对环境特征敏感，适用于特征丰富的场景	对点云质量和特征提取算法要求较高，可能受到噪声和干扰的影响	适用于环境特征丰富、场景变化不大的情况
深度学习方法	利用深度学习技术从大量数据中学习到点云的运动规律，实现对点云运动畸变的自动校正	具有较强的自适应性和泛化能力，可处理复杂场景	需要大量训练数据和计算资源，模型训练时间较长	适用于处理大规模、复杂场景的点云数据，具备较高的实时性要求

在选择合适的点云运动畸变校正方法时，需要根据具体的应用场景和需求进行综合考虑。对于设备运动规律已知或可预测的场景，可以选择静态校正法；对于需要实时校正的场景，如自动驾驶、机器人导航等，运动同步法可能更为合适；对于环境特征丰富、场景变化不大的情况，可以考虑基于特征匹配的方法；而对于处理大规模、复杂场景的点云数据，并具备较高的实时性要求时，深度学习方法可能更具优势。

4.4　点云的目标检测方法

点云目标检测犹如在繁星点点的夜空中寻找特定的星座。想象一下，每颗星星都是一个三维空间中的点，而整个夜空则是点云数据。目标检测就是在这片星海中，识别出具有特定形状或结构的星座，如同汽车、行人等目标对象。算法通过分析和计算点的位置、密度等特征，犹如我们根据星星的排列和亮度识别星座一样，从点云中提取出目标的轮廓和位置信息。这样，即使在繁杂的点云数据中，也能精准地检测到目标对象。

4.4.1　基于规则的点云目标检测方法

基于规则的点云目标检测方法通过设计一系列规则来识别和定位目标，具有直观、易实现等优点。

(1) 基于规则的点云目标检测原理

基于规则的点云目标检测方法的核心在于设计一系列能够反映目标特性的规则。这些规则通常基于目标的几何特征、空间分布以及与其他物体的关系来制定。通过将这些规则应用于点云数据，可以实现对目标的识别和定位。

以自动驾驶中的车辆检测为例，可以利用点云数据的密度特征来识别车辆。首先，通过计算每个点的局部密度，可以区分出地面和车辆等不同物体。由于车辆通常具有较高的密度，因此可以设定一个密度阈值，将密度高于该阈值的点集视为潜在的车辆目标。另外，通过分析这些点集的形状和尺寸，可以进一步确认它们是否为车辆。

(2) 基于规则的点云目标检测关键步骤

① 数据预处理。对原始点云数据进行滤波、降噪等处理，以提高数据的质量和一致性。此外，还可能需要进行坐标变换或缩放等操作，以便更好地适应后续的处理和分析。

② 特征提取。从预处理后的点云数据中提取与目标识别相关的特征。这些特征可以包括点的密度、曲率、法线方向等局部特征，以及点云的整体形状、尺寸等全局特征。通过提取这些特征，可以更好地描述和区分目标物体。

③ 规则设计。根据目标的特性和应用场景的需求，设计一系列能够识别目标的规则。这些规则可以涉及点云数据的空间分布、几何特征以及与其他物体的关系等方面。例如，可以根据目标的形状和尺寸来制定规则，或者根据目标与周围环境的相对位置关系来设计规则。

④ 目标识别与定位。应用设计的规则对预处理后的点云数据进行扫描和分析，识别出符合目标特征的点集。通过对这些点集进行进一步的处理和分析，可以确定目标在三维空间中的位置和姿态。

(3) 基于规则的点云目标检测的优点

① 直观性和易理解性。基于规则的点云目标检测方法通过明确设定的规则来进行目标检测，这些规则往往基于目标的几何特征、空间分布以及与其他物体的关系，使得方法易于理解和实现。

② 灵活性。基于规则的方法可以根据具体的应用场景和目标特性进行灵活的规则设计。这意味着在面对不同的任务和目标时，可以定制专门的规则来满足特定需求。

③ 不依赖大量训练数据。与传统的基于机器学习的目标检测方法相比，基于规则的方法不需要大量的训练数据。这使得它在某些情况下，特别是当训练数据稀缺时，成为一个有效的替代方案。

④ 快速性和实时性。由于基于规则的方法通常涉及简单的计算和逻辑判断，因此其运行速度较快，适合对实时性要求较高的应用场景。

(4) 基于规则的点云目标检测的缺点

① 规则设计复杂性和依赖性。设计有效的规则通常依赖专家的知识和经验，并且需要深入理解目标特性和场景环境。对于复杂的目标和场景，规则的设计可能变得复杂且困难。

② 规则适应性和泛化能力有限。基于规则的方法通常对特定目标和场景较为敏感，当目标或场景发生变化时，可能需要重新设计或调整规则。这会限制方法的适应性和泛化能力。

③ 对噪声和点云数据质量的敏感性。基于规则的方法通常对噪声和点云数据的密度变化较为敏感。如果点云数据中存在大量的噪声或数据质量不佳，可能会导致规则失效或产生误检。

④ 缺乏自适应能力。一旦规则确定，基于规则的方法通常无法自适应地处理新的或未知的目标类型。这要求在实际应用中不断更新和优化规则，以适应不断变化的场景和目标。

4.4.2 基于机器学习的点云目标检测方法

基于机器学习的点云目标检测方法通过训练模型学习目标的特征表示，从而提高目标检测的准确性和效率。

(1) 基于机器学习的点云目标检测原理

基于机器学习的点云目标检测原理是利用机器学习算法从点云数据中学习目标的特征表示和分类规则。通过对大量标注的点云数据进行训练，机器学习模型能够自动提取目标的形状、尺寸和空间分布等关键特征，并学习将这些特征映射到相应的目标类别。在检测阶段，模型能够对未标注的点云数据进行特征提取和分类，实现目标的自动识别和定位。基于机器学习的点云目标检测方法具有强大的特征学习和分类能力，提高目标检测的准确性和鲁棒性。

以自动驾驶为例，通过训练深度学习模型来识别道路上的车辆、行人等目标，可以提高自动驾驶系统的安全性和稳定性。

(2) 基于机器学习的点云目标检测关键步骤

① 数据预处理。数据预处理是基于机器学习的点云目标检测方法的第一步，也是至关重要的一步。原始的点云数据通常包含噪声、冗余信息和不一致性，这些问题可能会影响目标检测的准确性。因此，需要进行数据预处理来提高数据的质量和一致性。

关键的数据预处理步骤包括滤波和降噪，通过滤波算法去除点云中的噪声点，减少噪声对目标检测的影响。此外，还可能需要进行坐标变换、缩放等操作，以使得点云数据更好地适应后续的特征提取和模型训练步骤。

② 特征提取。特征提取是从点云数据中提取与目标识别相关的关键信息的过程。有效的特征提取能够充分表达目标的形状、尺寸、空间分布等关键信息，从而提高目标检测的准确性。

在基于机器学习的点云目标检测方法中，特征提取可以通过传统的手工设计特征或使用深度学习模型自动学习特征来完成。手工设计特征通常基于点的局部几何属性、统计信息等，而深度学习模型则可以通过学习大量的点云数据来自动提取高层次的特征表示。

③ 模型训练。模型训练是基于机器学习的点云目标检测方法的核心步骤之一。在这一步骤中，使用标注好的点云数据来训练机器学习模型，使模型能够学习到从点云数据中提取目标特征的能力。

在模型训练之前，需要将标注数据划分为训练集和验证集（有时还包括测试集）。训练集用于训练模型，而验证集用于在训练过程中评估模型的性能，以便进行模型选择和调整。

选择合适的机器学习算法和模型结构是模型训练的关键。对于点云目标检测任务，深度学习模型如卷积神经网络或点云专用的网络结构（如 PointNet、PointNet＋＋等）常被用于提取特征并进行分类或回归。

在训练过程中，使用损失函数来衡量模型预测与真实标签之间的差异，并通过优化算法（如梯度下降算法）来最小化损失函数，从而更新模型的参数。通过迭代训练多个周期，模型逐渐学习到从点云数据中识别目标的能力。

④ 目标检测。目标检测是基于机器学习的点云目标检测方法的最终步骤。在这一步骤中，使用训练好的模型对未标注的点云数据进行预测，实现目标的自动识别和定位。

目标检测的过程通常涉及对输入的点云数据进行前向传播，通过模型提取特征并输出目标的预测结果。根据任务的不同，预测结果可能包括目标的类别、位置、姿态等信息。

为了提高目标检测的准确性和效率，还可以采用一些后处理技术，如非极大值抑制来去除冗余的检测框，或者利用多尺度、多视图等策略来增强模型的感知能力。

（3）基于机器学习的点云目标检测的优点

① 强大的特征学习能力。基于机器学习的点云目标检测方法通过训练模型，可以自动学习目标的形状、尺寸、空间分布等关键特征，克服传统方法中手工设计特征的局限性，提高目标检测的准确性。

② 良好的泛化能力。通过在大规模数据集上进行训练，机器学习模型能够学习到不同场景和目标下的通用特征，使得基于机器学习的点云目标检测方法具有较强的泛化能力，能够适应不同的应用场景。

③ 高灵活性。机器学习模型的结构和参数可以根据具体任务进行灵活调整，使得基于机器学习的点云目标检测方法能够针对不同目标和场景进行定制化设计，提高检测的准确性。

（4）基于机器学习的点云目标检测的缺点

① 数据依赖性强。基于机器学习的点云目标检测方法需要大量标注数据进行训练，数据的数量和质量直接影响模型的性能。如果数据不足或标注不准确，可能导致模型的检测效果不理想。

② 计算资源需求高。复杂的机器学习模型通常需要大量的计算资源进行训练和推理，包括高性能计算机、大规模存储设备等。这使得基于机器学习的点云目标检测方法在实际应用中可能面临计算资源不足的挑战。

③ 可解释性差。机器学习模型的决策过程通常难以直观解释，这使得基于机器学习的点云目标检测方法在出现问题时难以进行故障排查和优化。

4.4.3 基于深度学习的点云目标检测方法

基于深度学习的点云目标检测方法通过训练深度神经网络模型自动学习目标的特征表示，实现更高的准确性和鲁棒性。

(1) 基于深度学习的点云目标检测原理

基于深度学习的点云目标检测原理是通过构建深度神经网络模型来自动学习点云数据中目标的特征表示。这些模型能够处理无序的点云数据，通过卷积操作提取点之间的空间关系和局部特征，进而形成对目标的抽象描述。在训练过程中，模型利用标注数据学习分类和定位的规则，优化参数以最小化预测误差。通过逐层加深网络结构和引入先进的学习策略，深度学习模型能够捕获更复杂的特征，实现高精度的点云目标检测。

基于深度学习的点云目标检测在自动驾驶中发挥着重要作用。利用激光雷达等传感器获取的点云数据，深度学习模型能够准确识别道路上的车辆、行人等目标，并提取其位置、速度等信息。这些信息为自动驾驶车辆提供实时的环境感知能力，使其能够自主规划行驶路径、避让障碍物，并实现安全、平稳的驾驶。

(2) 基于深度学习的点云目标检测关键步骤

① 数据预处理。数据预处理是基于深度学习的点云目标检测的第一步。原始点云数据通常包含噪声、冗余信息以及不一致性，这些都会影响目标检测的准确性。因此，需要进行滤波、降采样、坐标变换等操作，以去除噪声、减少数据量并统一坐标系，为后续的特征提取和模型训练提供高质量的输入数据。

② 特征提取与表示。在基于深度学习的点云目标检测中，特征提取与表示是至关重要的一步。深度学习模型通过逐层卷积和池化等操作，从点云数据中提取出目标的形状、尺寸、空间分布等关键特征，并将其表示为高维特征向量。这些特征向量能够充分表达目标的特性，为后续的分类和定位提供有力支持。

③ 模型训练与优化。模型训练与优化是基于深度学习的点云目标检测的核心步骤。在这一阶段，需要使用标注好的点云数据对深度学习模型进行训练，通过反向传播算法优化模型的参数，使模型能够学习到从点云数据到目标识别的映射关系。同时，还需要采用一些优化策略，如正则化、学习率调整等，以提高模型的泛化能力和稳定性。

④ 目标检测与后处理。目标检测与后处理是基于深度学习的点云目标检测的最终步骤。在模型训练完成后，可以使用训练好的模型对新的点云数据进行目标检测。模型会输出每个目标的类别、位置以及置信度等信息。为了进一步提高检测的准确性和可靠性，还需要进行后处理操作，如非极大值抑制等，以去除冗余的检测框并优化检测结果。

(3) 基于深度学习的点云目标检测的优点

① 强大的特征学习能力。深度学习模型能够自动学习点云数据的复杂特征表示，包括目标的形状、尺寸、空间分布等关键信息。相比传统方法，这种自动学习的方式更加高效和准确。

② 较高的检测准确性。通过大量标注数据的训练，深度学习模型能够学习到目标的精细特征，从而实现对目标的精确识别和定位。这使得基于深度学习的点云目标检测在复杂场景和多变目标下仍能保持较高的准确性。

③ 良好的泛化能力。深度学习模型具有较强的泛化能力，能够适应不同场景和目标的变化。经过训练的模型可以应用于新的点云数据，实现跨场景和跨目标的目标检测。

(4) 基于深度学习的点云目标检测的缺点

① 数据依赖性强。基于深度学习的点云目标检测方法需要对大量标注数据进行训练。如果数据量不足或标注不准确，将直接影响模型的性能。此外，数据的分布和质量也会对模型的泛化能力产生影响。

② 计算资源需求高。深度学习模型的训练和推理需要大量的计算资源，包括高性能计

算机、大规模存储设备等。这会增加基于深度学习的点云目标检测在实际应用中的成本和难度。

③ 可解释性差。深度学习模型的决策过程通常是隐式的，难以直观解释。这使得在出现问题时难以进行故障排查和优化。此外，深度学习模型也可能受到一些不可预见的因素的影响，导致检测结果的不稳定。

点云的目标检测方法的比较见表 4-6。

表 4-6 点云的目标检测方法的比较

项目	基于规则的点云目标检测方法	基于机器学习的点云目标检测方法	基于深度学习的点云目标检测方法
原理	依赖预定义的规则或阈值进行目标识别	使用机器学习算法从数据中学习特征表示和分类规则	通过深度神经网络自动学习特征表示和分类规则
特征提取	手工设计特征	机器学习算法自动提取特征	深度学习模型逐层提取特征
泛化能力	较低,难以适应不同场景和目标	中等,可通过训练适应不同目标	较高,能够处理复杂多变的场景和目标
准确性	受限于手工设计的特征	通常高于基于规则的方法	最高,能够学习到精细的特征表示
数据需求	较少,基于预设规则	中等,需要一定的计算资源	较高,需要大量的计算资源进行训练和推理
可解释性	较好,规则易于理解	中等,可通过特征分析解释	较差,模型决策过程难以直观解释
适用场景	简单、固定规则的检测任务	中等复杂度的目标检测任务	复杂、多变的目标检测任务,如自动驾驶

通过表 4-6 的对比，可以看出每种点云目标检测方法的优势和局限性。基于规则的方法简单易行，但泛化能力和准确性有限；基于机器学习的方法能够自动提取特征，提高准确性和泛化能力，但计算资源需求和数据需求相对较大；而基于深度学习的方法则能够学习到精细的特征表示，实现最高的准确性，但同样对数据需求、计算资源和模型解释性提出挑战。因此，在选择点云目标检测方法时，需要根据具体的应用场景、数据条件和资源限制进行权衡和选择。

4.5 常用的点云深度学习模型

4.5.1 PointNet 模型

可以将 PointNet 模型形象地比喻为一个技艺高超的雕塑家。想象一下，雕塑家面对一堆散乱的石头和泥土（即点云数据），他能够凭借敏锐的观察力和高超的技艺，准确地捕捉每个点的空间位置和特征。通过巧妙的组合和塑造，雕塑家最终创作出一件栩栩如生的艺术品（即模型输出的结果）。PointNet 模型正是如此，它能够从无序的点云数据中提取出全局特征，实现对点云的高效和精确处理，为三维视觉应用提供强大的技术支持。

(1) PointNet 的定义

PointNet 是一种直接处理点云数据的深度学习模型，其核心思想是通过学习每个点的空间编码，捕获点云的全局和局部特征。该模型利用多层感知机（MLP）对每个点进行特征提取，并通过对称函数（如最大池化）实现对点云数据的整体理解。

（2）PointNet 网络结构

针对点云的无序性，PointNet 提出利用对称函数使得网络保持置换不变性。即对于 N 个输入点 x_1、x_2、$\cdots$、x_N，则 f 函数满足

$$f(x_1, x_2, \cdots, x_N) = f(x_{\pi_1}, x_{\pi_2}, \cdots, x_{\pi_N}) \tag{4-18}$$

式中，π_i 表示任意置换排列位置。

PointNet 选择最大值函数作为对称函数，即

$$f(x_1, x_2, \cdots, x_N) = \max(x_1, x_2, \cdots, x_N) \tag{4-19}$$

通过对称函数来构建一个简单的 PointNet 网络，如图 4-24 所示。图中，MPL 为多层感知机；h、γ 代表多层感知机；g 为对称函数。对于输入的点云三维坐标，利用多层感知机将其映射到高维空间，再使用最大池化进行特征聚合。

式（4-19）可以改写成

$$f(x_1, x_2, \cdots, x_N) = \gamma g[h(x_1), h(x_2), \cdots, h(x_N)] \tag{4-20}$$

针对点云的旋转不变性，PointNet 通过搭建空间变换网络（T-Net）来实现几何变换上的不变性。空间变换网络如图 4-25 所示，利用变换矩阵对输入数据进行变换，但是不改变数据的原始形状。

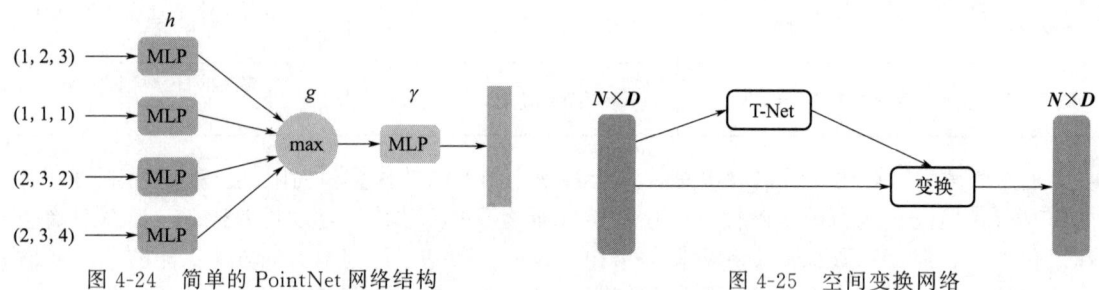

图 4-24　简单的 PointNet 网络结构　　　　图 4-25　空间变换网络

PointNet 的架构主要包含输入层、特征提取层、空间变换网络、特征聚合层和输出层。

① 输入层。接收原始的点云数据，每个点由三维坐标（x, y, z）以及其他可能的属性（如颜色、反射率等）组成。

② 特征提取层。通过一系列多层感知机对每个点进行特征提取。每个多层感知机都由多个全连接层组成，通过非线性激活函数（如 ReLU）引入非线性，从而能够学习到复杂的特征表示。

③ 空间变换网络。为了增强模型的鲁棒性，PointNet 引入一个空间变换网络来预测输入点云的仿射变换参数。这个网络同样由多层感知机组成，其输出是一个 3×3 的变换矩阵，用于对点云进行旋转和平移对齐。通过空间变换网络，PointNet 能够更好地处理不同姿态和位置下的点云数据。

④ 特征聚合层。使用最大池化操作对所有点的特征进行聚合，得到一个全局特征向量。这个全局特征向量能够代表整个点云的特征，并且具有对点云顺序的不变性。

⑤ 输出层。根据具体任务的不同，输出层可以是全连接层（用于分类任务）或卷积层（用于分割任务）。通过输出层，PointNet 能够对点云进行分类、分割等操作。

图 4-26 所示为一个 PointNet 网络结构。输入为 $n \times 3$ 的点云，输出为分类结果。网络

首先通过多层感知机将输入点云的特征维度提升到一个高维空间（64 维），然后通过一个空间变换网络对点云的特征进行空间变换。之后再次通过多层感知机将点云 64 维的特征维度提升到 1024 维，并利用最大池化得到全局特征，最后通过全连接层来预测最终的分类结果。

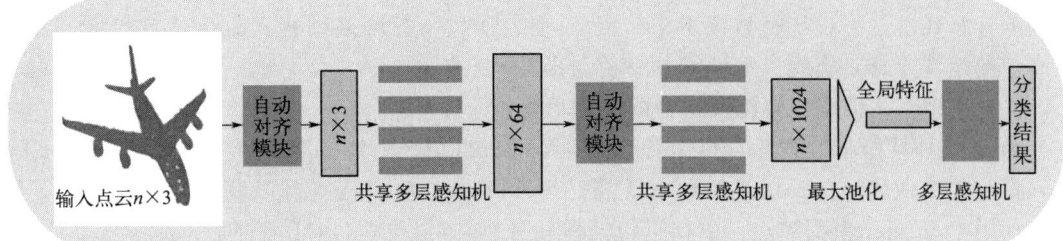

图 4-26　PointNet 网络结构

（3）PointNet 模型的优点

① 直接处理点云数据。PointNet 模型能够直接处理原始的点云数据，无须进行任何数据转换或预处理。这使得模型在处理大规模、复杂的点云数据时具有更高的效率和灵活性。

② 强大的特征提取能力。通过多层感知机和最大池化操作，PointNet 模型能够学习到点云数据的全局特征。这些全局特征能够有效地表示点云的整体形状和结构，为后续的识别和分割任务提供有力的支持。

③ 对点云顺序的不变性。由于点云数据是无序的，即点的排列顺序不影响其表示的形状。PointNet 通过采用对称函数（如最大池化）来处理点云数据，确保模型对点的顺序具有不变性。这种特性使得模型在处理无序的点云数据时更加鲁棒和稳定。

④ 计算效率较高。相比于一些传统的点云处理方法，PointNet 模型具有更高的计算效率。这使得它能够处理更大规模的点云数据，并在实际应用中取得实时或准实时的性能。

（4）PointNet 模型的缺点

① 局部特征提取能力较弱。虽然 PointNet 模型能够提取全局特征，但在局部特征提取方面表现较弱。由于缺乏对点之间局部关系的深入学习和建模，模型在处理一些需要精细局部特征的任务时可能表现不佳。

② 对平移不变性的处理不足。PointNet 模型在处理平移变换后的点云数据时可能存在一定的局限性。由于缺乏对平移不变性的有效处理机制，模型在面对不同姿态或位置的点云数据时可能表现出不稳定的性能。

③ 对大规模点云数据的处理效率有待提升。虽然 PointNet 模型在计算效率方面相对较好，但随着点云数据规模的进一步增大，模型的处理效率可能会受到挑战。这可能会限制模型在一些需要处理超大规模点云数据的应用场景中的使用。

（5）PointNet 模型的改进方法

① 增强局部特征提取能力。PointNet 通过多层感知器处理每个点，但这种方式对局部特征的捕捉有限。为增强局部特征提取能力，可引入局部邻域聚合策略，利用点的空间关系提取更丰富的局部信息。例如，采用图卷积网络，在邻域内聚合特征，使模型更好地捕捉点云的局部结构。

② 引入自适应权重机制。PointNet 使用固定权重处理每个点，但不同点对任务的重要性可能不同。因此，可引入自适应权重机制，使模型根据点的重要性自动调整权重。这可以通过添加注意力模块实现，为每个点分配动态权重，使模型更专注于关键信息。

③ 优化全局特征聚合策略。PointNet 使用最大池化聚合全局特征，但这种方式可能忽略点之间的空间关系。为优化全局特征聚合，可采用更复杂的策略，如加权平均或可学习聚合函数。这些方法能更全面地整合点云中的空间信息，提高全局特征的表达力。

④ 轻量级模型设计。随着点云数据规模的增大，模型复杂度成为制约实际应用的因素。为降低计算成本，可设计轻量级 PointNet 模型。通过精简网络结构、减少参数数量或使用更高效的运算方式，实现模型性能的平衡与提升。

（6）PointNet 模型在智能汽车中的应用场景

① 三维环境感知。智能汽车需要对周围环境进行精准感知，以实现对周围车辆、行人、障碍物等的识别和定位。通过搭载激光雷达等传感器，智能汽车可以获取到大量的点云数据。利用 PointNet 模型对点云数据进行处理和分析，可以提取出环境中物体的形状、位置、姿态等信息，为智能汽车的决策提供可靠的感知数据。

② 障碍物检测与避障。智能汽车需要具备快速检测和识别道路上障碍物的能力，以避免潜在的碰撞风险。通过处理点云数据，PointNet 模型可以帮助智能汽车识别出道路上的行人、车辆、道路标线等障碍物，并计算它们的位置和距离。这有助于智能汽车进行准确的避障操作，提高行驶安全性。

③ 高精度地图构建。高精度地图是智能汽车实现自动驾驶的重要基础。通过处理激光雷达等传感器获取的点云数据，PointNet 模型可以提取出道路的形状、宽度、曲率等信息，进而构建出高精度的三维道路模型。这为智能汽车的路径规划和决策提供可靠的空间信息支持。

（7）PointNet＋＋模型

考虑到 PointNet 不能捕捉局部细节的问题，PointNet＋＋构建了多层次的抽象层网络来提取点云特征，其网络结构如图 4-27 所示。首先对输入点云进行多层的抽象层操作，然后通过最大池化和全连接层进行聚合和分类操作。其中抽象层主要由采样层、分组层和PointNet 层组成。

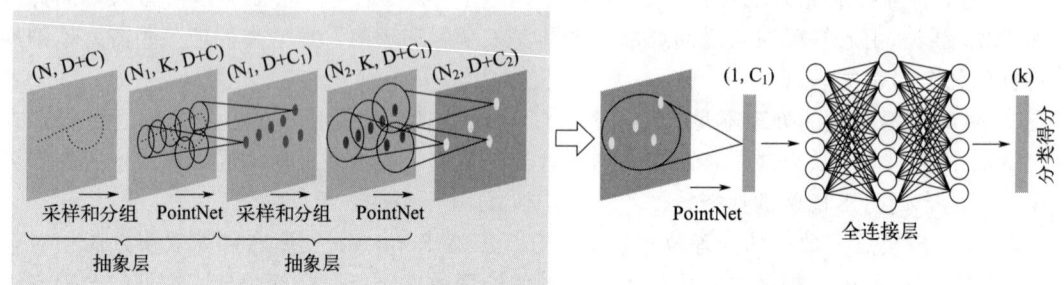

图 4-27　PointNet＋＋网络结构

① 采样层。采样层是抽象层的第一部分，它的主要作用是从原始的点云数据中选取一部分具有代表性的点作为后续处理的输入。这种采样操作可以有效地减少点云数据的规模，降低后续处理的计算复杂度，同时保留足够的信息以支持后续的特征提取和识别任务。

在采样层中，常用的采样方法包括最远点采样（FPS）和随机采样等。最远点采样通过迭代地选择距离已选点最远的点，能够确保采样点在空间中的分布更加均匀，有利于后续的特征提取。随机采样则更简单快捷，但在处理复杂的点云数据时可能会因为采样点的分布不均匀而导致信息损失。

② 分组层。分组层位于采样层之后，它的任务是将采样层得到的采样点进行分组，以便在每个分组内进行局部的特征提取。分组层的设计使得抽象层能够同时考虑点云数据的全局和局部信息，提高特征提取的准确性和鲁棒性。

在分组层中，常用的分组方法包括基于距离的分组和基于密度的分组等。基于距离的分组根据采样点与其邻居点之间的空间距离来划分组别，确保每个分组内的点都足够接近，从而便于提取局部特征。基于密度的分组则根据点云数据的密度分布来划分组别，能够适应不同密度的点云数据。

③ PointNet 层。PointNet 层是抽象层的核心部分，它负责对每个分组内的点进行特征提取和聚合。PointNet 层利用多层感知机对每个点进行独立的特征提取，并通过最大池化操作将局部特征聚合为全局特征。这种结构使得 PointNet 层能够充分利用点云数据的空间结构和形状信息，提取出具有判别性的特征。

PointNet 层的优点在于其能够直接处理无序的点云数据，并学习到全局和局部特征。同时，通过最大池化操作，PointNet 层还具有对点云顺序的不变性，增强模型的鲁棒性。这使得 PointNet 层在三维物体识别、场景分割等任务中取得显著的效果。

🏛 练习案例

基于 PointNet 模型的智能汽车激光雷达环境感知系统设计

案例描述

在智能汽车的研发过程中，激光雷达作为一种高效的距离测量传感器，为车辆提供对周围环境的高精度三维感知能力。为了提升环境感知的准确性和效率，本案例将介绍基于 PointNet 模型的激光雷达环境感知系统设计方案。

该设计利用激光雷达扫描得到的点云数据作为输入，通过 PointNet 模型对点云数据进行特征提取和分类，从而实现对道路、车辆、行人等环境元素的准确识别。该系统不仅能够提供实时的环境感知信息，而且能通过与其他传感器的数据融合，进一步提升感知的准确性和可靠性。

实施步骤

① 数据预处理。对激光雷达扫描得到的原始点云数据进行预处理。这包括去除噪声点、点云配准和分割等步骤，以确保输入数据的准确性和一致性。

② 特征提取。利用 PointNet 模型对预处理后的点云数据进行特征提取。PointNet 模型能够直接处理无序的点云数据，通过多层感知机和最大池化操作，提取出点云的全局特征。

③ 分类与识别。基于提取的特征，利用分类器对点云中的不同元素进行分类和识别。这包括道路、车辆、行人等关键元素的识别，以及它们的位置、形状和姿态等信息的提取。

④ 数据融合。将基于 PointNet 模型得到的激光雷达感知结果与其他传感器（如摄像头、毫米波雷达等）的数据进行融合。通过数据融合，可以进一步提高环境感知的准确性和鲁棒性。

⑤ 决策与输出。根据融合后的环境感知信息，为智能汽车的决策系统提供输入。决策系统可以根据感知到的环境信息，规划出合适的行驶路径和速度，确保车辆的安全和舒适行驶。

⑥ 测试与优化。在实际环境中对基于 PointNet 模型的激光雷达环境感知系统进行测试，收集反馈数据，并根据测试结果对系统进行优化和改进。

4.5.2 PSANet 模型

可以将 PSANet 模型形象地比喻为一个专业的"视觉艺术家"。面对一幅繁杂的画作（即输入图像），这位艺术家能够准确捕捉画作中的每一处细节与特色。他的眼睛（即模型中的注意力机制）能够智能地聚焦在关键区域，强调重要特征，而忽略无关细节。通过这种专注与筛选，艺术家能够创作出一幅更加清晰、重点突出的新画作（即模型的输出结果）。PSANet 模型正是这样，通过其强大的空间注意力网络，实现对图像中关键信息的精确提取，进而提升图像处理的效率和准确性。

（1）PSANet 模型的定义

PSANet（point-wise spatial attention network，逐点空间注意力网络）是一种用于点云数据处理与分析的深度学习网络结构。它针对点云数据的特性，通过巧妙的网络设计，实现高效且准确的 3D 物体检测任务。该模型结合逐点空间注意力机制，有效捕获全局上下文信息，提升检测精度。

（2）PSANet 网络结构

PSANet 的网络结构包括点云数据预处理、3D 骨干网络、2D 骨干网络以及检测头，如图 4-28 所示。

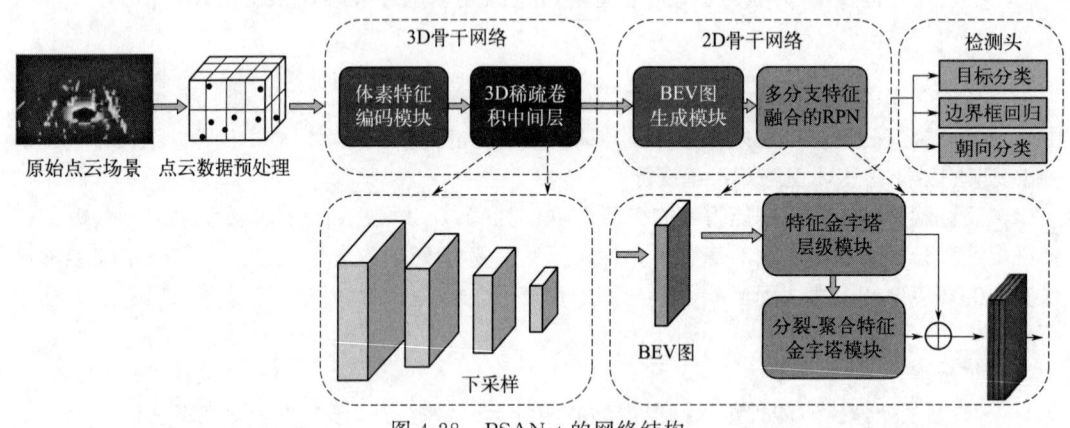

图 4-28　PSANet 的网络结构

① 点云数据预处理。点云数据预处理是 PSANet 的起始步骤，对于后续的网络处理至关重要。由于点云数据通常具有无序性、稀疏性和空间分布不均匀性等特点，因此需要进行一系列预处理操作以提取有用的特征和降低计算复杂度。

在 PSANet 中，点云数据首先被划分为一系列体素单元，每个体素单元内包含一定数量的点云信息。通过对体素单元进行统计和分析，可以生成初始的体素特征表示。这些特征表示不仅包含点的位置信息，而且可能包括密度、法向量等其他有用的属性。

② 3D 骨干网络。3D 骨干网络是 PSANet 的核心部分之一，负责从预处理后的点云数据中提取高级别的特征表示。这一网络通常由多个卷积层、池化层和其他类型的层组成，以逐步捕获点云数据的空间结构和语义信息。

在 PSANet 中，3D 骨干网络采用特殊的结构设计，以充分利用点云数据的三维特性。通过使用 3D 卷积核，网络能够同时考虑点云在三个维度上的信息，从而学习到更加全面和精确的特征表示。此外，还可以通过引入注意力机制或其他类型的优化策略来进一步提高特征提取的效果。

③ 2D骨干网络。除了3D骨干网络外，PSANet还结合2D骨干网络来进一步提高性能。这是因为点云数据通常与对应的2D图像数据存在关联，通过融合这两种类型的数据，可以获得更丰富的上下文信息和更好的检测效果。

在PSANet中，2D骨干网络负责处理与点云数据对应的2D图像数据。它通常采用成熟的2D卷积神经网络结构，如ResNet、VGG等，从图像中提取高级别的特征表示。这些特征表示可以与3D骨干网络提取的特征进行融合，以产生更加全面和准确的检测结果。

④ 检测头。检测头是PSANet网络结构的最后一部分，负责根据前面提取的特征进行目标检测。它通常采用一系列全连接层或卷积层来生成最终的检测结果，包括物体的类别、边界框位置等。

在PSANet中，检测头的设计应考虑多种因素，以确保准确的检测性能。它可能采用多任务学习的方式，同时预测物体的类别和位置；或者引入先验知识或后处理策略来进一步提高检测的精度和鲁棒性。

（3）PSANet模型的优点

① 强大的全局上下文信息捕获能力。PSANet通过引入逐点空间注意力机制，能够捕获每个像素点与其他像素点之间的依赖关系，从而提取出全局上下文信息。这种能力使得PSANet在复杂场景和遮挡情况下的目标检测任务中表现出色。

② 高效的特征融合。PSANet结合3D骨干网络和2D骨干网络，能够同时处理点云数据和对应的2D图像数据。这种跨模态的特征融合方式使得模型能够充分利用不同数据源的互补信息，提高检测的准确性和鲁棒性。

③ 良好的扩展性。PSANet的网络结构具有一定的灵活性，可以根据具体任务需求进行调整和优化。这使得PSANet能够适应不同的应用场景和数据集，展现出良好的泛化能力。

（4）PSANet模型的缺点

① 计算复杂度高。由于PSANet需要处理大量的点云数据和2D图像数据，并进行复杂的特征提取和融合操作，因此其计算复杂度相对较高。这可能导致模型在训练和推理过程中的计算成本较高，需要较长的处理时间。

② 对硬件资源的要求高。为了充分发挥PSANet的性能优势，需要使用高性能的计算机硬件资源，如高性能的图形处理器和足够的内存。这使得模型的部署和使用成本较高，可能限制在一些资源有限的应用场景中的应用。

③ 参数调优较困难。PSANet模型包含多个网络组件和参数，需要进行仔细的参数调优以达到最佳性能。然而，由于模型的复杂性，参数调优可能较为困难，需要丰富的经验和专业知识。

（5）PSANet模型的改进方法

① 精细化注意力机制。PSANet的核心在于其注意力机制，它能够自动学习并加权每个点的特征。为了进一步提升模型的性能，可以考虑精细化注意力机制，使其能够更准确地识别并强调对任务贡献大的点。例如，通过引入多尺度或自适应的注意力模块，让模型能够根据不同场景的需求动态调整注意力分布。

② 增强特征融合与交互。PSANet在处理点云数据时，虽然考虑点与点之间的相互作用，但仍有进一步增强特征融合与交互的空间。可以引入更复杂的特征融合策略，如使用交叉注意力或自注意力机制，来加强不同点之间的信息流通和特征共享。

③ 优化模型结构与参数。针对PSANet的模型结构和参数进行优化，也是提升其性能

的有效途径。例如，可以通过减少冗余层、使用更高效的网络结构或调整参数初始化策略来降低模型复杂度，提高运算效率。同时，可以采用更先进的优化算法和正则化技术来加速模型收敛，防止过拟合。

④ 跨模态信息融合。考虑到点云数据往往与其他传感器数据（如图像、深度等）共同存在，可以探索跨模态信息融合的方法来改进 PSANet 模型。通过结合不同模态的数据，可以更全面地理解场景，从而提高模型的准确性和鲁棒性。

（6）PSANet 模型在智能汽车中的应用场景

① 环境感知与目标识别。PSANet 模型能够精确地处理点云数据，有效捕捉车辆周围环境的细节，进而实现对车辆、行人、道路标识等各类目标的准确识别。这种能力使得智能汽车能够更好地理解和适应复杂的交通环境，为其后续的决策和规划提供有力的支持。

② 障碍物检测与避障。在行驶过程中，智能汽车需要实时检测并避免道路上的障碍物。PSANet 模型通过其强大的特征提取和分类能力，能够高效地识别出道路上的障碍物，并准确判断其位置、大小和运动轨迹，为智能汽车的避障操作提供可靠的依据。

③ 提升自动驾驶的决策水平。智能汽车的自动驾驶功能需要做出一系列决策，包括车道保持、超车、并线等。PSANet 模型通过对周围环境的深入理解和分析，能够预测其他交通参与者的行为，从而为智能汽车提供更加精准和智能的决策支持，提升自动驾驶的安全性和舒适性。

④ 高精度地图构建与定位。高精度地图是实现智能汽车自动驾驶功能的重要组成部分。PSANet 模型可以辅助智能汽车构建高精度地图，实现对道路结构、交通标志、障碍物等信息的精细刻画。同时，该模型还可以用于提升定位精度，确保智能汽车在复杂的城市环境中能够稳定、准确地行驶。

⑤ 优化车辆行驶轨迹规划。基于 PSANet 模型的智能汽车能够综合考虑道路条件、交通状况、车辆状态等多种因素，优化行驶轨迹规划。这不仅可以提升行驶效率，减少不必要的能耗，而且可以降低因行驶不当导致的安全风险。

⑥ 增强车辆间的协同与通信。在智能交通系统中，车辆间的协同与通信至关重要。PSANet 模型可以通过对车辆间点云数据的处理和分析，实现车辆间的信息共享和协同决策，提高整个交通系统的运行效率和安全性。

练习案例

基于 PSANet 模型的智能汽车激光雷达环境感知系统设计

案例描述

本案例是一种基于 PSANet 模型的智能汽车激光雷达环境感知系统设计。激光雷达作为智能汽车感知环境的关键传感器，能够生成包含丰富空间信息的点云数据。而 PSANet 模型以其强大的特征提取和空间注意力机制，在点云处理中表现出色。

在本案例中，设计一个利用 PSANet 模型处理激光雷达点云数据的环境感知系统。该系统能够实现对道路、车辆、行人等环境元素的精确感知，并提供给智能汽车决策系统以支持安全、高效的自动驾驶。

实施步骤

① 数据采集与预处理。使用激光雷达设备对智能汽车周边环境进行扫描，获取原始点云数据。随后，对点云数据进行预处理，包括去除噪声、点云配准、地面分割等步骤，以得到清晰、准确的点云数据。

② 特征提取与增强。将预处理后的点云数据输入 PSANet 模型中进行特征提取。 PSA-Net 模型通过多层卷积操作和空间注意力机制，学习点云数据的空间结构和上下文信息，提取出具有判别性的特征。同时，模型通过引入注意力机制，能够关注重要的局部特征，进一步提升感知效果。

③ 环境元素分类与识别。基于提取的特征，利用分类器对点云中的不同环境元素进行分类和识别。通过训练和优化分类器，实现对道路、车辆、行人等关键元素的精确识别，并获取其位置、形状和姿态等详细信息。

④ 数据融合与增强。将基于 PSANet 模型得到的激光雷达感知结果与其他传感器（如摄像头、毫米波雷达等）的数据进行融合。通过多传感器数据融合，可以弥补单一传感器在感知范围和精度上的不足，提高整体感知性能。

⑤ 决策支持与输出。将融合后的环境感知信息传输给智能汽车的决策系统。决策系统根据感知到的环境信息，结合车辆状态、驾驶意图等因素，进行路径规划、速度控制和避障等决策，确保车辆的安全、舒适行驶。

⑥ 系统测试与优化。在实际道路环境中对基于 PSANet 模型的激光雷达环境感知系统进行测试，收集反馈数据，并根据测试结果对系统进行优化和改进。通过不断迭代和优化，提升系统的感知性能和稳定性。

4.5.3　PointPillars 模型

PointPillars 模型如同一位技艺高超的画家，将复杂的 3D 点云数据转化为简洁明了的 2D 图像。就像画家用画笔捕捉风景的轮廓和色彩， PointPillars 模型则将点云从俯视角度划分为一个个立方柱体，每个柱体都承载着丰富的空间信息。这些柱体再被巧妙地映射为 2D 图像，使得模型能够像处理普通图像一样，轻松提取特征并预测目标框。通过这种转换， PointPillars 不仅提高处理速度，而且保证检测的精度，为自动驾驶等应用提供强大的感知能力。

（1）PointPillars 模型的定义

PointPillars 模型是专为处理点云数据而设计的深度学习网络，特别适用于自动驾驶等场景中的 3D 目标检测任务。它结合 Pillar 编码方式、2D 卷积主干和检测头，以实现对点云数据的快速且准确的处理。

（2）PointPillars 网络结构

PointPillars 网络结构主要由 Pillars 特征网络、2D 特征网络、检测头组成，如图 4-29 所示。

① Pillars 特征网络。Pillars 特征网络是 PointPillars 网络架构中的首个关键环节，负责对原始点云数据进行编码和特征提取。它通过将点云数据划分为一系列的 Pillars（柱体），实现对点云数据的结构化处理。每个 Pillar 内部包含多个三维空间中的点，并通过特定的编码方式将点云数据转换为特征向量。

在 Pillars 特征网络中，每一个 Pillar 都会经过一系列的神经网络层进行特征提取。这些网络层可以是多层感知器或者是针对点云数据设计的特殊网络结构。通过这种方式，Pillars 特征网络能够提取出点云数据的局部特征和空间关系，为后续的目标检测提供关键信息。

② 2D 特征网络。2D 特征网络是 PointPillars 网络架构中的另一个重要组成部分。它接收 Pillars 特征网络输出的特征图作为输入，并利用成熟的 2D 卷积神经网络技术进一步提取

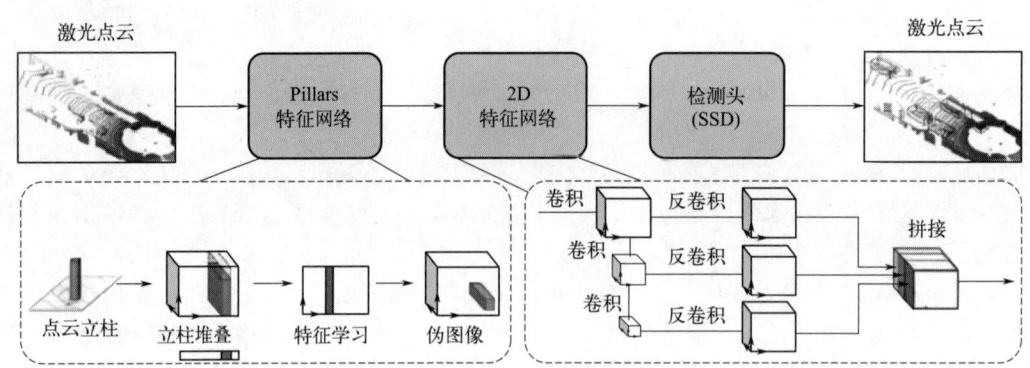

图 4-29　PointPillars 网络结构

和整合特征。

在 2D 特征网络中，通过堆叠多个卷积层、池化层以及可能的激活函数等，构建一个深度网络结构。这些网络层不仅能够提取特征图中的局部细节信息，而且能通过逐层抽象的方式捕捉更高级别的语义信息。此外，2D 特征网络还可以利用多尺度特征融合等技术，将不同层次的特征信息进行融合，进一步提高特征的表达能力。

③ 检测头。检测头是 PointPillars 网络架构中的最后环节，负责根据 2D 特征网络输出的特征图进行目标检测。它采用类似于 2D 目标检测的方法，并结合 3D 目标检测的特殊需求。

在检测头中，首先会生成一系列预设的锚框，这些锚框代表潜在的目标位置。然后，通过卷积操作对特征图进行处理，得到每个锚框对应的分类得分和回归参数。分类得分用于判断锚框内是否包含目标，而回归参数则用于调整锚框的位置、尺寸和朝向，使其更准确地拟合实际目标。

（3）PointPillars 模型的优点

① 三维信息利用充分。PointPillars 模型能够有效地处理点云数据，充分提取和利用三维空间中的信息。这种特性使得模型在处理复杂的三维场景时具有更高的准确性和可靠性，尤其在自动驾驶等需要精确感知环境的应用中表现出色。

② 实时性能好。通过对点云数据进行高效的处理，PointPillars 模型能够在较短的时间内完成物体检测任务。这种实时性能使得模型适用于对时间要求较高的场景，如自动驾驶中的实时路况分析和响应。

③ 鲁棒性强。PointPillars 模型具有较强的鲁棒性，能够应对不同天气、光照和环境条件下的物体检测任务。这种特性使得模型在实际应用中具有更广泛的适用性和稳定性。

④ 检测精度与速度平衡。PointPillars 模型在检测速度和精度之间实现良好的平衡。其平均检测速度达到较高的水平，同时保持较高的检测精度，这使得模型在需要同时考虑速度和精度的应用场景中具有优势。

（4）PointPillars 模型的缺点

① 数据处理量大。由于点云数据的稠密性，PointPillars 模型需要处理大量的数据。这导致模型对计算资源的要求较高，可能需要在高性能计算机或专用硬件上运行，增加实际应用的成本和复杂度。

② 检测范围有限。在处理远距离物体时，PointPillars 模型可能会存在一定的限制。由于点云数据的特性，因此远距离物体的信息可能较为稀疏或模糊，导致模型在远距离物体检

测方面的性能下降。

③ 对特定场景适应性不足。虽然 PointPillars 模型在一般场景下表现出色，但在某些特定场景（如极端天气、复杂道路结构等）中，其性能可能会受到影响。这可能需要针对特定场景进行模型优化或调整。

（5）PointPillars 模型的改进方法

① 优化特征提取网络。PointPillars 模型中的特征提取网络对最终检测结果至关重要。为了提高特征提取的质量和效率，可以考虑引入更先进的网络结构，如残差网络或高效卷积网络。这些网络结构能够更好地捕捉点云中的关键特征，从而提高物体检测的准确性。

② 改进目标检测算法。目标检测算法是 PointPillars 模型的核心部分。为了提高检测精度和速度，可以尝试引入更先进的目标检测算法，如基于深度学习的检测算法或基于优化算法的目标跟踪方法。这些算法能够更好地处理复杂的场景和动态变化的目标。

③ 增强模型的泛化能力。为了使 PointPillars 模型更好地适应不同的环境和场景，需要增强其泛化能力。这可以通过扩大训练数据集、采用数据增强技术或引入迁移学习方法来实现。通过这些方法，模型可以更好地学习到不同场景下的特征表示，从而提高其在各种实际应用中的性能。

（6）PointPillars 模型在智能汽车中的应用场景

① 环境感知与障碍物检测。在智能汽车的行驶过程中，环境感知和障碍物检测是实现自动驾驶的关键步骤。PointPillars 模型利用激光雷达等传感器获取的点云数据，能够实时检测车辆周围环境中的物体，如车辆、行人、道路标识等。通过将点云数据映射到二维特征图上，模型能够提取出物体的形状、位置、速度等信息，为智能汽车的决策提供准确的环境感知数据。

② 道路规划与导航。在道路规划和导航方面，PointPillars 模型同样发挥着重要作用。通过对道路环境的精确感知，模型能够识别出车道线、交通信号灯、交叉路口等关键信息，为智能汽车的路径规划和导航提供重要依据。此外，模型还可以根据实时交通状况进行动态路径规划，帮助智能汽车选择最优的行驶路线。

③ 自动泊车与避障。在自动泊车和避障场景中，PointPillars 模型的应用也显得尤为关键。通过精确检测停车位和周围障碍物，模型能够指导智能汽车完成自动泊车任务。同时，在行驶过程中，模型能够实时监测并预测周围物体的运动轨迹，为智能汽车提供及时的避障策略，确保行驶安全。

④ 交通监控与事故预防。PointPillars 模型还可应用于交通监控和事故预防领域。通过实时监控道路交通状况，模型能够发现潜在的交通违规行为或危险情况，并及时向智能汽车发出预警。这有助于减少交通事故的发生，提高道路安全性。

🚗 **练习案例**

基于 PointPillars 模型的智能汽车激光雷达环境感知系统设计

案例描述

本案例是一个基于 PointPillars 模型的智能汽车激光雷达环境感知系统。该系统利用激光雷达提供的丰富点云数据，通过 PointPillars 模型将三维点云转换为二维特征图，进而实现高效且精确的环境感知。

在实际场景中，智能汽车搭载激光雷达设备，不断扫描周围环境，生成点云数据。这些数据随后被送入 PointPillars 模型进行处理，模型通过提取点云中的特征并预测目标框，实现对道路、车辆、行人等环境元素的识别与定位。这一过程为智能汽车的决策系统提供关键的环境信息，支持其实现安全、智能的自动驾驶。

实施步骤

① 数据采集与预处理。通过激光雷达设备采集环境点云数据，并进行必要的预处理，如去噪、坐标转换等，确保数据质量。

② PointPillars 模型构建。构建 PointPillars 模型，该模型能够将点云数据转换为伪图像，并利用卷积神经网络提取特征。模型训练过程中，通过优化损失函数，使模型能够准确识别环境中的不同元素。

③ 环境感知与目标检测。将预处理后的点云数据输入训练好的 PointPillars 模型中，进行环境感知与目标检测。模型将输出检测到的目标（如车辆、行人等）的位置、大小及类别等信息。

④ 数据融合与决策。将基于 PointPillars 模型得到的激光雷达感知结果与其他传感器（如摄像头、毫米波雷达等）的数据进行融合，以提高感知的准确性和鲁棒性。根据融合后的感知信息，智能汽车决策系统制定合适的行驶策略。

⑤ 系统测试与优化。在实际道路环境中对基于 PointPillars 模型的激光雷达环境感知系统进行测试，评估其性能表现。根据测试结果，对系统进行优化改进，以提高感知效果和实时性能。

基于 PointPillars 模型的智能汽车激光雷达环境感知系统，利用激光雷达点云数据可以实现高效且精确的环境感知。通过构建和优化 PointPillars 模型，该系统能够识别并定位道路、车辆、行人等环境元素，为智能汽车的自动驾驶提供关键支持。

4.6　基于激光雷达的目标检测

想象一下，你正身处一片茂密的森林，想要找到一条隐藏的小径。这时，你手中有一把特殊的"激光伞"。你挥动这把伞，它发出许多细小的光线，这些光线碰到周围的树木、石头和小径后会反射回来。通过观察和分析这些反射回来的光线，你可以知道哪些是树木，哪些可能是石头，而那条被光线照射后形成特殊反射模式的地方，很可能就是你要找的小径。这就是基于激光雷达的目标检测。激光雷达就像那把"激光伞"，通过发射和接收光线来感知环境，而目标检测则是从这些信息中识别出我们感兴趣的对象或路径。

4.6.1　车道线检测

基于激光雷达实现车道线的检测具有高精度和高可靠性的优点，能够适应各种道路环境和天气条件。

基于激光雷达的车道线检测可以按以下步骤进行。

（1）数据采集

数据采集是激光雷达车道线检测的第一步，其质量直接影响到后续处理的准确性和效率。通常，激光雷达通过发射激光束并测量其返回时间来获取周围环境的三维点云数据。这些数据点包含距离、角度和强度等信息，能够反映出路面的细节和结构。

在数据采集过程中，需要注意以下事项。

① 选择合适的激光雷达型号和参数，以适应不同的道路环境和天气条件。

② 确保激光雷达的安装位置和角度准确，避免由于安装误差导致的数据偏差。

③ 合理规划数据采集路线和频率，以获取充分且具有代表性的样本数据。

（2）数据预处理

数据预处理旨在提高数据质量和减少计算复杂度。常见的预处理包括去噪处理、点云下采样、坐标变换与对齐等。

① 去噪处理。由于环境噪声、设备误差等因素，采集到的点云数据中往往包含大量的噪声点。通过滤波算法或统计方法，可以有效去除这些噪声点，提高数据的信噪比。

② 点云下采样。原始的点云数据通常非常庞大，直接处理会带来巨大的计算负担。通过点云下采样技术，可以在保持数据主要特征的同时，减少数据点的数量，降低计算复杂度。

③ 坐标变换与对齐。由于车辆运动或道路曲率等因素，采集到的点云数据可能存在位置偏移或扭曲。通过坐标变换和对齐操作，可以将点云数据转换到统一的坐标系下，便于后续处理和分析。

（3）地面分割

地面分割是将激光雷达点云数据中属于地面的部分与其他部分区分开来的过程。这对于后续的车道线识别至关重要，因为车道线通常位于路面上。以下是一些常用的地面分割技术。

① 基于高度阈值的方法。这种方法根据激光雷达的工作原理和点云数据的特点，设定一个高度阈值，将低于该阈值的点云数据判定为地面点。这种方法简单快速，但可能受到道路不平整、坡度变化等因素的影响。

② 基于平面拟合的方法。通过迭代算法拟合出一个平面模型，并将与模型距离较近的点云数据判定为地面点。这种方法能够处理较为复杂的地面情况，但需要选择合适的迭代算法和参数设置。

③ 基于机器学习的方法。利用机器学习算法对点云数据进行分类，将地面点与其他障碍物点区分开来。这种方法需要大量的训练数据和计算资源，但能够适应各种复杂的道路环境。

（4）点云数据过滤

在完成地面分割后，需要进一步对点云数据进行过滤，以去除与车道线检测无关的噪声和冗余数据。这有助于提高后续车道线识别的准确性和效率。以下是一些常用的点云数据过滤方法。

① 统计滤波。根据点云数据的分布特点，设定一个统计阈值，将距离均值较远的点视为噪声点进行过滤。这种方法能够有效去除孤立噪声点，但可能受到点云密度分布不均的影响。

② 欧氏距离聚类分析。基于点云数据中各点之间的欧氏距离进行聚类分析，将距离较远的点云数据划分为不同的簇。通过设定合适的聚类阈值，可以将与车道线无关的簇进行过滤。

③ 基于特征的过滤。利用点云数据中的特征信息（如颜色、反射率等）进行过滤。例如，可以根据路面材料的反射率特性，设定反射率阈值来过滤掉非路面的点云数据。

（5）车道线提取

车道线特征提取是车道线识别的关键步骤。激光雷达获取的点云数据包含丰富的空间信息,通过分析这些信息,可以提取出车道线的特征。常见的车道线特征包括点云的密度分布、边缘信息、直线或曲线的拟合等。

针对车道线的直线特征,可以利用霍夫变换等方法进行直线检测。霍夫变换通过将图像空间中的直线映射到参数空间中,通过寻找参数空间中的峰值来检测直线。在处理点云数据时,可以将点云投影到二维平面上,然后应用霍夫变换来检测直线段,这些直线段很可能对应于车道线。

此外,还可以利用车道线的边缘特征进行提取。边缘是车道线在点云数据中的显著特征之一,通过检测点云中的边缘信息,可以进一步确定车道线的位置和形状。常见的边缘检测方法包括基于梯度的方法和基于机器学习的方法等。

（6）车道线拟合与优化

在提取出车道线特征后,需要进一步对特征进行拟合和优化,以得到更准确的车道线模型。拟合算法的选择取决于提取出的车道线特征的类型和数量。对于直线特征,可以使用最小二乘法等方法进行直线拟合;对于曲线特征,则可以使用多项式拟合、贝塞尔曲线拟合等方法。

拟合完成后,还需要对拟合结果进行优化处理。优化处理的目的是消除拟合过程中的误差和抖动,使车道线模型更加连续和平滑。常见的优化方法包括平滑滤波、曲线插值等。

（7）结果输出与评估

将检测到的车道线以适当的形式输出,供车辆控制系统使用。输出的形式可以是车道线的位置坐标、方向信息或者拟合参数等。同时,还需要对检测结果进行评估,验证其准确性和可靠性。这可以通过与实际车道线的对比、误差分析等方法实现。

图 4-30 所示为基于激光雷达的车道线检测。

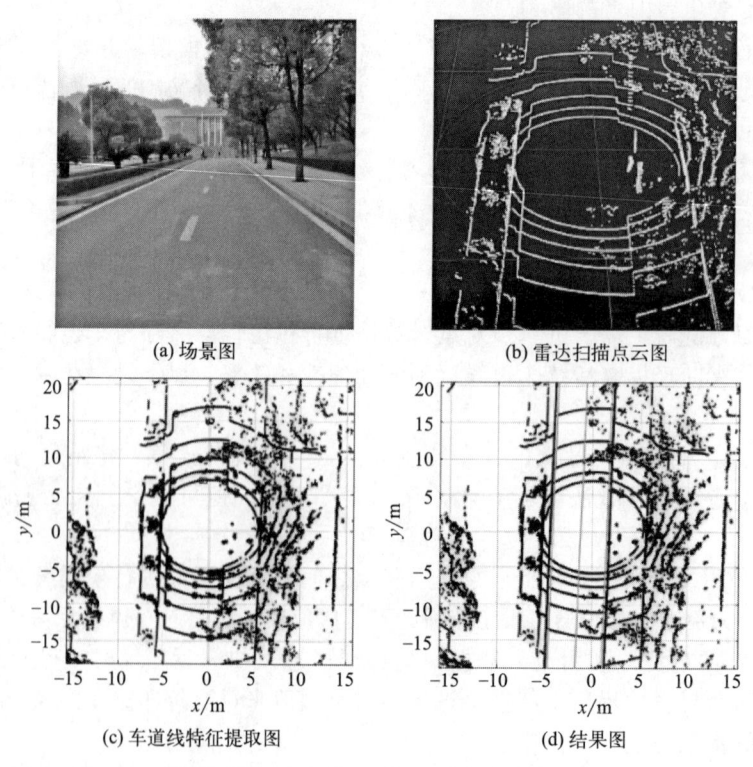

(a) 场景图　　　　　　　　　(b) 雷达扫描点云图

(c) 车道线特征提取图　　　　　(d) 结果图

图 4-30　基于激光雷达的车道线检测

4.6.2 车辆检测

激光雷达以其出色的距离感知能力和高解析度的三维成像特点，在车辆检测中扮演着关键角色。通过激光雷达采集的点云数据，可以有效地识别并跟踪道路上的车辆。

基于激光雷达的车辆检测可以按以下步骤进行。

（1）点云数据采集

点云数据采集是基于激光雷达车辆检测的关键步骤。首先，选取适用于车辆检测场景的激光雷达设备，并正确安装于车辆上。其次，根据需求设置合适的扫描参数，如扫描范围、频率等，确保采集到的点云数据完整且精确。在采集过程中，保持设备稳定，并根据环境变化适时调整采集角度，以获取最佳的点云数据。最后，对采集到的数据进行整理与存储，为后续的车辆检测算法提供可靠的数据基础。

（2）数据预处理

预处理首先涉及对采集的点云数据进行去噪，去除由设备误差或环境因素引入的噪声点，提高数据质量。其次，通过滤波和降采样技术，减少数据冗余，提高处理效率。此外，还需对点云数据进行坐标转换和校准，确保数据的一致性和准确性。经过这些预处理步骤，点云数据将更适用于后续的车辆特征提取和检测算法，从而提高车辆检测的准确性和可靠性。

（3）车辆目标提取

在完成点云数据预处理后，接下来是车辆目标的提取。这一步的目标是从预处理后的点云数据中识别并分割出车辆目标。常用的方法包括基于密度的聚类方法、基于特征的方法、基于机器学习的方法、基于深度学习的方法。

① 基于密度的聚类方法。基于密度的聚类方法，如基于密度的聚类算法，通过计算点云数据中点的密度来进行聚类。在车辆目标提取中，这种方法能够有效区分不同密度的物体，将属于同一车辆的点云数据聚集成一个簇。通过设置合适的邻域半径和最小点数阈值，可以提取出完整的车辆目标。

② 基于特征的方法。基于特征的方法主要依赖车辆目标的几何特征和反射强度特征进行提取。通过提取点云数据中的边缘、角点、平面等几何特征，以及分析反射强度的分布和变化，可以识别出车辆目标。这种方法对于形状规则、特征明显的车辆目标具有较好的提取效果。

③ 基于机器学习的方法。基于机器学习的方法通过训练模型来学习车辆目标的特征表示和分类规则。常见的机器学习算法包括支持向量机、随机森林等。通过对大量带有标签的点云数据进行训练，模型能够学习到车辆目标的特征，并用于提取新的点云数据中的车辆目标。这种方法能够适应不同场景和光照条件下的车辆检测任务。

④ 基于深度学习的方法。基于深度学习的方法在车辆目标提取中取得显著进展。深度神经网络，尤其是卷积神经网络和点云处理网络，能够从原始点云数据中自动学习高级特征表示。通过训练这些网络，可以实现对车辆目标的精确提取。深度学习方法的优点在于其强大的特征学习能力和对复杂场景的适应性。

（4）后处理与优化

提取出的车辆目标可能仍然存在一些误差或不完整的情况，需要进行后处理与优化。这包括去除误检的车辆目标、填补车辆目标的空洞、平滑车辆目标的表面等。通过这些后处理步骤，可以进一步提高车辆检测的准确性和完整性。

如图 4-31 所示为基于激光雷达的车辆检测。

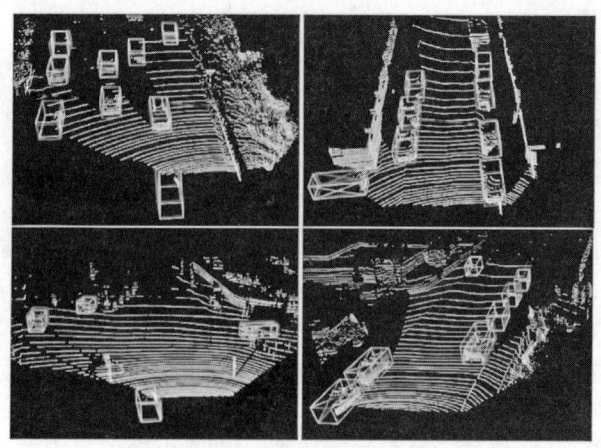

图 4-31　基于激光雷达的车辆检测

4.6.3　行人检测

行人检测是自动驾驶和智能交通系统中的重要环节，对于确保行车安全和提升道路使用效率具有重要意义。激光雷达作为一种高精度、高可靠性的传感器，为行人检测提供有效的技术手段。

基于激光雷达的行人检测可以按以下步骤进行。

（1）激光雷达数据采集

行人检测的第一步是采集包含行人的激光雷达数据。在数据采集过程中，需要确保激光雷达的安装位置和角度合适，能够覆盖目标区域并获取足够的点云数据。同时，数据采集过程中需要注意行人的位置、姿态和移动速度等特征，以便后续进行准确的分析和处理。

（2）数据预处理

采集到的原始点云数据需要进行预处理，以消除噪声、平滑数据并提取有用的特征。预处理步骤包括滤波、降采样、坐标转换等。通过预处理，可以提高数据的质量和一致性，为后续的行人检测算法提供可靠的数据基础。

（3）行人目标提取

在预处理后的点云数据中，需要进一步提取出行人目标。常用方法有基于密度的行人目标提取、基于特征的行人目标提取和基于深度学习的行人目标提取。

① 基于密度的行人目标提取。一种常用的行人目标提取方法是基于密度的聚类方法。由于行人通常在空间中呈现出一定的密集性，因此可以利用聚类算法将点云数据中的行人目标与其他物体进行区分。例如，使用基于密度的聚类算法，通过设置合适的邻域半径和最小点数阈值，可以将属于同一行人的点云数据聚集成一个簇，从而实现行人目标的提取。

② 基于特征的行人目标提取。除了基于密度的方法外，还可以利用行人的几何特征进行目标提取。行人通常具有特定的身体结构，如头部、四肢等，这些特征在点云数据中表现为特定的形状和尺寸。通过分析点云数据的局部特征，如法线、曲率等，可以识别出与行人身体部位相对应的点集，进而提取出行人目标。

③ 基于深度学习的行人目标提取。近年来，深度学习在行人目标提取中取得显著进展。通过训练深度神经网络模型，可以自动学习行人目标的特征表示和分类规则。深度学习方法

能够处理复杂的点云数据，提取出更精细的行人特征，并在不同的场景和光照条件下保持较高的准确性。常见的深度学习模型包括卷积神经网络和点云处理网络（如 PointNet），它们可以直接处理原始点云数据，实现高效的行人目标提取。

（4）行人特征分析与识别

经过特征提取和选择后，需要对行人的特征进行分析和识别。这可以通过传统的机器学习算法或深度学习模型来实现。

传统机器学习算法如支持向量机、决策树等，可以通过训练模型来学习行人特征与目标标签之间的映射关系，从而实现对行人的识别。这些算法在特征空间较为简单且数据量适中的情况下表现良好。

然而，对于复杂的点云数据和高维特征空间，深度学习模型通常具有更好的性能。深度学习模型如卷积神经网络和点云处理网络（如 PointNet）能够自动学习特征表示及分类规则，从原始点云数据中直接提取出行人的特征并进行识别。通过训练深度学习模型，可以实现对行人的精确识别，并在不同的场景和光照条件下保持较高的准确性。

在特征分析与识别过程中，还需要注意处理行人之间的遮挡问题。由于行人在道路上可能会相互遮挡，导致部分特征信息缺失或重叠，这会增加识别的难度。为了解决这个问题，可以采用多传感器融合的方法，结合其他传感器（如摄像头）的数据进行行人检测，以提高识别的准确性和鲁棒性。

（5）结果评估与优化

最后，需要对行人检测的结果进行评估和优化。通过与实际场景中的行人进行对比，可以评估检测算法的准确性和可靠性。根据评估结果，可以对算法进行调整和优化，以提高检测的性能和稳定性。

图 4-32 所示为基于激光雷达的行人检测。

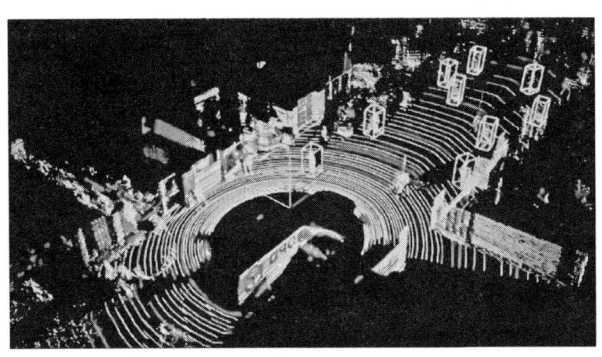

图 4-32 基于激光雷达的行人检测

第 5 章 多传感器融合技术

　　智能汽车多传感器融合技术是通过集成多种传感器数据，实现全方位的环境感知。多种传感器如毫米波雷达、摄像头、激光雷达等各具特色，融合它们的数据，可显著提高感知精度和鲁棒性。这种技术有助于智能汽车更精准地识别路况、障碍物，提高自动驾驶的安全性。

5.1　概述

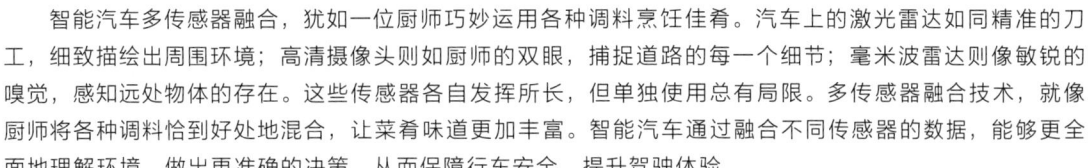

智能汽车多传感器融合，犹如一位厨师巧妙运用各种调料烹饪佳肴。汽车上的激光雷达如同精准的刀工，细致描绘出周围环境；高清摄像头则如厨师的双眼，捕捉道路的每一个细节；毫米波雷达则像敏锐的嗅觉，感知远处物体的存在。这些传感器各自发挥所长，但单独使用总有局限。多传感器融合技术，就像厨师将各种调料恰到好处地混合，让菜肴味道更加丰富。智能汽车通过融合不同传感器的数据，能够更全面地理解环境，做出更准确的决策，从而保障行车安全，提升驾驶体验。

5.1.1　多传感器融合的定义

智能汽车环境感知传感器主要有视觉传感器、毫米波雷达、激光雷达和超声波雷达。各种传感器各有优缺点，因此在自动驾驶系统中通常有不同的任务划分。视觉传感器的作用主要是识别物体颜色，但会受阴雨天气的影响；毫米波雷达能够弥补视觉传感器受阴雨天影响的弊端，识别距离比较远的障碍物，比如行人、路障等，但是不能够识别障碍物的具体形状；激光雷达可以弥补毫米波雷达不能识别障碍物具体形状的缺点；超声波雷达主要识别车身的近距离障碍物，常应用于车辆泊车。要想融合不同传感器收集到的外界数据为控制器执行决策提供依据，就需要经过多传感器融合算法处理形成全景感知。

在智能汽车感知系统中，常见的传感器包括摄像头、激光雷达、毫米波雷达和超声波雷达等。然而，每种传感器都有其固有的局限性和不足。例如，摄像头对光线条件敏感，夜间或恶劣天气下性能受限；激光雷达虽然精度高，但成本昂贵且易受天气影响；毫米波雷达对金属物体敏感，但对非金属物体探测能力较弱；超声波雷达则主要用于短距离探测。因此，单一传感器难以满足智能汽车复杂多变的感知需求。

多传感器融合是指通过特定的算法和技术手段，将来自不同传感器（如摄像头、激光雷达、毫米波雷达、超声波雷达等）的信息进行有机组合和优化，从而形成一个更全面、准确、可靠的车辆周围环境感知结果。多传感器融合技术通过综合处理来自不同传感器的数据，能够克服单一传感器的局限性，提高感知系统的整体性能。具体而言，多传感器融合具有以下优势。

① 提高感知精度和可靠性。通过融合多种传感器的数据，可以相互补充和验证，从而提高感知精度和可靠性。例如，结合摄像头和激光雷达的数据，可以实现对道路标线、车辆和行人等目标的精确识别及定位。

② 扩大感知范围。不同传感器具有不同的探测距离和角度，多传感器融合可以实现对车辆周围环境的全方位覆盖。这有助于智能汽车在复杂路况和多种交通场景下保持感知能力的稳定性及一致性。

③ 增强环境适应性。多传感器融合可以弥补单一传感器在不同环境下的性能差异，提高感知系统对复杂环境的适应能力。例如，在雨雪、雾霾等恶劣天气下，结合毫米波雷达和激光雷达的数据，可以有效提高感知系统的鲁棒性。

以自动驾驶汽车为例，多传感器融合技术在实际应用中发挥着至关重要的作用。自动驾驶汽车需要实时获取道路、车辆、行人等周围环境信息，以实现安全、稳定的自动驾驶。通过融合摄像头、激光雷达、毫米波雷达等多种传感器的数据，自动驾驶汽车可以实现对周围环境的全面感知和精确识别。这不仅有助于自动驾驶汽车在复杂路况下保持行驶的稳定性,而且能有效减少因感知错误导致的交通事故。

5.1.2 多传感器融合的过程

多传感器融合的过程通常包括数据预处理、特征提取、数据融合和决策制定等步骤。

(1) 数据预处理

数据预处理是多传感器融合的第一步,其目的在于消除原始数据的噪声和干扰,提高数据质量。传感器在采集数据时,由于环境因素、设备误差等原因,可能会产生一些异常值或噪声。因此,在融合之前,需要对这些数据进行清洗和预处理。预处理的方法包括滤波、去噪、平滑处理等,可以有效去除噪声和异常值,使得数据更加平滑、连续。此外,预处理还包括数据格式的转换和标准化,以便后续的特征提取和融合操作。

(2) 特征提取

在数据预处理的基础上,特征提取是从传感器数据中提取出有用信息的过程。特征可以是目标的形状、大小、速度、位置等属性,也可以是环境中的一些特定模式或信号。特征提取的方法通常依赖具体的传感器类型和应用场景。例如,对于摄像头传感器,可以利用计算机视觉技术提取目标的轮廓、颜色等特征;对于雷达传感器,则可以利用信号处理技术提取目标的距离、速度等特征。

(3) 数据融合

数据融合是将来自不同传感器的数据进行综合处理,形成对环境的统一感知结果的过程。在这个步骤中,需要将预处理和特征提取后的数据进行有效的结合及整合。融合的方法多种多样,常见的有加权平均法、卡尔曼滤波、神经网络等。这些方法可以根据不同的需求和应用场景进行选择及优化。通过数据融合,可以充分利用不同传感器的互补性,提高感知的精度和可靠性。

(4) 决策制定

基于数据融合的结果,决策制定是最终将感知信息转化为实际控制指令的过程。在这个步骤中,需要根据融合后的数据进行决策分析,并确定相应的行动方案。决策制定的方法可以根据具体的任务和应用场景进行设计。例如,在自动驾驶汽车中,可以根据融合后的道路、车辆和行人信息,确定车辆的行驶路径、速度和加速度等控制参数;在机器人导航中,则可以根据融合后的环境地图和目标位置信息,规划出机器人的运动轨迹和动作序列。

5.1.3 多传感器融合的要求

为了满足高效、稳定的多传感器融合需求,需要选择合适的传感器类型与配置、实现数据的同步与校准、设计高效的数据处理和融合算法,以及确保系统的鲁棒性和容错性。

(1) 传感器选择与配置要求

智能汽车多传感器融合要求选择合适的传感器类型与配置。这需要根据智能汽车的应用场景和感知需求来确定。一般而言,摄像头、激光雷达、毫米波雷达和超声波雷达等传感器都是常用的选择。它们各自具有不同的感知特点和适用场景,需要合理搭配,以确保对周围环境的全面覆盖。此外,传感器的配置也需要考虑其安装位置、角度和高度等因素。这些因素将直接影响传感器的感知范围和精度,因此需要进行精确的设计和调整。

(2) 数据同步与校准要求

智能汽车多传感器融合要求实现数据的同步与校准。由于不同传感器的工作原理和采样频率可能存在差异，因此需要采用合适的数据同步机制，确保各个传感器的数据能够在同一时间戳下进行融合处理。同时，传感器之间的校准也是至关重要的。由于安装误差、温度变化等因素可能导致传感器之间的偏差，因此需要进行定期的校准操作，以确保各个传感器之间的数据一致性。

（3）数据处理与融合算法要求

智能汽车多传感器融合要求高效、准确的数据处理和融合算法。数据处理算法需要能够对原始数据进行有效的滤波、去噪和特征提取等操作，以提高数据的质量和可用性。融合算法则需要根据具体的应用场景和需求来设计。常见的融合算法包括加权平均法、卡尔曼滤波、深度学习等。这些算法需要根据传感器的数据类型和特性进行选择及优化，以实现最佳的融合效果。

（4）鲁棒性与容错性要求

智能汽车多传感器融合系统需要具备良好的鲁棒性和容错性。由于实际驾驶环境中可能存在各种复杂情况，如传感器故障、恶劣天气等，因此系统需要能够在这些情况下保持稳定的性能。为了实现鲁棒性和容错性，可以采用多种策略，如传感器冗余设计、异常检测与处理机制等。这些策略可以在传感器故障或数据异常时及时切换到其他可用的传感器或数据，确保系统能够继续稳定运行。

5.1.4 多传感器融合方案

（1）多传感器融合的体系架构

多传感器融合的体系架构分为分布式、集中式和混合式，如图 5-1 所示。

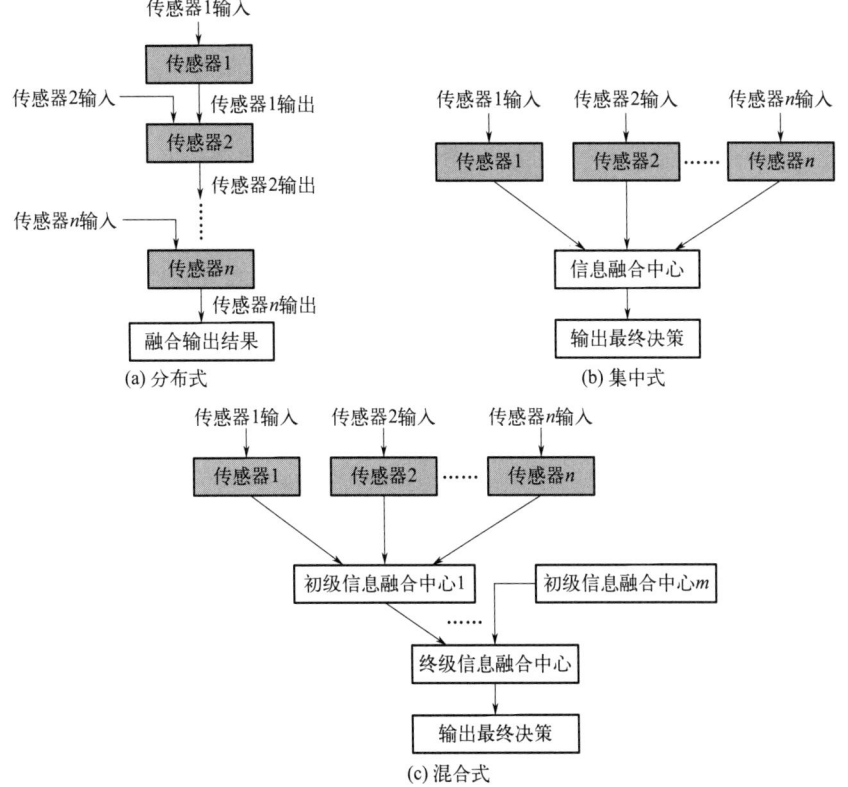

图 5-1 多传感器融合的体系架构

① 分布式体系架构。分布式体系架构是多传感器融合中常见的一种形式。在分布式体系架构中，每个传感器都具备一定的处理能力和通信能力，可以独立进行局部的数据处理和信息提取。然后，通过传感器之间的网络通信，将局部处理结果传输到中央处理器或融合中心进行全局的融合决策。

分布式体系架构的优势在于其灵活性和可靠性。由于每个传感器都可以进行局部处理，因此可以减轻中央处理器的负担，提高系统的实时性。同时，当某个传感器出现故障或失效时，其他传感器仍可以继续工作，保持系统的正常运行。然而，分布式体系架构也可能存在通信延迟、数据不一致等问题，需要在设计和实现时予以充分考虑。

② 集中式体系架构。集中式体系架构是另一种常见的多传感器融合形式。在集中式体系架构中，所有传感器的原始数据都传输到中央处理器或融合中心进行统一的处理和分析。中央处理器具备强大的计算能力和数据处理能力，可以对所有传感器的数据进行全面、精确的融合处理。

集中式体系架构的优势在于其全局性和精确性。由于所有传感器的数据都在中央处理器进行统一处理，因此可以实现全局最优的融合结果，提高系统的感知精度和决策能力。此外，集中式体系架构还便于进行全局的数据管理和协调，便于进行系统级的优化和改进。然而，集中式体系架构也存在中央处理器负担重、通信带宽要求高等挑战，需要在实际应用中进行合理的设计和优化。

③ 混合式体系架构。混合式体系架构是分布式和集中式体系架构的结合体，兼具两者的优点。在混合式体系架构中，部分传感器采用分布式处理方式，进行局部的数据处理和信息提取；而部分传感器则采用集中式处理方式，将原始数据直接传输到中央处理器进行全局处理。同时，局部处理结果和全局处理结果也可以在中央处理器中进行进一步的融合和优化。

混合式体系架构的优势在于其灵活性和可扩展性。通过结合分布式和集中式处理方式，可以根据实际需求和应用场景，灵活调整传感器的处理方式和数据传输方式。同时，混合式体系架构也便于进行系统级的扩展和升级，可以随着技术和应用的发展不断完善和优化。

三种融合体系架构比较见表 5-1。

表 5-1　三种融合体系架构比较

项目	体系结构		
	分布式	集中式	混合式
信息损失	大	小	中
精度	低	高	中
通信带宽	小	大	中
可靠性	高	低	中
计算速度	快	慢	中
可扩充性	好	差	一般
融合处理	容易	复杂	中
融合控制	复杂	容易	中

（2）多传感器融合的级别分类

在智能驾驶场景下，多传感器融合级别可以分为数据级、特征级和决策级。

① 数据级。数据级融合是多传感器融合中的最低级别，也是最为直接的方式。在这一

级别中，各个传感器的原始数据被直接融合在一起，形成一个统一的数据集。这种融合方式能够保留尽可能多的原始信息，为后续的特征提取和决策制定提供丰富的数据基础。数据级融合示意如图 5-2 所示。

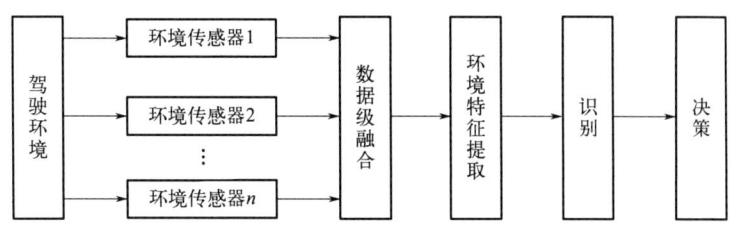

图 5-2 数据级融合示意

在智能驾驶中，数据级融合可以应用于多种传感器，如激光雷达、毫米波雷达、摄像头等。通过对这些传感器的原始数据进行融合，驾驶系统可以获得更加全面和精确的环境感知结果，从而提高车辆的自主导航和避障能力。

数据级融合也存在一些挑战。不同传感器的数据格式、分辨率和采样率可能存在差异，需要进行数据预处理和对齐。随着传感器数量的增加，数据量也会急剧增加，对计算资源和存储空间提出更高的要求。

② 特征级融合。特征级融合是在对原始数据进行预处理和特征提取后进行的融合。在这一级别中，每个传感器提取出各自的特征信息，然后将这些特征信息进行融合，以形成对环境的综合描述。特征级融合示意如图 5-3 所示。

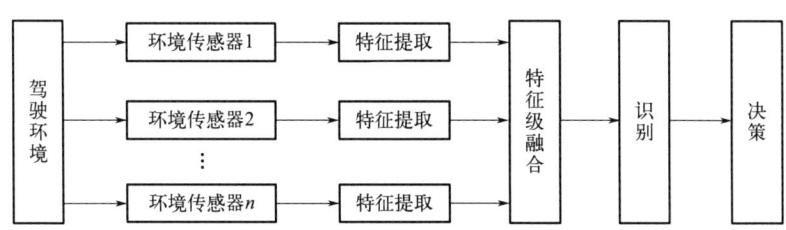

图 5-3 特征级融合示意

在智能驾驶中，特征级融合可以通过将不同传感器的特征信息进行融合，提高系统的目标检测、识别和跟踪性能。例如，摄像头可以提取目标的颜色和纹理信息，而激光雷达则可以提供目标的距离和形状信息。通过将这些特征信息进行融合，驾驶系统可以更加准确地识别和跟踪目标，从而实现更加安全可靠的自动驾驶。

特征级融合相对于数据级融合的优势在于，它能够在一定程度上减少数据量和计算复杂度，同时保留关键特征信息。然而，特征提取和融合算法的设计是关键，需要针对具体的应用场景和任务进行优化。

③ 决策级融合。决策级融合是最高级别的多传感器融合，它基于各个传感器的局部决策结果进行全局决策。在这一级别中，每个传感器都独立进行目标识别、跟踪等任务，并输出相应的决策结果。然后，这些局部决策结果通过一定的融合策略进行融合，以形成最终的决策结果。决策级融合示意如图 5-4 所示。

在智能驾驶中，决策级融合可以应用于路径规划、车辆控制等任务。例如，当车辆需要选择行驶路径时，可以根据来自不同传感器的决策结果进行综合评估，选择最优的路径。此外，决策级融合还可以用于处理传感器之间的冲突和不确定性，提高决策的可靠性和稳

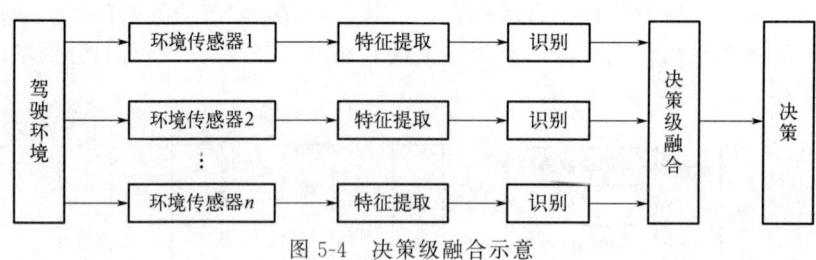

图 5-4　决策级融合示意

定性。

决策级融合的优势在于它能够充分利用各个传感器的独立决策能力，并在全局范围内进行最优决策。然而，这也要求各个传感器具有较高的准确性和可靠性，以避免出现错误的决策结果。

在选择融合级别时，需要综合考虑以下因素。

① 任务需求。不同的驾驶任务对感知和决策的要求不同，需要根据任务需求选择合适的融合级别。

② 传感器特性。不同传感器的数据类型、分辨率、采样率等存在差异，需要选择能够充分利用传感器特性的融合级别。

③ 计算资源。融合级别越高，通常需要的计算资源越多。需要根据实际可用的计算资源来选择融合级别。

④ 实时性要求。智能驾驶系统对实时性要求较高，需要选择能够满足实时性要求的融合级别。

在实际应用中，融合级别的选择往往需要根据具体场景和需求进行定制。例如，在需要高精度环境感知的场景中，可能会选择数据级融合以充分利用原始数据的信息；而在对实时性要求较高或计算资源有限的场景中，可能会选择决策级融合以减少计算量并加快处理速度。

此外，随着技术的发展和应用的深入，可能会出现更加复杂的融合场景和需求。在这种情况下，可以根据具体情况设计混合式的融合策略，结合不同融合级别的优势来实现更好的性能。

（3）多传感器后融合

后融合技术也称为数据级融合，是指在每个传感器独立完成数据处理和信息提取后，再进行信息融合的方法。具体而言，它先对每个传感器的数据进行预处理和特征提取，然后在决策层或特征层进行信息的融合。后融合技术充分利用各传感器在数据处理和信息提取上的优势，能够有效整合多个传感器的信息，提高整个系统的性能。后融合的结构如图 5-5所示。

后融合具有以下优点。

① 数据处理的灵活性。后融合方法允许每个传感器独立地完成数据处理和信息提取，这使得系统能够灵活地适应不同传感器类型和特性。每个传感器可以根据其特有的算法和模型进行处理，从而最大限度地发挥其性能优势。

② 传感器故障的容错性。在后融合架构中，由于数据处理是在传感器层面独立进行的，因此某个传感器的故障或数据异常不会对整个融合过程造成灾难性的影响。系统可以通过排除或降低故障传感器的权重来减小其对最终决策的影响，从而提高系统的鲁棒性和可靠性。

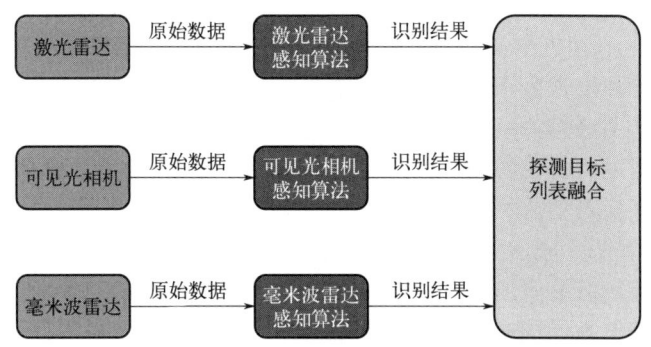

图 5-5　后融合的结构

③ 信息互补与增强。后融合方法能够有效地整合来自不同传感器的信息，实现信息的互补与增强。通过融合多个传感器的数据，可以获得更全面、准确的环境感知和目标识别能力，从而提高整个系统的性能。

后融合具有以下缺点。

① 计算复杂性与资源消耗。后融合方法需要对每个传感器的数据进行独立处理，这可能导致较高的计算复杂性和资源消耗。尤其是在处理大量数据或高复杂度算法时，可能会增加系统的处理时间和能耗，影响实时性能。

② 数据同步与校准的挑战。在后融合过程中，需要确保来自不同传感器的数据在时间和空间上同步。然而，由于传感器的工作原理、采样频率和测量误差等因素的影响，实现精确的数据同步和校准可能是一个挑战。这可能会导致融合结果的不准确或不一致。

③ 融合规则的确定与优化。后融合方法需要确定适当的融合规则来整合不同传感器的信息。然而，确定最佳的融合规则可能是一个复杂的问题，需要考虑传感器的特性、环境条件和任务需求等多个因素。此外，随着应用场景的变化和传感器性能的提升，融合规则可能需要不断优化和调整。

（4）多传感器前融合

前融合也称为数据层融合或信号级融合，是指在数据被提取特征或做出决策之前，直接对来自多个传感器的原始数据进行融合。前融合的结构如图 5-6 所示。

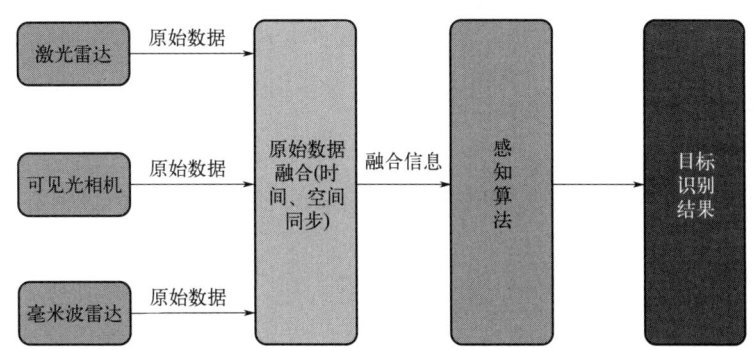

图 5-6　前融合的结构

实现前融合的关键在于如何有效地整合不同传感器的原始数据。常见的方法包括加权平均法、卡尔曼滤波和深度学习。

① 加权平均法。根据各传感器的性能和可靠性，为其分配不同的权重，然后对传感器

的输出进行加权平均，得到融合后的结果。

② 卡尔曼滤波。利用卡尔曼滤波算法对多个传感器的数据进行动态融合，通过预测和更新步骤，不断修正和融合传感器的数据，提高融合结果的准确性。

③ 深度学习。利用深度学习模型对多个传感器的数据进行特征提取和融合，通过训练模型学习传感器数据之间的关联性和互补性，实现更高效的融合。

前融合具有以下优点。

① 信息损失最小化。前融合技术是在传感器数据的原始阶段进行信息整合，因此能够最大限度地保留原始数据中的细节和特征。相较于后融合，前融合可避免在数据预处理或特征提取过程中可能产生的信息损失，从而确保融合结果的准确性和完整性。

② 计算效率较高。由于前融合在数据处理的早期阶段进行，因此它可以避免对每个传感器的数据分别进行复杂的特征提取和决策处理。这在一定程度上降低系统的计算负担，提高处理速度，有利于实现实时应用。

③ 传感器间互补性利用充分。前融合能够更好地利用不同传感器之间的互补性。不同传感器可能在不同的环境或条件下具有各自的优势，前融合能够将这些优势融合在一起，从而提供更全面、准确的环境感知和目标识别能力。

前融合具有以下缺点。

① 对传感器同步要求高。前融合需要确保来自不同传感器的数据在时间和空间上同步。这要求各传感器具有相近的采样频率和精确的同步机制，否则可能导致融合结果的不准确或产生误差。然而，在实际应用中，实现高精度的传感器同步往往是一个技术挑战。

② 融合算法复杂度高。前融合需要在原始数据级别进行信息整合，这通常需要设计复杂的融合算法来确保数据的准确性和一致性。这会增加技术实现的难度和成本，并可能引入额外的计算负担。

③ 对传感器性能一致性要求高。前融合要求参与融合的传感器具有相近的性能和准确性。如果传感器之间的性能差异较大，可能导致融合结果受到某些性能较差的传感器的影响，降低整体性能。因此，在实际应用中，需要选择性能相近、可靠性高的传感器进行前融合。

后融合和前融合各有其特点和适用场景。后融合在处理效率、容错性等方面表现较好，但可能损失部分信息。前融合能够充分利用原始数据，提高融合精度，但对传感器同步和校准的要求较高，计算负担也可能较重。在实际应用中，应根据具体需求和环境条件选择合适的融合方式，以实现最佳的性能和效果。

(5) 激光雷达与视觉传感器融合方案

智能汽车激光雷达与视觉传感器融合技术是指将激光雷达与视觉传感器获取的数据进行集成和整合，从而实现对车辆周围环境更全面、准确的感知。激光雷达能够获取环境的深度信息和高精度三维点云数据，而视觉传感器则可以提供丰富的纹理和颜色信息。通过将这两种不同传感器的数据进行融合，可以弥补单一传感器在感知上的不足，提高智能汽车的感知精度和鲁棒性。

激光雷达与视觉传感器融合可以按以下步骤完成。

① 数据预处理。对激光雷达和视觉传感器采集的原始数据进行预处理，包括滤波、去噪、校正等操作，以提高数据质量和一致性。

② 特征提取。从预处理后的数据中提取有意义的特征，如边缘、角点、轮廓等，以便后续融合处理。

③ 时间同步与空间对齐。确保激光雷达和视觉传感器数据在时间和空间上同步，以便进行准确的数据融合。这通常涉及对传感器数据的时间戳进行校准，并对空间坐标进行对齐。

④ 数据融合。根据特定的融合算法，将激光雷达和视觉传感器的数据进行融合。这可以是在特征层进行融合，也可以是在决策层进行融合，具体取决于应用场景和性能需求。

⑤ 结果输出。将融合后的数据输出给智能汽车的决策系统，用于路径规划、障碍物检测、目标跟踪等任务。

激光雷达与视觉传感器融合具有以下优点。

① 提高感知精度。激光雷达与视觉传感器的融合能够充分利用两者的优势，实现对环境更全面的感知，提高感知精度。

② 增强鲁棒性。由于两种传感器在感知上具有互补性，当其中一种传感器受到干扰或失效时，另一种传感器可以提供补充信息，增强系统的鲁棒性。

③ 适应不同场景。激光雷达和视觉传感器在不同场景下各有优势，融合后能够适应更多复杂的驾驶环境。

激光雷达与视觉传感器融合具有以下缺点。

① 计算复杂度。激光雷达与视觉传感器的融合需要进行大量的数据处理和计算，可能导致较高的计算复杂度，对硬件性能有一定要求。

② 数据同步与对齐的挑战。确保激光雷达和视觉传感器数据的时间同步及空间对齐是一个技术挑战，需要精确的校准和同步算法。

③ 成本较高。激光雷达和高质量视觉传感器的成本相对较高，可能增加整车的制造成本。

激光雷达与视觉传感器融合可应用于以下系统。

① 自动驾驶系统。在自动驾驶系统中，激光雷达与视觉传感器的融合可以提高车辆对周围环境的感知能力，实现对道路、车辆、行人等目标的准确检测和跟踪，为自动驾驶决策提供可靠依据。

② 高级驾驶辅助系统。在高级驾驶辅助系统中，融合后的数据可以用于实现更精确的车道保持、自动泊车、碰撞预警等功能，提高驾驶安全性和舒适性。

③ 智能交通管理系统。在智能交通管理系统中，激光雷达与视觉传感器的融合可以用于实现交通流量监测、违章行为识别等任务，提高交通管理效率和安全性。

图 5-7 所示为激光雷达与视觉传感器的融合框架。

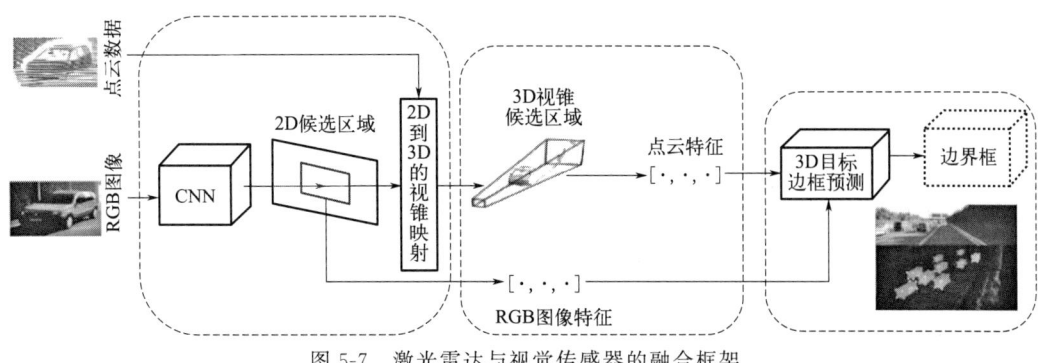

图 5-7 激光雷达与视觉传感器的融合框架

（6）激光雷达和毫米波雷达融合

智能汽车激光雷达与毫米波雷达融合技术是指将激光雷达和毫米波雷达的探测数据进行整合，以实现更全面、准确的车辆周围环境感知。激光雷达通过发射和接收激光束来测量目标的距离和位置，生成高密度的点云图像；而毫米波雷达则利用毫米波段的电磁波来测量目标的速度和方向。两者的结合能够充分发挥各自优势，提高车辆对周围环境的感知能力。

激光雷达与毫米波雷达融合可以按以下步骤完成。

① 数据采集。分别通过激光雷达和毫米波雷达获取车辆周围环境的原始数据。

② 数据预处理。对采集到的原始数据进行滤波、去噪等预处理操作，以提高数据质量。

③ 数据同步与对齐。确保激光雷达和毫米波雷达的数据在时间与空间上同步，以便进行准确的数据融合。

④ 数据融合。根据特定的融合算法，将激光雷达和毫米波雷达的数据进行融合。这可以是在数据层进行融合，也可以是在特征层或决策层进行融合。

⑤ 结果输出。将融合后的数据输出给智能汽车的决策系统，用于路径规划、障碍物检测、目标跟踪等任务。

激光雷达与毫米波雷达融合具有以下优点。

① 提高感知精度。激光雷达的高分辨率和毫米波雷达的稳定性相结合，能够实现对目标更准确、更全面的感知。

② 增强鲁棒性。激光雷达和毫米波雷达在感知上具有互补性，当一种传感器受到干扰或失效时，另一种传感器可以提供补充信息，增强系统的鲁棒性。

③ 适应不同环境。激光雷达对光照条件敏感，而毫米波雷达则不受天气和光照的影响。两者的融合能够适应更多复杂的驾驶环境。

激光雷达与毫米波雷达融合具有以下缺点。

① 成本较高。激光雷达和毫米波雷达的成本都相对较高，两者的融合将增加整车的制造成本。

② 计算复杂度。数据融合需要进行大量的数据处理和计算，可能导致较高的计算复杂度，对硬件性能有一定要求。

③ 校准与同步的挑战。确保激光雷达和毫米波雷达数据的精确校准与同步是一个技术挑战，需要精确的校准算法和同步机制。

激光雷达与毫米波雷达融合可以应用于以下系统。

① 自动驾驶系统。在自动驾驶系统中，激光雷达与毫米波雷达的融合能够提供更为准确和全面的环境感知信息，为车辆提供精确的导航和决策支持。

② 高级驾驶辅助系统。在高级驾驶辅助系统中，融合后的数据可以用于实现更精确的车道保持、碰撞预警、自适应巡航等功能，提高驾驶安全性和舒适性。

③ 智能交通管理系统。在智能交通管理系统中，激光雷达与毫米波雷达的融合可以用于实现交通流量监测、违章行为识别等任务，提高交通管理效率。

图 5-8 所示为激光雷达与毫米波雷达的融合框架。

（7）视觉传感器和毫米波雷达融合

智能汽车视觉传感器与毫米波雷达融合技术是指将视觉传感器获取的图像信息与毫米波雷达测量的距离和速度数据进行融合，从而提供更全面、准确的环境感知信息。视觉传感器通过捕捉环境中的图像信息，提供丰富的纹理、颜色和细节；而毫米波雷达则通过发射和接收毫米波来测量目标的速度与距离，具有全天候和穿透性强的特点。两者的融合能够充分利

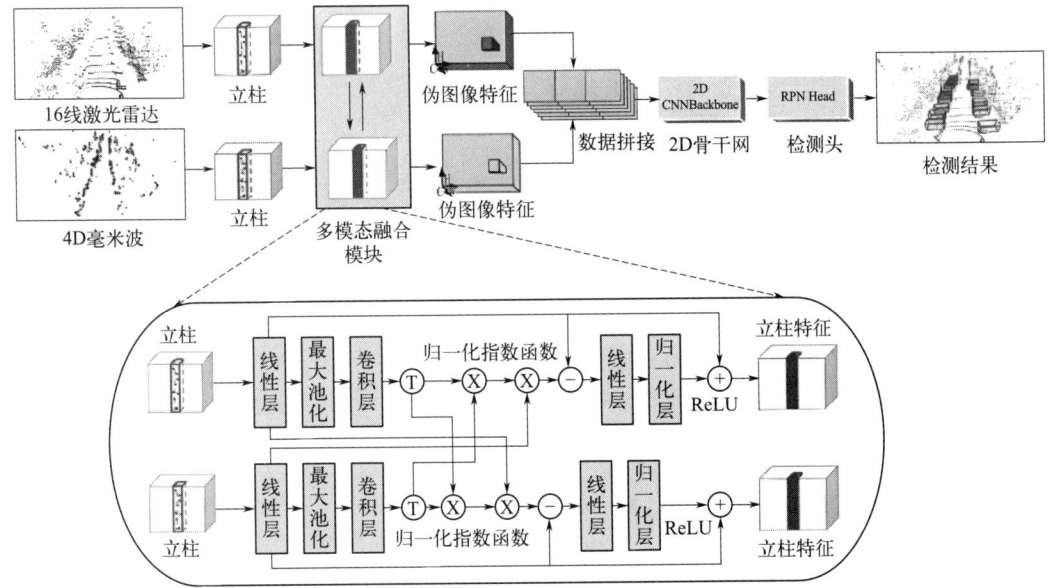

图 5-8 激光雷达与毫米波雷达的融合框架

用各自的优势，增强智能汽车的感知能力。

视觉传感器与毫米波雷达融合可以按以下步骤完成。

① 数据采集。通过视觉传感器捕获环境图像，同时通过毫米波雷达测量目标的距离和速度。

② 数据预处理。对视觉传感器图像进行图像增强、滤波、边缘检测等预处理操作，对毫米波雷达数据进行去噪、平滑等处理，提高数据质量。

③ 数据同步与对齐。确保视觉传感器图像和毫米波雷达数据在时间和空间上同步，以便进行准确的数据融合。

④ 特征提取与关联。从视觉传感器图像中提取目标特征，如轮廓、纹理等，并与毫米波雷达测量的目标进行关联和匹配。

⑤ 数据融合。根据特定的融合算法，将视觉传感器和毫米波雷达的数据进行融合，生成融合后的环境感知信息。

⑥ 结果输出。将融合后的环境感知信息输出给智能汽车的决策系统，用于路径规划、障碍物检测、目标跟踪等任务。

视觉传感器与毫米波雷达融合具有以下优点。

① 增强感知能力。视觉传感器提供丰富的图像信息，而毫米波雷达提供稳定的距离和速度数据。两者的融合能够实现对环境的更全面感知，提高感知精度。

② 提高鲁棒性。视觉传感器受光照条件影响较大，而毫米波雷达则不受光照和天气条件的影响。融合后，系统可以在各种环境条件下稳定运行，增强鲁棒性。

③ 提升安全性。通过融合视觉和毫米波雷达的数据，智能汽车可以更准确地识别和跟踪障碍物，提前做出反应，提升行车安全性。

视觉传感器与毫米波雷达融合具有以下缺点。

① 计算复杂度。视觉传感器与毫米波雷达的融合需要进行大量的数据处理和计算，可能导致较高的计算复杂度，对硬件性能有一定要求。

② 校准与同步的挑战。确保视觉传感器和毫米波雷达数据的精确校准和同步是一个技术挑战，需要精确的校准算法和同步机制。

③ 信息冗余与冲突。在某些情况下，视觉传感器和毫米波雷达的信息可能存在冗余或冲突，需要进行合理的处理以避免误导决策系统。

视觉传感器与毫米波雷达融合可以应用于以下系统。

① 自动驾驶系统。在自动驾驶系统中，视觉传感器与毫米波雷达的融合可以提供更精确的环境感知信息，支持车辆自主导航、障碍物检测、目标跟踪等功能。

② 高级驾驶辅助系统。融合后的数据可以用于实现高级驾驶辅助系统中的功能，如自适应巡航、车道偏离预警、自动泊车等，提高驾驶的便捷性和安全性。

③ 智能交通管理系统。视觉传感器与毫米波雷达的融合可以用于智能交通管理系统中，实现交通流量监测、违章行为识别等任务，提升交通管理的效率和安全性。

图 5-9 所示为视觉传感器与毫米波雷达的融合框架。

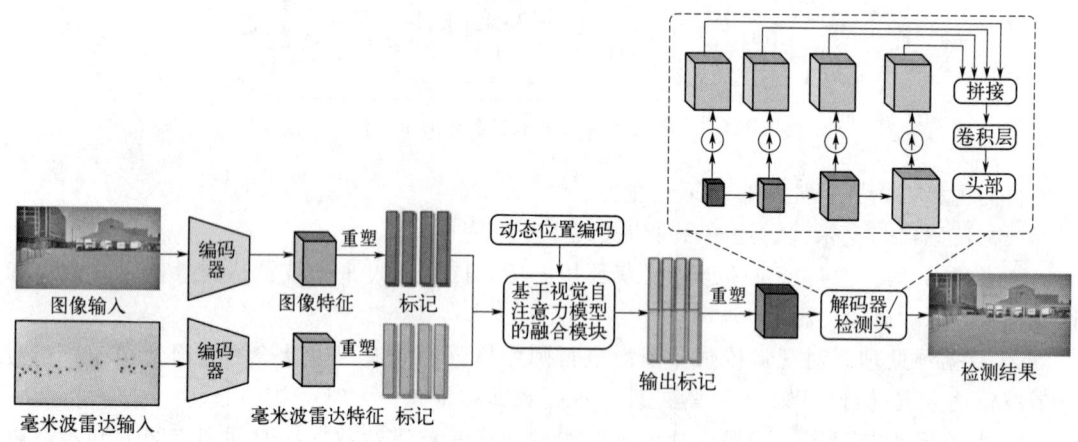

图 5-9　视觉传感器与毫米波雷达的融合框架

5.2　多传感器同步理论

可以将多传感器同步理论形象地比喻为一场交响乐团的演出。每个传感器如同乐团中的不同乐器，各自发出独特的声音。为了让整场演出和谐美妙，各个乐器必须精确同步，即每个传感器必须在同一时间点上提供数据。这样，当所有的声音汇聚一堂，听众（即智能汽车系统）才能接收到完整且准确的信息。多传感器同步理论的重要性在于，它确保各个传感器之间的协同工作，从而提高系统的准确性和稳定性，让智能汽车能够更好地感知和应对周围环境的变化。

5.2.1　时间同步

时间同步是指通过统一的主机为各个传感器提供基准时间，确保各传感器基于相同的时间基准进行操作。这一技术对于多传感器系统至关重要，因为它能够实现各传感器独立采集数据时的时间戳同步。通过为数据加上精确的时间戳，系统可以确保在处理、分析和融合这些数据时能够准确地反映其实际发生的时间。

传感器时间戳主要有 GPS/GNSS 时间戳、相机时间戳、激光雷达时间戳、毫米波雷达时间戳和 IMU 时间戳。

① GPS/GNSS 时间戳。GPS/GNSS 时间戳基于全球定位系统或全球导航卫星系统，提供高精度的绝对时间信息。这使得传感器数据可以与地理位置精确对应，对于导航、定位以及空间感知等应用具有重要意义

② 相机时间戳。相机时间戳记录图像数据捕获的精确时间，是实现图像数据与其他传感器数据同步的关键。通过相机时间戳，可以将图像与激光雷达点云、毫米波雷达数据等进行精确配准，从而进行环境感知和目标识别。

③ 激光雷达时间戳。激光雷达时间戳记录激光扫描数据的采集时间，它对于三维环境建模、障碍物检测以及自动驾驶等领域至关重要。通过激光雷达时间戳，可以将点云数据与其他传感器数据进行时间对齐，提高环境感知的准确性和实时性。

④ 毫米波雷达时间戳。毫米波雷达时间戳提供雷达探测数据的时间基准，对于目标检测、速度测量以及跟踪等任务具有重要意义。毫米波雷达能够穿透雨雾等恶劣天气条件，提供稳定可靠的探测数据，其时间戳的精确性对于数据分析和处理至关重要。

⑤ IMU 时间戳。IMU 时间戳记录加速度和角速度数据的采集时间，它对于运动估计、姿态解算以及导航控制等应用至关重要。IMU 时间戳的精确性直接影响到姿态和运动的准确性，对于实现高精度的定位和导航至关重要。

传感器时间戳为数据同步、融合和处理提供时间基准，有助于提高多传感器系统的感知精度和实时性能。

时间同步又分为软件同步和硬件同步。

(1) 软件同步

软件同步主要通过算法和数据处理技术来实现时间同步。其核心思想是通过软件程序在数据采集、传输和处理过程中添加时间戳信息，并对这些时间戳进行对齐和校正，以确保各个传感器或节点在时间上的一致性。

软件同步主要包括以下步骤。

① 时间戳的添加。在数据采集阶段，软件会为每个数据点打上时间戳，记录数据生成或接收的精确时间。

② 数据的传输与对齐。在数据传输过程中，软件会确保带有时间戳的数据能够按照正确的顺序和时间到达目标节点。在数据接收端，软件会根据时间戳对数据进行对齐处理，确保它们在时间上的连贯性和一致性。

③ 误差的校正与补偿。软件同步还需要考虑时钟误差、网络延迟等因素对数据同步的影响。因此，软件通常会采用一些算法和技术来对这些误差进行估计及补偿，以提高同步的精度和稳定性。

实现多传感器融合的软件同步，可以采用以下方法。

① 时间戳添加与对齐。在数据采集阶段，为每个传感器数据添加精确的时间戳信息。在数据融合阶段，根据这些时间戳信息对数据进行对齐处理，确保它们在时间上的连续性。

② 数据插值与滤波。针对由于采样率不同或时间延迟导致的数据缺失或不一致问题，可以采用数据插值和滤波的方法进行补偿和校正。通过插值可以估算缺失的数据点，而滤波则可以减少噪声和数据抖动对同步精度的影响。

③ 时钟同步算法。使用特定的时钟同步算法，如网络时间协议或精确时间协议，来校准各个传感器的时钟，减小时钟误差对同步精度的影响。

软件同步通常是将各传感器数据统一到扫描周期较长（频率较小）的传感器数据上。以某 4 线激光雷达（采样频率约 12.5Hz）和某相机（采样频率约 30Hz）来说明，显然激光雷达的采样周期长，则以激光雷达的采样频率为基准进行匹配，如图 5-10 所示。将传感器的每个采样时刻记录在统一的时间序列上。当激光雷达完成一次采样时，寻找与该时刻最近邻时刻的图像，这样便完成两种数据的时间匹配。

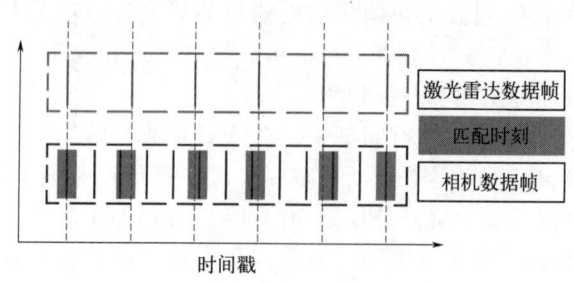

图 5-10　软件同步的方法

（2）硬件同步

硬件同步主要依赖高精度的时钟源和同步信号发生器。时钟源通常是稳定的、高精度的原子钟或其他类型的时钟，能够提供精确的时间基准。同步信号发生器则负责产生并分发同步信号，以确保各个传感器或节点能够接收到相同的时间基准。在硬件同步系统中，各个传感器或节点通过接收同步信号来校准自身的时钟时间。这些同步信号通常包含精确的时间戳信息，使得传感器或节点能够准确地调整自身的时钟，以匹配全局时间基准。

自动驾驶领域主流的时间同步方法是以 GPS 时间为基准时间，并借助 PTP（precision time protocol，精确时间协议）/gPTP（generalized precision time protocol，广义精确时间协议）时钟同步协议来实现各传感器之间的高精度时间同步。

GPS 作为全球性的定位与导航系统，为自动驾驶车辆提供高精度的时间和位置信息。以 GPS 时间为基准时间，可以确保自动驾驶系统中各传感器和节点拥有统一且精确的时间参考。这种时间同步方式不仅有助于提升传感器数据的准确性和一致性，而且能够为车辆的导航、决策及控制提供可靠的时间基准。

PTP/gPTP 协议作为一种高精度时钟同步协议。该协议通过交换机等网络设备实现各传感器节点之间的时钟同步，确保各节点在时间上保持一致。PTP/gPTP 协议的实现需要交换机支持 PTP 协议，通过硬件级别的处理，实现高精度的时间同步。

① 统一时钟源。统一时钟源能够实现不同传感器时间戳的同步，确保传感器数据的精确性和可靠性。统一时钟源是一个能够提供全局统一时间的设备或系统。它通过高精度的时间源和同步机制，确保所有连接的传感器都能够接收到相同的时间基准。传感器在接收到统一时钟源的时间信息后，会将其与本地时钟进行同步，从而确保传感器输出的数据包含统一的时间戳。在硬件触发的情况下，GPS 时间戳可以作为基准进行硬件触发。GPS 系统提供的高精度时间信息可以作为统一时钟源，通过硬件接口直接触发传感器采集数据，并将 GPS 时间戳嵌入数据中。这样，传感器输出的数据就包含全局时间戳（GPS 时间戳），而非传感器本地时间戳。不同传感器之间统一时钟源效果的示意如图 5-11 所示。

② 硬件同步触发。硬件同步触发是一种通过硬件设备实现传感器数据同步的方法。其基本原理是通过一个统一的触发信号，同时激活多个传感器进行数据采集。这样，所有传感器采集到的数据都具有相同的时间戳，从而消除时间戳不匹配的问题。硬件同步触发系统

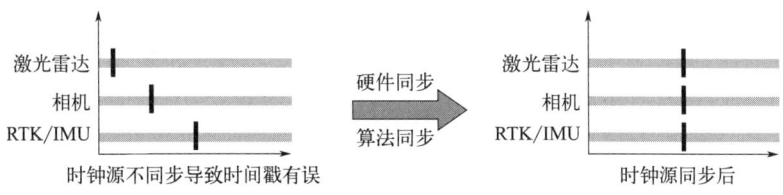

图 5-11　不同传感器之间统一时钟源效果的示意

通常包括一个触发信号发生器和一个或多个传感器接口。触发信号发生器负责产生统一的触发信号，而传感器接口则负责将这个信号传递给相应的传感器。当传感器接收到触发信号时，它们会立即开始数据采集，并将采集到的数据标记为相同的时间戳。硬件同步触发示意如图 5-12 所示。

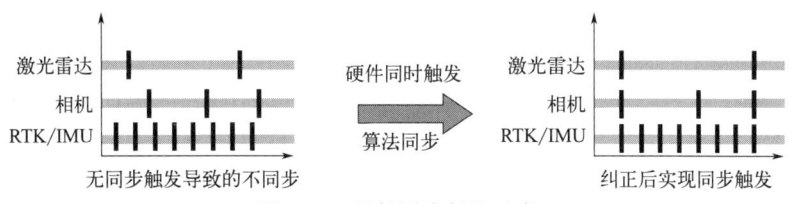

图 5-12　硬件同步触发示意

5.2.2　空间同步

空间同步是指将不同传感器坐标系的测量值转换到同一个坐标系中，以便进行综合分析和处理。由于不同的传感器可能具有不同的坐标系统和参考框架，因此需要通过坐标变换和校准过程来实现空间同步。

实现空间同步的关键在于确定传感器之间的相对位置和姿态。这通常需要通过标定过程来完成，例如使用标定板、激光测距仪等设备，测量传感器之间的相对位置和姿态，并据此建立坐标变换矩阵。一旦建立坐标变换矩阵，就可以将不同传感器坐标系的测量值转换到统一的坐标系中。

运动补偿是对传感器测量过程中由于物体或传感器的运动造成的实际运动数据偏差进行量化弥补的过程。在实际应用中，由于目标的运动或传感器的晃动，可能导致测量数据与实际值存在偏差。为了消除这些偏差，需要进行运动补偿。

运动补偿的方法多种多样，其中常见的方法包括基于惯性测量单元的补偿、基于视觉的补偿以及基于滤波算法的补偿等。

（1）基于惯性测量单元的补偿方法

惯性测量单元是一种能够测量物体三轴姿态角速度和加速度的装置。通过惯性测量单元可以获取到传感器或目标物体的实时运动状态信息。基于惯性测量单元的补偿方法主要是利用这些运动状态信息来估计和补偿由于运动引起的数据偏差。

惯性测量单元可以提供关于传感器角速度和加速度的数据。通过对这些数据进行处理和分析，可以计算出传感器的姿态变化和位移信息。然后，利用这些信息对测量数据进行修正，以消除运动引起的偏差。这种方法具有实时性好、精度高的优点，但在实际应用中需要注意惯性测量单元的标定和噪声处理问题。

（2）基于视觉的补偿方法

基于视觉的补偿方法主要是利用视觉传感器（如相机）捕获的图像信息来估计和补偿运

动偏差。这种方法通常结合计算机视觉技术和图像处理算法来实现。

视觉传感器可以捕获目标物体或场景的连续图像序列。通过对这些图像进行分析和处理，可以提取出目标物体的特征点、运动轨迹等信息。然后，利用这些信息对测量数据进行修正，以消除运动引起的偏差。这种方法具有适用范围广、灵活性强的优点，但在实际应用中需要注意光照条件、遮挡等问题对图像质量的影响。

（3）基于滤波算法的补偿方法

基于滤波算法的补偿方法主要是通过对测量数据进行滤波处理来消除运动引起的噪声和干扰。滤波算法可以根据不同的应用场景和需求选择，如卡尔曼滤波、粒子滤波等。

滤波算法可以根据测量数据的统计特性和运动模型，对测量数据进行平滑处理或预测估计。通过滤除噪声和干扰，可以提高测量数据的准确性和稳定性。这种方法简单易行，但需要注意选择合适的滤波算法和参数设置。

在多传感器融合系统中，空间同步与运动补偿是相互关联且不可或缺的环节。通过空间同步，可以将不同传感器的测量数据转换到统一的坐标系中，为后续的融合处理提供基础。而运动补偿则可以在空间同步的基础上进一步消除由于运动引起的数据偏差，提高数据质量和精度。

在自动驾驶领域中，多传感器融合系统通常包括激光雷达、相机、毫米波雷达等多种传感器。通过空间同步，可以将这些传感器的测量数据转换到同一坐标系中，实现对车辆周围环境的全面感知。同时，利用运动补偿技术，可以消除由于车辆运动导致的测量数据偏差，提高定位的准确性和稳定性。

5.3 多传感器融合算法

可以将多传感器融合算法比喻为制作拼图的过程。想象一下，我们有多张拼图碎片，每一张碎片代表一个传感器获取的数据。单独看每张碎片，只能看到部分图像，无法得知整体画面。然而，通过多传感器融合算法，这些碎片被智能地拼接在一起，形成一幅完整的图像。这个算法能够综合考虑各个传感器的信息，消除冗余和矛盾，提取出最有价值的信息，使智能汽车能够更准确地感知环境，做出更明智的决策。

5.3.1 加权平均法

（1）加权平均法的定义

加权平均法是一种简单直观的多传感器融合算法。该方法根据各传感器的权重，对它们的输出进行加权平均，以得到最终的融合结果。权重通常根据传感器的精度、可靠性、稳定性等因素进行设定。

（2）加权平均法的实施步骤

加权平均法具体实施步骤如下。

① 确定各传感器的权重。根据实际应用需求和传感器的特性，为每个传感器分配一个权重。权重一般为正实数，且权重之和为1。

② 对传感器输出进行归一化处理。为确保各传感器输出量纲一致，需对原始数据进行归一化处理，将其转换为无量纲的相对值。

③ 计算加权平均结果。将归一化后的传感器输出与其对应权重相乘，然后求和，得到最终的融合结果

（3）加权平均法的特点

加权平均法具有以下优点。

① 简单易实现。加权平均法原理简单，计算量小，易于在实际应用中实现。

② 灵活性强。权重可以根据实际应用需求进行调整，以适应不同场景和环境的变化。

加权平均法具有以下缺点。

① 权重分配困难。权重分配往往依赖经验或试错，缺乏统一的标准和理论指导。

② 未充分利用信息。加权平均法仅考虑传感器的权重，而忽略了传感器之间可能存在的相关性和互补性。

例如，在智能驾驶系统中，可以使用加权平均法融合来自激光雷达、毫米波雷达和摄像头等多个传感器的数据，以提高车辆对周围环境的感知能力。

（4）加权平均法的注意事项

在实现多传感器融合的加权平均法时，需要注意以下事项。

① 权重选择。在使用加权平均法进行多传感器融合时，权重的选择至关重要。权重应该根据传感器的性能、可靠性以及数据的准确性进行合理分配。不合理的权重分配可能导致融合结果的偏差或失真。

② 传感器一致性。不同传感器之间的数据可能存在差异，这可能是由于传感器的测量原理、精度或校准方式不同所致。在使用加权平均法进行融合时，需要确保传感器数据之间的一致性，否则可能导致融合结果的不准确。

③ 噪声与干扰。传感器数据通常包含噪声和干扰信号，这些噪声和干扰可能影响加权平均法的融合效果。因此，在进行加权平均前，需要对原始数据进行预处理，以减少噪声和干扰的影响。

④ 实时性与计算效率。加权平均法虽然简单，但在处理大量传感器数据时可能面临实时性和计算效率的挑战。特别是在高速运动的场景下，需要保证算法的实时性以满足实际应用的需求。

（5）加权平均法的改进方法

为了进一步提高多传感器融合的加权平均法的性能，可以考虑采用以下改进方法。

① 动态权重调整。为了解决静态权重分配可能导致的问题，可以采用动态权重调整策略。根据传感器数据的实时性能、准确性和可靠性，动态地调整各传感器的权重，以提高融合结果的精度和稳定性。

② 数据预处理与滤波。对原始传感器数据进行预处理和滤波，以减少噪声和干扰的影响。这可以通过数字滤波、平滑处理或去噪算法等方法实现，提高数据的准确性和可靠性。

③ 基于机器学习的权重优化。利用机器学习算法对权重进行优化，通过训练数据学习传感器的性能和相关性，得到更加准确的权重分配方案。这种方法可以在大量数据的支持下实现自动化权重优化，提高多传感器融合的性能。

④ 传感器选择与优化。在选择传感器时，应根据应用场景和需求进行综合考虑，选择性能稳定、精度高的传感器。同时，可以对传感器进行优化，如改进测量原理、提高校准精度等，以提高传感器数据的准确性和一致性。

基于加权法的车道保持辅助系统传感器融合设计

案例描述

假设正在设计一个车道保持辅助系统，该系统需要利用多种传感器（如摄像头、雷达等）的数据来精确判断车辆相对于车道的位置。每个传感器都有其独特的优势，但也存在局限性和误差。通过加权法融合多个传感器的数据，可以提高系统对车辆位置的判断精度和稳定性。

实施步骤

① 数据收集与处理。需要从各个传感器收集数据，包括摄像头识别的车道线信息、雷达检测的车辆与车道线的距离等。这些数据需要进行预处理，如滤波、去噪等，以消除干扰。

② 确定权重。根据各个传感器的性能特点，如精度、稳定性等，为每个传感器分配不同的权重。权重可以通过实验数据或经验确定，以确保更准确的传感器在融合结果中占据更大的比重。

③ 加权融合。将处理后的传感器数据与其对应的权重相乘，然后进行求和，得到融合后的数据。这个过程可以通过编写算法或使用现成的数据处理工具来实现。

④ 结果输出与应用。将融合后的数据用于车道保持辅助系统的决策和控制。例如，当系统检测到车辆偏离车道时，可以自动调整方向盘或发出警示，帮助驾驶员保持车辆在车道内行驶。

5.3.2 卡尔曼滤波法

（1）卡尔曼滤波法的定义

卡尔曼滤波法是一种高效的递归滤波器，它只需要前一状态的估计值和当前状态的观测值，就可以对状态进行最优估计。该算法通过预测和更新两个步骤，不断更新系统的状态估计值，同时考虑系统的不确定性和噪声干扰。卡尔曼滤波法的核心在于建立一个数学模型来描述系统的动态行为，并利用观测数据对模型进行修正。

（2）卡尔曼滤波法的实施步骤

卡尔曼滤波法具体实施步骤如下。

① 初始化。设置卡尔曼滤波器的初始状态值、误差协方差矩阵等参数。这些参数的选择应根据具体应用场景和传感器特性进行设定。

② 数据预处理。对来自不同传感器的数据进行预处理，包括数据同步、坐标转换、数据清洗等。确保不同传感器的数据在时间上和空间上的一致性。

③ 构建传感器模型。为每个传感器构建相应的数学模型，描述传感器输出与真实状态之间的关系。这些模型可以基于传感器的物理原理或经验公式进行建立。

④ 预测步骤。根据卡尔曼滤波法的基本框架，使用上一时刻的状态估计值和预测模型，预测当前时刻的状态值及其误差协方差矩阵。

⑤ 数据融合。将各个传感器的观测数据根据一定的权重进行融合。权重的选择可以根据传感器的精度、可靠性以及当前的环境条件等因素进行设定。

⑥ 更新步骤。利用融合后的观测数据和卡尔曼滤波法的更新机制，对预测步骤得到的状态估计值进行修正，得到当前时刻的最优估计值及其误差协方差矩阵。

⑦ 循环迭代。将当前时刻的最优估计值作为下一时刻的初始值，重复执行预测步骤、数据融合和更新步骤，直至达到预设的迭代次数或满足收敛条件。

（3）卡尔曼滤波法的特点

卡尔曼滤波法具有以下优点。

① 高效性和实时性。卡尔曼滤波法通过递归的方式不断更新状态估计值，能够在短时间内快速处理大量数据，并实时输出最优估计结果。这使得多传感器融合的卡尔曼滤波法非常适用于需要实时响应的场景，如自动驾驶、无人机控制等。

② 精度高。卡尔曼滤波法能够综合考虑不同传感器的观测数据和系统的不确定性，通过加权平均的方式得到最优估计值。这种融合方式能够有效地减少单个传感器的误差，提高系统的定位精度和感知能力。

③ 鲁棒性强。由于卡尔曼滤波法能够处理不确定性和噪声干扰，因此对于传感器数据的异常值和误差具有一定的鲁棒性。即使某些传感器出现故障或数据异常，卡尔曼滤波法也能通过其他传感器的数据对状态进行估计和修正。

④ 灵活性好。卡尔曼滤波法可以灵活地适应不同的系统模型和传感器类型。通过调整滤波器的参数和模型，可以使其适合不同的应用场景和需求。

卡尔曼滤波法具有以下缺点。

① 对模型和噪声的依赖性。卡尔曼滤波法的性能在很大程度上取决于所建立的系统模型和噪声特性的准确性。如果模型不准确或噪声特性变化较大，滤波器的性能可能会受到影响，导致估计结果出现偏差。

② 处理非线性系统的能力有限。标准的卡尔曼滤波法主要适用于线性系统和高斯噪声环境。对于非线性系统或非高斯噪声环境，其性能可能会受到限制。为了处理非线性问题，需要采用扩展卡尔曼滤波法或无迹卡尔曼滤波法等更复杂的算法。

③ 计算复杂度较高。虽然卡尔曼滤波法相对于其他高级算法具有较低的计算复杂度，但在多传感器融合场景中，随着传感器数量的增加和数据量的增大，滤波器的计算负担也会相应增加。这可能会对实时性能产生一定的影响，尤其是在资源有限的嵌入式系统中。

④ 权重分配问题。在多传感器融合中，权重的分配是一个关键问题。不同传感器的权重需要根据其精度、可靠性和重要性进行合理设置。然而，权重的选择往往是一个主观的过程，需要依赖经验和专业知识。不合理的权重分配可能会导致融合结果的偏差或不稳定。

（4）卡尔曼滤波法的注意事项

在实现多传感器融合的卡尔曼滤波法时，需要注意以下事项。

① 模型准确性。卡尔曼滤波法的性能严重依赖模型的准确性。确保所使用的模型能够充分描述系统的动态特性至关重要，否则可能会导致滤波效果不理想或发散。

② 传感器选择与同步。选择合适的传感器并确保它们之间的同步对于多传感器融合至关重要。传感器之间的时间偏差和测量误差可能导致滤波结果的不准确。

③ 初始值设定。卡尔曼滤波法的初始值设定对滤波效果具有重要影响。不恰当的初始值可能导致滤波过程收敛缓慢或不稳定。

④ 噪声统计特性。卡尔曼滤波法需要知道噪声的统计特性，包括过程噪声和测量噪声的协方差矩阵。这些参数的准确性直接影响滤波效果。

（5）卡尔曼滤波法的改进方法

为了进一步提高多传感器融合的卡尔曼滤波法的性能，可以考虑采用以下改进方法。

① 自适应卡尔曼滤波。针对模型不确定性或噪声统计特性变化的问题，可以采用自适

应卡尔曼滤波方法。通过在线估计噪声统计特性或调整模型参数，提高滤波器的自适应能力。

② 扩展卡尔曼滤波。对于非线性系统，可以使用扩展卡尔曼滤波方法。扩展卡尔曼滤波通过线性化非线性系统方程，将卡尔曼滤波法应用于非线性场景，提高滤波精度。

③ 多模型融合。为了应对复杂多变的系统环境，可以采用多模型融合策略。通过构建多个模型并赋予不同的权重，根据实时数据动态调整模型权重，实现更准确的状态估计。

④ 鲁棒卡尔曼滤波。针对传感器故障或异常数据，可以采用鲁棒卡尔曼滤波方法。通过引入异常检测机制和处理策略，降低异常数据对滤波结果的影响，提高系统的鲁棒性。

练习案例

基于卡尔曼滤波法的自适应巡航控制系统传感器融合设计

案例描述

考虑设计一个自适应巡航控制系统，该系统需要准确获取前方车辆的距离和速度信息，以便自动调整本车速度，保持安全距离。利用雷达和激光雷达作为主要的测距传感器，同时结合摄像头来提供图像信息。然而，由于各种环境因素的影响，单个传感器的测量数据可能存在误差或不稳定。因此，采用卡尔曼滤波法来融合多个传感器的数据，提高系统对车辆位置和速度的估计精度。

实施步骤

① 确定传感器类型与车辆模型。明确所使用的传感器类型及其性能特点，包括雷达、激光雷达和摄像头。同时，建立车辆的动态模型，包括位置、速度和加速度等状态变量。

② 卡尔曼滤波器设计。根据车辆模型和传感器测量数据的特性，设计卡尔曼滤波器。这包括确定状态转移矩阵、观测矩阵、噪声协方差矩阵等参数。这些参数反映车辆状态的变化规律以及传感器测量的不确定性。

③ 传感器数据预处理。对从雷达、激光雷达和摄像头收集到的原始数据进行预处理，包括滤波、去噪和校准等。确保输入卡尔曼滤波器的数据质量可靠。

④ 传感器数据融合。将预处理后的传感器数据作为卡尔曼滤波器的观测输入，利用滤波器对车辆状态进行估计。卡尔曼滤波器会根据当前的状态估计值和观测数据，通过预测和更新两个步骤，得出更加准确的状态估计。

⑤ 自适应调整。随着驾驶环境和车辆状态的变化，传感器的性能也可能受到影响。因此，设计一种自适应机制，根据实时数据调整卡尔曼滤波器的参数，以适应不同的驾驶场景。

⑥ 结果输出与应用。将卡尔曼滤波器融合后的车辆状态数据用于自适应巡航控制系统的决策和控制。系统可以根据前方车辆的距离和速度信息，自动调整本车的速度和加速度，实现安全、舒适的巡航驾驶。

5.3.3 多贝叶斯估计法

(1) 多贝叶斯估计法的定义

多贝叶斯估计法是一种基于概率统计的推理方法，它利用先验知识和观测数据来更新对未知状态或参数的估计。在多传感器融合中，多贝叶斯估计法将每个传感器的观测数据视为对未知状态的一种"证据"，并通过贝叶斯公式将这些证据进行融合，得到对未知状态的最优估计。

（2）多贝叶斯估计法的实施步骤

多贝叶斯估计法具体实施步骤如下。

① 确定融合目标和参数。需要明确多贝叶斯估计法的融合目标，即要估计的未知参数或状态。同时，需要确定参与融合的传感器类型、数量以及观测数据的特性。

② 构建单贝叶斯估计器集合。根据传感器的数量和类型，为每个传感器构建相应的单贝叶斯估计器。每个估计器都应能够根据该传感器的观测数据，输出对未知参数的后验分布。

③ 确定融合策略。多贝叶斯估计法的核心在于如何有效地融合多个单贝叶斯估计器的输出。常见的融合策略包括加权平均、最大后验概率融合以及基于信息熵的融合方法等。选择合适的融合策略需要根据具体应用场景和传感器特性进行评估。

④ 执行融合操作。根据选定的融合策略，对多个单贝叶斯估计器的输出进行融合。这可以通过计算加权平均、选择最大后验概率估计或利用信息熵进行权重分配等方式实现。融合操作的目的是得到对未知参数的整体后验分布。

⑤ 输出最终估计结果。根据融合后的整体后验分布，选择合适的估计方法（如均值、中位数等）得到对未知参数的最终估计结果。这个结果将作为多贝叶斯估计法的输出，用于后续的决策或控制任务。

（3）多贝叶斯估计法的特点

多贝叶斯估计法具有以下优点。

① 充分利用传感器信息。多贝叶斯估计法能够综合考虑多个传感器的观测数据，通过合理的融合策略将各传感器的信息进行有机结合。这样可以充分利用各传感器的优势，弥补单一传感器信息的不足，提高整体估计的准确性和稳定性。

② 适应性强。多贝叶斯估计法具有较强的适应性，能够适应不同传感器类型和观测数据的特性。无论是同类型传感器还是不同类型传感器，只要能够建立相应的贝叶斯估计器，就可以将其纳入多贝叶斯估计法的框架中进行融合处理。

③ 推理机制灵活。多贝叶斯估计法基于概率统计原理，具有灵活的推理机制。它可以根据先验知识和观测数据进行动态更新，能够处理不确定性和噪声干扰等问题。多贝叶斯估计法则通过结合多个单贝叶斯估计器的推理结果，进一步提高推理的准确性和可靠性。

多贝叶斯估计法具有以下缺点。

① 计算复杂度高。多贝叶斯估计法涉及多个单贝叶斯估计器的构建和融合操作，这可能导致计算复杂度较高。尤其是在处理大规模传感器网络或高维数据时，计算量可能显著增加，对实时性要求较高的应用场景可能构成挑战。

② 对先验知识的依赖。多贝叶斯估计法在一定程度上依赖先验知识的准确性。如果先验知识存在偏差或不足，可能会影响估计结果的性能。在多贝叶斯估计法中，这种依赖可能更加显著，因为多个单贝叶斯估计器的性能都将受到先验知识的影响。

③ 融合策略的选择困难。多贝叶斯估计法的性能很大程度上取决于融合策略的选择。然而，选择合适的融合策略并非易事，需要考虑传感器类型、观测数据特性以及应用场景等多个因素。不合理的融合策略可能导致估计结果的偏差或不稳定。

多贝叶斯估计法能够将多个传感器的数据进行融合，充分利用各传感器的优势，提高整体感知的准确性和稳定性。通过为每个传感器构建单贝叶斯估计器，多贝叶斯估计法可以根据各自的观测数据得到对未知状态的后验分布。然后，通过合理的融合策略将这些后验分布进行融合，得到最终的感知结果。这种融合方式能够综合考虑不同传感器的信息，减少单一传感器带来的误差和不确定性。

（4）多贝叶斯估计法的注意事项

在实现多贝叶斯估计法时，需要注意以下事项。

① 传感器选择与配置。选择合适的传感器类型、精度和配置对于多传感器融合至关重要。需要考虑传感器的测量范围、分辨率、噪声特性以及相互之间的互补性。

② 数据预处理。在使用多贝叶斯估计法进行融合前，需要对各传感器的数据进行预处理，包括去噪、滤波、校准等操作，以提高数据的可靠性和一致性。

③ 模型建立与参数选择。多贝叶斯估计法依赖先验知识和模型参数的选择。需要建立准确的模型，并合理设置先验概率和条件概率等参数，以确保融合结果的准确性。

④ 实时性与计算效率。多传感器融合系统需要满足实时性要求，同时保证计算效率。因此，在设计和实现多贝叶斯估计法时，需要优化算法结构，减少计算复杂度，提高处理速度。

（5）多贝叶斯估计法的改进方法

为了进一步提高多贝叶斯估计法的性能，可以考虑以下改进方法。

① 自适应权重调整。针对不同传感器的测量误差和可靠性，可以引入自适应权重调整策略，动态调整各传感器数据在融合过程中的权重，以提高估计精度。

② 非线性模型扩展。针对实际应用中可能存在的非线性问题，可以对多贝叶斯估计法进行扩展，引入非线性模型和处理方法，以适应复杂场景下的多传感器融合需求。

③ 增量学习与在线更新。为了提高多传感器融合系统的自适应能力，可以采用增量学习和在线更新策略，根据实时数据动态更新先验知识和模型参数，以应对环境变化和目标状态变化带来的挑战。

④ 异常检测与处理。在实际应用中，传感器数据可能受到异常值或故障的影响。因此，需要引入异常检测机制，对异常数据进行识别和处理，避免对融合结果产生负面影响。

练习案例

基于多贝叶斯估计法的变道辅助系统传感器融合设计

案例描述

在现代汽车安全辅助系统中，变道辅助系统扮演着至关重要的角色。它通过感知周围环境，为驾驶员提供是否适宜变道的辅助信息。在本案例中，将采用多贝叶斯估计法来融合来自不同传感器的数据，以提高变道辅助系统的准确性和可靠性。

假设变道辅助系统配备摄像头、雷达和超声波传感器。摄像头用于识别车道线和后方车辆，雷达用于测量与周围车辆的距离和速度，而超声波传感器则用于近距离的障碍物检测。这些传感器各自具有不同的特点和局限性，因此需要采用合适的融合方法来综合它们的信息。

实施步骤

① 建立贝叶斯模型。针对每个传感器，建立独立的贝叶斯模型。这些模型描述传感器数据的概率分布，以及它们如何与车辆周围的实际情况相关联。通过历史数据的学习和训练，可以得到这些模型的先验概率。

② 数据收集与预处理。从各个传感器中收集原始数据，并进行必要的预处理，如滤波、降噪和校准。确保数据的准确性和一致性，为后续的融合处理提供可靠的基础。

③ 单传感器数据处理。根据建立的贝叶斯模型，对每个传感器的数据进行概率推断。这包括计算传感器数据对应的后验概率，即给定观测数据后，某种假设成立的概率。

④ 多传感器数据融合。利用多贝叶斯估计法，将来自不同传感器的后验概率进行融合。这通常涉及对各个传感器的后验概率进行加权平均，权重可以根据传感器的可靠性、精度和实时性等因素进行调整。

⑤ 决策输出。根据融合后的概率结果，变道辅助系统做出决策。例如，如果融合后的概率显示后方有车辆且距离较近，则系统可能会发出警示，提示驾驶员当前不适宜变道。

⑥ 优化与调整。在实际应用中，根据系统性能和用户反馈，不断优化和调整多贝叶斯估计法的参数和模型。确保系统能够适应不同的驾驶环境和道路条件，提供准确的变道辅助信息。

5.3.4　D-S证据推理法

（1）D-S证据推理法的定义

D-S证据推理法是一种基于概率统计和集合论的信息融合方法。它通过将不同传感器的观测数据表示为相应的证据，然后根据证据的相似性和冲突程度进行融合，得到对未知状态的最终估计。在D-S证据推理法中，每个传感器被视为一个独立的证据源，其观测数据被转换为相应的基本概率分布函数。基本概率分布函数表示传感器对各个命题的信任程度。然后，通过证据合成规则对多个基本概率分布函数进行融合，得到融合后的基本概率分布函数。最后，根据融合后的基本概率分布函数对未知状态进行估计和决策。

（2）D-S证据推理法的实施步骤

D-S证据推理法具体实施步骤如下。

① 确定识别框架与命题集。识别框架是D-S证据推理法的基础，它包含对未知状态所有可能取值的一个完备集合。根据实际应用场景，需要明确识别框架中的元素，即所有可能的命题或状态。这些命题或状态构成命题集，是后续推理的基础。

② 构建基本概率分布函数。针对每个传感器或证据源，需要根据其观测数据构建基本概率分布函数。基本概率分布函数是一个映射，将识别框架中的每个命题映射到一个概率值，表示该传感器对该命题的信任程度。构建基本概率分布函数时，需要考虑传感器的性能、观测数据的准确性以及先验知识等因素。

③ 数据预处理与归一化。在融合多个证据之前，可能需要对各传感器的数据进行预处理，如去噪、滤波等，以提高数据的准确性和可靠性。此外，为了确保各证据的基本概率分布函数之和为1，还需要进行归一化处理。归一化方法通常包括概率值的缩放和重新分配等。

④ 证据合成规则的应用。证据合成规则是D-S证据推理法的核心，用于将多个证据的基本概率分布函数进行融合。该规则通过计算各证据之间的相似度和冲突程度，得出融合后的基本概率分布函数。在实际应用中，可以根据需要选择合适的合成顺序和策略，以提高融合效果和效率。

⑤ 结果分析与决策。根据证据合成规则得出的融合后基本概率分布函数，可以对未知状态进行估计和决策。通过对融合后基本概率分布函数的分析，可以确定各个命题的信任度排序，从而选择最可能的命题或状态作为决策结果。在实际应用中，还可以根据具体需求设

定决策阈值，以提高决策的准确性和可靠性。

（3）D-S 证据推理法的特点

D-S 证据推理法具有以下优点。

① 融合多个来源的信息。D-S 证据推理法能够有效地融合来自不同传感器或信息源的数据，充分利用各种信息的互补性，提高整体感知的准确性和可靠性。这种能力使得 D-S 证据推理法在处理复杂环境和多源信息时具有优势。

② 处理不确定性和冲突信息。D-S 证据推理法通过引入信任函数和似然函数，能够定量地描述信息的不确定性和冲突程度。这使得该方法在处理不确定性较高的信息或存在冲突的情况时具有较好的鲁棒性。

③ 推理过程直观易懂。D-S 证据推理法的推理过程基于集合论和概率论，具有较高的直观性和可解释性。这使得该方法在理解和应用上相对容易，方便工程师和专家进行分析和决策。

④ 灵活性和通用性。D-S 证据推理法可以应用于不同领域的多传感器融合和决策问题，具有很高的灵活性和通用性。无论是在图像处理、语音识别还是自动驾驶等领域，D-S 证据推理法都能发挥一定的作用。

D-S 证据推理法具有以下缺点。

① 计算复杂度较高。D-S 证据推理法在融合多个信息源时需要进行复杂的计算，特别是当信息源数量较多或信息量较大时，计算复杂度会显著增加。这可能导致实时性不足，限制在某些对时间要求较高的场景中的应用。

② 对证据的依赖性较强。D-S 证据推理法的性能在很大程度上取决于输入证据的质量和准确性。如果证据之间存在较大的误差或不一致性，可能导致融合结果的不准确或不稳定。因此，在使用 D-S 证据推理法时，需要对输入证据进行仔细的筛选和预处理。

③ 处理高度冲突证据的能力有限。当多个证据之间存在高度冲突时，D-S 证据推理法可能难以得出合理的融合结果。这是因为该方法在处理冲突时主要依赖证据的相似性和权重分配，而缺乏对冲突原因和本质的深入分析。

④ 缺乏自学习能力。D-S 证据推理法是一种静态的推理方法，缺乏自学习和自适应能力。它无法根据历史数据或实时反馈对推理过程进行优化和改进。这使得该方法在应对复杂多变的环境和任务时可能存在一定的局限性。

（4）D-S 证据推理法的注意事项

在实现 D-S 证据推理法时，需要注意以下事项。

① 基本概率分布的确定。D-S 证据推理法的核心是基本概率分布的确定。基本概率分布反映各个证据对不同命题的支持程度。在确定基本概率分布时，需要考虑传感器的特性、数据的准确性和可靠性等因素。同时，基本概率分布的确定还需要基于专家的经验和知识，并结合实际情况进行调整和优化。

② 冲突证据的处理。在多传感器融合中，不同传感器提供的证据可能存在冲突，即对于同一命题，不同传感器的支持程度差异较大。处理冲突证据是 D-S 证据推理法的一个关键问题。需要采用合适的冲突解决策略，如折扣因子法、加权平均法等，以减小冲突对融合结果的影响。

③ 证据的独立性和相关性。D-S 证据推理法要求证据之间具有一定的独立性。然而，在实际应用中，由于传感器之间的相互影响或环境因素的干扰，证据之间可能存在相关性。因此，在使用 D-S 证据推理法时，需要对证据的独立性进行检验，并考虑采用相关证据融

合方法以提高融合效果。

④ 计算复杂度和实时性。D-S 证据推理法涉及大量的计算，尤其是在证据数量较多或命题空间较大时，计算复杂度会显著增加。因此，在实际应用中需要注意计算复杂度和实时性的平衡，采用有效的优化算法或并行计算技术来提高推理速度。

（5）D-S 证据推理法的改进方法

为了进一步优化 D-S 证据推理法的性能，可以考虑采用以下改进方法。

① 结合其他融合方法。D-S 证据推理法虽然具有处理不确定性和不完全信息的优点，但也存在一定的局限性。为了进一步提高融合效果，可以结合其他融合方法，如模糊逻辑推理、神经网络等，进行优势互补。

② 动态调整基本概率分布。由于传感器数据和环境条件可能随时间发生变化，因此基本概率分布也需要进行动态调整。可以引入在线学习算法或自适应调整机制，根据实时数据对基本概率分布进行动态更新，以提高融合系统的适应性和鲁棒性。

③ 处理高度冲突证据的策略。针对高度冲突证据的处理问题，可以引入更加复杂的冲突解决策略。例如，可以考虑基于证据距离或相似度的冲突度量方法，以及基于证据可靠性或重要性的加权融合方法，来更好地处理冲突证据并提高融合结果的准确性。

④ 高计算效率和实时性。针对 D-S 证据推理法计算复杂度高的问题，可以采用近似算法、优化算法或并行计算技术来提高计算效率。同时，可以考虑采用分层或分块融合策略，将大规模问题分解为多个小规模问题进行并行处理，从而提高实时性。

练习案例

基于 D-S 证据推理法的自动紧急制动系统传感器融合设计

案例描述

在自动紧急制动系统中，准确、快速地识别潜在碰撞风险至关重要。本案例是基于 D-S 证据推理法的传感器融合设计，以集成多种传感器的信息，提高碰撞检测的可靠性和准确性。

假设采用毫米波雷达和摄像头作为主要传感器，用于检测前方车辆或障碍物。毫米波雷达提供距离和速度信息，而摄像头则提供视觉信息，包括识别车辆类型、道路标识等。然而，由于传感器本身的局限性以及环境因素的影响，单一传感器的数据可能存在误差或不确定性。因此，采用 D-S 证据推理法来融合这两种传感器的数据。

实施步骤

① 构建识别框架与基本概率分布。确定需要识别的目标对象集合，如车辆、行人等，构成识别框架。对于每个传感器，根据其测量数据和先验知识，为每个目标对象分配一个基本概率值，表示该传感器对目标对象的置信度。

② 计算证据间的相似度。分析毫米波雷达和摄像头数据之间的相关性，计算两种证据之间的相似度。这有助于评估不同传感器数据之间的一致性和冲突程度。

③ D-S 证据合成。利用 D-S 证据合成规则，将毫米波雷达和摄像头的基本概率分布进行融合。在合成过程中，根据证据间的相似度调整不同传感器的权重，以反映它们在融合结果中的贡献程度。

④ 处理冲突证据。若存在冲突证据，即某些传感器数据之间存在明显矛盾，采用适当的冲突解决策略，如加权平均、模糊处理等，以减小冲突对融合结果的影响。

⑤ 决策输出。根据融合后的概率分布，判断是否存在潜在碰撞风险。若风险概率超过预设阈值，则触发自动紧急制动系统，采取相应制动措施。

⑥ 性能评估与优化。通过实际测试收集数据，评估融合算法的性能，包括识别准确率、响应时间等。根据评估结果，对算法参数和模型进行调整优化，以提高系统性能。

5.3.5 模糊逻辑推理

(1) 模糊逻辑推理的定义

模糊逻辑推理是一种基于模糊集合和模糊规则的不确定性推理方法。其基本原理包括模糊集合的定义、模糊化过程、模糊规则的建立以及去模糊化等步骤。模糊集合是对传统集合论的一种扩展，能够表示具有不同程度隶属度的元素。通过定义隶属度函数，可以描述元素对模糊集合的隶属程度；模糊化过程是将精确输入转换为模糊输入的过程。通过将精确值映射到模糊集合的隶属度上，可以得到模糊输入与输出之间的模糊关系。这些规则通常表示为模糊条件语句，能够处理不确定性信息和非线性关系；去模糊化是将模糊输出转换为精确输出的过程。通过选择适当的去模糊化方法，如加权平均法、最大隶属度法等，可以从模糊输出中得出精确的决策结果。

(2) 模糊逻辑推理的实施步骤

模糊逻辑推理具体实施步骤如下。

① 数据预处理与特征提取。在多传感器融合中，首先需要对来自不同传感器的数据进行预处理，包括数据清洗、滤波和标准化等操作，以消除噪声和干扰。接着，提取与问题相关的关键特征，这些特征将作为模糊逻辑推理的输入。

② 定义模糊集合及其隶属度函数。根据问题的特点和需求，定义适当的模糊集合，并确定每个模糊集合的隶属度函数。隶属度函数用于描述元素对模糊集合的隶属程度，可以通过专家知识、统计数据或实验测试等方法进行确定。

③ 模糊化处理。将经过预处理的传感器数据转换为模糊输入。这通常通过将精确值映射到模糊集合的隶属度上实现，将实数域的数据映射到模糊集合的隶属度区间，以便进行模糊逻辑推理。

④ 建立模糊规则库。基于领域知识和经验，建立多传感器融合的模糊规则库。这些规则描述不同传感器数据之间的关联和相互影响，以及它们对最终决策或输出的贡献。规则库的建立需要充分考虑传感器的特性、环境条件和任务需求等因素。

⑤ 模糊推理。利用模糊规则库和模糊输入，进行模糊推理。根据规则库中定义的模糊条件和关系，通过模糊运算和推理机制，得到模糊输出。这个过程中需要考虑多个传感器数据之间的权重、优先级和一致性等因素。

⑥ 去模糊化处理与结果输出。经过模糊推理得到的模糊输出需要进行去模糊化处理，将其转换为精确的输出结果。去模糊化方法可以根据问题的特点和需求进行选择，如加权平均法、最大隶属度法等。最终，将去模糊化后的结果输出，用于系统的决策、控制或进一步分析。

(3) 模糊逻辑推理的特点

模糊逻辑推理具有以下优点。

① 提高感知准确性。通过融合多个传感器的数据，模糊逻辑推理能够充分利用不同传感器的互补性，提高对环境或目标的感知准确性。多个传感器可以从不同角度、不同层面获

取信息，从而更全面地描述目标或环境的状态。

② 增强决策灵活性。模糊逻辑推理能够处理不确定性信息和模糊性数据，使得系统在面对复杂多变的环境时能够做出更加灵活和合理的决策。通过定义模糊集合和模糊规则，可以描述输入与输出之间的非线性关系和不确定性因素，从而提高决策的准确性。

③ 适应性强。多传感器融合的模糊逻辑推理能够根据不同传感器的重要性和可靠性进行动态调整，以适应不同应用场景和需求。当某个传感器出现故障或数据异常时，系统可以通过其他传感器的信息进行补偿，保证整体的稳定性和可靠性。

④ 易于理解和实现。模糊逻辑推理的基本原理相对简单直观，容易被工程人员理解和应用。通过定义模糊集合和模糊规则，可以方便地描述问题的特点和需求，并通过推理算法实现决策或控制功能。

模糊逻辑推理具有以下缺点。

① 规则制定复杂。模糊逻辑推理的性能在很大程度上取决于模糊规则的制定。然而，制定合适的模糊规则需要丰富的领域知识和经验，并且需要针对具体问题进行反复调整和优化。规则的制定过程可能较为复杂且耗时。

② 计算复杂度高。由于需要进行模糊化、模糊推理和去模糊化等多个步骤，多传感器融合的模糊逻辑推理的计算复杂度较高。当处理的传感器数据量较大或规则库较为复杂时，可能会导致计算效率下降，实时性受限。

③ 对噪声和干扰敏感。由于模糊逻辑推理依赖传感器数据的准确性和一致性，因此对噪声和干扰较为敏感。如果传感器数据存在较大的误差或异常值，可能会影响模糊推理的准确性和可靠性。

④ 缺乏标准化和通用性。目前，多传感器融合的模糊逻辑推理缺乏统一的标准和通用性。不同的应用场景和需求可能需要制定不同的模糊集合、隶属度函数和规则库，这会增加应用的复杂性和成本。

（4）模糊逻辑推理的注意事项

在实现多传感器融合的模糊逻辑推理法时，需要注意以下事项。

① 模糊变量的选择和定义。在使用模糊逻辑推理法进行多传感器融合时，需要合理选择模糊变量，并明确定义其隶属度函数。模糊变量的选择应根据任务需求和数据特点来确定，以确保能够充分表达传感器数据的模糊性和不确定性。同时，隶属度函数的定义应基于实际情况，尽量准确反映传感器数据的分布特性。

② 模糊规则的构建。模糊规则的构建是多传感器融合使用模糊逻辑推理法的关键步骤。需要根据任务需求和传感器数据的特性，制定合适的模糊规则。规则的制定应基于专家的经验和知识，同时结合实际情况进行调整和优化。此外，还需要注意规则的完整性和一致性，以避免出现逻辑矛盾或遗漏的情况。

③ 推理算法的选择和优化。推理算法的选择对模糊逻辑推理法的性能具有重要影响。需要根据任务复杂度和数据量大小，选择合适的推理算法。同时，还需要对算法进行优化，以提高推理速度和准确性。例如，可以采用并行计算技术来加速推理过程，或者采用启发式搜索算法来减少推理过程中的计算量。

④ 数据预处理和标准化。在使用模糊逻辑推理法进行多传感器融合之前，需要对不同传感器的数据进行预处理和标准化。这包括去除异常值、填充缺失数据、对数据进行归一化等步骤，以确保不同传感器数据在数量和量级上的一致性和可比性。

（5）模糊逻辑推理的改进方法

为了进一步优化模糊逻辑推理法的性能，可以考虑采用以下改进方法。

① 引入自适应调整机制。由于传感器数据和环境条件可能随时间发生变化，因此模糊逻辑推理法的参数和规则也需要进行自适应调整。可以引入在线学习算法或自适应调整机制，根据实时数据对模糊变量、隶属度函数和规则进行动态调整，以提高融合系统的适应性和鲁棒性。

② 融合多种逻辑推理方法。除了模糊逻辑推理法外，还可以考虑融合其他逻辑推理方法，如概率推理、证据推理等。通过结合不同逻辑推理方法的优点，可以进一步提高多传感器融合的准确性和可靠性。例如，可以利用概率推理来处理传感器数据的不确定性，同时利用模糊逻辑推理来处理模糊性和定性信息。

③ 强化决策机制的可靠性和稳健性。多传感器融合的最终目标是做出可靠的决策。为了强化决策机制的可靠性和稳健性，可以采用基于投票或权重的融合方法，对来自不同传感器的信息进行综合评估。此外，还可以引入置信度或可信度评估机制，对融合结果进行量化评估，以便更好地指导决策过程。

④ 充分利用先验知识和专家系统。先验知识和专家系统可以为多传感器融合提供有价值的指导和支持。通过引入先验知识和专家系统，可以优化模糊变量的选择和定义、改进模糊规则的构建，并提高推理算法的准确性和效率。同时，还可以利用专家系统对融合结果进行解释和可视化展示，提高系统的可解释性和易用性。

练习案例

基于 D-S 证据推理法的自动泊车系统传感器融合设计

案例描述

自动泊车系统是现代智能车辆中的关键辅助系统，旨在减轻驾驶员在泊车过程中的压力，提高泊车的安全性和便利性。本案例是一种基于 D-S 证据推理法的自动泊车系统传感器融合设计，通过集成多种传感器的信息，实现更加精准和可靠的泊车控制。

在本案例中，假设自动泊车系统配备超声波传感器和摄像头。超声波传感器用于近距离测距和障碍物检测，摄像头提供车辆周围环境的视觉信息。每种传感器都具有其独特的优势和局限性，因此，通过 D-S 证据推理法进行传感器融合，可以充分利用各自的优势，提高泊车过程的准确性和稳定性。

实施步骤

① 数据预处理。对超声波雷达和视觉传感器的原始数据进行预处理。超声波雷达数据主要包括障碍物的距离和角度信息，需要进行滤波和去噪处理。视觉传感器数据则需要经过图像处理，提取出车位线、车辆等关键信息。

② 建立识别框架与基本概率分布。根据自动泊车系统的需求，确定识别框架，包括停车位、障碍物等关键对象。然后，根据预处理后的传感器数据，为每个对象分配一个基本概率值，表示该传感器对该对象的置信度。

③ D-S 证据合成。利用 D-S 证据推理法的合成规则，将超声波雷达和视觉传感器的基本概率分布进行融合。在融合过程中，可以根据传感器的可靠性、精度和实时性等因素，为不同的传感器分配适当的权重。通过融合，得到一个对环境中各对象的综合置信度。

④ 冲突证据处理。由于超声波雷达和视觉传感器的工作原理和数据特点不同，可能会出现冲突证据的情况。此时，需要采用合适的冲突证据处理策略，如加权平均、模糊处理等，以减小冲突对融合结果的影响。

⑤ 泊车决策与控制。根据融合后的概率分布和识别结果，自动泊车系统可以做出泊车决策。例如，根据识别到的停车位大小和位置，以及周围障碍物的分布情况，系统可以计算出最佳的泊车路径和速度。然后，通过控制车辆的转向、加速和制动等动作，实现自动泊车的过程。

⑥ 性能评估与优化。在实际应用中，通过实际测试收集数据，对基于 D-S 证据推理法的自动泊车系统传感器融合设计进行性能评估。根据评估结果，对算法参数和模型进行调整优化，以提高系统性能。

5.3.6　人工神经网络法

(1) 人工神经网络法的定义

人工神经网络是一种模拟人脑神经元结构和功能的计算模型。它由大量相互连接的神经元组成，通过调整神经元之间的连接权重和激活函数，实现对输入信息的非线性变换和处理。人工神经网络具有强大的学习能力、泛化能力和并行处理能力，可以处理复杂的模式和识别任务。

(2) 人工神经网络法的实施步骤

人工神经网络法具体实施步骤如下。

① 数据预处理与特征提取。多传感器数据往往具有不同的数据格式、采样率和噪声水平，因此在融合之前需要进行预处理。这包括数据清洗（去除异常值、重复值等）、数据同步（确保不同传感器数据的时间戳对齐）和数据标准化（将数据转换到统一的尺度范围）。接下来，需要从预处理后的数据中提取与任务相关的特征。这些特征可以是传感器的直接测量值，也可以是通过某种算法计算得到的派生特征。特征提取的目的是将原始数据转换为更适合神经网络处理的形式。

② 神经网络模型构建。根据任务需求和数据特点，选择合适的神经网络模型。常见的神经网络模型包括全连接神经网络、卷积神经网络和循环神经网络等。对于多传感器融合任务，可能需要构建一种能够处理多种不同类型输入的混合神经网络模型。在构建神经网络模型时，需要确定网络的层数、每层的神经元数量以及激活函数等参数。这些参数的选择将影响网络的性能和训练速度。通常，可以通过实验和试错法来确定最优的网络结构。

③ 网络训练与参数优化。使用标记好的数据集对神经网络进行训练。训练过程中，通过前向传播计算网络输出，并根据损失函数计算预测值与真实值之间的差异。然后，利用反向传播算法计算梯度，并通过优化算法（如梯度下降法）更新网络参数。在训练过程中，为了防止过拟合和提高泛化能力，可以采用一些正则化方法和早期停止策略。此外，还可以使用学习率衰减、动量等技巧来加速训练过程并改善收敛性能。

④ 多传感器数据融合与决策输出。训练好的神经网络模型可用于多传感器数据的融合。将来自不同传感器的数据作为神经网络的输入，经过网络的处理和变换后得到融合后的输出。这个输出可以是分类结果、回归值或其他形式的决策信息。根据具体任务需求，可以对融合后的输出进行进一步的处理和解释。例如，在目标跟踪任务中，可以根据融合后的位置信息对目标进行实时跟踪和定位；在故障诊断任务中，可以根据融合后的故障指示信息对系统进行故障检测和预警。

（3）人工神经网络法的特点

人工神经网络法具有以下优点。

① 强大的非线性处理能力。人工神经网络具有出色的非线性映射能力，可以处理多传感器数据之间的复杂关系和模式。这使得它能够有效地整合和融合来自不同传感器的信息，提取出更深层次的特征和规律。

② 自适应性和鲁棒性。人工神经网络通过训练可以自动学习数据的特征和规律，适应不同的场景和任务需求。同时，由于网络中的神经元之间存在冗余和互补性，使得整个系统对个别传感器的故障或噪声具有较强的鲁棒性。

③ 高效的并行处理能力。人工神经网络采用并行分布式的处理方式，可以同时处理多个传感器的数据，大大提高处理速度和效率。这使得多传感器融合系统能够实时地响应和处理大量的传感器数据。

④ 灵活性和可扩展性。人工神经网络法可以根据不同的任务需求构建不同的网络结构和算法。同时，随着传感器技术的发展和新型传感器的出现，可以方便地将新的传感器数据纳入网络中进行融合处理。

人工神经网络法具有以下缺点。

① 对训练数据的依赖性强。人工神经网络的性能在很大程度上取决于训练数据的质量和数量。如果训练数据不充分或存在偏差，可能导致网络无法有效地学习数据的特征和规律，从而影响融合结果的准确性和可靠性。

② 计算复杂度高。构建和训练复杂的人工神经网络需要大量的计算资源和时间成本。随着网络规模的增加和数据量的增大，计算复杂度会进一步提高，可能导致实时性能下降或无法满足实际应用的需求。

③ 缺乏可解释性。人工神经网络的决策过程通常较为复杂，难以直观解释其输出结果和内部运行机制。这使得在实际应用中难以对网络的性能和结果进行准确的评估和调整，增加应用的风险和不确定性。

④ 对超参数的敏感性。人工神经网络的性能受超参数设置的影响较大，如学习率、批次大小、网络层数等超参数的选择对网络的训练效果和性能具有重要影响。然而，确定合适的超参数通常需要大量的实验和试错，增加应用的难度和成本。

（4）人工神经网络法的注意事项

在实现多传感器融合的人工神经网络法时，需要注意以下事项。

① 数据预处理与标准化。在使用人工神经网络进行多传感器融合之前，需要对不同传感器的数据进行预处理和标准化。这包括去除异常值、填充缺失数据、对数据进行归一化等步骤，以确保不同传感器数据在数量和量级上的一致性及可比性。

② 特征选择与提取。特征选择和提取是多传感器融合中的关键环节。需要根据具体任务需求，从原始传感器数据中提取出与任务相关的特征。同时，要注意避免特征之间的冗余和相关性，以减少网络的计算复杂度和提高融合效果。

③ 网络结构与参数设置。人工神经网络的结构和参数对多传感器融合的性能具有重要影响。需要根据任务复杂度和数据量大小，选择合适的网络结构（如全连接网络、卷积神经网络等）和参数设置（如学习率、批次大小等）。同时，要进行充分的实验和验证，以确定最优的网络配置。

④ 训练数据的质量与数量。训练数据的质量和数量对人工神经网络的性能至关重要。需要确保训练数据具有代表性、多样性和平衡性，以充分覆盖各种可能的场景和情况。同

时，要对训练数据进行充分的预处理和标注，以提高网络的训练效果和泛化能力。

（5）人工神经网络法的改进方法

为了进一步优化人工神经网络法的性能，可以考虑采用以下改进方法。

① 引入注意力机制。注意力机制可以使得网络在融合多传感器数据时，对不同传感器或特征赋予不同的权重。这有助于网络更加关注对任务更重要的信息，提高融合的准确性和效率。

② 融合不同层次的特征。除了直接融合原始传感器数据或提取的特征外，还可以考虑融合不同层次的特征。这有助于充分利用不同传感器数据的互补优势，提高融合的全面性和准确性。

③ 使用迁移学习。迁移学习可以利用在其他任务或数据集上训练好的网络模型，来加速当前任务的训练过程并提高性能。对于多传感器融合任务，可以考虑使用预训练的神经网络模型作为基础，通过微调来适应当前任务的需求。

④ 加强模型的鲁棒性和泛化能力。通过采用正则化技术、引入噪声或进行数据增强等方法，可以增强人工神经网络模型的鲁棒性和泛化能力。这有助于减少模型对特定数据的依赖，提高其在不同场景和条件下的适用性和稳定性。

练习案例

基于人工神经网络法的交通拥堵系统传感器融合设计

案例描述

交通拥堵作为现代都市生活中的常见问题，对人们的出行效率和城市运行效率造成严重影响。为了有效缓解交通拥堵问题，交通拥堵系统应运而生。本系统通过集成多种传感器，实现对交通状况的实时监测与预测。然而，单一传感器在数据获取和解析方面存在局限性和不确定性，因此，采用基于人工神经网络法的传感器融合技术成为本案例的核心设计思路。

在本案例中，将利用交通摄像头、红绿灯传感器、车速传感器以及车载 GPS 等多种传感器进行融合设计。摄像头能够提供视觉信息，红绿灯传感器可以获取交通信号状态，车速传感器可以实时监测车辆速度，而车载 GPS 则能提供车辆位置信息。通过这些传感器数据的融合，可以更加全面地了解交通状况，从而更准确地判断交通拥堵情况。

实施步骤

① 数据采集与预处理。从各个传感器中收集原始数据，并进行必要的预处理。预处理包括数据清洗（去除噪声和异常值）、数据标准化（统一量纲和范围）以及数据对齐（确保不同传感器数据的时间戳一致）等步骤。预处理后的数据将为后续的融合处理提供可靠的基础。

② 特征提取与选择。根据交通拥堵系统的需求，从预处理后的数据中提取相关特征。例如，从摄像头数据中提取车流密度、车道占用情况等视觉特征；从红绿灯传感器数据中提取信号周期、绿灯时长等时间特征；从车速传感器数据中提取平均车速、车速波动等速度特征；从车载 GPS 数据中提取车辆分布、行驶轨迹等位置特征。同时，根据特征的重要性进行筛选，保留对交通拥堵判断有贡献的特征。

③ 构建人工神经网络模型。利用提取的特征，构建基于人工神经网络法的传感器融合模型。选择合适的神经网络结构（如卷积神经网络、循环神经网络等），并确定网络的层数、神经元数量以及激活函数等参数。通过训练神经网络模型，学习从传感器数据中提取有用信息并进行融合的能力。

④ 传感器数据融合。将预处理后的传感器数据输入训练好的神经网络模型中，通过模型的计算得到融合后的结果。神经网络模型会自动学习不同传感器数据之间的关联性和互补性，将它们融合成一个更加全面和准确的交通状况描述。

⑤ 拥堵判断与决策输出。根据融合后的结果，交通拥堵系统可以判断当前交通状况是否拥堵，并输出相应的决策信息。例如，当检测到某个路段出现拥堵时，系统可以及时向驾驶员提供路况信息和绕行建议，或者向交通管理部门发送拥堵预警，以便采取相应的应对措施。

⑥ 性能评估与优化。在实际应用中，通过收集实际交通数据，对基于人工神经网络法的交通拥堵系统传感器融合设计进行性能评估。根据评估结果，对神经网络模型的结构和参数进行调整优化，以提高系统对交通拥堵判断的准确性和稳定性。

5.4 BEV 感知融合技术

BEV 感知融合技术就像一位全能厨师精心烹制美味佳肴。想象一下，这位厨师不仅擅长使用各种食材，还能巧妙地将它们融合在一起，创造出独一无二的美味。在自动驾驶领域，BEV 感知融合技术就像这位厨师，它汇集了来自不同传感器的数据，如雷达、摄像头、激光雷达等，如同各种食材。然后，通过算法和模型的"烹饪"，这些数据被巧妙地融合在一起，形成对车辆周围环境的全面、精准感知。这样，自动驾驶系统就能像经验丰富的厨师一样，应对各种复杂的路况和挑战，确保行车安全。

（1）BEV 感知的定义

自动驾驶系统在实际应用中需要面对各种复杂的场景，尤其是极端情况对自动驾驶的感知和决策能力提出更高的要求。极端情况指的是在实际驾驶中可能出现的极端或罕见情况，如交通事故、恶劣天气条件或复杂的道路状况。BEV 技术通过提供全局视角来增强自动驾驶系统的感知能力，从而有望在处理这些极端情况时提供更好的支持。

BEV 感知是一种从鸟瞰视角观察场景的感知技术，它可以提供更全面、更准确的环境感知信息。BEV 感知技术已经在自动驾驶、智能交通、物流配送等领域得到广泛应用和研究，因为它能够有效地解决传统单目、双目视觉感知技术在场景感知范围、视野盲区、姿态变化等方面的限制。

以视觉为中心的 BEV 感知指的是基于多个视角的图像序列，算法需要将这些透视图转换为 BEV 特征并进行感知，如输出物体的 3D 检测框或俯视图下的语义分割。相比于激光雷达，视觉感知的语义信息更丰富，但缺少准确的深度测量。

BEV 感知技术主要应用于高精度地图构建、多传感器数据融合、目标检测与跟踪、场景理解与推理、自主决策与规划等。

（2）BEV 感知的必要性

自动驾驶汽车中的决策规划模块依赖于多个感知、预测任务模块以提供充足的环境信息，其中感知任务不仅需要检测场景中的动态物体，还需要识别道路边界、人行横道、车道线、路标等静态元素。而预测任务需要系统能够推理其他动态物体的运动趋势，为决策提供信息依据，规划出道路，从而避免碰撞。

基于纯视觉传感器的感知、预测算法通常仅解决单个子问题，如 3D 目标检测、语义地图识别或物体运动预测，通过前融合或后融合的方式将不同网络的感知结果进行融合。这导致在搭建整体系统时只能以线性结构堆叠多个子模块。这种串行架构具有以下缺点。

① 上游模块的模型误差会不断向下游传递，然而在解决子问题时通常以真值作为输入，这使得累积误差会显著影响下游任务的性能表现。

② 不同子模块中存在重复的特征提取、维度转换等运算，但是串行架构无法实现这些冗余计算的共享，不利于提升系统的整体效率。

③ 无法充分利用时序信息，时序信息可以作为空间信息的补充，更好地检测当前时刻被遮挡的物体，为定位物体的位置提供更多参考信息；时序信息能够帮助判断物体的运动状态。

BEV 方案通过多摄像头或雷达将视觉信息转换至鸟瞰视角进行相关感知任务，这样的方案能够为自动驾驶感知提供更大的视野并且能够并行地完成多项感知任务。图 5-13 所示为 BEV 感知效果。

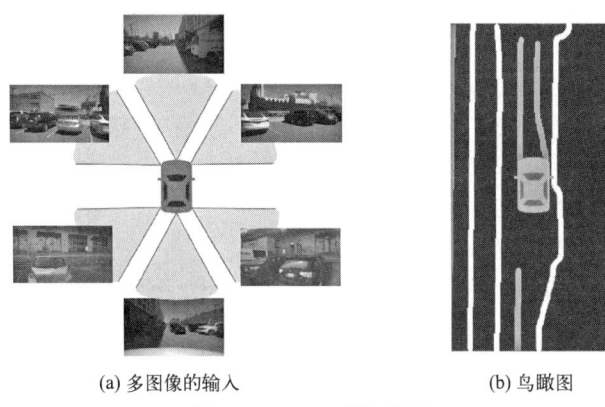

(a) 多图像的输入　　　　　　　　(b) 鸟瞰图

图 5-13　BEV 感知效果

在 BEV 感知空间中，传统的 BEV 变换算法通常是在图像空间中进行特征提取，并产生分割结果，再利用逆透视变换将其转化为 BEV 空间，如图 5-14 所示。

(a) 图像a　　　　　　　　(b) 图像b

(c) 图像a的逆透视变换投影　　　　(d) 图像b的逆透视变换投影

图 5-14　BEV 空间

智能汽车环境感知与多传感器融合技术

逆透视变换的功能是消除视觉上的影响，比如，在自动/辅助驾驶中，因为在前视摄像头拍摄的图像中，原本平行的物体会因为透视的原因而发生交叉。

逆透视变换是把影像与 BEV 空间连接起来的一种简便、直接的方式，要得到一幅影像的逆透视变换，就必须了解视觉传感器的内部参数（焦距、光心）和外部参数（俯仰角、偏航角和地面高度）。在这个过程中，视觉传感器必须保持俯仰角，但这种约束太严格，难以在实际应用中得到满足。同时，由于参数的变化，会引起系统对物体的感知能力的变化，从而降低视觉质量，造成平行车道之间的夹角。

为减小俯仰角对视觉的影响，在改进后的算法中，采用视觉传感器的实时位姿，并将俯仰校正添加到相邻的帧中，这样可以获得较好的逆变换效果，但由于实时位姿难以精确地获得，因而无法获得最理想的结果。

BEV 相关算法的发展让深度学习应用于 BEV 空间转换的方式逐渐成为主流。与以往的算法相比，利用神经网络进行二维 BEV 空间变换可以获得更好的视觉效果。该方法主要流程是：首先利用主干网对各个视觉传感器进行特征提取，再利用 Transformer 等技术将多视觉传感器数据从图像空间转化为 BEV 空间。在 BEV 空间中，由于利用同一坐标系统，可以很方便地将激光雷达、毫米波雷达等传感器数据与其他传感器数据进行融合，还可以进行时序融合形成 4D 空间，这也是 BEV 感知技术的大趋势。

（3）BEV 感知技术的优势

BEV 感知技术与激光雷达相比，具有以下特点。

① BEV 感知技术能提供全局视角的环境感知，有助于提高自动驾驶系统在复杂场景下的表现。

② BEV 感知技术通过摄像头捕捉图像，可以获取颜色和纹理信息；激光雷达在这方面的性能较弱。

③ BEV 感知技术的成本相对较低，适用于大规模商业化部署。

BEV 感知技术与传统单视角相机相比，具有以下特点。

① 传统单视角相机可以捕捉车辆周围的环境信息，但在视野和信息获取方面存在一定局限性。BEV 感知技术整合多个相机的图像，提供全局视角，可以更全面地了解车辆周围的环境。

② BEV 感知技术在复杂场景和恶劣天气条件下，相对于单视角相机具有更好的环境感知能力，因为 BEV 能够融合来自不同角度的图像信息，从而提高系统对环境的感知。

③ BEV 感知技术可以帮助自动驾驶系统更好地处理极端情况，如复杂道路状况、狭窄或遮挡的道路等，而单视角相机在这些情况下可能表现不佳。

④ 在成本和资源占用情况方面，由于 BEV 感知需要进行各个视角下的图像感知、重建和拼接，因此是比较耗费算力和存储资源的。虽然 BEV 技术需要部署多个摄像头，但总体成本仍低于激光雷达，且相对于单视角相机在性能上有明显提升。

BEV 感知具有以下优势。

① 跨视觉传感器融合和多模态融合更易实现。传统跨视觉传感器融合或者多模态融合时，由于数据空间的差异，需要用很多后处理规则去关联不同传感器的感知结果，操作非常复杂。而在 BEV 空间内进行多视觉传感器或多模态融合后，再做目标检测、实例分割等任务，可以使算法的实现更加简单，也能更直观地显示出 BEV 空间中的物体大小和方向。

② 时序融合更易实现。在 BEV 空间中，可以很容易地实现时序信息的融合，从而构建一个 4D 空间。在 4D 空间内，感知算法能够更好地完成诸如速度测量等感知任务，并能将

运动预测的结果传递到下游的决策模块和控制模块。

③ 可"脑补"出被遮挡的目标。由于视觉的透视效应，现实世界的物体在 2D 图像中很容易受到其他物体的遮挡，因此，传统的基于 2D 的感知方式只能感知可见的目标，对于被遮挡的部分算法将无能为力。而在 BEV 空间内，算法可以基于先验知识，对被遮挡的区域进行预测，"脑补"出被遮挡的区域是否有物体。虽然"脑补"出来的物体固然有"想象"的成分，但对后续的控制模块来说，还是有不少益处。

④ 端到端的优化更加容易。在传统感知任务中，识别、跟踪和预测更像是个"串行系统"，系统上游的误差会传递到下游从而造成误差累积，但在 BEV 空间内，感知和预测都是在一个统一的空间中进行的，因此，可以通过神经网络直接做端到端优化，"并行"出结果，这样既可以避免误差累积，又可以极大地降低算法逻辑的影响，让感知网络能够以数据驱动的方式进行自学习，更好地完成功能迭代。

（4）视觉 Transformer

视觉 Transformer 是一种基于自注意力机制的神经网络模型，被广泛用于计算机视觉领域中的图像处理任务。与传统的卷积神经网络不同，视觉 Transformer 在不使用卷积操作的情况下对图像进行处理。

视觉 Transformer 模型由多个层次组成，每个层次都包括多头自注意力模块和前馈神经网络模块。自注意力模块是模型的核心组件，它能够自适应地关注输入的不同区域，并学习到区域之间的关系。前馈神经网络模块则用于对每个位置的特征进行非线性变换和扩展。

与传统的卷积神经网络相比，视觉 Transformer 具有以下优点。

① 更好的全局视野。自注意力机制能够关注整个图像，而不是像卷积神经网络一样只能关注固定大小的局部区域。因此，视觉 Transformer 在处理图像中的长程依赖性问题时表现更好。

② 更好的可解释性。由于自注意力机制能够对不同位置之间的关系进行建模，因此视觉 Transformer 模型的特征映射可以被解释为输入图像中的不同部分之间的关系。这使得模型的预测结果更容易被理解和解释。

③ 更好的灵活性。视觉 Transformer 模型可以适用于不同大小的输入图像，而不像卷积神经网络那样需要预定义的固定大小的卷积核。这使得视觉 Transformer 更适合处理尺寸不一的图像数据，如遥感图像和医学图像等。

目前，视觉 Transformer 已被应用于多个计算机视觉任务，如图像分类、目标检测和图像分割等。

（5）BEV 感知的应用

BEV 作为一种有效的环境感知方法，在自动驾驶系统中发挥着重要作用。结合 Transformer 和 BEV 的优势，可以构建一个端到端的自动驾驶系统，实现高精度的感知、预测和决策。

基于 Transformer 和 BEV 的自动驾驶系统包括数据预处理、感知模块、预测模块和决策模块。

① 数据预处理。将激光雷达、毫米波雷达和相机等多模态数据融合为 BEV 格式，并进行必要的预处理操作，如数据增强、归一化等。首先需要将激光雷达、毫米波雷达和相机等多模态数据转换为 BEV 格式。对于激光雷达点云数据，可以将三维点云投影到一个二维平面上，然后对该平面进行栅格化，以生成一个高度图；对于毫米波雷达数据，可以将距离、角度信息转换为笛卡尔坐标，然后在 BEV 平面上进行栅格化；对于相机数据，可以将图像

数据投影到 BEV 平面上，生成一个颜色图或强度图。

② 感知模块。在自动驾驶的感知阶段，Transformer 模型可以用于提取多模态数据中的特征，如激光雷达点云、相机图像、毫米波雷达数据等。通过对这些数据进行端到端的训练，Transformer 能够自动学习到这些数据的内在结构和相互关系，从而有效地识别和定位环境中的障碍物。

③ 预测模块。基于感知模块的输出，使用 Transformer 模型预测其他交通参与者的未来行为和轨迹。通过学习历史轨迹数据，Transformer 能够捕捉到交通参与者的运动模式和相互影响，从而为自动驾驶系统提供更准确的预测结果。

④ 决策模块。根据预测模块的结果，结合交通规则和车辆动力学模型，采用 Transformer 模型生成合适的驾驶策略。

通过将环境信息、交通规则和车辆动力学模型整合到模型中，Transformer 能够学习到高效且安全的驾驶策略，如路径规划、速度规划等。此外，利用 Transformer 的多头自注意力机制，可以有效地平衡不同信息源之间的权重，从而在复杂环境中做出更为合理的决策。

采用 Transformer＋BEV 的技术可以有效地解决出现极端情况的场景。

① 处理复杂道路状况。在复杂道路状况下，如交通拥堵、复杂的路口或者不规则的路面，Transformer＋BEV 技术可以提供更全面的环境感知。通过整合车辆周围多个摄像头的图像，BEV 生成一个连续的俯视视角，使得自动驾驶系统能够清晰地识别车道线、障碍物、行人和其他交通参与者。例如，在一个复杂的路口，BEV 技术能帮助自动驾驶系统准确识别各个交通参与者的位置和行驶方向，从而为路径规划和决策提供可靠依据。

② 应对恶劣天气条件。在恶劣天气条件下，如雨、雪、雾等，传统的摄像头和激光雷达可能会受到影响，降低自动驾驶系统的感知能力。Transformer＋BEV 技术在这些情况下仍具有一定优势，因为它可以融合来自不同角度的图像信息，从而提高系统对环境的感知。为了进一步增强 Transformer＋BEV 技术在恶劣天气条件下的性能，可以考虑采用红外摄像头或者热成像摄像头等辅助设备，以补充可见光摄像头在这些情况下的不足。

③ 预测异常行为。在实际道路环境中，行人、骑行者和其他交通参与者可能会出现异常行为，如突然穿越马路、违反交通规则等。BEV 技术可以帮助自动驾驶系统更好地预测这些异常行为。借助全局视角，BEV 可以提供完整的环境信息，使得自动驾驶系统能够更准确地跟踪和预测行人和其他交通参与者的动态。此外，结合机器学习和深度学习算法，Transformer＋BEV 技术可以进一步提高对异常行为的预测准确性，从而使自动驾驶系统在复杂场景中做出更为合理的决策。

④ 狭窄或遮挡的道路。在狭窄或遮挡的道路环境中，传统的摄像头和激光雷达可能难以获取足够的信息来进行有效的环境感知。然而，Transformer＋BEV 技术可以在这些情况下发挥作用，因为它可以整合多个摄像头捕获的图像，生成一个更全面的视图。这使得自动驾驶系统能够更好地了解车辆周围的环境，识别狭窄通道中的障碍物，从而安全地通过这些场景。

⑤ 并线和交通合流。在高速公路等场景中，自动驾驶系统需要应对并线和交通合流等复杂任务。这些任务对自动驾驶系统的感知能力提出较高要求，因为系统需要实时评估周围车辆的位置和速度，以确保安全地进行并线和交通合流。借助 Transformer＋BEV 技术，自动驾驶系统可以获得一个全局视角，清晰地了解车辆周围的交通状况。这将有助于自动驾驶系统制定合适的并线策略，确保车辆安全地融入交通流。

⑥ 紧急情况应对。在紧急情况下，如交通事故、道路封闭或突发事件，自动驾驶系统

需要快速做出决策以确保行驶安全。在这些情况下，Transformer＋BEV 技术可以为自动驾驶系统提供实时、全面的环境感知，帮助系统迅速评估当前的道路状况。结合实时数据和先进的路径规划算法，自动驾驶系统可以制定合适的应急策略，避免潜在的风险。

图 5-15 所示为基于 BEV 感觉技术的车道线检测。

图 5-15　基于 BEV 感觉技术的车道线检测

参 考 文 献

［1］ 崔胜民．智能网联汽车新技术［M］.2 版．北京：化学工业出版社，2021.

［2］ 甄先通，黄坚，王亮，等．自动驾驶汽车环境感知［M］.北京：清华大学出版社，2020.

［3］ 马建红，王稀瑶，陈永霞，等．自动驾驶中图像与点云融合方法研究综述［J］.郑州大学学报，2022，54（6）：24-33.

［4］ 陈妍洁．基于深度学习的点云三维目标检测技术研究［D］.绵阳：西南科技大学，2023.

［5］ 张恒翔．基于深度学习的点云目标检测方法研究［D］.成都：电子科技大学，2023.

［6］ 王宏飞．基于激光雷达点云的交通场景三维车辆目标检测与跟踪算法研究［D］.西安：长安大学，2022.

［7］ 常亮亮．基于激光雷达的车道线检测方法研究［D］.重庆：重庆邮电大学，2019.

［8］ 郑珂．基于毫米波雷达与视觉融合的稠密深度估计及目标检测研究［D］.成都：电子科技大学，2023.

［9］ 常浩，殳国华，胡博文．基于毫米波雷达的室内目标检测与跟踪算法［J］.自动控制系统与装置，2023，45（6）：69-71.

［10］ 江屾．基于改进 YOLOv5 的车辆检测及跟踪方法研究［D］.成都：电子科技大学，2023.

［11］ 金伟正，孙原，李方玉．基于多分支特征融合的车载激光雷达 3D 目标检测［J］.实验技术与管理，2024，41（1）：37-42.

［12］ 李斐．基于 R-CNN 的复杂背景目标检测与分割技术［D］.长沙：湖南大学，2020.

［13］ 龚强．基于 Mask R-CNN 的无人驾驶汽车道路前方目标检测的研究［D］.南昌：南昌大学，2020.

［14］ 李旭昌．多模态融合的 3D 目标检测方法研究［D］.重庆：重庆理工大学，2023.

(a) 彩色图像　　　　　　　(b) 灰度图像

图 2-16　彩色图像转换为灰度图像

(a) 原始图像　　　　　　　(b) 傅里叶变换频谱图

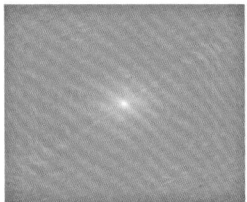

(c) 频移后的频谱图　　　　(d) 逆傅里叶变换图像

图 2-18　图像的傅里叶变换和逆变换

(a) 原始图像　　　　　　　(b) 拉普拉斯锐化图像

(c) 高斯滤波锐化图像　　　(d) Sobel算子锐化图像

图 2-20　图像锐化

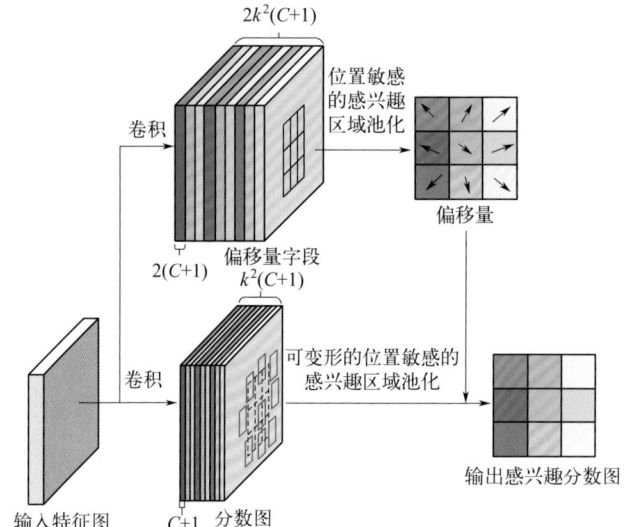

图 2-102　可变形的和位置敏感的感兴趣区域池化的结构

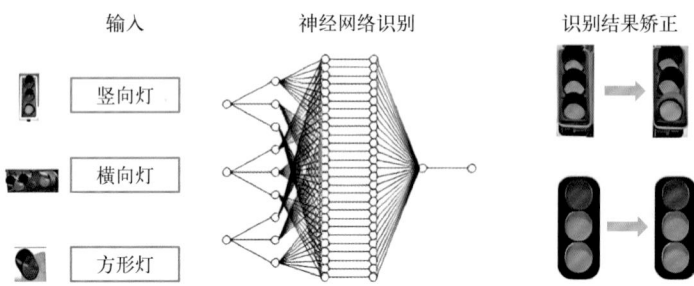

图 2-103　基于深度学习的交通信号灯检测

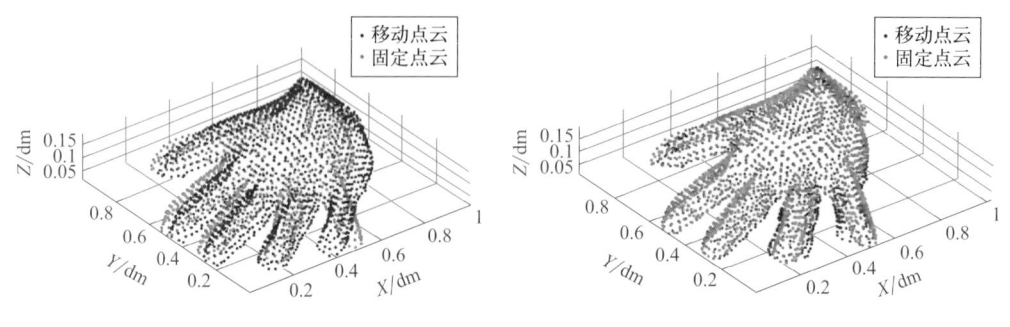

(a) 配准前的点云　　　　　　　　　　　　　(b) 配准后的点云

图 4-11　基于相干点漂移的三维点云配准

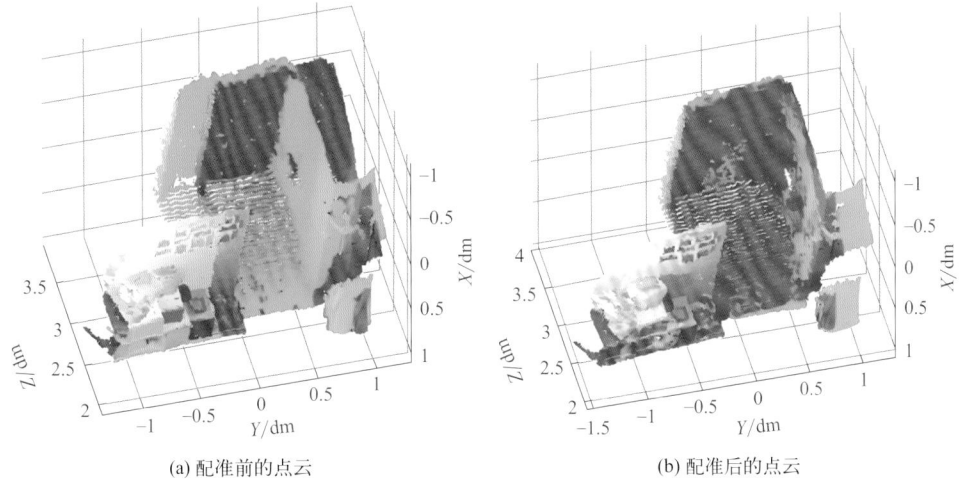

(a) 配准前的点云   (b) 配准后的点云

图 4-12　基于正态分布变换的三维点云配准

(a) 原始图像   (b) 语义分割图像

图 4-14　语义分割示意

(a) 原始图像

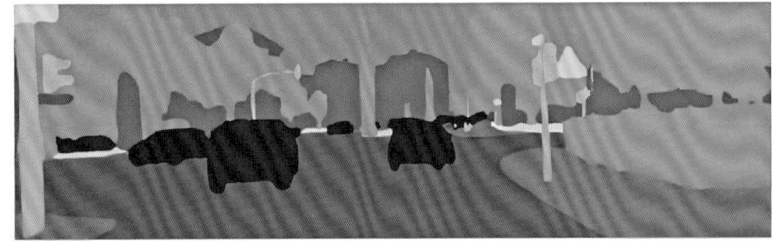

(b) 分割图像

图 4-16　自动驾驶场景的语义分割

(a) 原始图像   (b) 分割图像

图 4-17　激光雷达点云的语义分割